신채식 저작집 ⓫

宋代政治經濟史研究

신채식 저작집 ⑪

宋代政治經濟史研究

申採湜 著

KSI 한국학술정보[주]

|책머리에|

중국 역사상 「唐·宋의 변혁」은 정치·경제와 사회·문화면에서 중요한 역사적 의의를 갖는다. 먼저 정치면에서는 唐末·五代의 군벌체제가 막을 내리고 宋代의 文臣관료를 기반으로 한 皇帝독재체제가 확립되었다. 사회적으로는 唐代까지 발전하여 온 귀족사회는 唐末·五代를 거치면서 무너지고 宋代의 庶民社會를 발전시키게 되었다.

宋代의 서민사회는 정치적인 면에서 문신관료체제를 구축하고 황제독재체제를 강화하는 중요한 기반을 제공하였다. 그것은 唐代까지의 황제는 독재적 정치권력을 행사하기는 하였으나 귀족이 사회를 지배하고 있기 때문에 황제도 귀족의 눈치를 살피지 않을 수 없었다. 그러나 귀족체제가 무너진 宋代의 서민사회는 과거제도에 의해서 누구나 관료로 나갈 수 있고, 황제는 이들 관료를 선발하여 행정에 동원할 수 있기 때문에 황제의 독재 권력은 그 이전 보다 훨씬 강화되었다.

宋의 정치적 통일은 아울러 경제적인 숙제를 해결 해주었다. 그것은 安·史의 亂(755)과 黃巢의 亂(875) 이래 지방분권적인 군벌의 각축으로 황폐화된 농촌이 宋의 통일과 정치적 안정으로 사회와 경제도 안정을 되찾게 되었다. 이리하여 流民의 생활 안정과 황폐화된 농토의 개간 그리고 농업생산력의 발전은 통일을 달성한 宋朝가 해결한 중요한 과업이었다.

본서에서는 이와 같은 宋代의 정치·경제적 현안 문제를 구체적으로 다루었다.

이 책은 전체를 3부로 나누어 엮어 보았다.

제1부에서는 宋代의 황제권력과 정치권의 문제를 다루었다.

우선 宋代史의 서막을 여는 陳橋驛정변에 관해 그 동안 풀리지 않는 몇 가지 疑案에 대해 살펴보았다. 진교역 정변은 五代의 武人체제에서 宋代의 文人體制로 들어가는 혁명적인 사건이다. 그러나 이 사건의 전개 과정에서 풀리지 않고 있는 몇 가지 의문점을 집중적으로 살펴나갔다.

다음으로 中國의 황제권 특히 宋·明·淸代의 황제권이 어떤 성격을 가지고 있는가를 살피기 위해 宋·明·淸代의 皇帝에 대해 서로 비교하면서 분석해 보았다.

그리고 宋代 이후 정치제도상에서 官과 吏가 구분되는데 官에 대해서는 연구와 관심이 집중되지만 吏에 대해서는 소홀히 다루는 경향이 있다. 宋代의 吏額을 중심으로 吏의 실태를 분석하였다.

宋代는 五代의 군벌횡포를 종식시키기 위해 文臣관료제를 채택한 결과 군사력의 약화를 초래하였다. 唐의 府兵에 대해 宋의 모병제는 막대한 군비지출을 가져와 국가 재정을 어렵게 만들었다. 이를 해결하기 위해 지방 鄕兵의 중요성이 강조 되었다. 국가재정과 관련시켜 鄕兵制를 검토하였다.

다음 제2부에서는 宋代文臣官僚의 성격을 규명하기 위한 작업으로 王安石, 司馬光, 范仲淹 그리고 王應麟을 택하여 구체적으로 분석하였다.

이들에 대한 연구는 先學들에 의해 진행되어 왔으나 여기에서는 王安石과 司馬光을 비교 검토하는 각도에서 그들의 君子·小人論에 대해 비교 분석하였다. 이와 함께 王安石의 新法에 대한 연구도 상당한 수준에 있다. 그러나 新法의 保守性에 대해서는 아무런 연구가 없다. 이에 王安石新法이 갖는 保守性을 검토하였다. 또한 王安石의 人間性에 대해서는 종래 극한적으로 다른 주장이 있는데 과연 王安石의 참된 人間性이 어떤 것인가를 살펴나갔다.

宋代는 文治主義를 國是로 채택하였으나 과거제도가 발전한데 비하면 인간을 교육하고 人材를 기르는 學校교육은 부진함을 면치 못하였다. 宋代學校 교육 강화를 목표로 한 范仲淹의 文教改革을 살펴보고 그것이 王安石 개혁에 미친 영향을 분석하였다. 끝으로 淸代 고증학에 영향을 준 王應麟의 學問的 업적과 그의 生涯가 갖는 역사성을 南宋·몽골제국의 교차시기와 연계시켜 검토하여 보았다.

제3부에서는 宋代의 財政과 농촌 문제를 다루었다.

宋代는 정치담당자의 모두가 한결같이 財政문제에 대해 우려의 목소리를 내고 있다. 그것은 문치주의 관료체제를 유지하기 위해 다수의 관료를 임용하였으므로 막대한 국가예산이 관료유지비에 투입되었기 때문이다. 이와 함께 宋代는 모병제에 의한 직업군인을 유지하기 위해 다수의 직업군인을 모집하고 이들에 대한 군비도 막대하였다. 宋代의 재정문제는 바로 관료유지비와 군비에 집중되고 있는데 그 실상을 재정개혁론을 통하여 알아보았다.

또한 宋의 중국통일은 경제적으로 唐末·五代 이래 황폐화한 농촌을 재건하는 일이다. 여기에서는 北宋초기의 농촌 부흥이 어떻게 진행되었는가를 살피기 위해 墾田문제를 집중적으로 검토하였다.

이와 함께 宋代土地제도의 성격을 규명하기 위해 大土地所有와 佃戶문제 그리고 主戶·客戶의 구조적 성격을 살펴나갔다. 唐宋의 변혁이 가져온 宋代의 정치·경제적 문제는 皇帝와 文臣官僚, 국가재정과 농촌부흥 문제에 초점이 맞추어진다. 여기에서는 이 방면에 대한 종래의 연구 시각과는 다른 각도에서 재조명을 시도하였다.

|목 차|

제2부 宋代文臣官僚論

제3부 宋代 財政과 農村社會

제 1 부

宋代 황제권과 정치권력

Ⅰ. 陳橋驛政變의 疑案

1. 머리말

중국 역사상 宋(北宋)의 건국 과정처럼 의혹이 많고 사건전개가 극적으로 이루어진 예도 드물다.

960년 宋의 太祖 趙匡胤軍團에 의해 단행된 陳橋驛[1] 정변은 송의 건국을 가져옴과 동시에 당말·오대의 무인체제를 종식시키고 宋代 문신관료체제의 개막을 가져온 역사적 사건이다. 그런데 이렇게 중요성을 갖는 진교역 정변의 전후과정에 대해서는 많은 의혹이 제기되어 왔다.

康熙 시대의 擧人(賜進士)이며 청대 六家(육가)의 일인으로 시문에 뛰어난 查愼行(號 初白)[2]은

"千秋의 疑案을 간직한 陳橋驛, 黃袍 한 번 걸쳐 罷兵을 이루었네"[3]

라고 이 정변이 천추의 의안(의혹이 있는 사안)이라고 읊고 있다. 그러나 이에 대해 趙翼은 陳橋驛정변은 결코 새로운 것이 아니라 오대에 흔히 군사에 의해 자행되던 황제옹립의 한 예에 불과하다는 사실을 고증을 통해 밝혀 놓았다.[4] 이보다 앞서 명대의 敖英도 진교역정

---

1) 陳橋驛은 後周와 北宋의 首都 汴京(開封府)으로부터 東北으로 40里에 位置한 交通의 要地인 小鎭이다. 現在는 河南省 祥符縣에 屬해 있다.(嘉慶 重修一統志(臺北 商務印書館影印).
2) 『清史稿』 卷 489, 清史列傳 卷71, 查愼行.
3) 『二十二史箚記』 卷 21, 五代諸帝多由軍士擁立條, "千秋疑案陳橋驛 一著黃袍便罷兵", 참조.

변에서 趙匡胤에게 黃袍加身을 한 사안을 들어 황제의 상징인 황포는 常物이 아니므로 이를 陳橋驛에서 갑자기 제작할 수 없기 때문에 사전에 준비(預謀)된 병란[5]이라고 하여 이 정변의 사전 계획성을 지적하였다.

본인의 문제의식은 趙翼의 고증과 같이 陳橋驛政變도 五代의 諸帝가 군사에 의해 옹립되는 그런 방식을 답습한 것은 분명하나 査愼行의 詩句처럼 거기에는 천 년을 내려오면서 풀리지 않는 수수께끼가 존재하고 있다는 사실을 확신하면서[6] 이러한 논거 위에 이 문제를 재검토하려는 데 있다.

문제를 풀기 위한 접근방식으로는 이 정변은 五代에 흔히 있던 군사에 의한 황제옹립사건이지만, 이 사건이 갖는 역사적 성격은 오대의 정변은 병사들에 의해 자행되고 다시 武人체제로 되돌아갔으나 진교역 정변은 무인체제를 극복하고 宋代 문신관료체제를 형성하는 계기를 마련하였다는 점에서 五代의 군사쿠데타와는 전혀 다른 역사적 의미를 갖고 있다. 다시 말해 오대의 武人시대와는 다른 宋代의 文人시대를 가져왔다는 점에서 이 정변은 五代에 유행하던 군사에 의한 황제옹립과는 차별성을 가지고 있다. 이런 차별성으로 인해 陳橋驛政變의 주체들이 이 정변을 보다 미화하고 宋의 건국, 특히 太祖 조광윤을 五代武人과는 다른 성격으로 윤색하기 위해 이 정변을 재구성하여 윤색하였다. 이 과정에서 많은 의혹을 낳게 된 것이라고 생각한다.

일찍이 鄧廣銘도 이 정변은 거짓말을 완벽하게 진실인 것처럼 꾸미기 위해 많은 사학자들이 다방면에서 粉飾하여 후세인에게 은폐하려는

---

4) 『同上揭書』.
5) 敖英, 『綠雪亭雜言』 續說郛 第 20, '黃袍不是尋常物 誰言軍中偶得之'
6) 申採湜, 『宋代官僚制研究』(三英社, 1981. 12) 第2節, 陳橋驛政變과 文臣官僚體制의 成立 참조.

의도가 있었고 정변의 주모자는 趙匡胤 본인이라고 논증하였다.[7)]

진교역정변의 의혹에 대한 검토는 이 사건을 개별적으로 살피는 데는 문제가 있다고 생각한다. 그것은 이에 대한 자료가 사안의 중요성에 비추어 지나치게 간략하기 때문이다. 사료의 상당부분이 훼손되었고 고의적으로 누락시킨면이 적지 않다. 따라서 이 정변을 전체적으로 파악하기 위해서는 史料의 검증과 함께 사건의 상호 관련성 위에 총체적으로 살펴나가야 할 필요성이 있다.[8)]

먼저 趙匡胤 군단의 출병 원인을 제공한 거란과 北漢(북한)의 연합군의 남침사실에 대한 의혹을 풀지 않으면 안 된다. 이를 위해서는 宋則 사료보다 契丹則 사료를 검토하여 그 진상을 밝혀 보려 한다. 그리고 진교역 정변의 핵심 인물이라 할 수 있는 趙匡胤이 醉臥 상태에서 정변과는 무관하게 초연한 위치에 있었다고 서술되어 있는데 이 부분에 대한 의혹도 풀어야 한다.

또한 정변이 성공하여 회군하는 과정에서도 저항세력이 있었다고 생각되며 그 대표적 인물이 趙匡胤과 비견될 수 있는 在京都巡檢 韓通이다. 우리는 韓通의 피살사건을 추적하여 그 진상을 찾아볼 것이다.

끝으로 趙匡胤이 황제로 즉위하는 禪位대례에서 가장 중요한 의식

---

7) 鄧廣銘, 「陳橋兵變黃袍加身故事考釋」(『鄧廣銘學術論著自選集』(首都師範大學出版社, 1964. 10. 原載, 『眞理雜誌』 第1卷 第1期. 1944年 1月)에서 兵變의 主謀者는 ① 趙匡胤 本人이고 事前에 緻密한 計劃을 가지고 幕後에서 조정하였거나 아니면 ② 太祖의 皇位를 동생 太宗에게 물려준 것으로 보아 事件의 主謀者는 太宗(趙匡義), 趙普 및 一般將兵으로 가정定하고 太祖는 이 事件과 無關하다는 可能性을 提示하면서도 主謀者는 趙匡胤 本人이었다고 確論하고 있다.

8) 太祖(趙匡胤)를 人物史的 傳記로 펴내면서 陳橋兵變을 다룬 著書로는 張家駒著, 『趙匡胤傳』(江蘇人民出版社, 1959. 11) 張金光 著, 『宋太祖的統治藝術』(人民中國出版社, 1993) 王雅軒 著, 『宋太祖本傳』(遼寧古籍出版社, 1995. 8) 張研 著, 『宋太祖趙匡胤』(學苑出版社, 1997. 1) 등이 있어 이를 참조하였다.

절차로써 禪位制書 문제가 제기되는데 翰林學士承旨 陶穀에 의해 임기응변으로 작성되어 사용된 선위제서의 작성경위를 검토하여 그 진실을 파악해 보겠다.

2. 契丹軍 남침의 의문

五代 병란의 원인으로서는 먼저 창업주(太祖) 또는 世宗의 사망과 그를 계승하는 幼主나 庸主의 등장이 정변의 일차적 조건이 된다. 이 조건이 갖추어지면 다음으로 병사들이 天子로 옹립할 유능한 인물을 물색한 후 그를 옹립하기 위한 군사행동의 명분을 찾는 다음 단계로 들어선다. 군사 행동의 명분으로는 거란 남침이란 외부 충격이 천자 옹립을 행동으로 옮기는 데 가장 좋은 구실이 된다. 거란 남침이란 외부적 충격으로 국내를 긴장시키고 이를 방어하러 나가는 일은 곧 병사들이 새로운 황제를 옹립하는 계기로 사용되었다. 後周의 太祖(郭威)가 거란 남침을 방어하러 나갔다가 950년 澶州에서 병변에 의해 황위에 오른 일과 10년 후 宋太祖(趙匡胤)가 960년 거란남침을 막기 위해 출병하였다가 진교역정변으로 천자가 된 사실은 아주 비슷한 사례라 하겠다.

그런데 趙匡胤의 진교역정변은 그 내막을 면밀히 살펴보면 비록 외형상에 있어서는 五代의 정변 형식이 적용될 수 있으나 사실은 그렇지 않다는 데 송조 건국에 얽힌 여러 가지 문제가 있다. 특히 송건국의 도화선이 되는 陳橋驛 政變의 원인을 제공한 거란 남침에 대해서는 남침 사실여부는 물론이고 남침제보에 대해서도 검토할 충분한 이유가 있다. 왜냐하면 鎭州 및 定州에서 거란군의 남침에 관한 馳奏가 없었다면 趙匡胤 군단의 출병은 없었을 것이다. 따라서 陳橋驛에서의 병란도 일어나지 않았을 것이며 趙匡胤을 황제로 옹립하는 대사건도 없었을 것이기 때문이다. 물론 그 후의 어느 시점에서 정변이 어떤 형태로든 발발하였을 개연성은 충분히 있었으나 960년 1월 4일의 창업은 불가능하였을 것이다. 五代 後周의 영주 世宗은 北漢과 거란의 연합군을 高平(山西省 高平縣)의 大戰에서 물리치고 이를 계기로 당말 이래의 오랜 분열시대를 끝맺고 중원에 통일의 대업을 이루려는 뜻을 갖게 되었다. 그러나 불행히 그해(959년) 6월 19일에 39세로 병몰하고 그 아들 恭帝가 7세라는 어린 나이로 즉위하게 되니 後周의 운명은 五代 각 왕조에서처럼, 兵變으로 새 황제 옹립의 정치 군사적 조건을 충분히 마련해 준 셈이 된다.

이러한 조건하에서 새 황제로 推戴되는 인물로는 禁軍지휘권을 확보하고 병사들의 권익을 보장해 줄 수 있는 인망 있는 인물이어야 하는데, 이에 부합되는 장수가 이미 6년간 군정을 장악하고 있던 殿前都點檢[9] 趙匡胤이었다. 이 殿前都點檢은 오대 및 宋初에 황제의 최측근에서 侍衛扈從의 중임을 맡고 있었던 군권의 요직이었다.[10] 이러한 軍務要職者는 바로 군사들의 옹립대상이었고 또한 병사들이 새로운 황제를 옹립하는 기회는 거란군의 남침을 포함한 군사행동의 시점에서 촉발 되었다.

五代의 각 왕조에서 가장 위협적인 사실은 외부로부터의 군사적 침입이고 특히 거란군의 남침은 중원의 한족 왕조로서는 사직의 존립을 위협하는 중대사가 아닐 수 없다. "거란군이 쳐들어온다"는 북변의 제

9) 『續資治通鑑長編』(以下 『長編』이라 略함) 卷 1, 太祖 建隆元年 春正月辛丑朔條, '太祖自殿前都虞侯再遷都點檢 掌軍政凡六年 士卒服其恩威'

10) 『文獻通考』 卷 58, 職官考 殿前司條. 宋初有都點檢, 副都點檢之名, 在都指揮使之上. 後不復置, 入則侍衛殿陛, 出則扈從乘輿.

보만으로도 중원은 공포에 떨고 누가 이를 막아 낼 수 있느냐 하는 것은 위로는 황제로부터 아래로는 일반 백성에 이르기까지 중요한 관심사가 아닐 수 없다. 이리하여 五代 각 왕조의 멸망과 창업은 거란군의 군사 행동(남침)과 불가분의 관계를 갖고 있었다.

趙匡胤을 황제로 옹립하기 위한 기회로 명분상으로는 거란의 남침과 이를 방어하기 위한 군사행동이 가장 적절한 조건이라고 생각하는 것은 趙匡胤뿐 아니라 휘하 군사들도 확실하게 인식하고 있었다. 이렇게 볼 때에 五代에 자행된 병사에 의한 조광윤 옹립은 (1) 후주 世宗의 붕어, (2) 幼帝(恭帝)의 등극으로 황제옹립을 위한 제일, 제이 단계가 갖추어졌고 제삼 단계의 군사행동을 기다리고 있었다. 世宗이 붕어한 959년 6월 19일에서 陳橋驛 병변이 일어난 960년 1월 4일까지의 약 6개월간의 후주정권의 운명은 그 이전의 오대 각 왕조가 처한 경우와 유사하였다. 이러한 정치적 현상에서 병사들에 의한 황제옹립의 구실을 제공하는 거란남침의 제보는 이상하게도 960년 春正月 辛丑朔(정월 초하루)에 북변의 鎭州와 定州로부터 전달되었고 周 恭帝의 명에 의해 趙匡胤 군단의 군사 출동이 이루어졌다.

본인이 문제로 제기하는 것은 송의 건국의 직접 원인이 된 거란군의 남침이 과연 역사적 사실인가 라는 의문과 만약 남침이 사실이라고 한다면 그 규모는 어느 정도였으며, 황제호종과 궁전방어의 막중한 책임을 지고 있는 殿前都點檢 휘하의 수도 방어 부대가 출동해야 할 정도의 규모인가, 아니면 변방의 소규모의 국지적 군사충돌 사건을 지나치게 과장하여 중앙에 급보한 것인가, 그것도 아니면 거란남침이 없었던 것을 趙匡胤 자신 또는 수하의 누군가에 의해 鎭州, 定州에서 계획적으로 조작해서 급보한 것은 아닌가 등등의 의문을 가지고 거란남침의 사실을 규명해 보겠다.[11)]

먼저 960년 거란의 남침 사실에 대한 기록을 검토하여 보자. 문치주의 체제로 접어드는 송조 역사의 첫 장은 太祖 建隆원년(960) 춘정월 辛丑朔條의 머리기사에

> 鎭, 定 二州言 契丹入侵 北漢兵自土門東下與契丹合[12]

이란 군사행동에서 그 막을 열고 있다. 여기에서 우선 문제가 되는 것은 鎭州와 定州에서 띄운 제보에 대해 각 사료마다 약간의 차이를 보인다는 사실이다. 위 『長編』의 기록에서는

> 契丹이 쳐들어오고(入侵) 여기에 北漢兵이 土門의 東쪽으로부터 내려와 契丹軍에 合勢하였다.

로 되어 있다. 이는 거란의 침입이 먼저이고 그 다음에 북한이 여기에 가세한 셈이 된다. 이에 대해 司馬光은 다른 각도에서 이를 검토하였다. 즉, 鎭州와 定州에서 상주하기를

> 契丹이 北漢과 合勢하여 쳐들어온다.[13]

라 하여 거란과 북한의 군사 행동을 같은 시점으로 동등하게 놓고 있

---

11) 張家駒 著, 『趙匡胤傳』(江蘇人民出版社, 1959年 11)에 의하면 契丹侵入은 歷史的으로 事實記錄이 없기 때문에 現存記錄은 趙匡胤이 帝位에 오른 後에 借說하고 侵入事實을 誇張한 謊報(거짓 提報)로 보았다. 그러나 이에 대한 具體的 資料 提示는 없다.

12) 『長編』 卷 1 太祖 建隆 元年 春正月 辛丑朔條, 『涑水記聞』 卷 1, 『續資治通鑑長編紀事本末』 太祖 皇帝受禪條 등 宋代 建國 史料의 첫 페이지는 契丹南侵으로 章을 열고 있다.

13) 『涑水記聞』 卷 1, 建隆元年 丁月辛丑朔 鎭定奏 契丹與北漢合勢入寇.

어 앞의 『長編』의 기사와 약간의 차이를 보인다. 한편, 『宋史』에서는 '北漢結契丹入寇'[14]라 하여 북한이 주체가 되어 거란과 결맹하여 침입한 것으로 주체가 뒤바뀌고 있다. 『東都事略』에서는 보다 확실하게

> 太原(北漢)의 劉承鈞(二代王)이 契丹과 結盟하여 入寇하다.[15]

로 되어 있다. 이상의 제 기록에서 문제가 되는 부분이 침입의 주체가 契丹인가 아니면 北漢인가 하는 것이다. 어느 쪽이 주체가 되어 남침을 결행하였느냐에 따라 상당한 차이가 있다. 五代의 거란의 남침 유형은 중원 왕조의 요청을 거란이 받아들여 남침하는 경우와 거란의 독자적 군사 행동에 중원 왕조가 가세하는 경우가 있어 왔다. 거란이 주체가 되어 남침을 단행하는 경우는 군사력의 규모나 전투태세가 거국적인 경우가 많다.

960년의 거란남침의 주체가 거란인 경우와 북한이 주체가 되어 여기에 거란을 끌어들여 결맹하여 남침을 단행한 두 가지 경우를 가상할 수 있는데 정확하게 어느 쪽이라고 단정하기 어려울 정도로 거란남침 사실의 기사 내용에 차이가 있음을 알 수 있다. 따라서 960년에 거란과 북한이 합세하여 남침하였다면 거란이 먼저 군사행동에 들어가고 이를 따라 北漢이 土門의 동쪽으로 내려와 거란과 합세하였을 경우다. 다른 하나는 북한이 그 이전의 예로 거란에 대해 남침을 요구하여[16] 결맹을 청하고 여기에 거란병이 따라 나오는 경우를 상정할 수 있다.

다음으로 의혹이 가는 것은 거란, 북한병의 침입규모와 남침 방향

---

14) 『宋史』 卷 1, 太祖本紀.
15) 『東都事略』 卷1, 顯德七年 春正月 辛丑朔 鎭定馳驛上言 太原劉承鈞 結契丹入寇.
16) 五代에는 契丹의 南侵 때 北漢兵이 契丹兵을 先導하는 경우가 많다. 또 北漢이 契丹에 援兵을 請하여 南侵하기도 한다.

등 이에 대한 후속기록이 전혀 보이지 않고 있다는 사실이다. 실제로 鎭, 定 二州에서 북한과 거란군의 남침사실을 알려온 앞의 내용이 너무 간단하고 이에 대한 그 이후의 거란군의 움직임에 대해서 宋, 遼 어느 쪽에서도 언급이 없다는 점에 유의할 필요가 있다.

이상은 거란남침에 대한 宋 측의 기록인데 그러면 남침을 감행한 거란측의 기록에 사정은 어떠하였는가를 살펴보자.

『遼史』의 穆宗本紀 應曆 10(960)년 春正月條에는 군사동원이나 남침에 대한 기록이 전혀 없고 그 전년(959)의 10월과 12월 사이에도 남침사실이 없다. 그럴 수밖에 없는 것이 穆宗의 應曆 9(959)년은 거란에게는 참으로 어려운 시기였다. 그것은 後周 世宗이 大梁을 출발하여 滄州(河北省 滄縣東)로부터 後周・遼의 전선인 益津關(河北省 覇縣), 瓦橋關(河北省 雄縣, 南易水上), 淤口關 등 3관을 빼앗고 다시 5월에는 일찍이 후진이 거란에게 할양한 燕雲 16州 가운데 瀛州, 莫州 등 2주를 회복하는 대승을 올렸고 그 여세를 몰아 幽州를 공략 하였다. 거란의 穆宗은 이러한 위급한 상황에 당하여 南京에 군사를 出兵하여 독려하는 다급한 상황이었다.

周 世宗이 붕어하기 이전에는 거란과 북한에 대해 後周쪽에서 계속 공세를 취하여 三關을 함락하였고 이때에 거란은 심각한 타격을 입고 민심 또한 흉흉할 정도였다.『遼史』蕭思溫傳에 당시의 사정을 다음과 같이 상세히 전하고 있다. 즉

> 後周의 軍師가 益津, 瓦橋, 淤口 등 三關을 함락하여 마침내 固安에 이르니 蕭思溫이 어찌할 바를 몰랐고 드디어 瀛州, 莫州를 함락함에 京畿의 百姓들이 모두 몸을 떨며 놀라서 西山으로 도망해 들어갔다. 이때에 周의 榮(世宗)이 病을 얻어 死하고 周의 國喪소식을 듣고 燕民이 비로소 安堵하자 이에 軍士를 돌이켰다.[17]

라고 있다. 이 기사는 후주의 世宗이 붕어하기 직전까지의 거란 국내의 급박한 사정을 기록한 것이고, 거란 측으로서는 총사령관인 蕭思溫[18]이 어찌할 바를 모를 정도로 대타격을 입고 거란 내부(京畿 지방)의 인민이 공포에 떨고 있을 정도였음을 알 수 있다. 그것이 결국 世宗의 병사소식을 듣고 燕民이 안도하자 蕭思溫이 군을 이끌고 班師하였다고 있다.

특히 『遼史』에서 世宗의 사망으로 지금까지 후주와 대치하고 있던 南京留守 蕭思溫이 班師하였다는 기록에 주목한다. 만약 거란이 지금까지 후주의 강력한 공세를 극복하고 반전의 기회를 노렸다면 그것은 周 世宗의 사망시점(6월 19일) 이후에 대거남침을 감행할 좋은 기회를 얻은 셈이 된다. 그러나 그보다 육개월여나 지난 후에 남침을 단행하였다는 것은 시기적으로 납득하기 어렵다. 따라서 무모한 남침을 감행하였다는 송 측의 기록보다는 반사하였다는 『遼史』 蕭思溫傳이 확실함을 알 수 있다. 거란은 穆宗의 應曆 8(958)년 및 9년 사이에 후주 세종의 적극적인 군사 공세에 대해 수세의 위치에서 방어에 여력이 없었고 이 당시의 거란 穆宗의 동정에서도 남침 사실은 찾아볼 수 없다. 世宗의 崩後인 秋七月에 穆宗은 南京을 출발하여 范陽에 軍戍하고 冬 12월에 上京으로 귀환하고[19] 있으므로 남침에 대한 어떤 조처도 취한 바가 없다.

그 위에 거란 내부 사정으로 볼 때 도저히 남침을 하기 어려운 사

17) 『遼史』 卷 78, 列傳 8, 蕭思溫. 周主復北侵(中略) 圍瀛州 陷益津, 瓦橋, 淤口 三關 垂迫固安 思溫不知計所出(中略) 已而陷瀛州莫州等州 京畿人皆震駭 往往遁入西山(中略) 是年聞周喪 燕民始安乃班師.

18) 『遼史』 卷 6, 穆宗 本紀 應曆九年 夏四月 丙戌 周來侵, 戊戌以南京留守 蕭思溫爲兵馬都總管擊之.

19) 『遼史』 卷 6, 穆宗紀 應曆九年 秋七月 發南京軍戍范陽, 冬十二月戊范陽 冬十二月戊寅, 還上京.

건이 있었다. 거란의 穆宗은 睡王으로 불릴 정도로 술에 취해 밤낮으로 잠을 자고 주색과 기행을 자행하였다. 왕족과 근신들이 공포감을 갖고 있어 항상 정정이 불안정하였다. 이리하여 穆宗의 應曆 9년 12월에 왕자 敵烈 및 前宜徽使 海思 그리고 蕭達于 등 대규모 모반사건이 있었다. 이 모반에 가담한 인물들은 왕자를 비롯한 군사상의 요인과 權臣 蕭氏일가가 합세한 대역모였다.

敵烈은 본명이 蕭翰으로 宰相인 敵魯의 아들로 天贊初에 後唐이 鎭州를 포위했을 때 受詔派兵하여 당장 李嗣昭를 전사시킨 후 石城을 함락하고 會同 8(945)년에는 다시 後晋에 쳐들어가 晉將 杜重威를 望都까지 추격하였다. 또 天祿 2(948)년에는 거란 世宗의 妹(阿不里)와 結婚할 정도로 거란 개국 이래의 중신이었으며 명왕 安端과 모반에 가담한 인물이다.[20] 또 海思는 거란건국의 주요 인물이고 왕족인 隋國王 耶律釋魯의 서자로서 재능과 구변이 뛰어나 太宗 대에 중용되어 宜徽使로 발탁되고, 世宗 대에도 태후를 도와 국사를 주도한 거물이다.[21] 이와 같은 중요인물이 주동이 되어 일으킨 모반 사건을 穆宗이 親鞫으로 다스려야 할 정도로 큰 역모였고[22] 역모 처리가 마무리되자 천지와 조상에게 大祀를 올려 逆黨事件을 剔抉하였음을 고하고[23] 있는 것을 볼 때 이 역모는 큰 규모였음을 알 수 있다.

따라서 穆宗의 應曆 9년(959)년 말에서 그 이듬해 960년 춘정월 사이에는 거란의 국내정세로 보아도 도저히 북한과 합세하여 후주를 공격할 형편이 아니었다.

이상의 사실로 미루어 볼 때 宋 측의 기록에 보이는 거란군과 북한

20) 『遼史』 卷113, 「逆臣傳」 蕭翰.
21) 『上揭書』, 耶律海思..
22) 『上揭書』, 冬十二月庚辰 王子敵烈 前宜徽使海思及蕭達千等謀反 事覺鞫之.
23) 『上揭書』, 冬十二月辛巳 祀天地祖考 告逆黨事敗.

의 합세남침은 거의 불가능하다고 생각된다.[24] 만약 宋 측의 기사대로 남침이 있었다고 한다면 그것은 鎭州와 定州 부근에서 발생한 아주 소규모의 국지적인 것이거나[25] 아니면 진교역정변을 예상하고 상당한 모의를 거쳐 鎭, 定州에서 정월초 하루의 신년축하례를 이용한 것이 아닌가 생각된다.

진교역정변과 매우 유사한 사건으로 후주 太祖(郭威)의 澶州政變을 들 수 있다. 양 사건의 원인을 제공한 거란군 남침 내용을 비교해 보자. 後漢 조정에 거란군 남침제보가 전달된 것도 역시 진교역정변 때와 같이 鎭州와 定州로부터였고 이때의 사실은 다음과 같이 거란군의 규모가 확실하다. 『舊五代史』에서는 乾祐 3年 11月 27日에 鎭州와 定州로부터 거란이 入寇하였다고 馳奏하였다. 아울러 河北의 諸州에서도(契丹入寇에 대해) 급히 보고하였다[26]고 되어 있다. 이에 의하면 거란의 침입사실을 鎭州와 定州에서 馳奏하였을 뿐 아니라 거란과 접해 있는 河北의 諸州에서도 위급한 보고가 있었음을 알 수 있다. 『資治通鑑』에서는 거란군의 규모와 후한의 피해를 좀 더 구체적으로 다음과 같이 언급하고 있다. 즉

> 鎭州와 邢州에서 上奏하기를 契丹主가 數萬騎를 이끌고 쳐들어와 內丘를 攻略함이 五日이었으나 함락되지 않았고 死傷者가 심히 많았다. 그 위에 戍兵五百人이 叛亂을 일으켜 契丹에 內應하고 그들이 契丹兵을 引導

---

24) 司馬光은 『資治通鑑』의 末尾를 周世宗 顯德六年(959) 十二月로 하고 있으나 이해의 契丹軍의 動情에 대해 아무런 言及이 없다. 南宋人 葉隆禮가 孝宗의 淳熙 7年(1180)에 撰한 『契丹國志』 卷 5, 穆宗應曆十年(宋 太祖卽位 建隆元年)條에 春正月 辛丑朔 北邊奏遼與北漢連兵犯邊이란 記事가 보이는 것은 宋側資料를 引用한 것이다.

25) 後周 郭威의 澶州政變의 原因提供을 한 契丹南侵提報 內容과 比較해 보면 文脈에 차이가 있다. 즉 『舊五代史』 卷110, 周太祖本紀1, 鎭定二州馳奏 契丹入寇 河北諸州告急란 내용과 비교된다.

26) 『舊五代史』 卷 110, 周書 太祖本紀.

하여 入城함으로써 마침내 城內의 사람을 屠戮하고 饒陽을 함락시켰다. 이에 太后께서 郭威(周 太祖)로 하여금 大軍을 이끌고 이를 격퇴하도록 詔勅을 내렸다.[27]

라고 거란군의 규모와 격전 상황을 자세히 기술하고 있다. 두 사건을 도표로 정리하면 다음과 같이 여러 면에서 비교가 된다.

政變 / 事項	後周의 澶州兵變	宋의 陳橋驛政變
出兵原因	鎭定州馳奏契丹入寇 河北諸州急告	鎭定二州言契丹入寇 北漢兵自土門東下與契丹合
出兵命令	太后命帝北征	周恭帝命太祖領宿衛諸將禦之
政變預則天機	是日旭旦日邊有紫來當帝之馬首	是日下復有一日 黑光久 相磨盪
黃袍準備	或有裂黃旗以被帝體	或以黃袍加太祖身
遼史의 契丹南侵事實	『遼史』 卷 5 天祿4年冬十月自將南伐攻下安平內丘束鹿等城	『遼史』에 없다
『遼史』 外의 史料	『舊五代史』 卷110, 周太祖本紀 1	『續資治通鑑長編』 卷1

위의 표에서 澶州政變과 진교역정변은 우선 출병원인을 제공한 거란의 남침사실에서 차이를 발견할 수 있다. 정변을 예측하는 천기에서도 진교역정변이 확실하게 天命을 예언하고 있으며 황제의 황포도 澶州는 황기를 찢어 만든 것이나 진교역은 사전에 준비된 황포이다. 특

27) 『資治通鑑』 卷 289, 『後漢紀』 帝 乾祐三年 十一月 壬辰 鎭州 邢州奏契丹主將數萬騎入寇 功內兵 五日不克死傷甚衆 有戍兵五百叛應契丹 引契丹入城屠之 又陷饒陽太后勅郭威大軍擊之 十二月甲午朔郭威發大梁.

히 문제가 되는 것은 거란병 남침 사실을 진교역의 경우는 『遼史』에는 전혀 등재하지 않고 있다는 것이다.

만약 이 당시 거란과 북한병의 침입이 조직적이고도 대규모였었다면 진교역정변에서 시작된 후주에서 宋으로의 왕조교체가 진행되는 불안한 政情을 틈타서 거란 쪽에서 중원 깊숙이 쳐들어와 중원을 유린할 수 있었다. 이는 지금까지 수세에 몰려 있던 양국의 군사적 관계를 반전시킬 수 있는 호기로 활용할 수 있었다. 그러나 宋측 자료에서는 春정월 辛丑朔에 거란군과 북한병이 합세해서 침입하였다는 기사만을 기재하였고 그 이후의 거란군의 움직임에 대해 언급됨이 없다. 다만 20여 일이 지난 建隆元年 春정월(21일)條에 鎭州로부터 다음과 같은 간단한 전달이 올라오고 있다. 즉

春正月 鎭州言 契丹與北漢兵 皆遁去[28)]

라 한 사실이다. 이로 볼 때 당시의 거란, 북한의 군사행동 가능성은 거의 없었다는 것이 확실하다. 소규모의 군사적 충돌을 예상할 수도 있고 이를 과장하여 急變으로 告 할 수 있으나 皇宮과 首都를 防禦하는 군대를 이튿날 곧바로 출병시킨 것은 많은 의혹이 가는 부분이다. 이를 뒷받침하는 몇 가지 근거가 있다.

먼저 거란남침을 방어하러 나가는 趙匡胤部隊의 선발대 및 본대의 진군행보가 느리다는 점이다. 陳橋驛은 汴京(開封府) 동북쪽 40리 거리에 동북방향의 역참지로 驛站의 일일구간이라고 하지만 거란남침의 급보를 접하고 곧바로 출병한 군사 행동으로는 결코 빠른 것은 아니다. 실제로 오대 각 왕조에서 거란남침의 馳奏를 접하고 출병한 군사

---

28) 『長編』 卷 1, 建隆 元年 春正月(21日)條 및 『涑水記聞』 卷1.

적 신속함과 비교해 볼 때 이 정도의 군사이동은 작전상의 상당한 문제가 있는 것이다.

또한 진교역에 도착한 부대의 최고사령관인 趙匡胤이 이날 저녁에 술에 취하여 밖에서 병변이 일어난 사실을 전혀 알지 못하고 잠들어 있었다[29]는 것은 북한 거란병의 남침이 군사적 긴장을 야기할 정도의 절박한 상태가 아닌 것이 분명하다.

더욱이 거란 북한병의 남침에 대한 鎭, 定二州의 급보에 대해 이를 충분히 확인하지 않고 趙匡胤으로 하여금 방어하러 내보낸 후주의 宰相 范質이 진교역 정변의 급보를 전해 듣고 開封으로 회군한 趙匡胤을 맞이하면서 후회하는 것에서도 이를 살필 수 있다. 즉

> 宰相 范質이 아침에 宮에서 아직 退廷하지 않고 있을 때 兵變의 急報를 전해 듣고 倉卒間에 (趙匡胤을) 派兵한 것은 우리들의 잘못이다.[30]

라고 한 사실에서 알 수 있다. 이와 함께 북한 거란병의 남침이 春정월 初一日에 있었다는 것도 문제가 된다. 『舊五代史』에는 正月 辛丑朔에 문무백관이 칠세의 幼帝를 모시고 신년을 봉축하는 의식을 거행하고 있는 式場에 鎭, 定二州로부터 "거란입변의 馳奏가 날아들었고"[31] 후주 조정의 馳奏에 대한 반응은 창황한 것이었다고 생각된다. 그 증거로 익일(초이튿날)에 선발군이 출병하고 그 다음날(초삼일) 趙匡胤部隊가 급히 출병한 것은 대군의 군사작전으로서는 상당히 창졸하게

---

29) 『宋史』 太祖本紀, 『長編』 등 諸 史料에서 太祖醉臥 初不省, 甲辰黎明, 四面叫呼而起……라는 表現으로 볼 때 술에 취해 있었다.

30) 『長編』 卷 1, 建隆元年 春正月.

31) 『舊五代史』 卷 120, 周書恭帝紀云 顯德七年 正月辛丑朔 文武百寮進名奉賀 鎭定二州馳奏契丹入邊.

전개된 것임을 알 수 있다.

또한 문제가 되는 것은 이전에 거란군이 正月 초하루에 남침을 하였을 때는 군사행동 원인을 분명히 밝히고 있다. 즉 『遼史』의 太祖, 太宗本紀에 등재된 春정월의 남침기사는 그 동기와 출병내용이 분명하다.[32] 世宗과 穆宗 대에는 남침에 대한 기록은 없다. 이것은 世宗 穆宗 대의 불안한 거란내부 사정 때문에 남침을 할 수 없는 형편이었음을 입증하는 것이다.

이상에서 살펴보았듯이 진교역정변을 촉발한 거란병과 北漢兵의 남침에 대해서는 宋측 사료와 거란 측 사료가 서로 다르게 나타나고 있다. 또 송 측의 사료들에서도 거란과 북한의 군사 움직임에 대해서 군사상의 주도적 역할이 약간씩 차이를 보이고 있다. 특히 거란의 穆宗 應曆 9(959)년은 거란 내부의 역모사건이 있어 거란으로서는 남침을 단행할 수 있는 여건이 아니고, 더욱이 거란은 後周의 세종이 붕어하기 직전(959년 6월)까지 後周 世宗의 북침에 의해 상당한 피해를 입고 있었다. 따라서 거란은 世宗의 病死를 계기로 곧바로 북한과 합세하여 960년 정월 초하루에 남침에 나설 수 있는 정치·사회적 여건으로 볼 수 없다. 오히려 班師한 것이 이치에 부합된다. 따라서 建隆元年 春정월 辛丑朔에 보이는 鎭, 定州에서 올라온 거란, 북한 합세 침입은 믿기 어려운 역사적 기록이라 생각된다.

32) 春正月의 契丹侵入은 『遼史』 卷 1, 太祖五年 春正月 丙申 上親征西部奚 및 神册 三年 春正月 丙申 以皇弟安端爲大內惕隱, 命攻雲州及西南諸部, 天贊二年 春正月 丙申 大元師堯骨克平州 天贊三年 春正月遣兵略地燕南. 『遼史』 卷 3, 太宗天顯十二年, 春正月丙申唐大同軍節度使判官閉城拒命 庚申上親征會同七年春正月甲戌朔 率前鋒五萬騎次任丘八年春正月分兵權刑洺磁三州.

3. 宋太祖(趙匡胤)의 醉臥 의혹

진교역정변의 계기는 위에서 살핀 바와 같이 거란, 북한병의 허위 남침 제보였고 이는 趙匡胤 부대의 출병 명분을 만들어 주어 진교역정변의 성공으로 宋이 건국되었다. 그런데 이 역사적 사건의 전개 과정에서 宋 太祖(趙匡胤)는 정변의 핵심에 있지 않고 醉臥(술에 취해 잠든)[33] 상태에서 본인의 뜻과는 관계없이 정변이 진행된 것으로 기술되고 있는데 이 부분에 대해 의혹을 갖지 않을 수 없다. 과연 趙匡胤의 醉臥상태가 사실인가를 살펴보겠다.

趙匡胤이 술에 취해서 잠들어 있었다는 사실에 대해 가장 분명하게 기술하고 있는 것은 李燾의 『長編』[34]이다. 司馬光의 『涑水記聞』에는 술에 대한 이야기가 없고 장사들이 趙匡胤이 묵고 있는 陳橋驛舍의 문에 돌입했을 때 그는 아직 起寢을 하지 않았다고 기록되어 있다.[35] 또한 『宋史』 太祖本紀에서도 술에 대해서는 언급되어 있지 않다.[36] 다만 趙匡胤이 알지 못하는 (잠든) 사이에 정변이 진행되고 있었음을 강조하고 있다. 여기에서 관심이 되는 부분은 진교역에 도착한 정월 초삼일 밤의 趙匡胤의 동태 파악이 확실하지 않을 뿐만 아니라 그나마도 조금씩 차이를 보이고 있다는 것이다.

진교역정변이 모의되고 그것이 실행에 옮겨질 때까지 趙匡胤은 그 사실을 알지 못하고 있었다는 것이 현존하는 역사기록 내용의 대부분이다. 다만 그가 醉臥상태에 있었다. 그렇지 않고 잠들고 있었으나 아

33) 『長編』 卷 1 建隆元年 正月辛丑朔條.
34) 『長編』 卷 1, 太祖醉臥 初不省.
35) 『涑水記聞』 卷 1, 甲辰, 將士皆擐甲執兵仗 集于驛門讙譟 突入驛門 太祖尚未起.
36) 『宋史』 卷 1, 太祖本紀. 夜五鼓 軍士集驛門 宣言策第點檢爲天子 或止之 衆不聽 遲明逼寢所 太宗入曰 太祖起.

직 起寢을 하지 않은 상태였다. 그것도 아니면 제삼의 상태에 있었다. 등등 여러 가지 기록상의 차이가 있고 이에 따라 의문을 갖게 된다. 북송시대 이후 남송시대에 걸쳐 太祖의 그 당시 상태를 대체로 醉臥로 간주하였다. 이에 따라 千秋疑案으로 문제가 되고 있다.

趙匡胤 군단이 진교역에 주둔한 建隆元年 정월 초삼일의 오후로부터 병변이 일어나는 이튿날 새벽까지, 趙匡胤을 둘러싼 군부핵심인물의 동태가 어떤 연유인지 기록이 거의 없다. 진교역정변이 갖는 역사적 중요성에 비추어 볼 때 정변을 전후로 한 몇 시간 동안의 숨 막히는 사건전개 내막에 대해서 상세하게 기록하는 것이 당연한데 기록을 남겨놓지 않았다. 그리하여 몇 사람의 예하부대 장병에 의해 병변이 모의되고 실천되는 순간에도 趙匡胤은 그 사실을 알지 못한 채 醉臥 상태에 있었다. 몇 시간 후면 天子로 옹립될 사람이 만취하여 편안히 잠자고 있었다는 사실은 믿기 어려운 극적 장면으로 선뜻 납득할 수 없는 일이다.

왜냐하면 後周 世宗의 病沒(959년 6월)로부터 정변이 일어난 960년 정월 초2일 밤까지 후주 사회 각계각층에서 정변 가능성을 예측하고 있었고 정변 직전에도 趙匡胤을 황제로 추대하려는 움직임이 여러 곳에서 분명하게 나타나 趙匡胤 자신도 그 사실에 당혹감과 함께 대책을 강구할 사태에 있었다는 것은 역사적 사실로 기술되어 있기 때문이다.

趙翼은 진교역정변은 오대에 흔히 일어나고 있던 군사에 의한 황제옹립의 일례에 지나지 않는다고 평가하면서 査初白이 이에 대해 의안을 갖는 것은 五代 정변의 실상을 잘 모른 결과라 하고 五代 정변의 사례를 구체적으로 고증하고 있다.[37] 그러나 여기에서 趙翼과 査初白

37)『二十二史箚記』卷 21, 五代諸帝多由軍士擁立條. 五代에 軍士擁立에 의해

의 진교역정변을 보는 시각에는 차이가 분명하다. 그것은 趙翼은 이 정변이 군사의 옹립에 의해 황제가 즉위하는 五代의 관행이 그대로 진교역에서도 일어난 것으로 정변의 성격을 규정한 데 반해 査初白의 千秋疑案은 정변의 결과가 그 이전과는 다르다는 시각이다.

다시 말해 진교역 이전의 정변은 사전에 충분한 모의를 하여 진행된 것이지만 趙匡胤의 경우는 醉臥상태에서 본인의 의지와 무관하게 진행되었다는 점에 의심의 초점을 두고 의안을 제기한 것이다. 査初白 이전에 明代의 敖英도 鎭橋兵變이 사전 모의에서 시작되었다고 주장하고 그 증거로 황포는 함부로 마련할 衣類가 아니고 군중에서 우연히 이를 얻을 수 없음을 들고 있다.[38] 근대의 학자들도 趙匡胤이 사전에 모의를 계획한 병변임을 주장하고 있으나 그 내용에 대한 구체적 사료의 부족과 사실왜곡으로 병변이 여러 가지 차이를 보이고 있다[39] 하였다.

後周 世宗이 959년 6월에 病沒하고 7세의 恭帝가 황제위에 오른 것은 趙翼이 고증하고 있듯이 五代에 흔한 정변과 왕조교체의 가능성이 이미 나타나고 있다고 보겠다. 뿐만 아니라 趙匡胤은 後周 世宗 휘하

皇帝가 된 人物은 後唐 明宗(李嗣源), 廢帝(李從珂), 後周 太祖(郭威) 그리고 宋太祖(趙匡胤)를 꼽을 수 있다. 이 밖에 天子擁立이 失敗한 경우도 여럿이 있다.

38) 敖英, 『綠雪亭雜言』(續說郛 第20, 臺北, 新興書局影印淸刊本) 岳蒙泉咏 陳橋兵變有曰 "阿母素知兒有志, 外人翻道帝無心" 又曰 "黃袍不是尋常物, 誰言軍中偶得之"

39) 方豪, 『宋史』(臺北, 華岡叢書, 民國 43年) 16-19쪽에서는 역모 모의의 計策者는 太祖 本人이라 하였다. 汪伯琴은 「宋初二帝傳位問題的剖析」, 『大陸雜誌』 第32卷 10期(民國 55年 5月 15-22)에서 일을 成事시킨 자는 太宗, 趙普 두 사람이라 하였고 蔣復璁, 「宋代一個國策的檢討」, 『大陸雜誌』 第9卷 7期 (民國 43年 10월)에서 陳橋驛 政變이 預謀에 의해 이루어진 것이 확실하다고 주장하였다.

에서 戰功을 세웠고 군사행정을 장악한 지 이미 6년이 되었다.[40] 그 위에 사병은 물론이고 고위무관에 이르기까지 그에게 인망이 쏠렸고 이렇게 내외의 민심이 집중되고 있는 상태에서 後周 世宗의 급서와 7세의 幼帝 등극은 오대의 節度使 출신 趙匡胤으로서는 후주를 탈취하여 신왕조 건설의 야심을 가질 수 있는 충분조건이 조성되었다고 판단된다.[41] 그럼에도 진교역정변이 趙匡胤이 술에 취해 자고 있는 상태(醉臥)에서 본인의 뜻과는 무관하게 정변이 진행되었다고 한 것은 많은 의혹을 남기고 있다. 趙匡胤의 一生은 술과 깊은 인연을 갖고 있다. 진교역정변의 醉臥도 그렇고 후에 한 잔의 술로 唐末 五代의 무인체제를 종식시키고 문치주의 체제를 확립하였다는 杯酒釋兵權 일화도 있다. 술에 취한 상태에서 깨어나 보니 황제가 되어 있었다는 일화는 중국의 왕조 건국사에서 그 유형을 찾을 수 없는 일이다. 이는 중국 왕조의 창업 과정을 禪讓형식의 유교적 도덕 가치에 맞추어 미화시킨 결과라고 생각된다. 王莽의 前漢 찬탈에서 시작되는 중국 역대 왕조교체의 이중성에서 보건대 진교역정변의 渦中에 趙匡胤을 醉臥상태에 두고 있는 것은 전 왕조 찬탈의사가 없었다는 유교적 禪讓방식을 채용한 것이라 생각된다.

다시 한 번 강조하지만 後周 世宗의 돌연한 병사와 7세의 恭帝 즉위는 이미 五代에 자행되던 병사에 의한 천자옹립의 충분한 조건을 갖춘 셈이다. 宋 太祖(조광윤)의 母 昭憲太后 杜씨는 太祖와 함께 大政을 참결 할 정도의 지모와 총명함을 지닌 분인데 사망 직전에 太祖를 불러 宋이 천하를 얻은 원인은 바로 周의 世宗이 幼兒에게 양위하

---

40) 『長編』 卷 1, 太祖 建隆元年 春正月 辛丑朔條.

41) 『長編』 卷 1, 太祖 建隆元年 春正月 辛丑朔條, 太祖自殿前都虞侯 再遷都點檢, 掌軍政凡六年, 士卒服其恩威, 數從世宗征伐, 洊立大功, 人望固已歸之. 於是, 主少國疑, 中外始有推戴之議.

였기 때문임을 강조하고 後周의 전철을 밟지 않으려면 太祖 사망 시에 위를 동생(匡義)에게 전할 것을 요구했다는 일화가 있다.[42] 이는 五代 병란과 황제찬탈의 원인이 새로 들어선 幼帝에 있음을 지적하고 宋도 太祖 사망 후의 제위계승이 후주처럼 太祖의 幼子에게 이어진다면 정변의 위험성이 충분히 존재한다는 사실을 일깨워 준 이야기다. 따라서 후주 世宗의 붕어와 幼主의 등장이야말로 오대적 정치, 군사적 풍토에서 볼 때 병란의 조건을 갖춘 셈이다. 그 위에 趙匡胤은 병권을 장악한 지 육년에 병사들의 인기와 중심이 그에게 쏠려 있었다는 사실은 오대적 병란 가능성을 완전하게 갖추고 있었다고 보겠다. 여기에 禁軍을 이끌고 군사이동을 할 수 있는 구실이 주어지면 곧바로 정변으로 이어지는 것이다. 그 구실도 가급적이면 거란의 남침과 이를 방비하러 나가는 출병이면 가장 좋은 명분이 되는 것이다.

960년 春정월 朔에 거란남침과 趙匡胤출병은 정변조건을 완전하게 갖추고 있었으며 이러한 정변 가능성에 대한 근거는 여러 곳에 나타나고 있다. 그럼에도 진교역정변에 대한 상세한 내용이 없는 것은 의도적으로 그 사실을 은폐하려는 음모가 있었던 것으로 생각된다. 왜냐하면 중국 王朝史의 일반적 서술 형식은 비록 왕조 찬탈이 군사적 행동에 의한 것이든 아니면 禪讓형식이 되었든 간에 왕조 교체에 관해서는 자세히 기술하는 것이 史記 이래 正史의 太祖 본기의 서술형식이다. 비록 서술 내용이 사실과 다르게 창업을 극도로 미화한 것일지라도 새로운 왕조 창업에 관한 역사적 기록은 상당한 양에 달한다. 그런데 宋 太祖의 건국 과정(진교역정변)에 대해서는 趙匡胤의 醉臥와

42) 『涑水記聞』 卷 1에서는 杯酒釋兵權에 대해 저세히 적고 있다. 또한 太祖嘗謂左右曰, 朕每因宴會, 乘歡至醉 經宿 未嘗不自悔也라 한 사실로 볼 때 그의 飮酒習慣은 혼자서 마시지 않고 여럿이 마시면서 흥에 겨워 즐거운 나머지 滿醉가 되었다.

부하들의 강요에 의한 황제옹립이라는 五代的 방식을 강조하면서 그 사실만을 부각시켜 놓은 것은 이를 儒家的 禪讓方式에다 牽强附會한 것으로 해석이 된다.43) 司馬光은 진교역정변이 일어나기 前日, 즉 출군하는 날에 京師의 민심동향을 다음과 같이 기술하고 있다. 周의 恭帝는 幼沖하여 군정을 장군 韓通이 처리하였는데 그는 우직하고 성질이 괴팍한 데 반해 太祖(趙匡胤)는 英武하고 도량과 지략이 있어 여러 번 무공을 세우니 將帥와 사졸이 진심으로 그를 경복하고 귀의하는 마음이 있었다. 北征으로 나아감에 있어서 京師에서는

> 出軍하는 날에 틀림없이 點檢(趙匡胤)이 天子로 (擁)立될 것이다.

라는 말이 공공연히 돌아다니고 있었다. 이리하여 富家는 外州로 率家하여 피난길에 나가는데 오직 궁중에서만 이러한 사실을 모르고 있었다.44) 이러한 京師 민심의 움직임에 대해 太祖(趙匡胤)는 겁이 나서 은밀히 家人에게 말하기를

> 바깥 民心이 이렇게 흉흉하니 장치 이를 어찌했으면 좋을고"라 걱정을 하니 太祖의 누님께서 마침 부엌에서 이 말을 듣고 국수방망이를 들고 나와 太祖를 치면서 "丈夫가 大事를 앞에 놓고 可否를 스스로 결

---

43) 趙翼은 中國歷代 王朝創業 過程에서 隋文帝가 天下를 얻은 것보다 쉽게 나라를 세운 例는 없다고 하였는데(『二十二史箚記』 卷15, 隋文帝不殺宇文氏子孫) 만약 陳橋驛 政變이 歷史 記錄대로 라면 隋文帝보다 宋太祖의 得天下가 더 쉬운 것으로 생각된다. 앞에서도 지적한 대로 趙翼은 陳橋驛兵變을 단지 五代에 흔히 있던 兵亂의 한 例에 지나지 않는 것으로 그 歷史的 意味를 가볍게 보고 있다.(『同書』 五代諸帝多由軍士擁立條)

44) 『涑水記聞』 卷 1, 周恭帝幼沖 軍政多于韓通 通愚愎 太祖英武有道量多智略 屢立戰功由是將士皆愛服歸心焉 及將北征 京師間諠言 出軍之日 當立點檢爲天子 富室或挈家逃匿于外州 獨宮中不之知.

> 정하여 마음속에 품고 있어야지 집에 와서 婦女에게 말하여 두렵게 하면 어쩌란 말이야[45)]

라 하니 太祖(趙匡胤)는 아무 말 없이 밖으로 나왔다고 한다.

그런데 趙匡胤의 정치적 야심에 대해서는 이보다 훨씬 이전인 후주 世宗 재위 시에 이미 朝臣들 간에 염려의 소리가 있었다. 後周 顯德 6年에 후주 世宗이 북정하여 關南을 평정하고 우연히 길에서 사방의 문서를 살피게 되었다. 이때 가죽 포대 속에 삼척가량 되는 목간을 얻었는데 목간에 "點檢作天子"란 題가 쓰여 있어 이를 이상히 여겨 당시의 點檢(張永德)을 趙匡胤으로 교체하였다는 일화가 있다.[46)] 右拾遺 楊徽之는 世宗에게 上(趙匡胤)이 인망이 있으므로 그에게 금군지휘권을 맡기지 않도록 上奏하였고[47)] 그 후 右拾遺直史館 鄭起는 7세의 恭帝를 보필하고 있던 宰相 范質에게 太祖(趙匡胤)에게 군중의 마음이 쏠리고 있어 禁軍의 전권을 맡기는 일은 위험하다고 직언하였으나 范質은 이를 듣지 아니하였다.[48)] 뿐만 아니라 兵變에 의한 趙匡胤의 천자 즉위 가능성은 그를 둘러싼 가족 간에도 공공연히 논의되고 있었다.

太祖가 진교역정변의 성공으로 천자로 옹립되어 京師로 돌아왔을 때 趙匡胤의 모친(杜氏)과 부인(王氏)이 寺院(定力院)에서 제를 올리고 있었는데 兵變 소식을 듣고 王夫人이 두려워하자 모친(杜氏)이 "우리

---

45) 『上揭書』 卷 1, 太祖權 謹以告家人曰 外間 洶洶若此 將如之何 太祖妹面如鐵色 方在廚引麵杖逐太祖擊之曰 丈夫臨大事 可否當自決胸懷 乃來家間恐怖婦女何爲耶 太祖默然出.

46) 『宋史』 卷 1, 太祖本紀 및 『涑水記聞』 卷1.

47) 『長編』 卷 4, 太祖 乾德元年 12月 己亥條에는 右拾遺 浦城楊徽之 亦嘗言于世宗 以爲上有人望 不宜典禁兵.

48) 『涑水記聞』 卷 1, 周恭帝之世, 有右拾遺直史館鄭起, 上宰相范質言, 太祖得衆心, 不宜使典禁兵, 質不聽.

아들은 평소 기이하여 사람들이 모두 극귀할 것이라 하였다" 무엇을 걱정하느냐고 웃으면서 말하고 自諾하였다[49]고 한다.

이 밖에 진교역정변이 오직 天命임을 암시하는 기사가 또 다른 곳에서도 보인다. 즉 出軍하는 날(초3일)에 天文을 잘 아는 軍校 苗訓은 태양 아래에 또 다른 해가 나타나 두 개의 태양흑광이 오래도록 서로 빛을 발하고 있음을 가리켜 太祖의 親吏인 楚昭輔에게 말하기를 "이는 천명이라"라고 예언하였다.[50] 朱弁의 『曲洧舊聞』에 太祖가 북정을 위해 진교역에 이르러 삼군의 추대를 받아 제위에 오르던 날 모친 杜太后를 비롯한 가족이 모두 사원(定力院)에 머물고 있었다. 周朝의 관리가 그들을 체포하러 절에 닥쳤을 때 主僧이 그들을 殿閣 속에 숨겨 놓고 관원에게는 散走하여 어디 있는지 모르겠다 하였다. 그럼에도 甲士가 절을 수색하였는데 그들이 숨어 있는 殿閣入口에 거미가 줄을 치고 먼지가 거미줄 위에 앉은 것을 보고 이곳에 어찌 사람이 있을까 하고 돌아갔고 그날 저녁에 趙匡胤이 제위에 올랐다는 고사가 전해오고 있다.[51] 이상과 같은 일화는 창업이 천명임을 예시하여 그 정당성과 명분으로 삼으려는 뜻이 담겨 있는 것이다.

다음에는 진교역정변의 진행과정을 『長編』의 내용을 중심으로 살펴보겠다. 먼저 정변의 목적을 보면 오대 병변 시에 천자옹립 명분과 유

---

49) 『涑水記聞』 卷 1, 太祖之自陳橋驛也, 太夫人杜氏, 夫人王氏 方設齊于定力院, 聞變王夫人懼, 杜太夫人曰, 吾兒平生奇異, 人皆言當極貴, 何憂也 言笑自諾.

50) 『長編』 卷 1, 太祖建隆元年 春正月癸卯 및 『宋史』 卷 1, 太祖本紀 顯德七年春條, 軍校河中苗訓者 號知天文 見日下復有一日 黑光久相磨盪 指謂太祖親吏宋城楚昭輔曰 此天命也라고 있다.. 『舊五代史』 卷 110 周 太祖本紀에서 郭威가 澶州政變을 일으킬 때에도 是日旭旦日邊有紫氣來 當帝之馬上首라는 記事가 보인다.

51) 『續資治通鑑』 卷1, 建隆元年.

사성을 가지고 있다. 즉

> 主上이 幼弱하여 能히 親政을 할 수 없고 우리들은 국가를 위해 死力을 다해 敵을 擊破해도 누가 이를 알아 줄 것인가 (때문에) 먼저 點檢(趙匡胤)을 세워 天子로 옹립한 연후에 北征을 해도 늦지 않다.[52)]

는 것이다. 軍士의 이러한 兵變 동기에 대해 趙匡胤은 다음과 같이 그들의 병란이유를 들고 있다. 즉 너희들의 (병변)동기가 스스로 부귀를 탐하여 나(趙匡胤)를 천자로 세운 것이다[53)]라는 사실에서 알 수 있다.

정변모의의 주동인물을 보면 대부분이 太祖의 오랜 친구와 부하장병이다. 慕容延釗(殿前司副都點檢) 李處耘(都押衙), 王彦昇(散員都指揮使), 馬仁瑀(內殿直都虞侯), 李漢超(都押衙), 右守信(殿前都指揮使), 郭延贇(衙隊軍使), 王審琦(殿前都虞侯) 등이고 이를 太祖의 弟(趙匡義)에게 모의 사실을 모두 알린 사람은 李處耘이었다.(匡義는 이 당시 內殿祗侯供奉官都知였다.) 匡義는 즉시 李處耘과 같이 (太祖의) 掌書記인 趙普에게 갔으나 이때 (병변모의를 하던) 諸將이 돌입하여 의견이 분분하였다. 趙普와 匡義가 각각 이들을 타이르기를,

> 太尉(趙匡胤)는 忠赤한 분이다. 결코 너희들을 용서치 않을 것이다.[54)]

---

52) 『長編』 卷1, 建隆元年 春正月 癸卯, 是夕 次陳橋驛 將士 相與聚謀曰 主上幼弱 未能親政 今我輩出死力 爲國家破敵 誰則知之 不如先立 點檢爲天子 然後北征 未晩也라 있고 『涑水記聞』 卷1에도 이와 같은 내용이 있다.

53) 『宋史』 卷1, 太祖本紀에는 軍士가 陳橋驛門에 모여 謀議를 한 時間은 夜五鼓(五庚)으로 되어 있으며 『長編』 卷1, 建隆元年條에 太祖度不得免曰 汝等自貪富貴 立我爲天子能從我命則可라 되어 있다.

54) 李燾는 長編의 註에서 趙普의 飛龍記를 引用하여 李處耘도 普와 함께 諸將을 타일렀다고 있으나 國史에는 處耘은 軍中에서 趙匡胤 推戴謀議를 하였고 그것을 太宗(匡義)에게 급히 와서 알려주고 되돌아가 王彦昇과 더불

라 하니 제장이 서로 쳐다보고 물러나는 자도 있었으나 다시 모여들어 칼을 빼들고 외쳐대기를

> 軍中에서 (私見을) 말하면 族刑으로 다스릴 것이다. 지금 議論은 定해져 있다. 만약 太尉(趙匡胤)가 (우리 뜻을) 따르지 않으면 우리가 어찌 물러나서 禍를 입을 것인가.[55]

라 하니 趙普가 무리들의 기세를 막을 수 없음을 헤아려 匡義(太宗)와 함께 이르기를

> (天子) 策立은 大事이니라 마땅히 審圖를 지켜야지 함부로 방자히 狂悖를 부리는가

라 하니 장사들이 주저앉아 명을 듣게 되었다. 이에 趙普가

> 外寇는 邊境을 압박하니 누가 이를 막을 것인가 먼저 외적을 물리치고 돌아와 策立을 논의하자

라고 하니 제장은 그 불가함을 다음과 같이 역설하고 있다. 즉

> 지금 政治는 여러 곳에서 나오고 있다. 만약 적을 물리치고 돌아왔을 때는 事態變化를 알 수 없다. 마땅히 京城으로 들어가 太尉를 策立

어 모의를 하고 마침내 馬仁瑀, 李漢超 등을 불러 뜻을 결정하였으므로 諸將을 타이른 것은 趙普와 太宗뿐이고 李處耘은 그 자리에 없었으므로 그의 이름은 長編에서는 삭제한다고 하였다.

55) 이 部分에 대해서 『宋史』 卷 1, 太祖本紀에는 夜五鼓 軍士集驛門 宜言策點檢爲天子 或止之 衆不聽 遲明逼寢所太宗入白太祖起.라고 長編보다 간략히 서술하고 있다.

하고 (그 후에) 서서히 北으로 나아가 賊을 破하는 일이 어렵지 않다. 太尉가 (天子)策立을 받아들이지 않는다면 六軍의 決定도 앞으로 어떻게 전개될지 알 수 없는 것이다.[56)]

라 하였다. 이때 趙普가 匡義를 돌아보며 "사태는 예측할 수 없으니 어찌하리오. 서둘러 결정해서 약속할 수밖에 없다"라 하고 이에 제장에게 이르기를,

興王易姓은 비록 天命이라지만 其實 人心에 달려 있는 것이다. 前軍은 이미 河를 건너 (京師를 비웠고) 節度使는 各 方面에 據하고 있다. 京城에 난리가 있으면 外寇가 깊숙이 들어오고 四方에 큰 變이 일어날 것이다. 만약 軍士를 엄격히 통제하고 剽劫을 못하게 한다면 都城人心이 動搖되지 않은즉 四方은 편안하고 諸將 또한 富貴를 오래도록 보존하리라.[57)]

하니 모두가 동의하였다. 이에 衙隊軍使 郭延贇으로 하여금 달려가 殿前都指揮使 郭守信, 殿前都虞侯 王審琦에게 이 사실을 고하였는데 守信과 審琦는 平素에 太祖에게 歸心하고 있었던 심복들이다.[58)] 이리하여 將士가 둥글게 열을 지어 새벽을 기다렸다. 그런데 이렇게 조직적이고도 공공연하게 정변의 모의가 진행되고 상당수의 장병이 움직이고 있었는데도 趙匡胤은 이를 알지 못하였다는 점에 의혹을 갖지 않을 수 없다. 趙匡胤은 취해서 자고 있었다거나 (太祖醉臥), 처음에는 (정변을) 알지 못했다(初不省)고 기록하고 있는데 의문이 간다. 그런데

---

56) 『長編』 卷 1.

57) 『上揭書』.

58) 『宋朝事實』 卷 9에 依하면 石守信, 王審琦는 趙匡胤과 十兄弟의 義結을 맺은 人物이고 慕容延釗은 趙匡胤이 平素에 兄事 하던 사람이다.(『宋史』 卷 251, 慕容延釗傳)

이튿날 (갑진) 날이 새자 사방에서 들판을 흔들 정도의 큰 소리가 나고 이때 趙普와 匡義가 비로소 趙匡胤에게 이 사실을 알렸다. 이때 제장들은 갑옷을 입고 병기를 들고 趙匡胤이 자고 있는 寢門을 두드리며 말하기를

諸將은 無主니 청하건대 太尉께서 天子가 되시오 59)

라 하니 趙匡胤이 놀라 일어나 옷을 입으면서 아직 이들에게 應酬하지 못하였다. 이때 趙匡胤을 옆에서 扶腋하여 밖으로 나와 말을 듣도록 할 때 누군가가 황포(天子의 황포)를 太祖의 몸에 덮자 뜰아래 무리들은 만세를 불렀다.60) 이때 太祖는 이를 완고히 거절하였다(太祖固拒之)61) 이에 대해 장병들은 불가하다 하고 듣지 않고 서로 太祖를 扶腋하여 말에 오르게 한 후 강제로 말머리를 南으로 향하도록 하였다. 이때 匡義는 마전에 서서 (太祖에게) 약탈을 경계하도록 청하자 太祖는 사태가 면할 수 없음을 살펴 이에 말고삐를 잡고(攬轡) 제장에게 맹세하여 이르기를,

너희들은 스스로 富貴를 貪하여 나를 세워 天子로 하였다. 능히 나의 命을 따른다면 可하나 그렇지 못하면 나는 결코 너희들의 主君은 되지 않으리라 62)

---

59) 『長編』 卷 1.

60) 『宋史』 卷 1, 太祖本紀에는 遲明, 逼寢所, 太宗入白太祖起 諸校露刀列于庭曰 諸軍無主願策太尉爲天子 未及對 有以黃衣加太祖身衆皆羅拜 呼萬歲라 하여 黃袍를 黃衣로 表現하고 있다.

61) 『宋史』 卷 1, 太祖本紀에는 拒否했다는 말이 없다. 다만 太宗(趙光義)이 들어가서 太祖에게 兵變事實을 알렸을 때 아무런 對答이 없었다(未及對)고 記述하고 있을 뿐이다.

62) 『長編』 卷 1.

하니 군중이 모두 말에서 내려 그 명을 따를 것을 맹세하였다. 앞서 趙匡義(太宗)도 마전에서 趙匡胤에게 京師에 들어갔을 때 병사에 의한 京師의 약탈을 엄금하도록 권한 바 있는데 五代 병사에 의한 수도 劫奪은 일반민중은 물론이고 고관들도 공포에 떨 정도였다. 이에 趙匡胤은

> 近來의 帝王들이 (兵變을 일으켜) 京城으로 들어갈 때 모든 兵士가 함부로 약탈을 恣行하고 府庫를 奪取하였는데 너희는 다시 이런 일을 하지 말아야 한다.[63] 事態가 진정되면 너희에게 당연히 厚賞이 내려질 것이다. 그렇지 않으면 마땅히 一族을 滅할 것이다"라 하고 群衆이 모두 절을 올려 命을 따를 것을 맹세하니 軍士를 整頓하여 마침내 汴京의 仁和門으로 들어오니 秋毫도 犯하는 자가 없었다.[64]

고 한다. 이로써 진교역에서 趙匡胤이 醉臥상태에 있었다는 것은 믿을 수 없는 사실이다. 그것은 정월 초하루에 거란, 북한병 남침의 허위제보를 근거로 마치 거란남침을 기다리고 있었다는 듯이 正月 2日에 선발대가 출동하고 다시 초삼일에는 본대가 떠났다. 그리하여 그날 저녁에 陳橋驛에 도착 즉시 정변의 모의가 진행되고 있었는데 趙匡胤은 이를 알지 못하고 술에 취해 자고 있었으며 黃袍加身으로 天子에 오르게 되었다는 사실은 정변의 주동자에 의해 송조건국의 역사적 순간을 윤색하고 미화시킨 것이다.

---

63) 『舊五代史』 卷 110, 乾祐2年 11月 22日條 및 『資治通鑑』 卷 289, 郭允明弑漢隱帝於北郊諸軍大掠 煙火四發 帝止於舊第 翌日 王殷 郭崇言曰 "若不止剽掠 此夜火爲空城耳" 由是 諸將部分 斬其剽者 至晡乃定.

64) 『長編』 卷 1, 建隆元年 春正月條.

4. 都巡檢 韓通의 被殺事件

이상 진교역정변의 내용을 분석하여 보았다. 그런데 군사를 회군하여 京師로 들어 온 이후 趙匡胤이 황제로 즉위하기까지의 과정에서도 몇 가지 의혹이 제기되고 있는데 在京都巡檢 韓通의 살해사건은 그 좋은 예이다. 京師에 들어온 趙匡胤군단의 정변처리 과정은 용의주도하게 진행하고 있다. 먼저 客省使 潘美를 파견하여 조정대신(執政)에게 정변 사실을 알리고, 다음으로 親吏 楚昭輔를 보내 가족을 안심시켰다. 그 후 左掖門 안에 있는 趙匡胤 자신의 치소인 殿前都點檢公署를 楚昭輔와 石守信으로 하여금 엄중하게 수비하도록 하여 혁명의 본부로 하였다.

한편, 정변에 대한 後周 조정의 대응책을 보면 여러 가지 의문을 갖게 한다. 그 가운데서도 京師로 돌아온 趙匡胤군단이 後周 조정으로부터 아무런 저항을 받지 않은 무혈혁명으로 서술되어 있는 데 의심이 간다. 그 가운데서도 京師수비를 담당하고 있던 在京都巡檢 韓通의 죽음에 깊은 의혹을 갖게 된다.

歐陽修는 『新五代史』에서

> 後梁과 後漢은 스스로 亡하였고 後晋 또한 滅한 바 되었다. 後周에 이른즉 이를 大書하여 帝位를 (趙匡胤(에게)) 恭遜하게 물려주어 宋이 일어났으니 宋의 受命은 바로 天命에 順應하고 民心에 따른 擧事였다. (그 근거로) 受命하는 날에 市場에서는 交易이 이루어졌고 寢床 곁에 (다른 사람이) 잠자지 않고 (兵變을 이루었으니) 仁과 義의 極致라 할 것이다.[65)]

---

65) 『長編』 卷 1, 建隆元年, 正月乙巳條에서 다음과 같이 歐陽修의 『新五代史』를 引用하고 있다. 歐陽記 五代史也 書梁漢曰亡, 書晉曰滅 至周則大書之曰

라고 예찬하였는데 이것은 진교역정변의 무혈혁명성을 應天順人의 거사로 미화시킨 것이다.

李燾는 『續資治通鑑長編』에서 龜鑑을 인용하여

> 趙匡胤은 後唐 天成2年(927) 丁亥生으로 祥光瑞采 精英하게 나타났다. 人心이 그를 向慕한 지 오래되어 하늘과 사람들이 그에게 뜻을 두었으나 太祖가 이를 알지 못하였다. 建隆元年 正月 上日에 京師에 推戴의 말이 있었으나 內庭에서는 이를 알지 못했고 將士들 사이에도 推戴의 말이 있었으나 太祖(趙匡胤)는 이를 듣지 못하였다. 따라서 後周로부터 太祖의 선양은 바로 舜, 湯의 아름다운 三遜三辭에 비유되는 일이다.[66]

라고 찬양을 아끼지 않고 있다. 진교역정변은 五代에 흔히 있던 將士에 의한 병란에 불과한데 이를 종래 흔히 사용되어 오던 유교적 禪讓형식으로 牽强附會하여 병란의 실상과는 다르고 在京都巡檢 韓通의 사망사건 또한 그 일례라 하겠다.

정변이 일어날 당시의 後周의 병력배치 상태를 보면 禁軍의 일부는 거란 및 북한의 방비를 위해 북변의 燕雲16州 지역에 주둔하고 있었고 이 밖에 禁軍의 중심은 京師를 방비하기 위해 汴京에 있었다. 수도 군단의 총지휘권이 殿前都點檢 趙匡胤과 侍御親軍馬步軍 副都指揮使

遜於位 宋興 嗚呼 我宋之受命 其應天順人之擧乎 受命之日 市不易肆 仁之至也 臥榻之側 他睡不容 義之盡也.

66) 『長編』 卷 1, 太祖 建隆元年 春正月 己巳條註. 顯德之七年, 太祖生三十有四年矣……時蓋正月之上日也. 是日也 京師已有推戴之語 而內庭未之知. ……是日也 將士又有推戴之語而太祖未之聞. 越翼日甲辰 寢門未闢 擁逼者至 太祖未及語而黃袍已加之身矣. 噫! 南河之避 舜猶有辭 大坰之至 湯猶有待. 事勢至此 聖人不得以遊乎舜, 湯之天矣……三遜三辭黽勉而受之 能律將士以保周宗 而不能使周禪之不歸 能擇長者房州之奉, 而不能遏陳橋之逼. 天實爲之 吾其奈何!

이며, 在京內外都巡檢67)의 요직을 담당한 韓通이다. 그런데 특히 韓通은 侍御親軍을 장악하고 있었으므로 趙匡胤 군단이 진교역으로 출병하였기 때문에 京師警備는 韓通의 휘하에 있었다.

韓通의 살해사건에 대한 『長編』의 기사는 간략하다. 그 내용은 두 개 부분으로 나누어 살필 수 있다. 즉

在京巡檢韓通 自內庭惶遽奔歸將率衆備禦

라 한 앞부분과 이에 이어

散員都指揮使蜀人王彥昇 遇通於路 躍馬逐之 至其第 第門河及掩 遂殺之幷其 妻子.

라고 한 뒷부분이다.

이에 의하면 在京巡檢(都巡檢의 誤) 韓通이 진교역정변과 趙匡胤의 班師소식을 듣고 內庭68)에서 황급히 달려 나와 귀환하여 장차 衆(병사), 즉 都巡檢 휘하의 병사를 인솔하여 방어준비를 하였다는 것이 앞부분의 내용이다. 그런데 이러한 앞부분에 이어 계속된 뒷부분의 사실이 문제가 된다. 즉 散員都指揮使인 王彥昇이 (韓)通을 노상에서 만나 말을 몰아 이를 쫓아가 그 집에 이르렀는데 미처 문이 닫히지 않아 韓通과 그 처자를 함께 살해하였다는 사실이다.

---

67) 『長編』 卷 1에서는 在京 巡檢으로 잘못 기록하고 있다. 『宋史』 卷 484 韓通傳에는 周 世宗이 淮南을 親政할 때 韓通을 京城都巡檢으로 任命하였고 그 후 二回에 在京內外都巡檢으로 任用하였다. 『涑水記聞』卷1에서도 在京內外都巡檢으로 記錄하고 있다.

68) 『涑水記聞』 卷 1에서는 (韓)通方在內閣聞變이라 하여 政變消息을 廷內가 아니라 內閣에서 들었다고 있다.

『長編』의 이 기사는 전후가 서로 부합되지 않고 그 중간에서 내용이 상당 부분 삭제(생략)된 느낌을 갖게 한다. 그것은 韓通이 趙匡胤의 병변과 회군 소식을 듣고 內庭으로부터 황급히 달려 나와 돌아간 것은 확실하며 두려움 속에서 황겁히 달려 나온 목적이 바로 將率衆 즉, 장차 衆兵을 인솔하여 趙匡胤의 京師진출을 방어하려는 앞쪽의 기사는 사실이라 생각된다. 이와 유사한 내용으로 『宋史』 太祖本紀에

副都指揮使 韓通謀禦之 69)

라 하여 趙匡胤의 京師진입을 방어하려는 모의를 도모하였다고 되어 있다. 그런데 뒷부분의 기사는 散員都指揮使인 王彥昇을 길에서 만나 그의 追跡을 받아 집으로 쫓겨 와 제문이 미처 닫히지 않아 처자와 함께 살해되었다는 내용인데, 이 부분에 의문이 간다. 그것은 韓通이 결코 집으로 달아나서 王彥昇에게 살해될 인물이 아니기 때문이다. 韓通의 인간성과 경력을 살펴보면 쉽게 납득이 간다. 즉 그는 後周 世宗 재위 시에는 능력과 軍功으로 世宗의 두터운 신임을 받았고 성품 또한 강직하여 타협을 모르는 무골이었다.70) 世宗의 병사 이후, 恭帝 때에는 趙匡胤과 함께 宿衛를 관장하고 군정의 중요국무는 대부분 그가 결재하였다. 그의 성격이 특히 강직한 나머지 부하장사들로부터 괴팍(愎)하다는 평을 들을 정도였고 부하에게 관대하거나 융통성을 허락하지 아니하였다. 이로 인해 大衆의 마음이 그를 따르지 아니하였다고 한다.71)

69) 『宋史』 卷 1, 太祖本紀.
70) 『宋史』 卷 484, 「韓通傳」.
71) 앞의 『宋史』 「韓通傳」 및 『長編』 卷1, 春正月 戊申條. 初周鄭王(恭帝) 幼弱 通與上同掌宿衛 軍政多決於通 通性剛愎 頗肆威虐 衆情不附.

韓通의 이러한 성품은 五代의 高位 文武臣에게는 보기 드문 인품이다. 五代의 時代 相은 부절의와 융통성, 그리고 시세영합과 적당주의가 시대를 풍미하였으니, 歐陽修의 말처럼 한 왕조에 충신한 자는 없고 死節之士는 오로지 삼인뿐이라고 개탄 하였다.[72] 이러한 五代의 시대相에 비추어 볼 때 韓通과 같은 무인은 世宗과 같은 영주 밑에서는 능력을 발휘할 수 있었으나 世宗 사망 후 급변하는 정세에서는 적응하지 못하였다. 더구나 그의 이러한 괴팍한 성품과 타협할 줄 모르는 강직성은 周朝를 저버리고 정변을 일으켜 황제로 회군한 趙匡胤에게 순순히 타협하였을 가능성은 없다. 더욱이 趙匡胤 군단의 班師소문을 듣고 겁에 질려 집으로 달아나다 노상에서 王彥昇의 追擊을 당하였다는 사실은 믿기 어렵다. 도리어 京師의 都巡檢으로 또 궁중경비를 맡고 있던 宿衛將으로 趙匡胤의 入京을 저지하기 위한 모의를 하였고 방어준비를 거쳐 대항전을 벌였을 것이 분명하다. 이에 앞서 韓通은 封禪寺에 피신하고 있던 太祖 가족을 처치하려 한 사실이 있었다.[73]

앞의 宋 太祖本紀에 나오는 짤막한 기사, 즉 "韓通이 방어하기 위해 모의하였다"[74]는 사실과 앞의 『長編』 기사에서

> 장차 衆兵을 引率하여 (趙匡胤의) 入城을 防備하기 위한 準備를 하였다.

는 사실은 분명히 그가 입성을 저지하기 위한 준비사실을 말해 주는 것이다.[75] 따라서 韓通은 아직 준비가 미진한 상태에서 趙匡胤과 방어전을 하였다고 보아야 할 것이다. 다시 말해 趙匡胤과 함께 궁중숙

---

72) 『新五代史』 卷 21, 梁臣傳.

73) 『宋人軼事彙編』 卷 1, 太祖受命北伐, 以杜太后而下寄於封禪寺, 陳橋推戴, 韓通聞亂, 亟走寺內訪尋欲加害, 主僧守能者以身蔽之遂免.

74) 『宋史』 卷 1, 太祖本紀.

75) 『長編』 卷 1, 建隆元年 春正月.

위를 장악하고 어린 恭帝를 도와 모든 군정을 결정할 수 있는 요직에 있었을 뿐만 아니라 수도경비를 담당하는 在京巡檢의 직책을 맡고 있던 그가 노상에서 指揮使 王彥昇의 추격을 당하여 자기 집으로 달아나다 살해되었다고도 볼 수 없다. 그는 궁궐을 지키기 위해 趙匡胤 군단과 闕下에서 일전을 하였음이 분명하다. 李燾는 『長編』 중에서 이를 뒷받침하는 蘇轍의 『龍川別志』에 나오는

> 韓通以親衛 戰闕下敗死 76)

라고 한 사실을 믿으려 하지 않았으나, 蘇轍의 이 기록이 韓通 사망의 전후사정을 옳게 설명한 것으로 본다. 따라서 『長編』에서는 韓通이 內庭에서 황겁히 달려 나온 부분만 서술하고 친위부대, 아마도 궁정 내를 방비하는 宿衛軍을 이끌고 大闕 아래에서 (趙匡胤의) 부대를 맞이하여 싸운 부분에 대한 서술은 삭제한 것이 분명하다. 이리하여 趙匡胤 군단을 맞아 일전을 하다 전사하였거나 아니면 勢不利하여 퇴각 후 자결하려다 노상에서 王彥昇의 추격을 받은 것이 아닌가 생각된다.

韓通이 周朝를 위해 순절한 사실을 입증하는 기록으로 『宋史』(卷 484)의 周三臣列傳있다. 주삼신열전은 太祖(趙匡胤)에게 끝까지 대항한 李筠, 李重進과 함께 삼신으로 같은 위치에 놓은 것은 시사하는 바가 크다. 왜냐하면 李筠, 李重進과 함께 韓通도 太祖에 대항하여 싸웠고 그것이 『宋史』의 列傳에 특별히 후주의 삼신77)으로 내세울 수 있

---

76) 李燾는 『長編』 卷 1의 註에서 "恐別志誤 韓通倉卒被殺 未嘗交鋒"이라고 蘇轍의 龍川別志가 誤記라고 주장하고 있다. 그러나 그 根據로 『國史』 및 趙普의 『飛龍記』, 司馬光의 『涑水記聞』, 『朔記』 등에 이러한 事實이 없기 때문이라 하였으나 이들 史書는 대부분 陳橋兵變을 美化한 面이 많다.

77) 『宋史』 卷 484, 周三臣, 李筠列傳에 依하면 宋의 建國初에 40人의 節度使

었기 때문이다. 周三臣 열전의 서문에

> (歐陽修가) 五代史記에 唐六臣傳을 둔 것은 그들을 非難(譏)하기 위함인데 『宋史』 列傳에 (後)周三臣傳을 둔 것은 五代史記와 그 뜻이 다르다. (일찍이) 韓通은 後周를 섬김에 宋太祖에 比肩할 만한 人物로 宋이 아직 受禪이 이루어지지 않은 시점에서 죽은 것을 宋에서 이를 傳하지 않는다면 忠義之志를 어디에서 맡아 後世에 傳할 수 있으리오[78]

라고 하였다. 정변이 성공하고 제위에 오른 太祖는 韓通을 中書令으로 추서하고 厚葬으로 예우하였는데, 그 이유로 "嘉其臨難不苟也"[79]라고 한 사실도 주목이 가는 내용이다. 다시 말해 비록 趙匡胤 자신에게 저항을 하다 살해되었으나, 難(兵變과 周朝의 滅亡)에 임하여 오대의 무사처럼 목전의 부귀영화에 구차히 얽매이지 않는 韓通의 강직성에 같은 무인으로서 그를 높이 평가한 것이다. 대항하다 살해된 韓通에 대한 예우가 지나치다고 할 수 있으나 정변은 성공하였고 더욱 이를 무혈혁명으로 정당화하려는 趙匡胤 집단으로서는 韓通과 같은 거물을 예우하는 것은 민심수습 차원에서도 필요한 처분이라고 생각된다. 그 위에 太祖의 寬容主義 정책의 일환으로 볼 수 있다. 그 증거로 太祖는 후주의 왕족에게 중국 역대의 어느 창업주보다 후대하였고[80] 이는 宋

가 各地에 駐屯하고 있었으나 大部分 太祖에 屈服하였다. 그러나 後周初以來 8年 동안 潞州를 管掌하고 세력기반을 쌓았던 昭義軍 節度使 李筠이 강하였다. 潞州는 契丹 및 北漢과 對峙하고 있던 最一線으로 將兵은 歷戰의 勇士였다. 李筠은 建隆 元年 4月 24日 反亂後 太祖와 끝까지 싸우다 焚死하였다.

『同上揭書』, 淮南節度使 李重進은 郭威의 甥으로 오랫동안 侍衛軍의 總師로 活躍하였으나 9月 11日 反亂을 일으켜 太祖에 抵抗하다 戰死하였다.

78) 『宋史』 卷 484, 列傳 243, 周三臣(韓通, 李筠, 李重進).

79) 『長編』 卷 1, 建隆元年, 春正月, 戊申條.

80) 『二十二史箚記』 卷 25, 宋待周後之厚條 參照.

일대에 계속되었다. 한편 韓通을 살해한 王彦昇에 대한 太祖의 처리에도 의문이 있다. 즉

王彦昇之 棄命專殺也 上怒甚 將斬以徇已而釋之 然亦終身不授節鉞 81)

이라 있으니, 王彦昇이 棄命(명을 어기고) (韓通을) 專殺한 데 대해 상(趙匡胤)이 심히 怒하여 그를 斬하여 懲戒하려다 풀어주었다 하였는데, 이것은 趙匡胤이 京師에 들어와서 저항하는 韓通 처리 문제를 王彦昇에게 명령을 내렸고 그에 따라 王彦昇이 저항하는 韓通과 접전을 하게 된 것이 아닌가 생각된다. 이 당시 王彦昇에게 준 太祖의 명령은 韓通을 죽이지 말도록 한 것이 분명한데 이러한 上(趙匡胤)의 명을 王彦昇이 棄命한 것이다. 여기에는 불가피한 이유가 있었을 것이다. 韓通의 저항이 강하여 그를 사로잡는 일이 불가능하였거나 (실제 韓의 강직한 성격으로 미루어 볼 때 무사로서 사로잡힐 일은 하지 않았을 것이다) 아니면 불가피한 군사상의 문제가 있었을 것이다. 이리하여 陳橋驛 政變에 공이 큰 王彦昇을 죽이지는 못하고 단지 太祖의 명을 어긴 책임을 물어 종신토록 무인의 節鉞을 주지 않은 것으로 일단락 처리한 것 같다.82)

5. 陶穀의 禪位制書 작성경위

정변의 극적인 부분은 陳橋驛에서 趙匡胤에게 黃袍加身하는 순간과 後周 조정에서 太祖에게 제위를 물려주는 양위장면이라 하겠다. 이 두

---

81) 『長編』 卷 1, 太祖本紀, 建隆元年 正月條.

82) 『涑水記聞』 卷 1, 上初欲斬王彦昇, 以初授命故不忍、然終身廢之 不用蓋誤也 但不授節鉞耳.

장면은 사건 전개의 효과와 함께 그 내용에 대한 여러 가지 의문이 잠재하고 있다는 점에서 주목이 간다. 京師에 들어 온 太祖가 恭帝로부터 禪讓을 받는 순간에 禪讓을 위해 禪位制書를 주고받는 일이다. 그런데 太祖에게 黃袍加身을 하는 일과 거의 유사하게 양위식을 올리는 엄숙한 식장에 선위제서가 준비되지 않았다는 사실이다. 이 순간을 극적으로 처리한 것이 翰林學士承旨 陶穀이었다. 그는 소매 속에서 선위제서를 趙匡胤에게 바치어 대례를 무사히 치렀다고 되어 있다.[83] 조서의 내용을 보면 다음과 같다.

> 하늘이 백성을 내심에 司牧을 두셨고, 二帝가 公을 추대하여 禪位하셨다. 三王이 때를 타고 革命으로써 하셨으니, 그 지극한 것은 하나이다. 마지막 小子(恭帝)가 때를 만난 것이 적절하지 않고 人心과 國命이 떠나갔다. 歸德軍 節度使, 殿前都點檢趙(匡胤)는 上聖의 資質을 지니셨고, 神武의 智略이 있으셔서 우리 高祖를 도와 (그 功이) 黃天에 이르렀으며, 世宗을 섬김에 미쳐 (그) 功을 크게 기록할 만하다. 동쪽을 치면 서쪽이 원망하며 그 사업이 성대하다. 天地의 鬼神이 德있는 사람에게 향음하고 獄訟을 노래 불러 지극한 仁에게 부치며 하늘에 應하고 百姓을 따르며 堯가 舜에게 禪讓한 것을 본받고 무거운 부담을 풀어주는 것같이 하였다. 내(太后)가 그를 귀함으로 받드니, 아아! 조심하고 恭敬하며 단지 天命을 두려워할 따름이다.[84]

83) 『長編』 卷 2, 太祖 建隆元年條.

84) 『舊五代史』 卷 120, 『周書』 11, 恭帝紀. 顯德七年春正月辛丑朔, 是日, 詔曰……"天生蒸民, 樹之司牧, 二帝推公而禪位, 三王乘時以革命, 其極一也. 予末小子, 遭家不造, 人心已去, 國命有歸. 咨爾歸德軍節度使, 殿前都點檢趙. 稟上聖之姿, 有神武之略, 佐我高祖, 格于皇天, 逮事世宗, 功存納麓, 東征西怨, 厥績懋焉. 天地鬼神, 享於有德, 謳謠獄訟, 附于至仁, 應天順民, 法堯禪舜, 如釋重負, 予其作賓, 嗚呼欽哉, 祗畏天命"

이 制書를 분석하여 보면, 일개 한림학사승지 陶穀이 즉흥적으로 쓸 수 있는 내용이 아니다. 즉 인심이 소자(恭帝)를 떠나 趙匡胤에게 옮겨갔다는 것, 천명이 周朝에서 떠났음을 강조하여 應天順人의 명분을 내세우고 있다. 따라서 이와 같은 내용은 後周 조정과 趙匡胤 휘하 사이에서 충분한 검토를 거쳐 작성된 것으로 보아야 옳다. 여기에서 중요한 선위제서가 언제 누구의 명에 의해 작성되었는가 하는 것이다. 다시 말해 禪大禮가 거행되기 이전에 작성된 것인지 아니면 陶穀이 미리 작성하고 있다가 制書가 없는 사실을 알고 이를 소매 속에서 꺼내어 太祖에게 바친 것인지 불분명하다.

『宋史』 太祖本紀에는 "翰林學士承旨陶穀 出周恭帝禪位制書于袖中"[85]이라 하여 翰林學士承旨 陶穀이 周 恭帝의 선위제서를 소매 속(袖中)에서 꺼내어 바쳤다고 한다. 이에 의하면 주 恭帝가 太祖에게 禪讓하는 제서는 禪大禮가 행하여지기 이전에 이미 작성되었고 그것을 承旨 陶穀이 소매 속에 간직하고 있다가 제출한 것이다. 다만 陶穀이 莫重한 制書를 그의 소매 속에 간직하고 있었다는 부분은 大禮의 의식상 납득이 가지 않는다.

그런데 『宋史』 太祖本紀의 위 기사와는 다른 내용으로 禪禮의 제서 작성사실이 있다. 즉 선위제서는 禪大禮가 행해지기 이전에 작성된 것이 아니라는 사실이다. 즉 『長編』에서는

> 太祖詣崇元殿 行禪大禮 召文武百官就列 至晡班定 獨未有周帝禪位制書 翰林學士承旨陶穀 出諸袖中 進曰 制書成矣 遂用之[86]

라고 있다. 이에 의하면 崇元殿(崇光殿)에 나아간 趙匡胤이 禪大禮를

---

85) 『宋史』 卷 1, 太祖本紀.
86) 『長編』 卷 1, 太祖 建隆元年條.

행하기 위해 문무백관을 소집하여 도열하고 晡時에 이르러 班을 정하여 대례를 행하려 하였는데 오직 周恭帝의 禪位制書가 갖추어지지 않고 있었다. 이 때 陶穀이 소매 속에서 제서를 꺼내어 바치면서 이르기를 '제서가 준비되어 있습니다'라 하니 드디어 이를 사용하였다고 되어있다. 『長編』의 위 기사대로라면 禪大禮를 행하기 위한 제반준비가 갖추어졌는데 유독 周恭帝가 趙匡胤에게로 황위를 禪讓하는 제서가 마련되지 않았다. 이때 翰林學士承旨 陶穀이 소매 속에서 이를 내어 바친 것으로 되어 있다. 그러면 제서는 周恭帝의 명에 의해 사전에 작성된 것인가, 아니면 陶穀이 임의로 작성하여 소매 속에 있었던 것을 꺼내어 바친 것인가라는 의문이 제기될 수 있다.

중국 역사상 왕권교체를 하는 禪讓방식은 王莽이 前漢을 찬탈할 때와 後漢이 魏에 선양한 예에서 비롯된다. 그러나 선양의식에서 중요한 것이 유교적 명분으로 天命사상과 함께 선양받는 황제의 德의 有無가 중요하다. 이런 내용을 制書에 담아야 하기 때문에 제서작성의 중요함은 역대 왕조에서 입증되어 왔다. 陶穀의 이 제서에 관련된 기사를 다른 기록에서 찾아보면 『長編』과 다른 내용을 볼 수 있다. 『宋史』의 陶穀傳에는

> 初 太祖將受禪 未有禪文 穀在旁 出諸懷中而進之曰 已成矣 太祖甚薄之[87)]

라 하여 太祖(趙匡胤)가 장차 受禪을 함에 禪文이 있지 않았다. 이때 곁에 있던 陶穀이 품속에서 이를 꺼내 바치면서 이르기를 (제서가) 작성되어 있습니다 하니 太祖 甚薄之하였다고 있다. 陶穀傳의 이 기사를 위 『長編』과 비교해 볼 때 먼저 『長編』에서는 崇元殿에서의 禪代禮

87) 『宋史』 卷 269, 「陶穀傳」.

의식이 구체적으로 기술되어 있으나 陶穀傳에는 없고 周帝禪位制書라 하였다. 陶穀傳에서는 단순히 禪文이라고 가볍게 처리하였으며 또한 陶穀이 곁에(旁) 있었고 품속(懷中)에서 꺼내었으며 특히 陶穀의 제서진상에 대해 太祖가 甚薄之하였다는 내용이 『長編』과 다르다. 『涑水記聞』에서는

> 太祖將受禪 未有禪文 翰林學士承旨 陶穀在旁 出諸懷中進之曰, 已成矣. 太祖由是 薄其爲人[88)]

이라 있다. 여기에서도 앞부분의 내용은 陶穀傳과 같으나 太祖由是薄其爲人이란 내용이 『長編』과는 다르다.

이상의 『長編』과 『宋史』 陶穀傳 및 『涑水記聞』의 내용 중 차이가 나는 부분을 다시 한 번 살펴보면 『長編』에서는 進曰 制書成矣 遂用之라고 되어 있고 陶穀傳과 『涑水記聞』에서는 進之曰 已成矣 太祖甚薄之라 있어 문맥이 약간씩 다르다. 陶穀이 제서를 올리면서 "제서가 되어 있습니다"라고 말한 부분은 같은데 그 뒷부분은 "드디어 이를 사용하였다"(『長編』) "太祖가 이를 심히 薄하였다"(陶穀傳) 태조가 이일로 해서 그 위인됨을 薄하게 했다고 차이를 보인다.[89)] 『長編』에서는 陶穀이 제시한 제서를 그대로 사용하여 禪大禮를 무사히 마쳤는데 다른 사서에서는 제서작성자인 陶穀에 대해 太祖가 그를 薄하게

---

88) 『涑水記聞』 卷 1.

89) 太祖甚薄之, 太祖由是 薄其爲人의 薄은 여러 가지 뜻으로 해석할 수 있으나 「諸橋轍次 漢和大辭典」 卷 9, 936쪽에서 薄은 박하다(厚의 反對)라는 뜻 외에 迫也, 至也, 依也, 附也, 懼也 등으로 解釋하고 「中文辭典」에서도 여러 뜻이 있고 그 中에 "取하다"란 뜻이 있다. 『宋史』 陶穀傳에 太祖 登極後 (宋初)에 그는 禮部尙書, 乾德2年에 判吏部銓兼知貢擧, 그리고 刑部, 戶部尙書로 陞進한 것은 참고할 일이다.

여겼다는 사실이 무엇을 의미하는 것인가. 여기에 선위제서 경위와 이를 작성한 陶穀에 대한 太祖의 대접 문제가 의혹으로 나타난다.

선위제서의 작성경위를 좀 더 알아보기 위해 趙匡胤이 京師에 반사한 이후 주조 고위관료들의 정변에 대한 대응과정과 禪大禮에 이르기까지의 사정을 살펴보자.

宰相 范質은 병변의 소식을 관아에서 듣고 殿閣 아래로 나와 參知政事 王溥의 손을 잡고 말하기를 "창졸하게 將士를 파견한 것은 우리들의 죄이다"라고 하면서 王溥의 손을 꽉 잡자 손톱이 王溥의 손등 속으로 들어가 피가 나왔으나 王溥는 입을 꼭 다물고 대응하지 않았다[90]고 한다. 한편, 제장은 趙匡胤을 보좌하여 明德門을 오르고 이때 趙匡胤은 군사들의 무장을 풀고 본진으로 돌아가도록 명하고 자신도 左掖門 안에 있는 자기 공관인 殿前都點檢의 公署로 돌아가 陳橋驛으로부터 입고 있던 황포를 비로소 벗었다.

趙匡胤이 京師로 회군하고 禪位를 하는 과정에서 의전절차상 상대해야 할 인물은 아마도 후주의 현직 宰相으로 있던 范質이라 생각된다. 『東都事略』과 『宋史』의 范質傳에서는 이 부분에 대한 설명이 다르게 기술되어 있어서 문제가 된다. 먼저 『東都事略』에서 范質이 회군한 趙匡胤을 첫 대면한 장면을 보면 다음과 같다.

> 先帝(世宗)께서 太尉(趙匡胤)를 마치 親子息처럼 보살펴 주셨는데 지금(先帝의) 몸이 (地下에서) 아직 식지도 않았는데 이 무슨 짓인가 [91]

라고 叱責하였다고 있다.[92] 『宋史』 范質傳에는 이러한 이야기는 없고

---

90) 『長編』 卷 1, 建隆元年, 宰相早起未退 聞變 范質下殿 執王溥手曰 倉卒遣將 吾輩之罰也瓜入溥手 幾出血 溥噤不能對.

91) 『東都事略』 卷 18, 列傳 1, 范質. 旣見太祖曰 先帝養太尉如子 今身未冷奈何.

92) 『東都事略』 卷 18, 列傳 1, 范質.

太祖가 눈물을 흘리며 慟哭을 하면서 정변의 불가피한 과정을 설명하자 范質은 이에 대해 아무런 대답을 못하고 어찌할 바를 몰랐다고 하고 있다.[93] 趙匡胤은 范質의 위와 같은 叱責에 대해 嗚咽流涕하여 말하기를

吾受世宗厚恩 爲六軍所迫 一旦至此 慚負天地 將若之何 [94]

라 하였다. 이때 趙匡胤을 호위하고 있던 散指揮都虞侯인 羅彦瓌가 칼을 빼들고 앞으로 나와 말하기를 "우리는 지금까지 無主였고 오늘에야 기필코 天子를 얻었다"고 하자 太祖가 이들을 꾸짖었으나 물러서지 않자 옆에 있던 王溥가 먼저 계단을 내려가 拜를 올리니 范質은 부득이 이에 따를 수밖에 없었다고 있다.[95] 范質이 회군한 趙匡胤을 첫 대면한 장면에서 叱責한 내용이『東都事略』范質傳이다.『宋史』范質전 및『續資治通鑑長編』에는 생략되어 있는데 이 부분도『東都事略』의 기사가 확실한 것 같다. 그것은 范質이 회군소식을 듣고 급히 파병한 일이 자신의 죄라고 뉘우친 점과 또한 그의 강직하고 청빈한 인품에서[96] 이를 살펴볼 수 있다. 한편『長編』에서는 蘇轍의『용천별지』를 인용하여 太祖가 갑옷을 벗고 政事堂에 들어갔는데, 이때 范質이 먼저 禪代議를 개진하였다고 주문을 달고 있다. 또『東都事略』范質傳에서도 范質이 趙匡胤을 만난 것은 府署(府第)에서 처음 만났는

93)『宋史』卷 249, 列傳 8, 范質.

94)『東都事略』, 卷 18 范質傳.

95)『東都事略』卷 18 范質傳.

96)『宋史』卷249, 范質傳에는 趙匡胤(太祖), 趙光義(太宗)이 모두 范質의 宰相器를 다음과 같이 칭송하고 있다.
太祖因論輔相 謂侍臣曰 "朕聞范質止有居第 不事生產 眞宰相也" 太宗亦嘗稱之曰 "宰輔中能循規矩 愼名器持廉節 無出質右者 但欠世宗一死 爲可惜爾"

데 趙匡胤을 叱責한 후 사태가 도저히 어쩔 수 없음을 알고 范質이

自古帝王有禪位之禮 今可行也 因具陳之[97]

라 하였다고 있다. 范質은 太祖를 일단 叱責한 후에 사태가 여의치 않자 禪位大禮 문제를 먼저 개진하였고 이때 世宗의 王后와 小主(恭帝)의 안전을 요청하여 趙匡胤이 이를 수락한 것으로 되어 있다.[98] 이러한 과정이라면 선위제서도 응당 范質과 太祖(혹은 측근) 사이에 논의된 후 다시 陶穀에게 명하여 작성하였을 것으로 생각된다. 이에 대해『長編』의 註文에서는 太祖가 갑옷을 벗고 政事堂에 갔고 范質이 먼저 太祖에게 禪代議를 개진한 기록은『국사』나 趙普의『비룡기』그리고 司馬光의『涑水記聞』과『朔記』등에 모두 동일하지 않으므로 아마도 蘇轍의『용천별지』가 틀린 것 같고 특히 趙匡胤은 政事堂에 가지 않고 府第(殿前都點檢公署)로 갔기 때문에 政事堂에서 范質과 趙匡胤 간에 있었다고 하는 선대논의는 사실이 아니라고 부기하고 있다.[99]

그런데 한 가지 분명한 것은 중국 역대의 왕위교체에 있어서 王莽이 한을 찬탈한 이래 禪讓의식이 행해졌고 이러한 대례가 이루어지는 가장 큰 명분으로 선위조서가 반포된다는 사실이다. 따라서 趙匡胤은 물론이고 趙光義(후의 太宗)이나 趙普 등에 의하여 禪讓의 절차가 우선적으로 논의되었고 여기에 무엇보다도 중요한 선위조서를 작성하는 일은 후주의 宰相 范質과 상의하는 일은 명분상으로도 불가피한 일이 아닐 수 없다. 실제로 崇元殿에서 문무백관이 소집되어 禪位大禮가 집행된 것은 晡時[100](신시, 즉 오후 3시에서 4시 사이)로 되어 있기 때문에 陳橋驛

97)『東都事略』卷 18, 列傳 1 范質傳.
98)『東都事略』.
99)『長編』卷 1, 建隆元年條 註文.

에서 五鼓에 정변이 일어났고 곧바로 회군하여 京師에 들어왔다고 한다면(실제로 반사 시 아무런 저항을 받지 않았다고 기록되어 있다) 禪位儀式을 행하기 위해 제서 작성을 위한 시간적 여유는 충분한 것이다. 사실이 이러함에도 불구하고 선위제서가 사전에 작성됨이 없이 즉흥적으로 陶穀의 소매 속에서 나왔다는 것은 무엇을 의미하는 것인가.

그것은 陳橋驛 政變의 전 과정, 즉 정월초하루에 거란의 돌연한 남침, 초사흘의 창졸한 출병, 陳橋에 도착하자마자 일어난 정변과 황포가신, 그리고 창졸한 회군과 禪位大禮 등등, 이러한 사태의 전체적인 흐름에서 느낄 수 있는 사건전개가 전부 사전에 시간적인 여우를 가지고 충분한 준비 속에서 진행된 일이 아니었다는 사실을 역사기록으로 극명하게 강조하려는 의도가 짙게 깔려 있다. 이에 따라 막중한 제서도 준비되어 작성된 것이 아니고 창졸하게 翰林學士承旨 陶穀이 임의로 작성하여 소매 속에 간직하고 있다가 올린 것으로 되어 있다. 이렇게 볼 때 禪讓의식에서 무엇보다 중요한 선위제서가 작성된 경위에 대한 의혹도 정변의 전 과정 내에서 문제를 풀어야 할 것이다.

6. 맺는말

중국역대의 왕조교체 방법을 분석해 보면, 크게 두 가지 유형으로 정리할 수 있다. 하나는 禪讓방식이고 다른 하나는 무력찬탈방식이다.

後周・宋의 왕조교체를 가져온 陳橋驛政變은 위의 두 가지 유형과는 다른 일면을 지니고 있다. 그것은 이 정변은 五代 각 왕조의 교체시에 사용되어 오던 병사의 황제옹립이라고 하는 점에서는 무력찬탈

---

100) 『長編』 卷 1.

의 성격을 가지고 있으나 정변의 과정에 나타나고 있는 왕조교체 의식은 禪讓방식을 취하고 있다. 그러므로 後周·宋의 왕권교체는 실제에 있어서는 五代的 무력방식이었으나 명분상으로는 유교적 禪讓방식을 취하였고 그 결과 무력과 禪讓이 혼용된 특수성을 띠게 되었다.

뿐만 아니라 宋代는 五代의 시대상과는 전혀 다른 새로운 체제, 즉 문치주의 관료체제를 탄생시켰다. 이러한 결과는 송조의 건국을 오대의 무인체제에서 통용되던 무력방식이 아니고 유교주의에서 이상적으로 생각하는 禪讓형식을 이 정변에 원용하였다. 다시 말해 陳橋驛 정변은 五代에 자행되고 있던 무력 찬탈에 의한 창업이었으나 이러한 오대적 왕조교체 방식은 문치주의 宋 왕조의 명분에 적절하지 못한 것이다. 그리하여 오대적 무력찬탈 성격을 삭제하고 유가적 禪讓 방식으로 재구성하여 이를 미화시켜 놓은 것이다.

이상과 같은 문제의식을 전제로 하여 陳橋驛 政變의 疑案은 다음과 같이 정리될 수 있다.

먼저 陳橋驛 정변의 원인이 된 거란·북한군의 합세 남침에 대해 宋 측 사료에서는 이를 크게 다루고 있으나 거란 측에서는 이에 대한 기록이 없다. 당시 거란 내부 사정과 周世宗 서거 직전까지의 世宗의 공세에 거란은 대단한 타격을 입고 後周의 접경지대의 거란백성은 공포의 상태에 있었다. 뿐만 아니라 거란 국내에서는 敵烈을 위시한 왕족의 모반사건으로 남침을 단행할 수 없었고 이러한 사정을 『遼史』에서는 자세히 기술하고 있다. 따라서 거란의 남침은 실제로 존재하지 않았다. 만약 북변에 군사행동이 있었다면 그것은 극히 일부의 국지적인 충돌사건이고 수도를 방어하고 있는 都點檢 휘하의 주력부대가 출전할 상황은 아니다. 그 위에 출동 결정도 너무 졸속으로 처리되었을 뿐 아니라 출병도 창졸하게 단행되어 여기에는 상당한 음모가 있었을 것으로 생각된다.

다음으로 陳橋驛 政變에서의 趙匡胤의 醉臥 의혹 문제이다. 거란 남침의 급보에 접하여 급거 출병한 장병의 총수인 趙匡胤이 술에 취해 깊은 잠에 빠져 있었고 陣營 내에서는 천자옹립의 정변이 진행되고 있었는데 이를 總司令官이 알지 못했다는 것은 납득할 수 없는 일이다. 또한 黃袍加身했다는 것은 황제옹립을 사전에 충분히 모의하였고 이에 따라 황포가 준비된 것이기 때문에 이 정변의 豫謀說을 증명해 주는 좋은 증거라 하겠다.

그리고 京師로 회군하는 과정에도 여러 가지 의문이 남는데 그 대표적 예가 在京都巡檢 韓通의 피살 사건이다. 韓通은 후주를 방어하기 위해 趙匡胤의 반사에 끝까지 저항하였고 이러한 그의 충절로 인해 그를 『宋史』 열전 속에서 後周三臣으로 등재해 놓은 것이다. 끝으로 禪讓儀式에서 중요한 禪位制書도 陶穀에 의하여 임기응변으로 작성된 것이 아니고 사전에 검토되고 준비된 내용으로 작성된 것이다.

전체적으로 陳橋驛政變은 거란의 남침에서 禪讓儀式이 완료될 때까지의 전 과정이 창졸간에 진행되었으나 天命에 따른 것임을 강조하면서 여기에서 宋朝건국의 명분을 구하고 있다. 이리하여 정변의 역사적 實相을 糊塗하였고 그 결과 천추의 의안이 생기게 된 것이다. 왕조교체의 역사적 실상과 현존하는 역사적 자료 사이의 乖離를 陳橋驛 政變에서 또 한번 실감한다.

(『宋遼金元史硏究』 第2號, 1998년 5월)

Ⅱ. 中國의 皇帝權 – 宋 · 明 · 淸시대를 중심으로–

1. 문제의 제기

중국의 역사를 이해하는 데는 皇帝를 정점으로 한 관료체제는 중요한 요소가 아닐 수 없다. 그것은 동양 사회의 특수성을 규정할 경우 황제에 의한 전제주의적 지배가 일찍부터 성립되고 장기간 지속되었다는 사실을 도외시할 수 없기 때문이다. 황제와 관료에 의하여 국가가 지배되고 유교적인 통치이념을 기반으로 황제 지배체제가 秦의 始皇帝로부터 시작되어 이후 2천 년간 계속되었다는 사실은 확실히 중국 역사의 특수한 성격이라 하겠다.

따라서 중국사에 있어서 황제권을 중심으로 한 官僚制가 우리의 주목을 끄는 것은 황제를 정점으로 한 이와 같은 지배체제의 연속성에 중요한 의미를 부여하기 때문인 것이다. 진 · 한 제국이 성립된 이후 신해혁명에 이르기까지 황제 지배체제가 지속되어 내려왔고 그러므로 중국의 역사를 이해하기 위해서는 중국사를 일관하고 있는 이와 같은 황제 지배체제를 결코 도외시 할 수 없는 것이다. 황제를 정점으로 한 중국의 官僚制는 비단 중국의 정치뿐만 아니라 사회 · 경제 · 문화 전반에 큰 영향을 미쳤다.

그런데 중국의 황제 지배체제인 官僚制를 논함에 있어서 宋代를 비롯하여 명 · 청의 시대가 중요시되는 원인은 宋代 이후가 그 이전보다 황제권이 강화되어 나갔기 때문이다. 특히 귀족제가 붕괴되면서 새로운 정치권력의 담당자로 등장한 당말 · 오대의 군벌들은 지방분권적인 권력구조를 지향하였다. 이는 종래의 황제 체제하의 중앙집권적 관료의 권력구조와는 정면으로 대치되는 현상이다. 그러나 이들 무인집단은 서양 중세의 봉건사회처럼 그들 고유의 독자적인 정치질서나 무인체제를 확립하지 못한 채 결국에 가서는 유교주의 원리를 기반으로 한 宋代의 황제독재체제 및 중앙집권적 문신관료체제를 성립시키는 길을 열어 주는 결과를 가져왔다. 이에 따라서 宋代의 황제 체제는 당말·오대의 지방분권화를 청산하고 한·당대보다도 훨씬 전제적인 황제권을 제도적으로 마련하였다. 宋代의 황제 지배체제는 당대와는 달리 사대부·서민계층을 기반으로 하고 황제가 전 인민을 지배하는 황제권력의 구조적 확대를 가져오게 되는 성격적인 차이를 나타내게 되었다.

다음으로 생각할 수 있는 문제는 宋의 역사적 의의는 적어도 황제의 권력 면에서 볼 때에 그 성격이 秦·隋와는 다르다는 사실이다. 즉 진·수의 통일제국은 황제 지배체제를 성립시키는 기반을 마련하고 있으나 황제 지배체제의 완성은 그 다음 왕조인 漢·唐에게 계속되어 추진되었고, 漢·唐도 宋代처럼 제도적인 면에서 황제권력을 강화하지는 못하였다. 그 위에 唐末·五代의 사회적 변혁이 가져온 무인 지배체제는 확실히 중국의 황제 지배체제에 새로운 변화를 일으킬 가능성이 많은 체제였다. 五代의 군벌체제는 서양 중세처럼 봉건사회로 발전되어 황제 지배체제를 끝내고 새로운 정치질서를 마련할 가능성이 있었다. 그러나 宋代는 五代의 군벌세력에 의한 지방분권화를 청산하고 황제권의 강화에 의한 중앙집권체제를 수립하고 모병제인 禁軍과 科擧제도에 의한 文臣관료를 배경으로 하여 황제권을 보다 강화하는 제도적 장치를 마련하였다. 특히 중국사의 일반적 서술에서 秦·漢 시대를 황제 지배체제의 성립기로 서술하고 이 시대를 황제에 의한 절대군주체제의 완성시대로 설명하는 데 반하여, 宋代는 帝國體制와는 아무런 관련이 없는 듯이 서술하는 것은 황제 지배에 의한 관료체제로 볼 때에 문제가 된다.

왜냐하면 제국체제는 본래 황제권과 불가분의 관계를 지니고 있는 역사적 용어이기 때문에 당연히 宋代의 역사 서술에 있어서도 宋帝國論이 강조되고 역사성을 부각시켜야 마땅한 것이기 때문이다. 중국의 제국체제가 시작된 것은 秦이나 제국체제의 위기는 바로 五代이고 이러한 제국체제의 위기상황을 극복한 것이 宋代이다. 특히 宋代는 황제 지배체제가 관료체제를 중심으로 확립되고 있기 때문에 문치주의에 의한 군사력의 약화와 대외적인 열세만을 가지고 제국체제와 무관하게 설명하는 것은 宋代史에 대한 올바른 인식이 아니라고 생각된다.

끝으로 송·명·청대는 황제권력 면에서 볼 때에 몇 가지 공통적인 특징을 지니고 있다. 그것은 이들 왕조의 창업 당시의 시대적 상황이 체제를 유지하기 위해서는 황제 독재체제를 강화하여야 하는 역사적 필연성에 직면하고 있었다는 사실이다. 다시 말하면 송이 당 말·오대의 지방분권적 무인체제(절도사 체제)를 청산하고 거란의 남침을 저지하기 위해서는 강력한 중앙집권적 전제군주체제를 필요로 하였던 것과 같이 明도 중국 역사상 처음으로 이민족(몽골) 왕조인 元나라의 잔재를 청산하고 몽골족에 의하여 파괴된 한문화의 부흥이라고 하는 사명을 효과적으로 추진하고, 원대 치하에서 계속되었던 미숙한 지방분권적인 비효율성을 과감하게 청산하기 위해서는 강력한 황제권이 절대로 요구되었다.

한편 청조의 경우에는 처음부터 강력한 군사력을 배경으로 출현한 왕조이고, 문화수준이 높고 자존심이 강한 한인을 통치하여야 한다는 통치기술상의 어려운 부담을 안고 있었기 때문에 중앙집권적 전제군주의 지배체제를 필요로 하였다. 그 위에 明代의 부패하고 무능력한 황제들의 실정이 崇禎帝의 비극으로 이어지는 역사적 현실을 직접 목격하였고 같은 이민족 왕조인 元의 중국통치의 비능률성을 감안하여 황제 전제체제를 더욱 강화하였다고 생각된다. 청대의 전제군주체제가 가장 강력한 사회적 배경은 여기에 있다.

2. 宋·明·淸代의 황제권

1) 宋 이전의 황제권과 왕조멸망의 성격

宋代를 분기점으로 하여 그 이전 시대와 그 이후의 국가멸망 상황은 확연히 구분이 되며 이것은 황제의 전제권과 밀접한 관련이 있다. 즉, 송 이전의 왕조 멸망은 대체로 내부세력에 의해 멸망하지만 송 이후에는 외부세력에 의해 국가가 멸망하였다는 사실에 주목이 간다. 다시 말하면 송 이전에는 내부로부터 황제권에 도전하는 세력에 의하여 황제권이 타격을 입고 그에 따라 왕조 붕괴가 시작되었다. 秦의 통일제국은 始皇帝의 군현제도에 의한 강력한 중앙집권체제의 구축으로 황제의 절대 권력이 이룩되었으나, 始皇帝의 사망과 함께 宦官 세력과 옛날 6국의 잔존 세력에 의하여 秦은 쉽게 붕괴되었다. 前漢은 郡縣制와 봉건제를 절충한 君國制가 전한 초의 황제권을 봉건·군현의 이중체제 속에서 약화시키는 듯 하였고, 吳楚 등 칠국의 난으로 황제권에 대한 봉건세력의 강력한 도전이 있었으나 이를 극복하여 봉건은 사실상 폐지되면서 전한 武帝의 절대권의 기반을 마련하게 되었다. 그러나 武帝 이후의 황제는 대체로 용렬하고 어린 황제가 즉위함으로써 외척세력과 환관세력에 의해 강력한 도전을 받게 되고, 그 결과 외척 세력을 대표하는 王莽의 新정권이 등장하였다. 王莽(新) 정권은 창업의 기반이 잡히기도 전에 혁명적이라고 할 수 있는 사회·경제개혁 정책으로 호족 세력의 강력한 저항에 부딪쳐 곧바로 붕괴되고 호족 세력을 대표하는 후한의 劉秀(光武帝)에게 정권을 빼앗기는 바가 되었다.

後漢 일대는 황제권에 대한 견제 세력으로 지방에 강력한 기반을 가지고 있는, 호족 세력과 궁정을 무대로 한 외척과 환관 세력을 들 수 있고 이들에 의하여 황제권의 변태적인 운영은 결국 黨錮의 禁과 黃巾賊의 난으로 치명타를 입고 曹操에 이은 魏 文帝(曹丕)에 의해 禪讓이라는 새로운 형식을 빌려 왕조교체의 유형을 창출하게 되었다. 삼국은 다 같이 국가 기반이 확립되지 못한 상태에서 서로 침략을 계속하는 와중에서 자멸한 경우이다. 특히 魏는 권신 司馬氏에 의해 황제권의 괴뢰화가 진행되면서 결국 司馬炎에 의한 西晉정권으로 이어지고 서진의 짧은 통일이 이룩되었다. 그러나 서진의 분봉정책은 황제권의 분산을 초래하고 그 결과로 나타난 八王子의 난은 황제권을 몰락시켰을 뿐만 아니라 일찍이 보기 드문 혼란을 야기하고 五胡의 남침을 초래하여 중국 사상 처음으로 華北 지방에 5호의 16국이 분립하고 漢族 정권은 江南으로 피난하여 겨우 명맥을 유지할 수가 있었다. 北朝의 각 왕조의 황제권은 다 같이 강력하지 못하였다. 그것은 이 시대의 지배 계층으로서 황제권을 견제한 호족(귀족) 세력의 등장이 중요 원인으로 작용하였기 때문이다.

남북조를 통일한 隋나라는 강력한 중앙집권체제를 구축하여 황제권의 강화에 힘을 기울였으나, 왕권이 안정되기도 전에 煬帝가 벌인 대토목 사업과 대외원정, 특히 고구려 원정의 실패는 수나라의 멸망을 재촉하여 唐제국의 출현을 가져오게 하였다. 唐代 황제권에 대한 대항세력으로 등장한 것은 궁중 내의 여성세력(則天武后·韋后·그리고 楊貴妃)과 이를 둘러싼 외척과 환관세력이라 하겠다. 그 결과 安·史

의 난(755)을 가져오고 안정되었던 황제권은 지방 군벌의 도전, 그리고 궁정 내의 환관 세력으로부터 헤어나지 못하고 이른바 門生天子로 전락하게 되었다.

이상에서 볼 때에 송 이전 시대의 황제권은 始皇帝나 漢武帝 · 隋煬帝 · 唐太宗과 같은 절대군주의 출현이 없지 않았으나 그것은 황제 자신의 통치능력(통치기술)에 기인하는 것으로 제도에 의하여 뒷받침된 조직적인 황제권이라고 보기는 어렵다.

그러나 宋 이후의 황제권은 제도적인 면에서 전제 체제가 구축되면서 송 이전 시대와 같이 황제권에 도전하는 외척 · 환관 · 지방의 호족(귀족) 군벌세력은 찾아볼 수가 없다. 즉 북송시대 이후에는 환관세력이나 외척은 자취를 감추었고 그 대신 북송 · 남송의 멸망은 북방민족인 여진의 金과 몽골의 元제국에 의하여 붕괴되었고,元은 漢族의 저항으로 붕괴되어 明에 계승되었으며,명대에는 환관이 발호하기는 하였으나 황제에 대항하는 세력은 아니고 그들은 모두가 황제권에 의하여 비참하게 몰락하였다. 明은 李自成 집단의 반란세력으로 붕괴되었으나, 南明정권의 부흥을 철저히 차단한 것이 淸이기 때문에 북방의 만주족에 의하여 멸망하였다.

이렇게 볼 때에 송 이후의 국가의 멸망은 그 이전 시대와는 다른 성격을 지니고 있다. 그것은 적어도 궁중 내의 어떤 세력이 황제권에 도전한다거나 국가를 멸망시킨 예는 없고 외부의 군사력, 즉 북방세력에 의하거나 아니면 북방민족의 오랜 지배하에 시달려 온 한족에 의하여 왕조가 붕괴되었다는 특이한 성격을 찾아볼 수가 있다. 이러한 의미에서 송 이후의 황제권은 보다 강화되었고 특히 제도적으로도 강력한 뒷받침을 받고 있었다고 생각된다.

2) 宋代 황제 독재체제의 구조적 성격

중국 역대 왕조에서는 수많은 황제가 등장하고 이들 황제 중에는 절대권을 행사한 황제도 있고 그렇지 못한 황제도 적지 않다. 그런데 宋代 이후로부터 황제의 절대권이 강화되어 明·淸代에 더욱 발전하였다고 보는 것이 일반적인 견해이다. 宋代를 황제체에서 하나의 분기점으로 생각하면서 宋 이전 시대에 비해 황제권이 강화되었다고 주장하는 중요한 원인은 황제권을 제한하는 계층(호족·귀족 등)이 宋代로부터는 사라졌다는 사실이다. 황제가 그의 권한을 행사하기 위한 대상은 인민이며 황제의 인민지배에 있어서 宋 이전에는 호족이나 귀족으로 표현되는 중간계층이 황제와 인민 간에 존재하여 황제의 직접 인민 지배를 불가능하게 만들었다. 그러나 唐末·五代의 사회적 변혁으로 황제권을 여러 면에서 제한하던 이들 귀족 계층이 사라지면서 황제가 인민을 직접 지배할 수 있게 사회구조가 달라졌고, 여기에 더하여 황제 독재체제를 강화하기 위한 제도적 장치가 마련되었다.

황제권의 절대화는 황제의 전제통치를 제한하는 여러 요소를 어떻게 제도적으로 제거하느냐에 달려 있다. 위진·남북조 시대에는 호족(귀족) 계층의 세력이 발달하여 지방 분권적인 경향이 뚜렷하다. 따라서 황제가 인민을 직접 지배하는 데 장애가 된 것이 바로 지방에 세력을 갖고 있던 이들 호족(귀족) 세력이었다. 唐代에는 호족 세력이 과거제도를 통하여 중앙의 관직과 밀접히 관련되면서 관료적 귀족계층으로 변모하였으나 이들 귀족계층도 황제권을 제한하는 데 중요한 몫을 하고 있다. 계층적으로 볼 때에 남북조나 唐代에서는 귀족계층이, 唐末·五代는 군벌(절도사)이 황제권을 상당 부분 잠식하고 있었다. 황제권을 제한하는 이와 같은 계층 이외에 구조적으로 궁중 내부에 또 다른 집단이 있었으니 외척 세력과 환관 세력이다. 이는 漢代와

唐代의 역사에서 잘 입증되고 있다. 황제의 절대권이 인민에게까지 미치기 위해서는 황제의 수족으로 움직일 수 있는 장치가 필요하였으니 이것이 관료집단이다.

宋代 이후의 황제 독재체제를 구조적으로 뒷받침한 것이 바로 이들 관료계층이라 하겠다. 이들은 남북조의 호족이나 당대의 귀족집단과는 전혀 그 성격을 달리하고 있다. 호족이나 귀족은 그들의 계층적 세력 기반이 황제로부터 주어진 것이 아니라 남북조시대의 어지러운 혼란기에 자력으로 쟁취한 것이기 때문에 그들의 계층적 이해관계는 때로는 황제와 상반되는 경우가 많다. 그러나 宋代 이후의 관료집단은 科擧시험과 그 밖의 수단에 의해 官人이 되었다. 이들이 관인으로 신분상승을 하기 위해서는 황제가 발탁해야만 가능하였을 뿐만 아니라 관인으로서의 권한 행사도 황제가 이를 보장함으로써 가능하였다. 그러므로 宋代 이후의 관료는 황제의 충실한 수족으로 활동하는 것에 의해서만 사회적 신분이 보장되는 것이다. 여기에서 宋代 이후 황제 독재체제는 제도적 장치가 마련되었다고 하겠다.

3) 宋代의 中央集權的 皇帝體制

宋代는 황제권 강화를 위해서 五代의 武人체제와 결별하고 文臣관료체제로 전환하였다. 다만 여기에서 주목되는 사실은 황제권과 무력(군사력)과는 권력의 구조상 불가분의 관계처럼 보이나 실제에 있어서 황제권이 군사력을 통제하지 못할 때 서로 상극적인 위험을 지니고 있었으니 唐의 후기 절도사 체제에서 입증되고 있다. 이와 같은 경향은 五代에도 그대로 이어지고 있다. 五代의 여러 왕조를 세운 군벌(절도사)도 국가의 창업은 무력에 의하지만 일단 황제위에 오른 후에는 또 다른 무력집단이 황제권을 넘보는 위험한 세력으로 황제와 이해관계가 엇갈린다. 그리하여 일단 무력으로 제위에 오르면 지방분권성향의 다른 무인 집단과 이해관계가 상충되기 때문에 그들과 결별하고 지금까지 냉대하여 오던 문신관료와 제휴하고 그 힘을 빌리지 않을 수 없게 된다. 이는 중국 역사의 일반적 현상이라고 할 수 있는 무력에 의한 창업은 반드시 文吏에 의한 守成으로 이어지는 유형과 다를 바가 없다.

天復 2년에 河東절도사·李克用의 掌書記 李襲吉이, "定亂者는 先武臣하고 財利者는 先文臣해야 한다."[1]는 말은 종래 유교 주의적 통념으로 널리 이용되는 "馬上에서 천하를 얻을 수는 있으나 馬上에서 천하를 다스릴 수는 없다"[2]는 陸賈의 이론과 일치한다. 이와 같은 논리는 漢代 이래 황제 지배체제하에서 문신관료체제와 유교주의체제의 불가분의 관계를 잘 설명한 것이다.

중앙집권체제를 거부한 무인(절도사)들도 일단 나라를 창업하고 나면 국가의 경영과 황제체제의 확립을 위해서는 문신관료의 힘을 빌리지 않을 수 없고, 이와 같은 관료제를 배경으로 하여 황제체제는 漢代 이래 지속적으로 발전하여 온 것이다. 황제에 대한 문·무신의 자세는 권력의 역학관계에서 볼 때에 그 성격을 달리하고 있다.

일반적으로 武臣은 지방분권적 성향을 지니고 있기 때문에 황제권에 대하여 遠心的 경향이 강하다. 이에 대해 文臣관료는 황제의 충실한 심복으로 중앙집권적 성향과 궤를 같이하면서 求心的 경향을 띠고 있다. 따라서 五代의 절도사는 군사력에 의하여 황제에 즉위한 후 자신의 지지기반인 무인보다는 중앙집권적 성향을 지니고 있는 문신과 제휴함으로써 중앙집권화하려 하였다. 황제권에 대한 원심적 경향을

1) 『資治通鑑』 卷 263, 天復 2年 3月 丁卯條
2) 『史記』 卷 97 및 『漢書』 卷 43, 陸賈列傳.

보이고 있는 무인을 배제하고 황제권을 강화하려는 입장에서 황제와 서로 이해관계가 일치하고 있는 문신은 황제의 보호를 받아 그 세력을 강화시켜 갔다. 이와 같은 五代的 현상은 宋代의 중앙집권적 황제 지배체제에서 문신관료의 역할을 증대시키는 원동력이 되었다.

宋代 이후에는 황제의 독재권이 제도적으로 장치가 마련되어 있었기 때문에 능력이 있는 황제는 이 제도를 충분히 활용하여 군주독재 정치를 행하였고 범용한 황제는 이 제도의 울타리 속에서 황제의 권위와 존엄성을 보존하여 송 이전처럼 신하에 의하여 살해당하거나 외척 세력에 눌리어 황제위를 찬탈당하는 일은 거의 없었다.[3]

宋 이후의 황제 독재정치에서 볼 수 있는 특징으로 우선 관제상에 있어서는 가능한 많은 행정기관을 직접 황제의 세력 아래 두고 최종적인 결정권을 황제가 직접 행하는 것으로 모든 국가 행정기능이 황제 한 사람에게 총괄되는 제도 중심적(집중적)인 성격을 지니고 있다. 이와 같은 사실은 唐과 宋代의 중앙 및 지방 관제 그리고 과거제와 군사제도 등을 비교하여 보면 쉽게 파악된다.

唐의 중앙정부는 3성 6부 체제로서 천자의 詔勅을 中書省에서 수립하면 門下省에서 이를 심의하고 거부권을 행사할 수 있는 封駁(봉박)의 권한을 지니고 있기 때문에 문하성의 위치는 대단히 중요하였다. 그러나 唐末·五代를 거치는 과정에서 귀족세력의 쇠퇴와 아울러 문하성이 중서성에 흡수되면서 宋代에 이르러 재상은 同中書門下平章事로 격하되고 지금까지 皇帝의 권한을 제한하고 있던 문하·상서의 2성은 皇帝 측근의 중서성에 예속 병합되면서 皇帝의 명은 중서를 통하여 직접 전달되었다. 뿐만 아니라 재상인 동평장사와 부재상격인 參知政事를 2~3명 임명함으로써 臣權의 분산을 꾀하였다. 이와 함께 당대 이래 절

---

3) 『二十二史箚記』 卷 19, 唐女禍 및 同 卷 20, 唐代 宦官之禍, 唐節度使之禍條.

도사가 장악하고 있던 군사권을 황제의 친위군(禁軍)으로 집중시켜 병권을 장악하게 하였다. 아울러 병권을 총괄하는 樞密院의 장관(추밀사) 차관(추밀부사)을 문관으로 임용하여 중서와 함께 최고행정기관으로 발전시켜 정치와 군사는 제도적으로 皇帝에게 예속되고 있다.[4)]

唐代 安·史의 난 이후 절도사에 의한 군사력의 私兵化는 唐末·五代 병란의 중요한 원인이 되었고, 이러한 와중에서 군사력의 중심부로 등장한 것이 바로 추밀원이다. 후량의 太祖 朱全忠이 당조를 찬탈할 수 있었던 동기도 군사력의 장악을 위한 추밀원의 강화에 직접적인 원인이 있으며,[5)] 이후 五代와 宋代에는 추밀원을 통한 황제의 군사력 장악으로 황제 독재체제도 군사적인 뒷받침을 얻게 되었다. 이와 함께 宋代 황제권의 독재화에는 兵權 운영 면에 변화를 볼 수가 있으니 군사통솔권의 독립이 그것이다. 宋代의 추밀원은 중앙에 있으면서 전국의 용병권을 관장하였고 황제에 직속되어 있어서 황제로부터 군대동원 명령을 받아야만 비로소 일선 지휘관에게 작전지시를 하달하게 되었다. 따라서 황제의 칙령이 없이는 군대동원은 불가하였다. 이와 같이 군사통수권과 군사지휘권의 분리로 황제의 병권장악이 가능하였다.

다음 행정을 집행하는 과정도 唐과 宋 이후는 현격한 차이를 보이고 있다. 즉 당의 중요정무는 황제가 재상과 논의하였고 관료의 인사나 군사문제 그 밖의 세부사항은 전적으로 하부기관에 일임하고 있는 상태이다. 따라서 궁중과 육부의 통로는 아주 좁고 궁중의 일은 거의 아래 관청에 알려지지 않고 있으며 六部나 五監·九寺의 행정업무 또한 황제에게 보고되지 않았다.

권력을 쥐고 있는 재상이나 환관·외척 세력이 그들의 야심을 발동

---

4) 申採湜, 『宋代官僚制研究』, 三英社 참조.

5) 『二十二史箚記』 卷 22, 五代 樞密使之權最衆條.

하면 황제는 그들의 수중에 들어가게 되며 弑君·廢君·立君을 마음대로 자행하면서 황제권을 농락하게 된다. 그러나 宋代는 정치적인 문제를 재상만이 상주하는 것이 아니라 唐의 육부 외에 審官院, 三司, 禮院, 樞密院, 審刑院, 文思院 등의 감독기관이 황제에 직속되어 여러 가지 정세를 직접 상주하였다. 이 때문에 황제와 육부와의 관계는 더욱 빈번해지고 황제는 많은 관료로부터 보고를 받고 이에 대해 몸소 결정을 내려야 하기 때문에 정무를 총괄하고 황제권력은 제도적으로 독재화되었다. 이와 같은 경향은 명대 초에 황제가 육부를 직접 총괄하면서 더욱 강화되었고, 청대에도 계속되어 황제 독재체제가 제도적으로 크게 강화되었다.

한편 宋代 이후에는 권신의 집단화를 억제하기 위해 관료 상호간의 횡적연계를 단절시키는 데 주력하고 있다. 그리하여 관료의 재상 私邸 출입을 금하는 謁禁制를 채택하고 관리의 출신지 부임을 금하는 회피제를 실시하였다. 이와 아울러 황제는 강력한 첩보망을 동원하여 황제권에 반하는 관료나 군사지휘권을 사전에 처단하였을 뿐만 아니라 첩보활동을 통하여 관료가 황제를 두려워하도록 하여 전제체제를 강화하는 데 활용하였다.

宋의 태종은 감찰기관을 강화하여 태조 때의 武德司를 개편하여 관료의 부정행위를 감시하는 첩보기관으로 활용하였다. 皇城司의 간부를 勾當皇城司라고 하여 외척·환관 등 황제의 심복으로 임명하고 그 아래 수천 명(많을 경우 일만여 명)의 밀정을 전국적으로 잠입시켜 특히 관리의 언행, 민정 등을 탐지하여 황제에게 보고하였으므로 황제는 사실상 전국적인 규모의 정보망을 가지고 있어서 宋代의 관료는 황성사의 밀주를(공포심을 가지고) 두려워하였다.[6] 또 군대의 특무기관으로

---

6) 佐伯富, 「宋代の皇城司について, ―君主獨裁權研究の一齣―」(『中國史研究』

서 走馬承受제도를 두어 군사정보를 파악하고 군대의 부정을 감시, 감독하는 데 이용하였다.[7)]

이와 아울러 황제권의 강화에는 관리등용제도가 중요한 역할을 하였다. 魏에서 시작된 九品官人法은 귀족의 관위 독점을 초래하였다. 수대에 시작된 選擧(科擧)제는 唐代에 계승되었으나 唐의 科擧는 관인후보자격 시험으로 吏部試에 합격하지 않고서는 관인이 될 수 없었고 이부시의 인사권은 귀족이 장악하고 있었기 때문에 귀족이 아니고서는 관인이 되기는 어려운 상태였다.

宋代는 殿試제도를 통하여 황제가 과거합격자를 최종 결정하였다. 이 전시제도는 황제권의 제도적 강화에 몇 가지 중요한 작용을 하고 있다. 과거의 합격은 皇帝에 의하여 결정되었으므로 수험생에게 강한 자부심을 주었다. 이는 宋代 이후의 관료로 하여금 황제의 충실한 門生으로서의 사대부의식을 갖도록 하는 데 큰 역할을 하였다. 또 殿試에 합격하면 그대로 관인으로 나가기 때문에 당대처럼 관료후보 자격 시험이 아니라는 점이다. 그리고 전시의 성적은 관료의 初任을 정하는 데 중요한 작용을 하였고, 앞으로 관료생활을 하는 데에도 늘 영향을 주고 있기 때문에 현재는 비록 하위관에 있으나 장차는 고위관직으로 올라갈 수 있다는 확신을 갖게 하였다. 이러한 의식은 宋代의 관인으로 하여금 황제 한 사람 외에는 관료상호간은 모두가 평등하다는 생각을 갖게 되면서 황제와의 종적인 주종관계는 그 이전보다 더 한층 긴밀하게 만들어 주었다.

北宋代 구법당의 관료인 陳襄은 仙居勸學文[8)]에서,

第1 所收).

7) 佐伯富, 「宋代の走馬承受の研究 — 君主獨裁權の研究一齣 —」, 同上揭書.

8) 『赤城集』 卷 18.

> 지금 천자께서 삼 년에 한 번 선비를 뽑으시니 저 산야의 빈천한 집이라 할지라도 자제 중에 문학의 재질이 있으면 반드시 科名을 천자로부터 賜함으로 부귀를 누리고 가문은 영광되고 요역이 없고 자손 또한 蔭補盛事한다.

고 하여 비록 비천한 평민이라 하여도 과거합격의 꿈을 갖고 합격의 영광을 천자에게 돌리고 있으니 황제의 독재권 강화에 과거제도가 중요한 기반이 되었음을 알 수 있다.

4) 明代의 皇帝 獨裁體制

명·청대는 사회구조적인 면에서 보면 宋代의 사대부 사회가 그대로 계속되고 있으며 이러한 점에서 같은 사회 배경을 지니고 있다. 그러나 명은 중국 역사상 처음 있었던 이민족(몽골족)의 원 제국 지배로부터 벗어나 한족 왕조재건을 추진하였고, 이를 추진하기 위해서는 강력한 황제권이 요구되었다. 명·청대는 宋代와 같이 황제가 독재 권력을 행사해야만 체제가 온전할 수 있는 공통적인 면을 지니고 있었다.

명의 태조(주원장)는 오랜 몽골지배가 남긴 유목민족의 문화유풍을 일소하고 한족문화의 부흥을 꾀하기 위해서 한족에 걸맞은 대제국을 세우려는 이상을 지니고 있었다. 이를 위해서는 강력한 독재군주체제의 확립이 요구되었다. 그는 우선 관제를 개혁하여 천하의 대권을 황제에게 집중시키고 권신의 등장을 철저히 억압하였으니 중서성의 폐지와 6부의 황제직속이 그것이다. 이로써 당의 3성 체제는 송에 이르러 축소되고 명대에 와서 완전히 폐지되었다. 지방제도에도 황제권의 인민지배를 위해 15布政使로 하여금 지방을 장악하게 하였고, 給事中 및 御史를 파견하여 정보정치를 통한 관리의 비행과 유력자의 발호를 철저히 봉쇄하였다. 이와 함께 황제권에 대한 臣權의 축소와 관료의 전단을 막기 위한 조처로 胡惟庸의 옥사를 비롯한 수많은 개국공신의 숙청을 단행하였다.

태조의 군주독재를 위한 조처는 신권의 철저한 억압에서 시작하였고 그것은 재상을 폐지한 것만이 결코 아니다. 그는 신하의 통제에 극히 엄하여 신하에 대한 대우를 마치 노비에게 행하는 것처럼 모욕 주는 것을 능사로 하였다.

태조의 시기하는 성격은 말년에 이르러 더욱 심하여 홍무 23년(1390)의 제2차 胡惟庸獄事로 나타났다. 왕조체제하에서 반대파나 비판세력을 숙청하는 방법의 일반적인 형태가 날조된 역모사건이다. 호유용의 역모사건은 그 대표적인 예라 할 것이다. 胡惟庸은 이미 홍무 13년(1380)에 죽음을 당하였으나 홍무 23년에 태조는 다시 일당을 숙청하였다. 이 옥사에 관련되어 피살된 사람을 수만 명으로 추정하는데 제후로 봉하여진 공신이 20여 명이나 되었다. 홍무 26년(1393)의 藍玉의 옥사에 처형된 사람이 1만 5천 명에 달한다. 태조가 신하를 이처럼 마음대로 죽인 것은 그의 시기심에도 연유하나, 보다 근본적인 원인은 '家天下'의 사상 때문이었다. 즉 天下는 바로 皇帝의 一家라는 것이다.

黃宗羲는 명대에 황제에 의한 좋은 정치가 없었던 것은 高皇帝(명 태조)가 丞相을 폐지한 데서 시작되었다[9]고 주장하였다. 趙翼은 태조의 처사가 한고조와 많은 부분이 비슷하다고 고증하고 훈구대신의 처형은 그의 시기심에 원인한다 하였다. 그러나 태조의 이와 같은 신권의 억압에도 불구하고 명대처럼 한 사람의 권신이나 환관에 의해 장기간 국정이 전단된 예도 드물다. 또 그러한 와중에서도 신하에 의해 황제가 폐립당하지 않고 황제체제가 300년 가까이 유지될 수 있었던 것은 제도 중심적 황제권력의 독재화가 이루어진 때문이라 하겠다.

---

9) 『明夷待訪錄』 第 4, 置相條.

명태조는 환관이 정치에 관여하는 것을 금지하고 大學士로 하여금 황태자를 지도하도록 하였다. 그러나 성조 때 환관의 도움으로 정난의 변을 성공시킨 후 환관을 중용하고 선종이 우수한 환관양성을 위해 궁중 안에 내서당을 설치하여 환관을 우대하여 영종 이후 그 세력이 커졌다. 영종대의 환관 王振 曹吉祥, 曹欽부자, 憲宗시대의 汪直, 孝宗시대의 李廣, 武宗시대의 劉瑾 등이 전권을 휘둘러 큰 피해를 가져왔다.

그러나 명대의 황제권은 극히 불안정하였다. 그 예로써 영종은 土木堡에서 몽골족의 也先에게 포로가 되었다. 무종은 각지를 순행하다가 산서성의 양화에서 몽골족의 침입을 받아 고난을 당하고 경태 초에 몽골족의 也先이 또 침입하여 수도가 포위당하고 嘉淸 28년에 다시 몽골의 俺答汗이 자주 침입하여 수도의 위기가 심하였다. 숭정연간(1628~1644)에는 수도가 해마다 비상사태에 놓여 관민의 마음은 외적의 침입에 지치고 날마다 천하를 잃을까봐 걱정하였다.

이상 명대의 황제체제에서 나타난 특징은 독재군주하에서는 황제의 능력이나 도덕성이 황제권을 유지해 주는 데 그다지 중요하지 않다고 하는 사실이다. 황제의 행정능력이나 도덕성의 결여 등 보통 이하의 暗君의 경우에도 황제권을 대신하는 집단(관료나 황관·외척 기타)은 황제의 강화된 독재권을 배경으로 엄청난 부정을 자행한 예는 그 이전 시대에 비할 바가 아니고, 이들 집단의 이익이 보장되는 한 황제독재체제는 유지되었다.

明太祖 朱元璋은 황제권을 강화할 목적으로 잔인하리만큼 철저히 개국공신을 비롯한 수많은 관료들을 주살하였다. 그러나 명일대는 태조의 이와 같은 처사와는 너무나 대조적으로 한 사람의 장기집권 환관이나 일인의 권신에게 권력이 집중되는 경향이 심하였다.

명대의 군주독재 체제는 황제 개인의 능력에 의해서라기보다는 제도에 의해서 유지되었고, 이와 같은 제도의 유지를 위해 內閣 대신이 장기간 집권하는 결과를 가져오게 되었다. 楊士奇는 내각에 43년간, 金幼孜는 30년, 楊榮은 37년간, 楊溥는 22년간 재임하였다. 萬安이 재상직에 19년간, 劉吉이 18년간, 엄호가 21년간, 蹇義는 이부상서로 32년간, 呂震이 예부상서를 19년간, 馬文升이 諸部의 상서를 역임한 것이 22년간이나 되었다.10) 그러나 장거정과 같은 혁신정객은 말할 것도 없고 대부분의 세력권신의 말로가 비참하였다고 하는 사실은 황제독재체제의 결과라 하겠다.

앞에서도 언급하였지만, 宋代 이후의 왕조 붕괴는 그 이전과는 달리 자체의 반란이나 신하의 찬탈에 의하지 않고, 이민족(북송은 여진, 南宋은 몽골, 명은 만주족, 청은 외세의 영향에 의한 황제체제의 붕괴)에 의해 체제가 무너진 데 그 특성이 있다. 또 송 이후의 왕조체제는 장기간 계속되었으며 황제의 재위기간도 몇 사람을 제외하면 오랜 기간이라 할 수 있다.

宋代 이후의 정치는 전제군주제의 확립으로 황제 독재체제가 강화되어 宋 이전처럼 환관이나 총신·외척이 제위를 넘겨다보는 일은 찾아볼 수 없다. 그러나 명대에 황제를 중심으로 한 궁정 내부의 혼탁과 황제지배 상황을 보면 皇帝라는 위치가 황제권을 보장하는 제도적인 면과 함께 자연인으로서의 皇帝像을 개개인에서 찾아볼 때 군주체제에 여러 가지 의문점을 갖지 않을 수 없다.

5) 淸代의 專制君主體制

明·淸의 교체는 침체한 중국 사회에 참신한 활력소를 불어넣었다고 보겠다. 특히 정치상으로 부패하고 무기력한 明末의 약한 황제체제

---

10) 『前揭書』 참조.

에 대신하여 청조에서는 만주족을 지배층으로 정력적이고도 활동적인 유능한 황제에 의하여 독재체제가 구축되었다. 청조는 중국 역사상 드물게 능력 있고 유능한 황제가 계속하여 등극하였고, 그 결과 황제전제체제를 성립시킬 수 있었다. 청조는 특히 북방민족으로서 문화가 높고 자존심이 강한 한족을 다스려 나가기 위해서는 회유와 강압적인 양면책을 추진해야 하고, 이를 위해서는 전제군주체제를 더욱 강화해야 하였다. 또한 청조는 종래의 정복왕조가 한족을 무력에 의하여 멸망시키거나 부분(화북지방)을 정복한 데 반하여 1644년에 이자성에 의하여 멸망한 명조를 구원하는 명분을 내세운 해방군의 성격을 강하게 선전함으로써 중국 지배를 정당화하고, 이것이 황제 지배와 황제전제체제 구축에 큰 작용을 하게 되었다.

청조의 전제군주체제는 같은 정복왕조인 몽골의 원에 비하여 볼 때, 전제군주권 행사는 철저하면서도 완벽하였다. 따라서 청조의 300여 년에 걸친 한인 통치는 변발호복이나 문자의 옥 등으로 표현되는 강압적인 전체통치의 극치를 보이면서도 행정기술상에서의 한인지배는 전제군주의 능력을 유감없이 발휘하였다.

청조 초기의 중앙통치기구 가운데 內閣・六部・都察院・大理寺 등은 明의 제도를 계승하고 있으나, 이미 황제 전제체제라는 관점에서 볼 때에 이들 제도는 명대보다는 강화되고 있다. 명조에서는 내각 首輔의 권력이 강력하여 황제권을 상당히 제한하고 있다. 이를 거울삼아 청조에는 내각이 실권을 장악하지 못하도록 하였으니 대학사는 만・한 각 2명 協辦大學士는 만・한 각 1명으로 하여 재상의 권력분산을 꾀하였다. 정책결정 기구는 만주귀족으로 구성된 議政王大臣會議의 권한을 억제하고 그 대신 황제권을 강화하였다.

청의 전제군주제는 제도적인 면에서나 황제 개인의 전제권 행사 면에서나 雍正(세종)帝에 이르러 절정에 이르렀다. 먼저 제도적인 면에서는 軍機處의 설치와 奏摺제도의 강화로 표면화하였다.

軍機處는 雍正帝 때 준갈이 정벌과정에서 군사비밀을 유지하기 위해 임시적인 군사행정기구로 설치되었다가 후에 상설기구가 되면서 황제권을 뒷받침하는 중앙정부의 중추적 정책결정기구가 되었다. 군기처의 군기대신은 황제가 직접 만·한 대학사, 혹은 각 부서의 상서, 시랑 중에서 선임하였기 때문에 현직 고관과 황제와의 군신관계가 수직적으로 제도화되었다. 특히 군기대신을 상설기관으로 하지 않은 것은 그 권한을 제한하고 쉽게 통제할 수 있도록 배려한 것이다. 군기대신은 황제의 명을 받아 지방장관(총독·순무)에게 명령을 전달하였으므로, 군기처의 정책결정권은 황제가 장악하고 있고 군기대신은 다만 황제의 명령을 전달하는 것에 불과하였으므로 황제의 전제군주권이 한층 강화되었다.

奏摺제도는 강희제 때 마련되었으나 황제전제권 확립에는 별 도움을 주지 못하였다. 그러나 擁正帝는 이를 개혁하여 황제가 지방관의 동태를 자세히 파악할 수 있게 제도화하였다.

한편 지방행정조직도 청조의 황제전제체제는 잘 짜여져 있다. 청의 지방 18성의 장관은 總督과 巡撫로 이 제도도 명의 것을 계승하였으나 이들은 황제의 지방통치를 대행하는 행정기구로서 황제권의 지방침투에 중요한 역할을 담당하였다.

3. 宋·明·淸代의 황제분석

중국의 황제권은 宋代로부터 강화되어 명·청 시대에 더욱 발전되어 나갔다. 황제의 전제권을 파악하는 방법으로는 황제 개인의 능력에 의한 전제권 강화와 황제의 전제권을 뒷받침하는 제도적인 측면의 두 가지 면을 살필 수 있다. 앞에서 제도적인 면을 살펴보았기 때문에 황제 개인을 분석하여 보겠다.

먼저 宋代로 부터 황제 개개인에 대한 분석을 위하여 송・명・청대의 황제를 도표로 정리하면 아래 표와 같다. 이 표를 통하여 宋代(북송・남송) 18명, 명대 17명, 청대 12명에 대한 황제를 분석하여 보겠다.

宋代는 북송시대(960~1127) 168년간 9명의 황제가 재위하였고, 남송시대(1127~1279) 153년간 역시 9명의 황제가 등극하였으니, 합하여 모두 18명의 황제가 재위하였다. 우선 황제의 등극할 당시의 연령을 보자.

황제의 등극 시의 연령은 황제권을 이해하는 데 중요한 의미를 갖는다. 대체로 황제가 성년이 된 후에 황위에 오르면 황제권이 안정되고 전제군주체제가 발전되면서 국력이 신장되어 나가지만, 나이 어린 황제가 보위에 오를 경우에는 외척과 환관의 세력이 극성을 부리고 황제권은 사실상 유명무실화하는 예를 우리는 전한과 후한 그리고 당의 역사에서 볼 수 있다.

이 표에 의하면 북송시대 초기(태조・태종・진종)의 황제는 모두가 30대에 황제위에 올랐다. 남송시대에는 남송을 부흥한 1대 고종은 20세에 등극하였고, 다음 2대의 효종은 36세, 3대 광종은 43세, 그리고 4대 영종은 27세에 등극하였다. 남송정권이 남침으로 화북 지방을 금나라에 내어주고 강남으로 피난하여 정치와 사회가 어지러운 가운데서도 북송시대와 거의 같은 기간 존속할 수 있었던 것은 강남지방의 경제적 발전에 힘입은 바가 많으나, 남송 초기의 황제가 성년기에 접어들어 보위에 올라 비교적 황제권의 안정을 이룩할 수 있었던 것으로 해석할 수가 있다.

宋代에도 10대의 유년황제가 등극한 예가 없지 않다. 북송시대 4대

인종은 13세, 7대 철종은 10세에, 그리고 8대 휘종은 19세에 그리고 남송 말년의 공제는 9세에, 남송의 마지막 황제(제욱)는 7세에 등극하고 있는데, 북송의 4대 인종시대를 제외하면 10대에 즉위한 황제의 재임기간에는 황태후의 섭정, 권신의 발호, 그리고 신·구 법당의 치열한 당쟁이 전개되는 정치적 불안이 계속되면서 황제권은 상당히 위축되었고, 이를 대신한 권신, 모후권이 세력을 떨치고 있다.

北宋과 南宋時代의 皇帝

시대	皇帝	연령(生存기간)	在位기간	등극 시 나이	先皇과의 관계
北宋	英宗	50세(927- 976)	16년(960- 975)	33	
	太宗	59세(939- 997)	22년(976- 997)	37	太祖의 弟
	眞宗	55세(968-1022)	25년(997-1022)	30	太宗의 第3子
	仁宗	54세(1010-1063)	41년(1022-1063)	13	眞宗의 第6子
	英宗	36세(1032-1067)	5년(1063-1067)	32	仁宗의 從弟의 13子
	神宗	38세(1048-1085)	19년(1067-1085)	20	英宗의 長子
	哲宗	25세(1076-1100)	15년(1085-1100)	10	神宗의 第6子
	徽宗	54세(1082-1135)	25년(1100-1125)	19	神宗의 第11子
	欽宗	62세(1100-1161)	2년(1125-1127)	26	徽宗의 長子
南宋	高宗	81세(1107-1187)	36년(1127-1162)	20	徽宗의 第9子
	孝宗	68세(1127-1194)	27년(1162-1189)	36	北宋太祖의 7代孫
	光宗	54세(1147-1200)	5년(1189-1194)	43	孝宗의 長子
	寧宗	57세(1168-1224)	30년(1194-1224)	27	廣宗의 長子
南宋	理宗	60세(1205-1264)	40년(1124-1264)	20	北宋太祖9代孫
	度宗	35세(1240-1274)	10년(1264-1274)	25	北宋太祖의 11代孫
	恭帝	53세(1271-1323)	2년(1274-1276)	4	度宗의 子
	端宗	9세(1269-1278)	2년(1276-1278)	9	度宗의 庶子
	衛王	9세(1271-1279)	2년(1278-1279)	7	度宗의 庶子

明代의 皇帝

皇帝	연령(生存기간)	在位기간	등극 시 연령	先皇과의 관계
太祖	71세(1328-1398)	31연간(1638-1398)	40	
惠宗	(1377-?)	4연간(1399-1402)	22	太祖의 長孫
成祖	65세(1360-1424)	22연간(1403-1424)	43	太祖의 第 4子
仁宗	48세(1378-1425)	1 (1425)	47	成祖의 長子
宣宗	38세(1398-1435)	10 (1426-1435)	28	仁宗의 長子
英宗	38세(1427-1464)	14 (1436-1449)	9	宣宗의 長子
代宗	30세(1428-1457)	7 (1450-1456)	22	宣宗의 第 2子
憲宗	41세(1447-1487)	23 (1465-1487)	18	英宗의 長子
孝宗	36세(1470-1505)	18 (1488-1505)	18	憲宗의 第 3子
武宗	30세(1492-1521)	16 (1506-1521)	14	孝宗의 長子
世宗	60세(1507-1566)	45연간(1522-1566)	15	憲宗의 第 4子
穆宗	36세(1537-1572)	6연간(1567-1572)	30	世宗의 第 3子
神宗	58세(1563-1620)	47연간(1573-1619)	10	穆宗의 第 3子
光宗	39세(1605-1627)	1 (1620)	38	神宗의 長子
熹宗	23세(1605-1627)	7연간(1621-1627)	16	光宗의 長子
毅宗	35세(1610-1644)	16연간(1628-1644)	18	光宗의 第 5子

清代의 皇帝

皇帝	生存기간(연령)	在位 기간	등극 시 나이	先皇과의 관계
太祖	68(1559-1626)	11(1616-1626)	57	太祖의 第 8子
太宗	52(1592-1643)	17(1627-1643)	35	太宗의 第 9子
世祖	24(1638-1661)	18(1644-1661)	6	太祖의 第 3子
聖祖	69(1654-1722)	61(1662-1722)	8	康熙의 第 4子
世宗	58(1678-1735)	13(1723-1735)	45	擁正의 第 4子
高宗	89(1711-1499)	60(1736-1795)	25	乾隆의 第 15子
仁宗	61(1760-1820)	25(1796-1820)	36	仁宗의 第 2子
宣宗	69(1782-1820)	30(1821-1850)	39	道光의 第 4子
文宗	31(1831-1861)	11(1851-1861)	20	成豊의 長子
穆宗	19(1856-1874)	13(1862-1874)	6	奕(道光의 7子)의 第2子
德宗	38(1871-1908)	34(1875-1905)	4	
末宗	62(1905-1967)	3(1909-1911)	4	載淳 (光緖의 第)의 子

(賈虎臣編著,『中國歷代帝王譜系彙編』, 正中書局刊 참조)

다음 明・淸代의 황제의 등극할 때의 연령을 살펴보자.

명의 태조(주원장)는 40세에 창업을 이룩하고, 惠帝는 22세에 황위에 올랐으니 정난의 변으로 4년 만에 쫓겨났다. 成祖(永樂帝)는 43세로 황위를 찬탈하여 명의 국가기반을 다지고 황제의 독재체제를 강화하였다. 이후의 명대의 황제 즉위 연령은 인종이 47세로 등극하였으나 재위 1년 만에 병사하고, 그 밖에 穆宗(30세), 光宗(38세)은 30대에 보위에 올랐으며 두 사람 다 황제의 재목은 아니었다. 명대의 정치가 환관정치, 권신의 정치로 일관되어 내려간 것은 대부분의 황제가 10대 (英宗・憲宗・孝宗・武琮・世宗・神宗・僖宗・毅宗)에 즉위한 것과 무관하지 않다. 10대에 즉위한 황제의 등극에 얽힌 궁정 내의 갈등과 황위계승을 둘러싼 정쟁은 명대 황제권을 위축시켰고, 그 대신 환관과 권신이 황제권을 등에 업고 발호한 것이다.

청대 황제의 등극 연령을 보면 태조 누르하치는 57세에 후금을 창업하였고, 다음 태종은 35세에 황위에 올라 여진 부족을 통일하여 국가의 기틀을 정립하였다. 世祖(順治), 聖祖(康熙)는 6세(세조), 8세(성조)의 어린 나이로 등극하고 있는데 이는 통일 국가의 초창기에 황제로서는 그 유례를 찾을 수 없는 이색적인 현상으로 이는 만주족의 부족유풍, 즉 부족장 회의에서 공화적 방법에 의해 추대하는 왕위계승 풍습에 연유하는 것이지만, 일단 추대된 황제에 대해서는 만주족 특유의 족장을 중심으로 단결하는 강한 협동정신이 幼君을 중심으로 창업의 기반을 다져나간 것이다. 이리하여 다음 世宗(雍正帝)부터 9대 文宗 대까지는 모두 성년 황제로 등극을 하였고 특히 중국 역대 황제 가운데 대표적인 전제군주로 일컬어지고 있는 雍正帝는 45세에 즉위하여 황제권을 유감없이 발휘하여 청제국의 기반을 확립하였음은 물론이고 역사상 드물게 보는 명군으로 이름을 떨치었다. 청도 후기에 이르러 목종(6세), 덕종(4세), 宣統帝(4세)는 어린 나이에 등극함으로써 西太后를 비롯한 권신과 환관의 발호를 가져오게 하였다.

다음 송·명·청대 황제의 왕위계승 사실에 대하여 분석하여 보겠다.

황제를 정점으로 한 전제국가에서 황위계승이 어떤 형태로 이루어졌는가라는 문제는 바로 신황제가 등극한 이후의 황제권의 역학관계에 커다란 작용을 하기 때문에 황위계승문제는 중요한 의미를 갖는다. 황위계승이 적장자 상속의 원칙에 의해 아무런 문제가 없이 계승이 되었다 해도 새 황제의 등극 이후에 선황과의 관계에서 나타나는 권력의 성격은 복잡하게 변화되는 것이 일반적인 현상이다. 그런데 황위계승이 제3의 힘의 작용으로 진행되었을 때 이는 황제권과 제3세력과의 역학관계는 매우 중요한 구조적 변칙을 가져오게 마련이다.

周代의 宗法제도가 중국의 가족제도로 정착되고 유교에 의한 장자상속제도가 고정되면서 제위 계승도 적장자 상속을 원칙으로 하고 있다. 그러나 이상하리만큼 이와 같은 원칙은 중국 역대의 황위상속에서는 지켜지지 않았고, 특히 宋代 이후가 아주 심하다. 따라서 황위계승을 둘러싼 종친 간의 분쟁과 정신·환관의 싸움 또한 치열한 바가 있다. 송 이후의 황제권이 제도적으로 강화되었다고 하나 제위 계승 면에서 볼 때는 황제권은 대단히 불안정하다.

宋 이후 뿐만 아니고 중국 역대의 황위계승분쟁은 그 유형을 몇 가지로 나눌 수가 있다.

먼저 창업과 관련된 대권 싸움이다. 이는 대체로 창업에 공로가 큰 세력(장자가 아닌)이 창업군주(太祖·高祖)로부터 강압적인 방법에 의하여 황위를 빼앗아 계승하는 경우이다. 그 대표적인 예가 隋나라 양제, 唐의 太宗(李世民), 玄宗, 北宋의 太宗(趙光義), 明의 永樂帝 등이다. 그리고 淸의 太宗과 世祖, 世宗(雍正帝)도 이런 유형은 아니나 황제의 유언과 관계없이 제위에 올랐다. 이들에게 공통된 특징은 개국에 공로가 크고 유능한 통치자의 능력을 갖추고 있으나 長子가 아니기 때문에 황위계승의 서열에서 밀려나 있다. 따라서 그들의 황위계승은 변칙적인 방법에 의하기 때문에 정통성에 상당한 문제가 있다. 그러나 일단 제위에 오르면 그와 같은 문제를 일거에 제거하였을 뿐만 아니라 보다 강력한 통치력을 발휘하여 제국통치에 큰 업적을 남겨놓았다.

다음 유형으로는 황제계승 싸움은 황위계승자와는 전혀 관계가 없이 궁중 내부의 권력쟁탈의 일환으로 전개되고 있음을 살필 수가 있다. 이 경우 종친 간의 싸움과 외척·환관·관료의 이해관계가 매우 중요하게 작용하고 있다. 그 대표적인 예로써 진의 始皇帝의 임종시에 환관 趙高와 丞相 李斯가 공모하여 황제의 유서를 위조하여 장남 扶蘇를 자결케 하고 차자 胡亥를 제위에 앉힌 것이다. 한대 呂后에 의한 두 사람의 少帝(恭과 弘)의 즉위와 다시 周勃에 의한 여씨 일족의 제거와 文帝의 옹립도 있다. 당대 후기에는 환관세력에 의한 황제의 폐립으로 중국 역사상 그 예를 찾아 볼 수 없는 황제권의 실추로 문생천자란 말까지 나오게 되었다.[11]

송·명·청대의 황제위 계승에 나타나는 공통적인 현상은 대부분 태조의 長子가 황위를 계승하지 못하고 있다는 사실이다. 북송의 황위계승은 2대 태종에서부터 변칙적으로 진행되고 있다. 송의 태조의 돌연한 죽음과 그 아우(태종)의 혁명적인 왕위계승도 중국 역사에서는 매우 드문 사건이다. 태조는 친자가 2인이나 있었으나 태자를 책봉하지 않고 재위 16년의 開寶 9년(976) 10월 20일 새벽에 돌연 사망하였다. 죽기 전날 동생(후의 태종)과 함께 야심할 때까지 음주를 하였으나 다음날 새벽에는 사망하였다. 그래서 태조가 동생(태종)에 의해 피살되

---

11) 『二十二史箚記』 卷 20, 唐宦官之禍.

었다는 설이 나올 정도로 돌발적인 죽음이었다.[12] 이리하여 태종이 변칙적으로 황위를 계승한 것이다. 태종이 황위계승을 둘러싼 역사서의 기록에 의하면 10월 20일(계축) 새벽에 최초로 태조의 죽음을 발견한 것은 환관으로 환관은 이 사실을 宋 황후에게 알렸고, 송 황후는 곧바로 환관 王繼恩을 불러 태조의 제2자 德芳(18세)을 불러오도록 하였다. 송 황후가 장남 德昭(26세)를 제치고 차자 德芳을 급히 데려오도록 한 이유도 판명이 되지 않고 있다. 그러나 환관 왕계은은 덕방에게 가지 않고, 이 당시 開封府尹 晉王인 태조의 동생 光義에게로 가서 그를 입궐시켰다. 이리하여 태종(광의)은 개보 9년 10월 21일에 즉위하였으니 태조의 사망(20일 새벽)부터 태종의 즉위 21일까지 24시간 사이에 황위계승이 결정되었다. 따라서 태조에서 태종으로의 황위계승은 일종의 소혁명이라고 할 수 있으며 따라서 태종은 황위를 계승한 것이 아니라 스스로 자립한 것이 틀림없다.

태조의 장자(덕소)는 태평흥국 4년에 박해하여 자결시켰고 차자(덕방)는 동 6년에 병몰하였다. 동 7년에는 동생(秦王·廷美)을 유배시켜 사망케 함으로써 태종은 황위계승과 황제권에 도전할 위험인물을 모두 제거하였다. 그리하여 태평흥국 8년에 장자(恒)를 왕으로 봉하여 입태자의 절차를 밟아 나갔으니, 북송 일대의 황제는 태조의 후손이 아니고 태종의 자손이 황위를 계승하였다.

北宋代 황위계승의 또 하나 주목이 가는 것은 적장자 상속이 드물다는 사실이다. 眞宗(태종의 제3자), 仁宗(진종의 제6자)을 비롯하여 영종과 흠종을 제외한 대부분의 황위는 장자가 아니다. 南宋代의 황위계승에는 또 한 번의 변측이 나타나고 있다. 즉 남송을 부흥한 고종은 북송 휘종의 제9자로 고종에게는 황자가 있었으나 夭死하고, 북송의 황족

12) 宮崎市定, 「宋の太祖被弑説について」, 『アジア史研究』 第三 所收.

은 靖康의 변 때 모두 金에 잡혀가고 없기 때문에 북송 태조의 7대 자손(차자 덕방의 6대손)을 맞이하여 황태자로 삼고 후에 황위를 계승시키니 이가 남송의 효종이다. 이후 남송의 황위는 북송 태조의 후손이 차지하게 되었다. 理宗은 다시 태조의 장남인 德昭의 9대손이다.

명대의 황위계승도 순조롭게 진행되지 못하였다. 명 태조(朱元璋)는 황위 계승에 대단히 세심한 주의를 기울였다. 태조는 25남 17녀가 있었고, 장남(朱標)을 세워 황태자로 하였다. 그러나 황태자는 홍무 25년(1392)에 죽고 10세인 標의 아들(朱允炆)을 황태손으로 세웠다. 홍무 31년(1398)에 태조가 죽자 등극하여 惠帝(建文帝)가 되었다. 그러나 태조의 제4자(燕王, 棣)에 의한 정난의 변으로 황위계승의 비극을 가져오게 되었다.

성조의 황위계승은 조카로부터 찬탈한 것으로 이 과정에 수많은 황족과 개국공신이 살해당하는 비극을 낳았으나 명대의 황제권은 성조에 의해 확립되었다. 성조 다음의 인종은 47세에 즉위하여 재위 1년만에 타계하였다. 28세에 즉위한 선종황제를 제외하면 이후의 황제는 10대에 황위에 올랐으므로 황제권은 권신과 특히 환관에 의해 농단되었다. 조익은 명대의 황태자 가운데 正皇后의 소생은 불길하여 제대로 황제위를 계승하지 못하거나 황위에 올라도 暗君이었고,[13] 대부분의 황제가 적자가 아니고 제후왕의 번저에서 나와 대통을 이었다고 다음과 같이 고증하였다. 즉, 태조는 馬后의 장자를 세워 황태자로 하였으나 즉위 전에 죽고 (懿文太子) 태자, 즉 妃 呂氏가 낳은 자를 세워 황태손으로 하였는데, 후에 이가 등극하여 建文帝가 되었다. 건문제가 등극하였을 때, 査后의 장자 文奎를 세워 황태자로 하였으나 이들 모두가 정난의 변을 당하여 죽임을 당하였으므로 국초에 이미 正后 正

13) 『二十二史箚記』 卷 32, 明正后所生太子條

妃소생의 태자가 불길하였다.

다음 인종의 어머니는 仁孝祿后, 선종의 어머니는 誠孝張后로 인종과 선종은 다 같이 정후의 소생으로 태자가 된 후에 황제에 올랐으나 이 제가 태어날 때는 번저에 있었으며 어머니는 아직 왕후로 책봉되지 않았을 때이다. 英宗은 태자에서 즉위하였으나 본래 궁인의 아들로 孫后가 길러 양자하였다. 헌종의 어머니는 周貴妃, 효종의 어머니는 李淑妃로 모두 적자가 아니었다. 다만 효종이 등극한 뒤에 妃·張氏를 황후로 책봉하여 武宗을 낳았고 이를 황태자로 세웠기 때문에 무종은 그 모친이 책봉된 후에 태어난 태자로서 명 일대의 유일한 성사로 여기나 무종은 너무나 방탕하여 천하를 대난으로 몰아넣었고 자식 없이 죽었다.

이 밖에 穆宗의 모는 杜康妃, 의종이 등극하여 周妃를 왕후로 책봉하고 이듬해 慈良을 출산하였고, 그를 황태자로 세웠다. 황후로 책봉된 후에 태자를 낳은 것은 무종 이후 처음 있는 일이다.

청조의 왕위계승도 아주 변칙적으로 진행되었다. 成豊(文宗)의 장자로 6세에 등극한 穆宗(同治帝)를 제외하면 장자로 황위 계승한 황제는 한 사람도 없다.

특히 청의 초기가 심하였으니 1626년에 왕위에 오른 2대 태종과 1643년에 왕위에 오른 세조 그리고 세종을 꼽을 수 있다.

1626년 청 태조 누르하치는 68세를 일기로 세상을 떠났다. 그는 임종 시 후계를 정하지 않았기 때문에 왕위 계승을 둘러싼 분쟁의 소지는 다분히 있었다. 누르하치의 사후 황제후계의 가능성을 지니고 있는 인물로 그의 아들 15명(장자 褚英은 1615년에 부친과의 불화로 감금된 후 곧 사망)과 조카 2명을 꼽을 수 있다.[14] 이 가운데 8자 황태극

---

14) 崔韶子, 「淸初의 王位繼承과 多爾袞」(『梨大史苑』 9, 1970).

이 누르하치의 제2자(代善)를 중심으로 한 일족의 추대에 의하여 황위에 올랐으니 이가 청 태종이다. 이때 황위에 오를 가능성이 보다 강한 것은 14자 多爾袞이었다. 따라서 청 태종의 황위계승은 여진족 특유의 부족장 모임에 의한 국가대사의 결정 방식에 의한 것으로, 이는 1643년 8월에 태종이 사망할 때도 반복되고 있다.

順治帝의 황위계승은 代善을 위시하여 태종의 형제와 그들의 자손들이 참석한 제왕, 황자, 문무군신 회의에서 즉위가 결정된 것이다. 특히, 代善의 豪格 추대 및 태종수하 장령들의 태종의 친자여야 한다는 주장, 그리고 이 범위 내에서 多爾袞의 豪格 세력 배제를 위한 정비 소생의 연소한 福臨 추대와 자신의 보좌의사를 관철시키고 있다.[15] 다음 강희황제가 사망하고 雍正帝의 즉위까지에는 참으로 다난한 황위계승의 복잡함이 전개되었다. 즉 강희제에게는 35인의 황자 중 제2황자만이 황후의 적자출신이다. 그러나 생후 곧 왕후가 사망하였기 때문에 강희는 제2황자를 지극히 사랑하여 2세 때 황태자로 세웠다(강희제 22세 때). 그러나 황태자를 일찍 세우는 것은 황제의 절대 체제하에서도 궁중 내에서 황제파와 황태자파 사이의 보이지 않는 권력 갈등을 가져오게 되니 이는 강희제가 태자를 2회 폐위하고 다시 2회 옹립한 사실에서도 살필 수가 있다.

황제 독재체제하에서는 황태자도 한 사람의 신하이며 단지 장차 황제가 될 후보에 불과하다. 특히 황태자 시절 절대적으로 삼가야 하는 일이 바로 정치에 관여해서는 안 되는 것이다. 황제가 장수하고 황태자가 성년이 되면 자연 궁정 내의 세력 가운데 현 황제와 장차의 황제와의 분파현상이 나타나고 황제와 황태자 사이에 갈등이 일어나게 마련이다. 한무제와 황태자 사이의 비극, 청 강희제와 황태자(윤기)의

---

15) 崔韶子「앞의 논문」.

비극, 우리나라 사도세자의 비극은 다 그 좋은 예이다.

강희 61년 11월에 강희제는 돌연히 사망하였다. 황제의 임종을 지킨 것은 황자 8명과 대신은 隆科多 한 사람뿐이었다. 대신 융과다는 제의 측근에 불려가 후계자 지명의 유언을 받들었는데 그것이 의외로 4자(雍正帝)였다. 강희제는 제14자의 풍모가 가장 자신과 닮아서 총애하고 있었는데, 14황자는 이 당시 서북 국경에서 몽골족의 준갈이부의 국경침입을 막기 위해 대장군에 임명되어 출정하고 없었다.

그런데 이러한 雍正帝의 즉위는 강희제의 뜻이 아니라 음모에 의해 이루어진 것이라는 설이 있다. 즉 강희제 임종 시 유언을 받은 隆科多가 옹정제에 매수되어 강희황제가 십사 황자에게 대통을 물려줄 것을 유언으로 적었으나 십자를 손으로 감추고 4자만을 태자들에게 보여 擁正이 즉위하게 되었다는 설 등 몇 가지가 있다.16)

이와는 반대로 雍正帝의 즉위는 너무나 당연한 것으로 주장하는 측도 있다. 즉 강희제의 여러 황자 가운데 장자는 황태자를 저주하여 구금되었고, 이 황자는 이미 폐태자의 몸이며 3황자는 머리가 나쁘기 때문에 4황자인 雍正帝의 황위계승은 당연하다는 것이다.

이렇게 볼 때에 송・명・청대의 황제 가운데 적장자 상속은 드물고, 황제의 왕위 계승 또한 정상적으로 진행되지 못하고 변칙적으로 이루어졌으며 특히 중국 역대의 황제 가운데 가장 전제군주로 알려지고 있는 송의 태종, 명의 영락제, 그리고 청의 태종이나 雍正帝의 황위계승은 정상적이 아니며 정통성이 문제가 되는 경우로 그들의 황위계승은 예측할 수 없는 상태에서 성공한 예가 아닐 수 없다.

청의 雍正帝는 이러한 황위계승의 어려움을 고려하여 마련한 제도가 유명한 太子 密建法이다. 雍正帝는 雍正 원년에 여러 황자와 대신

---

16) 宮崎市定, 「雍正帝」, 『アジア史論考』 下卷.

에게 태자밀건법을 설명하였다. 즉 예로부터 황태자를 미리 세우게 되면 황태자로 책봉된 자는 안심하여 공부나 수양을 하지 않고, 또 야심이 있는 관료들은 황태자가 장래의 천자라 생각하여 추종하게 된다. 그 결과로 황태자는 교만, 사치, 방자해져 부황(현재의 황제)을 괴롭히는 예가 역사상 많다. 선제(강희제)도 두 번이나 황태자를 폐위하였다. 황태자를 미리 정하기는 하되 비밀로 하여 발표하지는 않는다. 단지 황태자의 이름을 함에 적어 넣어서 밀봉하여 건청궁 옥좌의 위에 있는 정명광대 액자의 뒤에 둔다. 만약 황제가 마음속에 정해둔 후계자라도 자라면서 그 행동이 불초라고 판단했을 때는, 함에 넣은 본래의 황태자를 다른 사람으로 바꿀 수도 있다. 내가 후사를 말하지 못하고 갑자기 사망하면 대신과 태자들은 함을 열어 보면 다음 황제가 누가 될 것인가를 알게 된다고 하는 설명이었다.

雍正帝의 태자밀건법은 참으로 교묘한 방법으로 이후 청조 일대에 그대로 준수되었다.[17] 여러 황자는 황제가 되려면 부제의 마음에 들도록 노력해야 한다. 이는 독재정치 형태가 가장 내부에까지 깊이 침투되었음을 의미하는 것으로 황자는 가정에서도 부제에 대해 부자관계라기보다는 군신관계로써 행동해야 한다. 청대의 황제가 중국의 다른 시대에 비해 훌륭하였던 것이 바로 雍正帝의 이와 같은 태자밀건법에 원인한다고 보는 학자가 많다.

다음에는 宋·明·淸代의 황제의 수명과 재위기간에 대하여 살펴보자.

이 표에서 살필 수 있는 황제의 생존기간(수명)이 50대에 끝맺고 있는 자가 8명, 60대 이상이 3명, 40대 이하에서 사망한 황제도 6명이

---

17) 옹정제의 아들 건륭제도 이 법에 의해 제위에 올랐으며 다시 건륭제도 즉위 60년 되던 해에 아들 嘉慶帝를 황태자로 세우고 곧 양위한 후 스스로 은거하여 太上皇이 되었다.

나 된다. 따라서 50대 이하에서 죽은 황제가 절대 다수(14명)를 차지하고 있다. 특히 북송시대의 황제의 수명은 59세에 죽은 태종이 가장 장수의 황제로 북송시대 황제의 수명은 길다고 할 수 없고, 이는 황제권과도 깊은 관계가 있다. 청년황제로 신법을 과감히 추진한 신종이 재위 18년에 38세로 요절하였고, 재위 4년 만에 36세로 사망한 영종시대는 북송의 정치 사회에 신·구 법당의 당쟁과 함께 여러 가지 정치문제가 제기되고 있었다.

이상 송·명·청의 황제분석을 통하여 다음과 같은 몇 가지 내용을 살필 수가 있다. 즉 관료조직의 정점에 위치하고 있는 제도상의 황제와 한 남자로서의 자연인 황제 사이에는 너무나 커다란 차이점이 있다는 사실이다. 황제로서의 능력이나 도덕적인 인격은 고사하고 필부의 수준에도 이르지 못하는 황제가 다수를 차지하고 있음을 알 수 있다. 그러므로 정관정요에 보이는[18] 명군과 성군이나 현군의 모습은 그리 흔하지 않고 오히려 암우한 愚君의 像이 많음을 느낄 수 있다. 제왕학으로서의 정관정요는 황제교육을 위한 교과서적인 하나의 이상이지 이에 근접하는 이상적인 황제는 아주 드물다고 하는 사실을 알 수가 있다.

4. 皇帝權과 臣權 관계

1) 宋 이후 皇帝權과 臣權의 구조적 성격

황제의 절대 권력이 제한받지 않고 집행될 수 있는 상태를 가상할 때에 이러한 절대 권력을 행사하기 위해서는 황제 개인의 능력과 함

18)『貞觀政要』君道篇.

께 이러한 권한을 행사할 수 있는 여러 가지 제도적 장치가 마련되어야 비로소 가능할 것이다. 그러나 황제의 절대권을 제한하는 여러 가지 요소들이 송 이전에 존재하였고, 송 이후에도 물론 있었다. 宋 이전에는 계층적으로 귀족계급을 비롯하여 궁중 세력(외척・환관), 그리고 군벌세력이고 송 이후에는 관료집단이라 하겠다. 덕치주의를 근본으로 한 君臣間의 忠義論은 본래 법가나 유가들이 군주에 대한 신하의 자세로 제창한 것이지, 황제가 스스로 신하에게 강요한 것은 아니다.

중국 역사상 군신간의 인간관계가 황제 중심적 사상으로 정리되면서 전제주의의 기초가 확립된 시기는 전국시대의 荀子를 비롯한 법가학설에서 찾을 수 있고, 이어 漢代의 董仲舒에 의해 정리된 유가학설에서 강조되었다. 그 후 11세기 이후의 이른바 宋學에서 내세운 군신관계의 大義名分과 忠孝論에서 강조되고 있다. 그러나 명말청초의 黃宗羲를 비롯한 비판적 학자에 의해 송학적인 군신관계론은 비판을 받고 있다. 이는 명・청의 교체기를 맞아 이민족 왕조의 지배하에 있던 漢人 지식인으로서는 당연한 비판일지도 모른다. 특히 漢代 유가사상을 바탕으로 한 황제 지배체제의 사상적 근거를 마련한 동중서의 天人相關說에 의하면 황제는 도덕성에서 至高의 존재이며 이러한 절대성을 天으로부터 부여받아 질서의 주재자로서의 위치를 얻게 된 것이다. 그러나 宋代 이후의 황제가 현실적으로 이와 같은 이상에 합치되느냐 하는 것이 문제가 되며 실제로는 이러한 이상에 합치되지 않는 데 문제가 있다. 그러므로 宋代 이후에는 자연인으로서의 황제보다는 제도상에서의 황제에 정당성을 부여하고 여기에 황제권과 관료의 臣權 관계가 중요성을 갖는 것이다.

황제가 신하를 거느리고 행정을 수행하는 데는 두 가지의 유형을 상정시킬 수가 있다.

하나는 황제 자신의 행정능력의 탁월성에 의하여 황제권을 유감없이 행사하는 경우이다. 이 경우에는 제도적인 장치는 그다지 문제가 되지 않는다. 이때의 관료는 유능한 황제의 지휘를 받아 국가발전을 추진하면 된다. 다른 하나는 황제 자신의 행정능력은 말할 것도 없고, 도덕성이나 인간성에서 범인에 미치지 못하는 경우를 생각할 수 있다. 이경우 황제 독재권은 제도적인 뒷받침을 받고 있으므로 그 권한을 행사하는 것은 다른 집단(관료 · 외척 · 환관 기타)에 의해서 이루어진다. 이때에는 대체로 유능하거나 현명한 집단이 통치권을 행사하는 일은 아주 드물다.

한편, 宋代 이후의 臣下에는 두 가지 입장이 있다.

천하인민을 다스린다고 하는 治者의 입장이다. 唐末 · 五代에 귀족계급이 몰락하고 宋代 이후 사대부 계층이 형성되면서 천하의 근심을 자신의 관심사로 걱정하면서 天下事는 황제만의 소관이 아니라는 사대부 의식의 발현으로 이는 宋代의 사풍 진작과도 밀접한 관계가 있다. 范仲淹은 "천하의 근심을 신하된 자가 먼저 걱정해야 하며, 천하의 즐거움은 가장 뒤에 즐겨야 한다."[19]라고 하여 황제를 대신하여 천하통치의 책임을 사대부가 져야 한다는 사대부 관료의식을 강조하고 있다.

王安石도 "신하된 자는 四海九州의 원망을 피해서는 안 된다. 원망을 자기 한 몸에 짊어지는 것이야말로 신하로서 도리를 다하는 소이이다."[20]라는 관료의 입장을 내세우고 있다.

절대군주 지배하에 있었던 송 이후의 사대부 관료는 천자의 門生이

---

19) 『宋明臣言行錄』.
20) 『同上書』.

란 피동적인 입장만이 아니고 천자에 대신하여 국정을 책임진다는 절대적 사명감을 가지고 있다. 명 말의 혼란기에 동림당이 보여준 황제에 대한 저항의식은 바로 사대부의 사명의식, 즉 천하의 일을 걱정할 권리 마저도 침해당할 것을 두려워하여 생긴 사대부의식의 변화라 하겠다.

이와는 반대로 관료의 또 다른 입장은 황제의 지배를 받는다고 하는 被治者의 입장이다. 천하사를 근심하는 것은 오직 황제만의 소관이고, 관료는 다만 천자의 충실한 문생으로써 행동해야 하며, 이 경우 사대부의 자각은 극히 제한성을 지니게 된다. 다시 말하면 천하의 憂에 대한 것이 아니라 천자의 家事에 대한 책임을 가지면 된다는 의식이다.

天子의 걱정과 천하의 근심은 같을 수도 있으나 같지 않을 경우가 많은데 천자의 근심이 곧바로 천하의 근심으로서 양자를 일치시키고, 사대부계층의 행동으로서는 천하의 근심보다는 다만 천자에 대한 충성을 함으로써 자기 이익을 유지하려 한 것이다.

이와 같은 군·신 관계는 당말 오대의 10세기경에서부터 시작되었다고 李穀은 주장하고 있다. 즉 신하가 군주를 섬기는 것이 마치 품팔이꾼(傭人)의 행동과 같아서 주인이 바뀌면 바뀐 대로 일을 하는 것이 관습처럼 되어 버렸다고 오대의 군신관계를 평하고 있다.

이와 같은 피치자적 군신관계는 宋代 이후 황제의 독재권의 강화와 문벌계급이 사라지면서 관료의 상대적 지위가 저하된 데서 비롯되고 있다. 黃宗羲는 왕조를 창업한 전제군주의 입장을 다음과 같이 私家的인 것으로 혹평하고 있다. 즉 후세의 군주는 이미 천하를 얻으면 다만 그 왕조의 명이 오래 계속하지 않거나 자손이 왕조를 보존하지 못할 것만을 걱정하여 어떤 일이 일어나기 전에 미리 우려하여 그 때문에 법을 만든다. 그러니 그들의 법이라고 하는 것은 (황제)일가의 법이지 천하의 법은 아니다. 秦이 봉건제도를 바꾸어 군현제도를 세운 것은 군현제도가 황제에게 득이 되기 때문이다. 漢나라가 자식을 봉건함으로써 자기의 울타리가 되어 막아 줄 것을 생각하였기 때문이다. 이러하니 그들의 법에 추호라도 천하를 위한 마음이 있었다고 할 수 있고 또 이것을 가히 법이라고 할 수 있겠는가.

黃宗羲는 황제가 백관을 설치한 것도 자기(황제)를 섬기기 위한 것으로 보았다. 관료에 대해서도 신하는 군주를 위해서 존재하는 것으로 군주는 신하에게 천하를 분여하여 다스리게 하고 인민을 주어 관리시키고 있다고 황제와 신하의 관계를 家產관료적 성격으로 규정하고 있다. 이와 함께 백성을 다스리는 법도 일가(황제가)의 법이지 천하의 법이 아니다[21])고 하여 秦·漢 이후의 황제는 천하를 자기의 가산으로 간주하고 관료는 황제의 가산을 관리하는 관리인쯤으로 성격을 규정하였다.[22])

이렇게 볼 때에 송 이후의 관료는 천자의 충실한 문생으로서의 관료적 입장과 사회적인 특권계층으로서의 사대부적인 의식이 양립하고 있었고, 이러한 양면성은 쉽게 일치점에 도달할 수 없었으니 여기에 황제와 관료는 끊임없는 대립과 갈등, 박해와 반발이 계속되었다. 그러나 천자의 문생으로서의 자각은 공직으로서의 관료의식 이외의 극히 소승적인 가업의식의 일면이 있었으며 이러한 일면에서 독재 군주와 사대부계층 간의 접촉 제휴는 어느 정도 가능하였다고 보겠다. 이와 같은 군신의 관계는 비단 관료에 한한 것만은 아니고, 심지어는 황제의 친자 내지는 친족에게도 그대로 적용되는 경우가 허다하다. 독재군주제 아래에서는 모든 인간관계는 먼저 군과 신의 관계를 확립한 데에 있다. 천자의 형제나 붕우도 군신관계 앞에 나서게 되면 모두 가치를 상실하지 않으면 안 된다. 이와 같은 가치를 고집하는 황자나,

---

21) 『明夷待訪錄』 第3, 原法條.
22) 『明夷待訪錄』 第1, 原君條.

친척과 이러한 가치를 인정하지 않는 절대군주 사이의 갈등이 결국 역사의 비극을 가져오게 되는 것이다.

중국의 전제군주 가운데서 특히 唐 太宗, 宋 太宗, 明 永樂帝, 淸 雍正帝가 형제나 조카 등 일가에게 가혹하게 대한 것은 유교적 孝悌관념에 의한 가족제도로 본다면 人倫에 벗어나는 것이다. 그러나 이미 황제위에 나가면 가족적인 질서(인륜)는 존재할 수 없다. 하늘의 뜻을 받드는 절대자로서 天命을 집행하는 대리자의 위치에 서는 것이기 때문에 황제의 형제라도 모두가 황제의 일개 신하에 불과하다. 그런데 황제위에 나가지 못한 황제의 형제들은 천명에 의한 天倫보다는 종래의 人倫에 의한 효제의 관념으로 황제를 대하게 되므로 여기에 엄청난 형제간의 대립과 갈등이 일어나게 되고, 이것이 바로 인륜과 천륜의 상극현상이라 하겠다.

2) 관료의 입장과 독재 군주의 자세

宋代의 역사가이며 당송 팔대가로 유명한 歐陽修는 관료의 입장을 朋黨論과 縱囚論으로 정리하고 있다. 종수론은 唐 태종을 신랄하게 비판한 것으로 유명하고, 붕당론은 관료의 당파결성을 정당화하기 위한 신하의 정론이다. 구양수의 주장에 대해 淸의 雍正황제는 御制朋黨論으로 황제의 입장에서 이를 반박하고 있다. 歐陽修는 사대 부관인의 입장에서 전제군주를 비판하면서 관인의 입장을 합리화하려는 자세이고, 雍正황제는 절대군주의 위치에서 신하가 지켜야 하는 도리를 엄격하게 꾸짖고 있는 데 주목이 간다. 송 이후의 名臣과 名君의 입장에서 황제와 관료의 위치를 잘 표현하고 있다.

종수론[23]은 宋代 사대부 관료의 당 태종관을 살필 수 있고, 新唐書

---

23) 『歐陽文忠公全集』 卷 3, 仁宗景祐 4년.

를 찬수한 역사가로서의 歐陽修의 황제관을 엿볼 수 있어 그 내용은 여러 가지 시사하는 바가 많다.

唐 태종의 통치정책에 대해 歐陽修가 문제를 제기하고 나선 것은 태종이 정관 6년 12월에 단행한 사형수에 대한 가석방 조처를 비판한 데서 비롯되고 있다. 즉, 이것은 태종이 정관 6년 12월에 친히 牢獄을 시찰하고 사형수를 보고 불쌍히 여겨 그들을 모두 일시 귀가시키고, 다음해(정관 7년) 가을 귀옥할 때까지 1년간 사형집행을 연기하여 귀가시킨 일이다.[24] 이리하여 이듬해 9월 사형수 290명 모두가 한 사람도 빠짐없이 牢獄으로 돌아왔고, 태종은 이에 감탄하여 이들의 사형을 집행하지 않고 전원 사면하였다. 이는 태종의 인덕과 사형수의 의리가 어우러진 美談으로 당대 이후 칭송되어 왔다. 그러나 歐陽修는 종수론에서 그 허구성을 다음과 같이 비판하고 있다. 즉 그는 먼저 인간행위론을 君子와 小人으로 양분하여

> 信義는 君子가 행하고 刑戮은 小人에 시행되는 바로 刑이 死에 이른 자는 죄가 극악무도한 자로 이는 소인의 가장 극심한 자이다. 그런데 의롭게 죽는다고 하더라도 살고 싶어 함은 인간의 도리이며, 사형을 예측하면서도 감옥으로 되돌아온다는 것은 군자라도 지극히 어려운 바인데 하물며 소인에게 있어서는 더욱 쉽지 않은 바일 것이다

라고 하여 사죄에 이른 소인이 처형될 것을 알면서도 군자의 행위에 버금가는 의리를 지켜 되돌아 온 모순성을 반박하고 있다. 특히 태종이 죄인을 일시 귀가시킨 후 반드시 되돌아올 것을 예상하고 이들을 석방한 것은 인정을 거역한 처사이고, 이와는 반대로 죄인이 '일 년

---

24) 『舊唐書』 卷 3, 太宗貞觀 6년 12월 辛未條; 『新唐書』 卷 2, 太宗貞觀 6년 12월 辛未條 및 7년 9월條(新唐書의 내용은 舊唐書보다 간략하고 囚人의 석방과 來歸 사실을 따로 기술하고 있다).

후 되돌아온' 행동에서 반드시 면죄되리라고 생각하고 다시 왔다면, 그 또한 上(태종)의 본심에 거역하는 것이라고 비판하였다. 따라서 이는 인간 심리적 측면과 사회 정의적 면에서 縱囚의 불가함을 다음과 같이 역설하였다.

> 태종이 덕을 천하에 베풀기를 6년에 이르는 지금 소인으로 하여금 능히 극악대죄를 범하지 못하도록하다가 하루아침에 은혜로 능히 죄인(소인)으로 하여금 죽음을 하찮게 여기도록 하여 (군자의) 신의를 보존하게 한 것은 (상식에) 어긋나는 것이다.

라고 비판하고 있다.

이와 같은 歐陽修의 종수론의 배경은 태종의 통치 6년의 비인간적인 냉혹성에 근거를 두고 있다.

唐의 태종은 제위에 오르기 전의 秦王시대에 玄武門의 변을 일으켜 형 建成과 아우 元吉을 살해하여 태자위를 빼앗고 다시 부친(당 고조)을 위협하여 제위에 올랐으며 건성의 아들 다섯(承道・承德・承訓・承明・承義)과 역시 元吉의 아들 다섯(承業・承鸞・承將・承政・承度)을 반역죄로 몰아 모두 살해하였다. 이때 고조(이연)는 아직 제위에 있으면서도 손자들의 비극적인 죽음을 말리지 못하고 이를 구제하지 못하였으니 高祖(李淵)도 역시 위기상황에 놓여 있었던 것이 분명하다.

歐陽修의 종수론의 배경에는 당의 태종을 『貞觀政要』에 서술하고 있는 바와 같이 모범적 제왕이 아니라 아버지를 협박하고(起兵과 제위계승 때), 형제와 조카를 살해하여 인륜을 파괴하고 역사를 왜곡하는 비인간적인 황제로 단정한 것이 확실하며, 이를 근거로 하여 그의 종수론이 나온 것으로 생각된다. 의리와 명분, 그리고 인륜을 강조하는 春秋學이 발전한 宋代에 있어서 역사가 歐陽修의 위와 같은 당 태종 비판은 宋代 관료의 天子觀을 잘 반영한 것이라 하겠다.

이와 함께 歐陽修는 관료 상호간의 인간적인 결합을 朋黨論으로 정당화하였다. 즉, 북송의 4대 인종 때에 조정에는 范仲淹을 중심으로 하는 개혁파와 呂夷簡을 둘러싼 보수파가 첨예하게 대립하여 이른바 慶曆의 黨議를 일으켰다. 이때 歐陽修는 諫官으로 재직하고 있으면서 붕당론을 황제에게 올렸다.

歐陽修의 붕당론도 앞서의 종수론과 같이 인간 행동의 유형을 君子와 小人으로 양분하여 제기하고 있다. 즉 구양수에 의하면, 붕당의 논의는 宋代에 갑자기 시작된 것이 아니고 고대로부터 있어 왔다. 그런데 붕당 피해가 발생하는 원인은 오직 인군(皇帝)이 군자와 소인을 판별하지 못한 데 있다고 하여 붕당의 피해를 황제에게 돌리고 있다.

군자는 道를 같이하는 사람끼리 朋을 이루지마는 小人은 利를 같이하는 자가 무리를 이루는데 이는 자연의 이치이다. 따라서 소인에게는 붕이 없고 군자에게만 있는데, 그 까닭은 소인이 탐하는 바는 利祿이나 財貨뿐이므로 이해가 같을 경우에는 도당을 결성하여 붕을 이루나 利가 사라지면 서로의 관계는 소원하게 되어 도리어 서로 해치게 된다. 때문에 소인에게는 朋이 없고 일시적으로 朋을 만든 것은 거짓에 불과하다. 그러나 君子는 그렇지 않다. 왜냐하면 군자들이 지키려 하는 것은 도의이고, 행하는 바는 충의이고, 소중히 여기는 것은 명예와 절의이기 때문이다. 이것으로써 몸을 닦고 道를 같이하면 서로 이롭게 되고 나라를 섬기게 되면 마음이 같아져 共濟하고 시종여일하게 되니 이것이야말로 군자의 붕이라 하겠다. 구양수는 황제의 중요한 자질로 군자의 眞朋과 소인의 僞朋을 판별해야 현군의 자격이 있음을 강조하였다.

君子와 小人의 엄격한 구분은 歐陽修뿐만 아니라 宋代 사대부의 일반적인 인간관이기도 하다.[25] 이런 까닭으로 황제는 마땅히 소인의 위붕을 물리치고 군자의 진붕을 쓰게 되면 천하는 잘 다스려지게 된다는 예를 다음과 같이 역사적으로 입증하고 있다.

군자의 진붕을 잘 판별한 堯, 舜, 周 文王의 통치는 훌륭한 것이었으나 소인의 위붕에 속아 넘어간 紂王, 후한의 獻帝, 당의 昭宗 등은 군자를 멀리하고 혹은 살해하였기 때문에 국가를 멸망으로 몰아넣게 되었다는 것이다. 歐陽修의 붕당론은 당쟁이 치열하던 북송시대의 新・舊 法党에게 그대로 적용되어 상대방은 소인의 僞党, 그리고 자기파는 군자의 진붕이라 강조하면서 당쟁을 합법화하는 사상적 근거로 발전하였다.

그런데 여기에서 문제가 되는 것은 군자와 소인의 개관적인 판별기준이 없다는 사실이다. 특히 宋代의 관료가 신법과 구법의 어느 쪽에 가담하여 무조건적으로 상대를 소인이라고 단정하는 정치풍토하에서는 개인적인 소인・군자의 판별은 이미 불가능한 상태가 되었고, 여기에 현군이 출현한다 해도 군자의 붕당을 판별할 수는 없을 것이다. 관료가 당을 만들어 집단적인 행동을 한다는 것 자체가 그들의 정치적 목적을 전제로 한 이익집단적 성격을 지니고 있는 것이다.

이상과 같은 구양수의 붕당론과 관료의 입장에 대해 청의 5대 雍正帝는 御製朋黨論으로 이를 비판하고 있다. 雍正황제의 관료에 대한 태도는 확고하였고, 이를 기반으로 그의 전제정치가 성립되었다. 雍正帝의 신하관을 보면 관료라는 존재는 황제의 은혜에 의해 임시적으로 그 지위가 부여되는 것으로 군주나 인민의 이익을 절대로 침해해서는 안 된다. 그러므로 관료는 사적인 당파를 만들어서는 안 된다. 관료는 결코 인민에 대한 봉사자는 아니나 그렇다고 인민을 사유하는 특권계

25) 申採湜, 「王安石, 司馬光의 君子・小人論」(『高柄翊先生華甲紀念史學論叢, 歷史와 人間의 對應』, 한울, 1984) 참조.

급도 아니라고 雍正은 판단하였다. 이 점은 봉건군주나 봉건귀족이 일반 인민의 권리를 무시하여 독자적인 존재 가치나 존재 권리를 주장할 수 있는 것과 다르다. 이리하여 雍正帝는 관료의 단결[붕당]을 가장 싫어하였다. 관료가 단결하여 붕당을 형성하게 되면 황제는 자연히 인민으로부터 멀어지게 되고, 천자의 권한은 관료에게 넘어가게 되며 이것이 바로 관료의 붕당이 불러일으키는 피해라고 보았다.

雍正帝는 옹정 2년 7월에 어제붕당론을 지어 이를 제왕과 대신에게 반포하여 歐陽修의 붕당론을 邪論이라고 물리쳤다.[26] 즉 雍正帝는 歐陽修가 말하는 군자의 道라는 것도 소인의 도에 불과하다. 歐陽修가 붕당론을 제창한 후 소인들은 더욱더 同道의 미명하에 붕당을 만들어 나갔다. 그러나 군자는 결코 붕당이 없으며 이미 붕을 만드는 자체가 소인의 행위인 것이다. 만약 歐陽修가 오늘날 나타난다면 짐은 반드시 이것을 일깨워 주고 그의 잘못을 바로잡아 줄 것이라고 비판하고 있다.

정복왕조로서의 청조의 황제와 신하와의 관계는 漢族 왕조인 송조와는 그 성격 자체가 근본적으로 다르다. 이민족 통치자인 清의 雍正帝는 유교적 덕치주의에 입각한 통치방법을 이상적으로 실천하기 위해 노력한 황제로서 특히 그의 신하(한인관료)에 대한 자세는 각별한 바가 있었다. 정복왕조의 군주로서 문화수준이 높은 한인관료를 강압적인 수단(군사력)보다는 중국적인 天命사상이나 덕치주의를 내세워 이들을 설득하려는 자세로서 大義覺迷錄과 어제붕당론을 친히 작성하여 이론으로 반박한 옹정제의 단호한 관료관은 宋代의 漢人왕조하의 漢人천자와 자못 다르고, 전제군주의 당당한 풍모를 엿보게 한다.

(『東亞史上의 王權』, 한울아카데미, 1993)

26) 『清實錄』, 雍正 2年 7月條.

Ⅲ. 宋代 中央官衙의 吏額(이액)에 관하여

1. 머리말

唐代의 귀족사회가 붕괴되고 唐末·五代의 변혁기를 거쳐 宋代의 士大夫 관료가 지배하는 관료국가체제가 성립되면서 국가권력의 운영에 있어서 뚜렷한 존재로 등장한 것이 胥吏계층이라 하겠다. 이들 胥吏는 관료층과는 다른 집단을 이루고 정치·사회 전반에 커다란 영향력을 행사하였다. 실제로 관인은 入仕·승진·전보·致仕 등 인사상의 변동에 의하여 수시로 그 지위가 변화되었으나, 胥吏는 비록 관료집단과 같이 상층사회의 지배층은 되지 못하였다 하더라도 행정기술상에 있어서의 그들의 능력은 관료를 능가하는 경우가 있었으며 그 위에 그들의 지위는 사실상 세습되어 내려갔기 때문에 각 관아의 실무는 이들 胥吏에게 일임하는 결과가 되었다. 그리하여 宋代 이후의 중국은 천하의 정치가 사실상 胥吏의 손에 장악된 胥吏정치시대가 되었다고 보고 있다.[1)]

그렇다면 이와 같이 행정상의 중요한 위치를 차지하고 있는 胥吏가 각 관아에 어느 정도 있었던 것인가라는 문제는 매우 중요하고도 기본적인 과제가 아닐 수 없다. 그러나 宋代의 관원의 수치에 대해서는 대략적이나마 기록상에 나타나고 있으나[2)], 吏額에 대해서는 부분적으

---

1) 宮崎市定, 「胥吏の 陪備を 中心として — 中國官吏生活の 一面 —」(『アジア史研究』, 第3, pp.146~147) 참조.

2) 宋代의 官員數에 대해서 일반적으로 인용하는 자료는 다음과 같다.
『元豊類稿』, 卷 30에 보이는 治平年間의 官人 24,000人 『續資治通鑑長編』, 卷 386, 元祐元年의 京官 2,800餘, 選人 10,000餘, 大使臣 2,500餘, 小使臣

로 산만하게 나열하고 있는 것 이외에는 이를 전체적으로 제시하여 놓은 기록은 없는 실정이다. 실제로 방대한 관료 조직하에 전체 관료의 수적인 파악도 어려운 실정인데, 그 아래에서 실무를 담당한 吏額을 헤아린다고 하는 것은 더욱 곤란한 일임에 틀림없다. 그런데 宋代의 자료를 검토하여 보면 중앙과 지방의 행정기구를 설명하는 과정에서 각 기관마다 그 기관의 관료의 長·貳로부터 하위관료의 수가 나타나 있고 이어서 기관의 조직이 어떻게 分案되어 있으며, 분안된 부서에는 어느 정도의 吏額이 그 업무를 분장하고 있는가를 서술하고 있다. 그리하여 각 관아를 하나의 단위로 간주하여 보면 관아의 명칭-관아의 임무-관료인원-업무분안-吏額이라고 하는 서술형식에 접하게 된다.[3] 이로써 그 관아의 상층부에 관료가 있고 그 아래 실무를 담당하는 胥吏가 있어서 행정을 운영하여 나가고 있음을 파악하게 되고 이러한 분안 업무와 吏額과는 서로 밀접한 관련성을 띠우고 있음을 알 수 있다.

그런데 宋代 중앙행정조직에 대한 종래의 연구는 개략적인 서술에서 크게 벗어나지 못하고 있으며 각 관아의 업무수행의 分案(房) 내용이 전혀 다루어져 있지 않는 형편이며 그 위에 이들 관아의 분안을 담당하는 胥吏와의 관계는 언급된 바가 별반 없다.

뿐만 아니라 宋代의 胥吏문제에 대한 연구도 서리에 의한 행정상의 운영 실태나 이들 서리의 작폐에 대한 사회적 문제점, 그리고 서리

13,000餘
『建炎以來朝野雜記』, 甲集 卷 12, 紹興 2年의 官員總數 33,016名, 同上揭書 慶元 2年, 京朝官 4,159名, 選人 13,680名, 大使臣 6,525名, 小使臣 18,070名 등이다. 吏額에 대한 전체적 숫자는 알 수 없다.

3) 本稿에서 사용한 기본 자료는 『宋史』 職官志, 『宋會要輯稿』 職官, 『職官分紀』 등으로 이들 史書의 서술형식은 대체적으로 官衙—官衙의 업무—官僚數—業務分案—吏額의 형식을 취하고 있다.

정치를 개혁하려는 여러 가지 논의에 대해 주로 관심 깊게 연구되고 있다.[4)]

따라서 宋代 관료사회에 있어서 중앙과 지방의 관아에는 각 부서마다 어느 정도의 吏額이 존재하고 있었는가에 대한 문제는 아직 구체적으로 파악되지 못하고 있으며 이는 宋代의 서리사회를 이해하는 데 있어서 기본적인 과제라 아니할 수 없다. 그런데 吏額에 관한 현재까지의 연구는 주로 주·현에 있어서의 서리의 역할에 관련지어 吏額을 논하는 데 그치고 있고[5)] 더구나 행정의 중심이 되는 중앙관아의 吏額에 대한 전체적인 파악은 미흡한 채 그대로 있는 실정이다.[6)]

본고에서는 주로 북송의 초·중기와 元豊관제개혁 이후, 그리고 남송시대의 중앙관아의 三省 六部와 樞密院·三司 그 밖의 특수기관에 대한 胥吏額의 수를 관제의 변천과정과 연관시키면서 자료에 기록되어 있는 吏額을 파악하여 보겠다.[7)] 물론 이와 같은 작업은 吏額의 정확한 통계와 그리고 각 시대의 정치조직의 변천에 따르는 吏額의 수

4) 宮崎市定, 前揭論文 및「王安石の 吏士合一策 — 倉法を 中心として —」(『アジア史研究』, 第1, pp.311~364). 村上嘉實,「宋代の 吏事」(1) (2),『關西學院大學人文論究』, 17-40, pp.45~58, 및『關西學院大學創立 80周年 文學部紀念論文集』, pp.105~132. 長谷川誠夫,「唐宋時代の 胥吏を あらわす 典について — 典吏·典史と 關運して —」『史學』, 49-2. 3號, pp.53~79 참조.

5) 周藤吉之,「宋代州縣の 職役と 胥吏の發展」의 (2)「宋代州縣の 人吏」(『宋代經濟史研究』 pp.705~765)에서 主로 宋代의 地方志인『淳熙三山志』및『嘉定赤城志』를 引用하여 台州와 福州의 人吏의 變遷과 數的인 파악을 하고 있다.

6) 中央官衙의 吏員에 대해서는 周藤吉之가「北宋の 三司の 性格 — 節度使體制と 關聯させて —」의 (三)「三司の 人吏と諸局吏の 賽神會」(『宋代史研究』, pp.110~124)에서 언급하고 있을 뿐이다.

7) 吏란 文字가 官字와 떨어져서 단독으로 사용될 때는, 官員을 지칭하는 경우와 吏員만을 지칭하는 경우, 그리고 兩者를 함께 지칭하는 실례가 있다.(宮崎, 前揭「王安石の吏士合一策」p.313 註①참조) 本稿에서 취급하는 宋代의 史料上에 보이는 吏額은 官員이 아닌 胥吏額을 지칭하는 것이다.

적인 제시가 전제가 될 때에 비로소 과학적인 통계로 인정할 수 있는 것이지 단지 관아의 말미에 부기하고 있는 吏額만으로 중앙관아의 완벽한 吏額파악은 사실상 곤란한 문제라고 생각된다. 그러나 본인은 宋代 관료사회의 형성과정에 중앙행정조직상에 나타나고 있는 고위관료의 분석을 통하여 宋代의 문신관료체제의 기반이 어떻게 정착되어 나아갔는가를 살펴보겠다.[8] 이에 수반하여 중앙관아에서는 어느 정도의 吏額이 실무를 담당하면서 행정을 운영하여 나아갔는가를 대략적이나마 파악하려는 의도에서 吏額을 정리하여 볼 것이다. 그러나 중앙관아의 업무 分案을 서술하면서 기록하고 있는 吏額을 축출하여 정리하는 것으로 宋代의 전 시대적인 吏額의 파악과는 거리가 있다. 더구나 北宋代의 중앙행정기구는 여러 차례 개혁을 단행하여 그때마다 기구가 변천하였으므로 그에 따른 吏額의 이동 또한 심한 양상을 나타내고 있으며 중앙관아의 각 부서 또한 방만하게 분립되어 있기 때문에 이를 종합적으로 검토하는 것은 다음 기회로 미루고 여기에서는 중앙관아의 중추가 되는 三省·六部·樞密院·三司·그 밖의 중요기관의 吏額만을 정리하고자 한다.

2. 三省·六部의 吏額

북송의 官制는 神宗의 元豊 5년(1082)을 분기점으로 하여 그 이전과 이후는 판이한 면을 나타내고 있다. 따라서 三省·六部의 吏額을 살펴 나가는 데 있어서도 이와 같은 관제의 내용을 전제로 하여 고려되어야 할 것이다.

---

8) 拙著,『宋代官僚制硏究』, 三英社, 1982.

元豊官制改革 이전, 즉 북송의 초·중기의 三省·六部체제는 唐의 그것을 명목상으로 계승하여 『宋史』의 職官志를 비롯한 宋代의 자료에 「宋承唐制」란 표현을 쓰고 있으나 실제에 있어서는 그렇지 못하다. 宋代의 사대부나 문신관료의 입장은 五代를 부정한 위에 모든 제도와 문물을 唐代로 환원시키려 하였다. 그러나 宋朝체제가 唐을 계승한 것이 아니고 五代의 節度使체제를 이어 받았기 때문에 북송 초·중기의 사회현상이 宋人이 추구하는 이상과 그들이 처해 있는 현실이 서로 괴리되어 있는 모순을 안고 있으며 이와 같은 현상은 특히 三省·六部의 관제상에 가장 두드러지게 나타나고 있다.

唐의 三省은 宋初에 와서 그 외형만이 남아서 中書省과 門下省의 출장소와 같은 기관이 禁中에 설치되어 이를 中書라 하였으며[9] 그 장관을 同中書門下平章事(약하여 同平章事)라 하였다. 宋初의 中書의 건물은 政事堂이라 하였고 堂後에 制勅院이 5房으로 나뉘어져 사무처리를 하였는데 中書의 서리는 이곳에 근무하였고 그들을 堂吏라 칭하였다. 그런데 禁中의 中書와는 별도로 본래의 中書省과 門下省은 皇城 外에 그대로 설치하였고 이곳에도 사무 처리를 위하여 서리가 있었다. 『宋史』의 職官志에는 이를 中書外省이라 하고 禁中의 것을 中書內省으로 각각 구분하고 있는데[10] 북송의 초·중기의 三省의 吏額은 주로 이 中書內省·外省의 人吏를 말하는 것인데 먼저 이들에 대하여 검토하여 보겠다. 中書各房과 胥吏와의 관계에 대해서는,

---

9) 宮崎市定, 「宋代官僚序説 — 宋史職官志を 如何に 讀むべきか —」(佐伯富 編, 『宋史職官志索引』, p.4) 참조.

10) 『宋史』, 卷 161, 志 114 職官 1(以下 宋史 職官志라 略함) 門下省·中書省條

> 先是 中書人吏分掌五房 曰孔目房 吏房 戶房 兵禮房 刑房 又有主事 勾銷二房
> (『宋史』, 職官志 門下省條)

이라 하여 中書의 胥吏는 각각 5개의 房을 맡아서 사무를 분장하고 있다고 서술하고 있다. 또

> 國朝五房 每房 置堂後官三人 竝自京諸司選入
> (『職官分紀』, 卷 5, 三師三公 宰相官屬條)

이라 하였으니 이에 의하면 宋初에는 中書 5房에 각각 堂後官 3인,[11)] 합하여 15인의 胥吏가 있어서 직무를 분장하고 있었음을 알 수 있다. 이들은 在京百司에서 선발하여 入房한 자들로 유능한 사무능력을 가진 자들이다. 그런데 堂後官의 중용은 이미 宋初에 문제가 되어 그 임용에 변화를 나타내고 있다. 즉

> 開寶六年 太祖知堂吏擅中書事 權多爲姦贓 故令吏部 選授堂吏用士人自此始也 (『職官分紀』, 卷 5)

라 한 사실이 그것이다. 이에 의하면 開寶 6년(973)에 태조는 中書의 업무와 권한이 堂吏(胥吏)에 의하여 姦贓됨을 알고 吏部로 하여금 堂吏(堂後官)를 선발 임용하도록 하였는데 이로부터 士人의 堂吏임용이 비롯되었다고 하였다. 뿐만 아니라 태종의 太平興國 9년에는 堂後官을 朝

---

11) 宮崎市定, 前揭(註)의 論文 p.4에 의하면 「堂後官은 혹은 堂吏라고도 하며 胥吏이다」라고 堂後官을 규정하고 있는데 다음에 引用하는 『職官分紀』, 卷5 「總三師三公宰相居官條」에 의하면 堂後官은 士人이나 朝官으로 임명하고 있으므로 宋代 堂後官의 성격은 時代에 따라 다르다는 것을 주의해야 한다.

官으로 보충하고 있는데 中書各房의 堂後官은 사인으로 임용하여 업무를 총괄하고 그 아래 일반 胥吏가 堂吏로써 사무를 관장한 것 같다.[12)]

그 후 淳化 4년에 中書 5房의 堂後官을 6인으로 감축하였고 咸平 3년에는 5房의 堂後官 아래 새로 主事 1인을 설치하였는데 이 主事는 胥吏의 임무를 맡고 있었다.[13)] 이로 미루어 볼 때에 中書 5房의 堂後官은 宋初에는 堂吏라 하여 胥吏가 그 임무를 맡고 있었으나 그 후에 士人으로 충당하였다가 咸平 3년 이후에는 胥吏로서 主事에 임용하고 堂後官은 사무의 총괄을 하였음을 살필 수 있다.

그런데 宋代의 吏額은 胥吏가 맡아야 할 사무기구와 밀접한 관련을 가지면서 정해지고 있다. 각 관아의 分房(分案)에 吏額의 내용이 보이는 것은 바로 그와 같은 사무를 분장하는 자가 바로 胥吏라고 하는 사실을 말하여 주는 것이다. 따라서 分房(分案) → 各房(案)의 사무내용 → 吏額의 순으로 서술되고 있는 것은 이들 3자가 서로 불가분의 관계를 띠우고 있는 것으로 보아야 하겠다. 이를 좀 더 구체적으로 살펴보자. 『職官分紀』 卷 5에 의하면 中書五房 가운데 孔目房은 문무의 升朝官 및 刺史 이상 少尹・上佐・衛佐・伎術・堂後의 進奏除授와 知州・通判의 차견의 업무를 맡고 있는데 이곳에는 堂後官 1인이 房務를 총괄하고 錄事・主書・守當官 각각 1인이 업무를 분장하고 있다.[14)]

吏房에서는 后妃 諸王公主의 책봉, 駙馬의 除拜 京官 幕職州縣官의 注擬, 諸司의 使副이하 內侍 등의 加恩, 백관의 贈官 追封 叙封 등 주로 인사문제를 장악하고 있는데 이곳도 堂後官 1인이 이를 총괄하고

---

12) 『職官分紀卷』, 卷 5, 「總三師三公宰相屬官條」에 의하면, 「太平興國九年 十二月 次堂後官王渾 綦僩爲右贊善大夫 充職朝官任堂後官自此始也」이란 사실이 이를 뒷받침하고 있다.

13) 『上揭書』, 咸平三年十月詔 中書五房 各置主事一人.

14) 『上揭書』, 孔目房條

錄事·主書·守當官 각각 1인이 있어 사무를 분장하고 있다.[15)]

戶房은 財幣·軍儲·戶口의 版籍·租調·漕運·祿俸振貸·土貢 및 諸路의 轉運使, 내외의 監當官의 차견을 담당하고 있는데 堂後官 1인이 이를 총괄하였고 錄事 1인, 主書 3인, 守當官 4인 등 모두 8인이 사무를 분장하고 있다.[16)]

兵禮房은 郊祀·朝拜·陵廟·朝會·宴會·尊號·祭器·儀仗 등 의식과 刻漏册贈·旌表·假告·外夷·館閣과 국학의 도서·詳瑞에 따라 貢擧와 蔭補 그리고 불교·도교·旌節符印, 諸司의 職掌, 諸道의 행군, 司馬將校, 공신계의 加恩, 知軍의 차견을 관장하고 있는데 堂後官 1인이 이를 총괄하고 錄事·主書·守當官 각기 1인이 있어 사무를 분장하였고[17)] 刑房에서는 赦書·德音, 관료의 貶降·責授·刑獄訴訟·擒捕·旌賞의 업무를 관장하였는데 堂後官 1인이 이를 총괄하였고 錄事 1인, 主書 3인, 守當官 5인이 사무를 분장하고 있다.[18)]

이상의 中書 5房[19)]의 吏額을 정리하여 보면 다음과 같다. 즉

孔目房……堂後官 1人, 錄事 1人, 主書 1人, 守當官 1人
吏　房……堂後官 1人, 錄事 1人, 主書 1人, 守當官 1人
戶　房……堂後官 1人, 錄事 1人, 主書 3人, 守當官 4人
兵禮房……堂後官 1人, 錄事 1人, 主書 1人, 守當官 1人
刑　房……堂後官 1人, 錄事 1人, 主書 3人, 守當官 5人

---

15) 『上揭書』, 吏房條
16) 『上揭書』, 戶房條
17) 『上揭書』, 兵房條
18) 『上揭書』, 刑房條
19) 『上揭書』 嘉祐三年 閏十二月詔에 의하면, 「中書五房編總例 六年八月十二日 以殿中丞王廣淵 殿中丞李立之 編排中書諸文字」라 하여 中書 5房의 總例가 편찬되었으나 자세한 내용은 알 수 없다.

으로 구성되어 있다. 여기에서 堂後官 각 1인은 胥吏로 볼 수 없고 그 밖의 錄事·主書·守當官은 胥吏임이 분명하므로 북송 초기에서 원풍의 관제가 개혁되기 이전까지 中書 5房의 吏額은 堂後官을 제외하면 모두 24인이 된다.[20)]

이상과 같은 中書는 元豊의 관제개혁으로 대폭적인 수정을 보게 되었으니 3省으로 독립된 門下省은 그 기구가 10房으로,[21)] 中書省은 8房으로 분방되었다.[22)] 門下省의 吏額을 보면,

> 門下分房十…… 吏四十有九 錄事 主事各三人 令史六人 書令史十有八人 守當官十有九人(『宋史』職官志 門下省條)

이라고 吏額을 설명하고 있는데 이를 胥吏를 유형별로 분류하여 보면

> 事吏類……錄事 3人, 主事 3人
> 史吏類……令史 6人, 書令史 18人
> 官吏類……守當官19人

---

20) 그러나 이와 같은 吏額은 항상 고정되어 있는 것 같지 않다. 『職官分紀』 卷 9 流外銓條에 「咸平元年…… 凡門下省額二十五人 中書省十五人 起居院三人 諫院三人 尙書都省五人 吏部十二人銓二十人」이란 사실로 吏額의 변동을 알 수 있다.

21) 『宋史』, 職官志, 門下省條에 의하며, 「門下凡分房十 日吏房 日戶房 日禮房 日兵房 日刑房 日工房 皆視其房之名而主行尙書省六曹 二十四司所上之事 日開折房 日章奏房 日制勅庫房 亦皆視其名 而受遣文書表狀 與供閱勅令格式 擬官爵 封勳之類 惟班簿 本省雜務 則歸吏房」이란 사실로 알 수 있다.

22) 『宋史』, 職官志, 中書省條에 의하면, 「六房各視其名而行之 曰主事房 掌行受發文書 曰班簿房 掌百官名籍具員 日制勅庫房 掌編錄供檢勅令格式 及架閣庫 日催驅房 督趣稽遠 日點檢房省察差失」이라 하여 中書 6房을 설명하고 이어서 이들 6房을 다음과 같이 8房으로 細分하기도 하였으니 「分房八 日吏房 日兵禮房 日戶房 日刑房 日工房 日主事房 日班簿房 日制勅庫房」이 그것이다.
그 후 元祐 以後에는 兵·禮房을 둘로 나누고 催驅房·點檢房을 증가하여 11房으로 하였고 그 후 主事房은 開折房으로 고치었다.

으로 구분되고 합계 49인의 吏額이 각각 사무를 분장하고 있었다. 이 밖에 門下外省에도[23] 19인의 胥吏가 있었으니,

> 而外省吏十有九人 令史一人 書令史二人 守當官六人 守闕守當官十人(『宋史』, 職官志 門下省條)

이라 한 사실로 미루어 알 수 있다. 이로써 門下省에는 내성과 외성을 합하여 68인의 吏額이 있었음을 확인할 수가 있고 이를 유형화하면 事吏, 史吏, 官吏로 구분할 수가 있다.[24]

그런데 元豊 이후의 吏額은 宋의 초기나 중기의 그것에 비하면 상당히 증가된 숫자이기는 하나 중앙관아의 다른 기관의 吏額에 비하면 결코 많은 수라고 할 수 없다. 또한 胥吏에 의하여 각 관아의 행정실무가 운영되었다는 면을 고려할 때에 吏額은 곧 그 기관의 사무의 분량과 업무의 중요성과 밀접한 관계를 지니고 있다고 볼 때에 門下省의 지위는 행정상에 있어서도 격하되었다고 보아야 할 것이다.

북송 후기인 元祐 3년(1088)에 이르러 吏額의 감원이 있었고 4년에 吏額을 확정하였으니,

> 元祐三年 詔吏部主通判 赴門下引驗 應省·臺·寺·監諸司 人吏四分減一 復置 點檢房 四年 又別立吏額 (『宋史』, 職官志, 門下省條)

---

23) 『宋史』, 職官志, 門下省 元豊八年條에 「以門下中書外省爲後省」이라 하여 外省을 後省으로 고치었다.

24) 宮崎市定, 『九品官人法の 研究』, pp.265~286에 의하면, 「令史는 漢以來 庶民에게 허락된 官의 代表的인 것이고 魏晉南北朝時代의 令史는 보통 8品, 書令史는 9品이며 隋·唐 이후에는 令史는 流外官으로 官品을 지니지 않는다. 令史는 3省·6部에 속하는 職이다」라고 하여 南北朝 隋唐代의 令史·書令史를 설명하고 있다. 牧野修三은 「元代勾當官の 體系的硏究」 p.141에서 「令史·書令史는 元代에는 吏職의 代表이며 동시에 官과 吏의 교량적 존재이었다.」라고 元代의 令史·書令史를 설명하고 있다.

이라 한 사실이 그것이다. 그런데 哲宗의 元祐 3년의 吏額을 4분의 1로 감소한 사실은 확실하나 어느 부서의 吏額을 어느 정도 감축시켰는지 자세히는 알 수 없고 전체적으로 볼 때에 이때에 대폭 감축한 것을 알 수 있고 그 다음해에 가서 새로이 吏額을 정하였음을 살필 수가 있다. 그러나 얼마 안 가서 다시 吏額의 내용이 변화하고 있으니,

紹聖三年 守闕守當官 門下 中書省 各以百人 尙書省百五十人爲額(同上)

이라 하였으니 門下中書省의 守闕守當官을 100인으로 대폭 증액하고 있음을 알 수가 있다. 그런데 이와 같은 吏額은 이듬해 다시 元豊 7년의 감소한 숫자로 환원시키고 있으니

(紹聖)四年 三省吏員 竝依元豊七年額(同上)

이라 한 것이 그것이다.

남송시대에 있어서는 中書門下省의 吏額은 구분하지 않고 있다. 즉 中書門下省의 吏額은 乾道 연간(1165~1173)에 吏道刷新의 일환으로 裁減하였으며[25] 재감된 내용을 건도 6년 3월 4일 給事中 胡沂 등의 말에 의하면

中書門下省 見管吏額 錄事八人 主事七人 令史一十人 書令史二十人 守當官三十人 守闕守當官一百人款 將守闕守當官一百人內 量減一十五人 通將一百人 試行遣一道內取八十五人存留爲額 其不入等一十五人候正額

25) 『宋史』, 職官志에서 各 官衙의 吏額을 설명한 가운데 南宋時代의 乾道年間에 특히 「吏額裁減」 하였다는 기록이 곳곳에 보이고 있다. 이는 孝宗에 의한 吏道의 刷新과 密接한 관련이 있다. 拙稿 「南宋의 蔭補制度에 관하여」, 『全海宗博士華甲紀念 史學論叢』, pp.246~270 참조.

有聞 均減一十五人 如戶房二人 禮房三人 工房二人 兵房二人 點檢知雜催驅開折承開房四人 印房班簿奏 章時政記房二人外 差人竝不在此數[26]

라고 하였으니 이에 의하면 中書門下省의 吏額은 북송 대와 같이

事吏類……錄事 8人, 主事 7人
史吏類……令史 11人, 書令史 20人
官吏類……守當官 30人 守闕守當官 100人

으로 이를 합하면 모두 176인이고 이 중에서 守闕守當官 15인을 감하여 85인으로 정하고 있다. 이를 북송 대의 門下省吏額 68인과 中書省의 64인과 합한 총수 132인과 비교하면 약간 증액된 것으로 파악되지만 앞서의 紹聖 3년의 守闕守當官의 수가 門下·中書省에 있어서 각각 100인으로 나타난 수치와 비교하여 볼 때에 상당히 많은 감액으로 보아야 할 것이다.[27] 뿐만 아니라 남송 초의 守闕守當官의 수 100명과 비교하여 볼 때에도 15인의 감소를 보이고 있다. 다음 元豊관제개혁 이후의 中書省의 吏額을 보자.

中書省의 기구는 8房이었으나 6房으로 축소하고 다시 11房으로 증가하였다.[28] 吏額을 보면,

吏四十有五 錄事三人 主事四人 令史七人 書令史十有四人 守當官十有七人 而外省吏十有九人, 令史一人 書令史二人 守當官六人 守闕守當官十人(『宋史』, 職官志, 中書省條)

---

26) 『宋會要輯稿』, 60, 職官 3, 中書門下省條.
27) 『宋史』, 職官志 門下省條의 紹聖 3年條에 「守闕守當官 門下中書省 各以百人 尙書省 百五十人爲額」이란 기록에 따르면 守闕守當官은 이미 北宋後期에 100名을 正額으로 하였음을 살필 수 있고 이것이 乾道年間에 15人 裁減한 것으로 보인다.
28) 『宋史』, 職官志, 中書省條

이라 하였으니 여기에서도

事吏類……錄事 3人, 主事 4人
史吏類……令史 7人, 書令史 14人
官吏類……守當官 17人

등 모두 45인이 있었고 中書外省에는 事吏類는 없고 史吏·관리류로서 令史 1인, 書令史 2인, 守當官 6인, 守闕守當官 10인 등 19인이 있었다.

이를 합하면 北宋代에는 中書省에 64인의 吏額이 있었음을 알 수 있다.

南宋代 中書省 吏額의 변동은 앞서 門下省 吏額에서 인용한 건도 6년의 胡沂등이 언급한 내용으로 파악된다.

다음 尙書省의 吏額을 보자. 元豊관제개혁 이후의 尙書省 기구는 10房으로 나누어져 있고[29] 이곳에 胥吏가 배속되어 직무를 분장하였다. 그런데 尙書省의 본부를 六部와 구별할 때에는 尙書都省이라 하였다. 尙書省의 10房 가운데 六曹의 명칭과 相付하는 기구도 六曹 및 諸司에서 올라오는 사무를 관장하지만 나머지 4房을 각기 특수한 임무를 수행하고 있음을 알 수가 있으니 開折房에서는 주로 문서의 수발을 담당하고, 都知雜房은 制勅을 올리는 일, 班簿와 관원의 具目, 都事 이하의 하급관료의 功過 遷補를 담당하였다. 또한 催驅房에서는 문서의 稽違를

29) 『宋會要輯稿』, 60, 職官 4 尙書省 및 『宋史』 職官志 尙書省條에 의하면 다음과 같다.
「分房十 曰吏房 曰戶房 曰禮房 曰兵房 曰刑房 曰工房 各視其名而行六曹諸司所上之事 曰開折房 主受遣文書 曰都知雜房 主行進制勅 目班簿具員 考察都事以下功過遷補 曰催驅房 主考督文牘稽房 曰制吏房主編檢勅令格式 簡納架閣文書」

살피고 이를 감독하였으며 制勅庫房은 勅令格式의 編修와 검열을 하고 架閣문서를 정리하였음을 알 수 있다. 尙書省의 吏額을 보면,

> 置吏六十有四 都事三人 主事六人 令史十有四人 書令史三十有五人 守當官六人(『宋史』, 職官志, 尙書省條)

이라고 되어 있다. 따라서 尙書省의 胥吏는 모두 64인으로 그 내역은

> 事吏類……都事 3人, 主事 6人
> 史吏類……令史 14人, 書令史 35人
> 官吏類……守當官 6人

으로 나타나 있다. 그런데 尙書省 吏額은 북송 후기의 哲宗시대에는 다시 증가되고 있는데

> 哲宗職官志 同崇寧格 人額 都事七人 主事六人內 抹名帶守闕令史十四人 書令史三十一人 守當官十六人 守闕守當官一百五十人[30)]

이라 한 사실로 알 수가 있다. 이는 앞서 門下省 吏額이 紹聖 3년에 이르러 대폭 증가하고 아울러 尙書省의 守闕守當官의 吏額을 150인으로 정하였다고 하는 『宋史』 職官志[31)]의 액수와 일치하고 있음을 볼 때에 哲宗의 紹聖 연간에 吏額의 증가 현상을 알 수가 있겠다.

南宋代의 尙書省의 吏額에 대해서는 乾道 6년 3월 23일의 給事中 胡沂에 의하면

---

30) 『宋會要輯稿』, 60, 職官志 3, 尙書省條의 注文.
31) 『宋史』, 職官志, 門下省條.

胡沂等言 修具併下項 尙書省見管吏額一百六十八人 都事七人 主事六人 令史一 十四人 書令史二十五人 守當官一十六人 守闕守當官一百人歘分守闕守當官一百人內 量減 一十五人[32)]

이라 하였다. 따라서 南宋代에는 尙書省吏額이 모두 168인이고 그 내역을 보면

事吏類……都事 7人, 主事 6人
史吏類……令史 14人, 書令史 25人
官吏類……守當官 16人 守闕守當官 100人

이 그 내역이다. 이 중에 守闕守當官은 中書·門下省과 같이 15인을 감하여 85인이 되고 있다.

이상의 中書의 吏額을 분류형으로 구분하여 보면,

事吏類에 都事·錄事·主事가 있고
史吏類에 令史·書令史가 있으며
官吏類에 守當官 守闕官이 있는데

이들의 구조는 하층吏額이 많고 상층으로 올라갈수록 수가 줄어들고 있는 것이 공통적인 현상이다. 三省의 吏額과 그 유형을 정리하면 다음 표와 같다.

32) 『宋會要輯稿』, 60, 職官 3, 尙書省條.

三 省	分 房	胥吏類型	胥吏名稱	吏 額	
				元豊以後	南 宋
門下省	10	事吏類	錄 事 主 事	3 3	8 7
		史吏類	令 史 書令史	6(1) 18(2)	11 20
		官吏類	守當官 守闕守當官	19 10	30 100(-15)
中書省	8→6→11	事吏類	錄 事 主 事	3 4	
		史吏類	令 史 書令史	7(1) 14(2)	
		官吏類	守當官 守闕守當官	17 10	
尙書省	10	事吏類	都 事 主 事	3 6	7
		史吏類	令 史 書令史	14 35	35 25
		官吏類	守當官 守闕守當官	6	16 100

※ ( )속은 外省

다음 六部의 吏額을 살펴보자.

북송의 초·중기의 六部도 三省과 같이 그 기구가 축소되었고 다만 각부에 判部事가 있어서 六部의 존재가 명칭만을 존속시키고 있다. 그리하여 六部의 기능은 해체되었느니 唐代의 吏部의 기능은 宋代에는 문·무관의 인사를 전담하는 審官院과 流內銓으로, 戶部의 기능은 三司에서, 禮部의 기능은 禮儀院이, 兵部는 樞密院과, 三班院이, 刑部는 審刑院이, 工部는 三司의 修造案에서 그 직무를 수행하였으므로 六部의 업무는 분산되었고 이에 따라 북송의 초·중기에 보이는 吏額도 보잘 것이 없는 상태였다.

元豊의 관제개혁에 의하여 吏部에는 吏部四選을 두고 있는데 종래의 審官東院을 尙書左選이, 審官西院은 尙書右選에서, 그리고 流內銓은 侍郎左選이, 三班院은 侍郎右選을 흡수하여 문무관의 인사를 장악하게 되었다.[33)]

먼저 尙書左·右選의 吏額을 보면,

> 左選分案八 置吏三十 右選分案六 置吏十有六 日主事 (日)令史 日書令史 日守當官 (『宋史』, 職官志 吏部條)

이라 하여 吏部의 尙書左·右選의 吏額은 46인이었고 主事·令史·書令史·守當官이 있었으나 吏額의 구체적인 내용은 불분명하다.[34)]

南宋代에는 吏部의 尙書左·右選에 관한 吏額이 구체적으로 나타나고 있는데 尙書左選은 분안 12인,[35)] 吏額 54인[36)], 左選은 분안 10인,[37)] 吏額 43인으로 되어 있는데

33) 『宋會要輯稿』, 66, 職官 11, 尙書左·右選 및 侍郎左·右選條 참조.
그런데 『宋史』 職官志 吏部條에는 吏部四選의 업무를 다음과 같이 설명하고 있다. 즉 「分屬於四選 曰尙書左選 文臣京朝官以上 及職任非中書省除授者 悉掌之 曰尙書右選武臣升朝官以上 及職任非樞密院除授者 悉掌之 自初任至幕職州縣官侍郎 左選掌之 自副尉以上 至從義郎 侍郎 右選掌之」란 사실이 그것이다.

34) 『宋會要輯稿』, 63, 職官 8, 吏部條에도 同一한 기사가 있다.

35) 『宋史』, 職官志, 吏部條에 「分案十二 曰六品 曰七品 曰八品 曰九品 曰注擬 曰名籍 曰掌闕 曰催驅 曰甲庫 曰檢法 曰知雜 曰奏薦賞功司」라고 하였으나 『宋會要輯稿』, 66 職官 11, 吏部左選條에는 八品·九品을 합하여 11案으로 기록하고 있는데 여기에서는 職官志를 따랐다.

36) 『宋會要』, 66 職官 吏部左選條에 같은 내용이 있다.

37) 『宋史』, 職官志, 및 『宋會要輯稿』 66, 職官 11에 「分案十 曰大夫 曰副使 曰修武 曰注擬掌闕 曰奏薦賞功 曰開折 曰名籍 曰甲庫 曰法司 曰知雜」이라 있다.

吏額 \ 吏部		尙書左選	尙書右選
事吏類	主 事	1	1
史吏類	令 史 書令使	2 9	2 9
官吏類	守當官	11	12
其 他	正貼司 私 名 司 法 楷 書	16 12 1 2	8 10 1
計		54	43[38)]

*. ( )속은 外省

그 내용을 정리하면 위의 표와 같다. 侍郎 左·右選의 吏額을 보면

> 左選 分案十五 置吏四十有三 右選 分案八 置吏四十有七 (『宋史』, 職官志 吏部侍郎條)

이라 하였으니 左·右選의 胥吏도 모두 90명으로[39)] 나타나고 있다. 南宋代에는

> 左選……分案十三 乾道裁減吏額 共置五十五人 右選……分案十五 乾道裁減吏額 共置四十八人(『宋史』, 職官志, 吏部侍郎條)

---

38) 『同上揭兩書』.

39) 『宋會要輯稿』에는 다음과 같이 그 내용의 차이가 보인다. 즉 「侍郎左選 舊係吏部流內銓 元豊三年改今名 其三年以前事 仍具載于此兩朝史志 判流內銓事二人 以御史知雜以上充 掌節度判官以下 州府判官 諸縣令佐 擬注對敭磨勘遇之事 令史十一人 選院永史六人 駐使官三人 流外銓 掌考試附奏諸司人吏而己 令史十二人」이라고 侍郎左選을 설명하고 이어서 右選은 「侍郎右選 舊係三班院 元豊五年改今名 其五年以前 仍具載于此兩朝國史志 三班院勾當官 無常員 勾押官一人 前行三人 押司官一人 後行十一人」이라 하였다.

이라고 되어 있다. 이에 의하면 孝宗의 乾道 연간에 吏額을 裁減하여 左選에 55인, 右選에 48인 등 모두 103인의 吏額을 두고 있음을 살필 수가 있는데 이는 北宋代에 비하면 증가된 수임을 알 수 있다.

일반적으로 南宋代의 吏額 증가 현상은 문신관료의 행정력 미숙에 따르는 胥吏 정치의 확립에 기원한다고 보는 견해가 있으며[40] 특히 胥吏 사회의 계급화가 추진됨으로써 胥吏의 수적인 증가를 나타내고 있다고 하겠다. 그러나 이와는 다른 각도에서 胥吏증가를 볼 수 있으니 그것은 사회의 불안과 吏道의 타락에 따르는 吏額의 증가를 묵과할 수 없기 때문이다. 이를 뒷받침하여 주는 사실로 孝宗의 隆興 초에 단행되는 각 부서의 吏額裁減은 孝宗의 정치쇄신의 일환으로 단행된 가장 모범적인 혁신정치의 예가 된다.

吏部에 예속되어 있는 司封部에는 主事·令史 각 1인, 書令史 2인, 守當官 2인, 正貼司 4인 私名 2인이 元豊관제개혁 후의 吏額이었고[41] 남송의 乾道 6년에는 主事·令史·書令史·守當官은 元豊代와 같으나 正貼司 4인 私名 1인으로 줄고 있다. 淳熙 원년에는 主事 1인, 令史 1인, 書令史 4인, 守當官 3인, 正貼司 4인, 私名 3인 등 모두 16인이 되었다.[42] 그 후 淳熙 16년에 手分 4명 貼司·楷書 각각 3명, 그리고 다시 手分·貼司를 2명씩 증가하고 楷書 1인을 더하여 15인으로 吏額을 정하고 있다.[43]

관료의 賞勳을 관장한 司勳部에는 북송의 초·중기에 「分案四 置吏十有九」이었으나[44] 元豊관제개혁 이후에는 10안에 吏額은 主事·令史

---

40) 村上嘉實, 前揭論文 其(一) 참조.
41) 『宋會要輯稿』, 65, 職官 9, 司封部條.
42) 『宋史』, 職官志, 司封郎中條.
43) 『宋會要輯稿』, 65, 職官 10, 司封部條.
44) 『宋史』, 職官志 吏部, 司勳郎中條.

각 1인, 書令史 6인, 守當官 4인, 正貼司 8인, 私名 5인 등 모두 25인으로 증액하고 있다.45) 南宋代에는 孝宗의 隆興원년에 主事 1인, 令史 1인, 書令史 6인, 守當官 4인, 正貼司 8인, 私名 5인, 楷書 1인이던 吏額을 正貼司 2인, 私名貼司 2인, 楷書 1인을 감축하고 있다.46)

문무관의 敍遷·磨勘·資任·考課 등 인사에 대한 정령을 취급하는 考功部에는 元豊 관제개혁 이후에 12안47)을 관장하는 胥吏는 主事 2인, 書令史 10인, 守當官 10인, 正貼司 8인, 私名 10인 등 모두 40인으로 나타나고 있고48) 남송의 隆興元年에는 主事 2인, 令史 4인, 守當官 29인, 貼司私名 18인인 것을 守當官 4인, 貼司 6인을 감축하였다.49)

그런데 여기에서 주목되는 것은 남송의 孝宗 隆興 원년에 중앙관아의 吏額을 감축하고 있다는 사실이 「宋會要輯稿」에 일률적으로 보이면서 隆興 원년 8월 5일의 기사로 나타나고 있는데50) 이로 미루어 볼 때 隆興 원년 이전에는 吏額이 증가하였던 것을 감축함으로써 이도를 쇄신하려 하였던 것으로 풀이된다.

官告院은51) 淳化 4년에 書札情熟한 寫告令史 10인을 두었고52) 그 후 令史 15인으로 증가하였으며 남송의 紹興 26년에 29인의 吏額을

45) 『宋會要輯稿』, 65, 職官 10, 司勳部條.

46) 『上揭書』.

47) 『宋史』, 職官志 吏部 考功郞條에는 六品·七品·八品·曹掾·令丞·從儀·成忠·資任·檢法·知雜·開折 등 11案으로 나타나 있다.

48) 『上揭書』 考功郞部條.

49) 『上揭書』.

50) 『上揭書』, 司封·司勳·考功部條에 隆興元年八月五日 「省併吏額」의 내용을 싣고 있다.

51) 官告院의 업무에 대해서는 『宋史』 職官志 官告院條에 「主管一員……掌吏兵勳封官告以給妃嬪 王公 文武品官 內外命婦 及封贈者 各以本司告身印 印之」라고 설명하고 있다.

52) 『宋會要輯稿』, 66, 職官 11, 官告院條.

두어 사무를 분장케 하였다.[53]

다음 戶部의 吏額을 살펴보자. 戶部는 左·右曹로 나누어져서 북송 시대에는 左曹는 분안 5, 吏額 40인, 右曹는 분안 5, 吏額 56인으로 구성되고 있다. 南宋代에는 左曹는 分案 3으로 축소되고 吏額 40인, 右曹는 分案 6, 吏額 30인으로 되어 있다. 그런데 左曹의 경우 案은 축소되고 있으나 별도로 3과를 설치하고 있으므로 안에 비하여 吏額은 北宋代의 숫자가 그대로 유지되고 있는 것이다.[54]

戶部에 속한 기구의 吏額을 보면 度支郎中은 6안으로, 吏額 51인을 두었다. 南宋代에는 分案 5로[55] 50인이었으나 다시 淳熙 13년에 4인을 감하여 46인으로 하였다.

金部郎中에는 6안이[56] 60인의 吏額을 두었다가 淳熙 13년에 역시 4인을 감축하고 있다.

倉部郎中에는 6안이[57] 있었으며 吏額은 24인이었으며 남송의 紹興 4년에 25인이었으나 2인을 감축하였다.

禮部는 북송의 초·중기에 令史 3인이 업무를 분장하였고[58] 일정한 吏額이 있지 않고 京朝百司의 胥吏를 선발하여 보충하였으니,

---

53) 『宋史』, 職官志, 官告院條.

54) 『宋史』, 職官志, 戶部尙書條의 分案內容을 보면 다음과 같다. 즉 「左曹分案三 曰戶口……曰農田……曰檢法 設科有三 曰二說……曰房地……曰課利……右曹分案六 曰常平……曰免役 曰坊場 曰平準……曰知雜」

55) 『宋史』, 職官志, 戶部 度支郎中條에 五案의 내용은 度支 發運 支供 賞賜 知雜으로 되어 있다.

56) 『上揭書』, 金部郎中條에 6案은 左藏 右藏 錢藏 榷易 請給 知雜으로 되어 있다.

57) 『上揭書』, 倉部郎中條에 6案은 會(倉)場 上供 糶糴 給納 知雜 開折으로 되어 있다.

58) 『宋會要輯稿』, 67, 職官 13, 禮部條.

主吏無定員 擇三司京朝百司胥吏充(『宋史』, 職官志 禮部條)

이라 한 사실이 이를 말하여 주고 있다.

元豊관제개혁 이후의 禮部 吏額은 기록이 없으나 南宋代에는 5안에 主事 1인, 令史 1인이 있었으며 禮部 소속의 四司에 書令史·守當官 27인 그리고 守分 13인 貼司 12인이 있었고 이들은 주로 太常寺와 國子監의 업무로 관장하였다.[59] 그 후 隆興 원년에 主事·令史 각 1인, 書令史 9인, 守當官 4인 貼司 12인 私名 3인이 禮部四司에 배속되어 있었다. 祠部에도 主事 1인, 令史 2인, 守當官 9인, 貼司 7인, 私名 6인, 主客令史 1인, 그리고 膳部에 主事 1인, 主客主事令史 1인, 守當官 3인, 貼司 2인 등 상당히 많은 吏額이 있었는데 正貼司 8인을 감하고 있다.[60] 그러나 隆興 6년에 禮部四司의 吏額이 61인이던 것을 書令史 2인, 守當官 5인, 正貼司 5인, 有請私名 2인, 楷書 2인 등 16인을 감축하여 45인으로 정하였다.[61] 이로 미루어 보건대 남송 초에 禮部의 吏額은 증가되었다가 孝宗의 隆興 원년에 감축하고 다시 6년에 45인으로 정하였음을 알 수가 있다.

다음 兵部의 이액은 북송의 초·중기에는 令史 9인, 甲庫令史 2인, 驅使官 1인 등 모두 12인이 있었고[62] 元豊관제개혁으로 10안에 47인으로 증가하고 있다.[63] 남송의 建炎 3년에도 그대로 10안을 두고[64]

59) 『上揭書』 및 『宋史』, 職官志, 禮部郎中條에 祠部五案吏參十一, 主客四案七人, 膳部七案九人의 吏를 들고 있다.

60) 『上揭書』, 隆興元年 八月三日 禮部言 및 『宋史』, 職官志 禮部條에 隆興元年의 吏額 54人을 들고 있다.

61) 『上揭書』, 隆興六年 五月三日 禮部言 및 『送辭』, 職官志 禮部條에는 減員한 내용에는 언급이 없으나 「裁減吏額 四十五人 繼又減四人」이라 하여 45人의 吏額수는 『宋會要』와 일치하고 있다.

62) 『宋會要輯稿』, 68, 職官14, 兵部條

63) 『宋史』, 職官志 兵部條

胥吏는 主事·令史 각1인, 書令史 6인, 守當官 10인, 貼司 20인, 私名 5인, 守闕習學 9인 등 모두 52의 吏額이 있었다. 그러나 乾道 원년에 30인으로 재감하였으나 建興 원년에 이르러 手分·貼司 각기 1인, 兵庫部主事 1인, 兵部令史, 庫部令史 각 1명, 書令史 6인, 守當官 11인 貼司 21인으로 증가하고 있는데[65] 隆興 초에 타 부서의 吏額은 앞에서 살펴본 바와 같이 대부분 감원하면서 兵部의 吏額은 증가시키고 있는 것은 兵部의 업무가 북방의 對金관계로 인한 긴장으로 폭주하였기 때문으로 보아야 할 것이다. 그러나 6년에는 37인의 吏額 가운데 書令史 1인, 守當官 2인, 正貼司 4인을 감축하여 30인을 정액으로 하고 있다.[66]

兵部에 예속된 기구는 職方 駕部 庫部가 있는데 職方은 3안과 5인의 吏를 두었고 紹熙 3년에는 職方 駕部의 吏額은 모두 兵部에 통합하였다. 駕部는 6안에 13인의 吏額이 있었으며 庫部는 6안으로 吏 9인을 두었다.[67]

다음 刑部의 吏額을 보면 元豊 이전에는 令史 12인, 驅使官 1인 등 13인이 있었고 관제개혁 후에는 52인으로 증가하였다. 南宋代에 가서는 13안에[68] 主事 1인, 令史4인, 書令史 9인, 守當官 8인, 貼司 18인 등 40인으로 나타나고 있다. 그 후 隆興 6년에 守當官 2인, 正貼司 3인 등 5인을 감축하여 35인을 정액으로 하였다.[69] 刑部에 예속된 기관으로서는 都官 比官 司門의 3부가 있는데 都官의 업무는 在京百司

64) 『宋史』, 職官志 및 『宋會要輯稿』68, 職官 10, 兵部條에 의하면 10案은 賞功 民兵衛 廂兵 人從着詳 帳籍告身 武學 蕃官 開折 知雜 劍法 등이다.

65) 『宋會要輯稿』, 68, 職官 14, 兵部條

66) 『上揭書』 68 職官 15 刑部條

67) 『上揭書』 職方·駕部·庫部條

68) 『宋史』, 職官志, 刑部條

69) 『上揭書』, 隆興 6年 5月 4日 刑部言條

의 吏額에 대한 부적을 갖추고 있고 胥吏의 役移를 고찰하였으므로 京師의 吏職과 밀접한 관계를 지니고 있다.[70] 4안을 두어 이를 처리하였으며 吏額은 18인이었다. 남송의 隆興 원년에 5안이 되었고[71] 吏額은 감축하여 12인을 두었으나 淳熙 13년에는 3인을 감하였다.

比部에는 8안을 두고 52인의 胥吏를 두고 있는데[72] 이는 比部의 업무가 다른 부서에 비하여 복잡하고 어려웠기 때문이다.[73] 司門은 2안이 있었고 5인의 吏를 두어 업무를 분장하였다. 이 밖에 淳化 2년에 설치된 審刑院에도 元豊 이후에 書令史 12인이 있었다.[74]

工部에는 6안을 두고[75] 42인의 胥吏가 있었다. 工部에 예속된 기관으로는 屯田 虞部 水部의 3부서가 있다. 屯田은 3안이 있고 吏 8인, 虞部에는 4안에 吏額 7인 水部에는 6안과 13인의 胥吏가 있었으나 남송의 紹興 연간에 吏額을 감축하였다. 南宋代에는 工部 33인의 吏額이 통상적인 숫자이었다.[76]

軍器所에는 北宋代에 監造하에 人吏 3인, 監門하에 吏 1명이 있었다. 남송의 紹興 3년에는 專劃 2명, 手分 3명, 覆算司 1명, 庫經司 1명, 庫子 3인, 秤子 1인 檢擧所 貼司 1명 등 다양한 胥吏의 명칭이 보인다.[77]

---

70) 『宋史』, 職官志, 刑部 都官員外郎條.
71) 『宋史』, 職官志, 刑部 都官郎中條에 「分案五 曰差次 曰磨勘 曰吏籍 曰配隷 曰知雜 各因其 名 而治事」라고 있다.
72) 『宋會要輯稿』, 68, 職官15, 刑部・比部條.
73) 『上揭書』, 比部郎中條에 「員外郎 掌勾覆中外帳籍 凡場務 倉庫出納在官之物皆月計 李考 歲會 從所隷監司檢察 以上比部」이라고 설명하고 있다.
74) 『宋會要輯稿』, 68, 職官 15 審刑院條.
75) 『宋史』, 職官志, 工部尙書條에 六案을 工作・營造・材料・兵匠・劍法 知雜이라 하고 별도로 御前軍器案이 있다.
76) 『宋史』, 職官志, 工部郎中朝.
77) 『宋會要輯稿』, 69, 職官 16, 軍器所條.

이상 六部와 그에 예속된 기관의 吏額명칭을 유형별로 구분하여 보면 다음 표와 같이 정리할 수 있다.

名稱 / 吏類型	六部의 胥吏名稱
事吏類	主部 主額主事
史吏類	令史 書令史 寫告令史 主客令史 甲庫令史
官吏類	守當官 軀使官
司吏類	正貼司 貼司 覆算司 庫經司
其他類	私名, 有請私名, 司法 楷書 守分 手分 守闕習學 庫子, 秤子

3. 樞密院·三司의 吏額

宋代의 관제상에 樞密院과 三司는 특이하게 발전하여 그 기구와 업무가 다양하고 胥吏도 분담하는 일이 복잡하였다. 樞密院은 군사전반을 맡고 三司가 재정을 장악하여 元豊관제개혁이 단행되기 이전까지의 國務의 중추기능을 수행하였다.[78)]

북송의 초·중기 樞密院기구는 四房으로 분립되었으며[79)] 업무의 중요성과 복잡성에 따라 胥吏의 구성이 특이하게 나타나고 있다. 즉

78) 『宋史』, 職官志, 樞密院 三司條

79) 『宋史』, 職官志, 樞密院條에 「舊分四房 曰兵 曰吏 曰戶 曰禮 至是釐正 凡分房十其後 又增支馬 小吏二房 凡房十有二」이라 하여 宋初·中期에 4房, 元豊代 10房, 北宋末에 12房이 있다고 하였는데 4房의 分掌업무에 대해서는 다음과 같이 설명하고 있다.

兵房 掌兵馬名籍及 卒校遷補 修築城壘 防戍轉守之事

吏房 掌閣門以上 遷補之名籍 王公將師 迎授恩命及 盜賊之事

戶房 掌金穀芻糧 出納之事

禮房 掌禮儀國信之事

> 有樞密院都承旨 副承旨 又有樞密副承之名 皆不備置常 以一二員通書諸房公事. (『宋會要輯稿』, 63, 職官 6, 樞密院承旨條)

라 하여 樞密院의 承旨司에는 都承旨・副承旨가 있고 諸房(四房)의 公務를 통괄하는 不常任의 副承旨가 필요에 따라서 설치되어 있음을 설명하고 이어서,

> 又別置 兵房副承旨二人 吏房・戶房・禮房副承旨各一人 主事八人 正令史二十五人 書令史三十四人. (同上)

이라 하였다. 이에 의하면 副承旨가 兵房에 2인 吏・戶・禮房에 각기 1인, 그리고 主事 8인, 正令史 34인 등이 各房에 배속되어 업무를 분장하고 있다. 그런데 여기에서 주목되는 것은 副承旨의 존재라 하겠다. 앞서 樞密院 承旨司에도 都承旨・副承旨가 있었고 다시 不常置 副承이 있으며 다시 各房副承旨가 있어서 胥吏의 상위층에서 업무를 총괄할 뿐만 아니라 그들은 출관과 대우가 우대되고 있는 것으로 나타나고 있다.[80] 이는 樞密院이 國務上에 있어서 업무가 중요하고 복잡하였기 때문에 이를 총괄하는 三省의 堂後官과 같은 임무를 띠우고 있는 존재로 보아야 할 것이다. 이를 뒷받침하고 있는 사실로서는 원풍의 관제개혁이 단행된 이후에 樞密院의 기능이 상당히 축소되었는데도 각방의 副承旨를 각각 3인을 두어 업무를 총괄하고 있으며 『宋史』의 職官志에는 이들을 분명히 吏額에다 포함시키고 있다.[81] 따라서 副承旨는 胥吏이지만 主事의 상위 胥吏로 그가 맡은 임무가 상당

80) 『宋會要輯稿』, 63, 職官6, 樞密院承旨司條에 빈번히 副承旨의 出官과 우대 내용이 나오고 있다.

81) 『宋史』, 職官志, 樞密院條

히 중요하였을 것으로 생각된다.

그런데 『職官分紀』를 보면 副承旨에 대한 언급은 없고 吏額에 대해서도 『宋會要』와 약간의 차이를 보이고 있다.[82] 이를 정리하여 보면 다음 표와 같다.[83]

각 방 / 胥 吏	兵 房	吏 房	戶 房	禮 房	합 계
主 事	2	1	1	1	5人
令 史	13	3	5	3	24人
書令史	20	5	5	2	32人

위 표에 나타난 主事 5인, 令史 24인, 書令史 32인의 전체 숫자는 직관분기의 내용과 일치하고 있다.

그런데 이와 같은 胥吏는 하나의 계층을 형성하는 것으로 主事 아래 令史, 그 아래 書令史의 순으로 胥吏의 계층적인 구조가 이루어져 있고 그 위에 副承旨가 있어서 업무를 총괄하는 것으로 보아야 할 것이다. 이들 胥吏사회의 구조를 좀 더 분명히 하여 주는 사실로써 그들의 승진을 보면 더욱 뚜렷해진다. 즉

> 景德三年六月 御崇政殿 閱試樞密院主事而下 先取外方待報 奏狀三條令 詳決之 (中略) 凡合格者 主事邵文昭 王繼凝 王允祐 徐繼和 竝遷逐房副承旨 令史潘正儀等八人遷逐房主事 書令史刑德爲守闕主事 毛元等十二人遷令史. (『宋會要輯稿』, 63, 職官 樞密院承旨司條)

---

82) 『職官分紀』, 卷12, 樞密院主事・令史・書令史條에 「國朝 主事以上 竝帶諸衙將軍 同正主事以下 初命者 隷銀臺司 主事五人 令史二十四人 書令史三十二人」이라 있다.

83) 『上揭書』 및 『宋會要輯稿』, 63, 職官 6 樞密院承旨司條.

란 사실이다. 이에 의하며 崇政殿에서 樞密院의 主事 이하를 閱試하였는데 시험 내용은 外方의 待報와 三條令의 奏狀으로 하였고 이에 합격된 자의 승진을 보면 主事는 각방의 副承旨로, 令史는 主事로, 書令史는 守闕主事에로 승진하고 있다. 따라서

書令史 → 守闕主事 → 令史 → 主事 → 各房(副承旨)

라는 승진의 코스가 성립된다. 이는 비단 樞密院의 胥吏 조직에만 해당하는 것이 아니고 左京百司에 있어서도 대체로 이와 같은 유형으로 승진되고 있으므로 이를 통하여 胥吏의 계층구조가 분명하게 형성하고 있었던 것으로 볼 수가 있다. 뿐만 아니라 중앙관아의 胥吏가 상위의 副承旨에까지 올라가서 출관을 하지 못하고 그 자리에 머물러 있어서 연로한 경우에는 특별한 대우를 하고 있다.[84] 이는 국정의 운영에 대한 胥吏의 역할에 대한 국가적 보상으로 보아야 하겠고 실제로 宋代의 정치운영에 나타나는 胥吏의 폐해가 극심한 면을 강조하고 있지만 그에 못지않게 그들의 역할이 중요하였다는 사실도 입증되는 것이다.

북송 초·중기의 樞密院은 중요 정무기관이므로 그곳에 근무하는 관료는 물론이고 胥吏에 대해서도 특별한 대우를 하였으며 在京百司의 吏屬보다 우대하여 이들을 院吏라 지칭하였다.

이와 같은 樞密院은 元豊 5년의 관제개혁에 의하여 그 분장하는 임무는 주로 병무에 국한하였으니 이전의 4방의 성격과 이때 설치한 10방을 비교하면[85] 가장 명확히 파악할 수 있다. 元豊 이후의 樞密院

---

84)『同上書』,『宋會要輯稿』, 淳化四年六月條 禮房副承旨 段延禧의 다음과 같은 例가 그것이다. 즉「段延禧爲武勝軍節度行軍司馬 先是諸房主事 歲久多授雄望州上佐仍勒留但賦祿而已 延禧以老病 出爲藩鎭上佐 優之也」

吏額을 보면

> 吏三十有八 逐房副承旨三人 主事五人 守闕主事二人 令史十三人 書令史十五人. (『宋史』, 職官志 樞密院條)

이라 하였으니 북송의 초·중기에 비하여 분국은 많아졌으나 吏額은 오히려 줄어들었는데 이는 樞密院의 업무가 六曹로 일부 분산되어 병무만을 전담한 결과로 풀이된다. 그 후 元豊 연간에 2방(支馬·小吏)을 추가하여 12방이 되었고 吏額도 증가하고 있는데,

> 元祐旣創支馬·小吏二房 增令史爲十四人 書令史十九人 創正名貼房十八人 大觀增逐房副承旨爲五人 創守闕書令史三人 增正名二十八人 (『宋史』, 職官志 樞 密院條)

이란 사실로 알 수가 있다. 이에 의하면 哲宗의 元祐 연간(1986~1093)에 令史가 14인, 그리고 書令史가 19인으로 증가되었고 正名貼房 18인이 신설되었다. 그 후 徽宗의 大觀 연간(1107~1110)에 각방의 副承旨를 5인으로 증가하고 守闕書令史 3인을 새로 두었고 正名을 26인으로 증가하였다.

이로써 北宋代 樞密院의 吏額은 元豊의 관제 개혁 때 일단 축소되었으나 그 이후에 점차 증가되고 새로운 胥吏의 명칭도 나타나고 있음을 살필 수 있다.

다음 남송 시대의 樞密院의 吏額에 대해서는 紹興 26년과 隆興 원년에 吏額裁減 내용이 보이고 있다. 이에 의하면[86] 副承旨 5인, 主事

---

85) 『宋史』, 職官志, 樞密院條에 보이는 10房은 北面·河面·支差·在京·教閱·廣西·兵籍·民兵·吏·知雜房으로 군사업무를 주로 하고 있다.

5인이 兵·吏房을 분할하여 관장하였고 12방의 직사에 있어서는 主事 2인을 감축하고 令史 14인을 10인으로, 書令史 19인을 5인 감하여 14인으로, 守闕書令史 3인을 감축하고 正名貼房 28인을 8인 감축하여 20인으로 하였다. 특히 눈에 뜨이는 것은 正胥吏가 아닌 임시고용의 守闕貼房 200인을 100명을 감하여 100인만을 남기고 있는 사실이다. 이로 미루어 볼 때에 孝宗의 隆興 원년 이전에 있어서 樞密院의 吏額이 상당히 증가하였고 특히 임시 고용인인 守闕貼房의 대표적인 증가현상을 알 수가 있다. 그런데 高宗의 장기간에 걸친 재위에서 오는 정치적 이완을 쇄신하여 혁신적인 새로운 정치풍사를 진작시키려는 孝宗의 개혁의지가 이와 같은 吏額의 감축에도 잘 나타나고 있는 것이다. 그 후 隆興 6년에 樞密院의 기구의 복잡성에 따르는 사무 처리에 문제가 생기면서 樞密院의 기구를 정비함과 아울러 吏額도 조정하고 있다. 즉

> 乾道六年三月四日 樞密院言 本院吏額 承旨五人 依舊主事五人 令史一十人 今欲添二人 書令史一十四人 今欲添六人 正名貼房二十人 依舊內一十三人 舊權書令史 今竝罷 權法司貼司二人 依舊 守闕貼房一百八十五人 已降指揮 以一百人爲額 今裁減以八十人爲永額 (同上)

이라 하였다. 이때에 各房承旨 5인과 主事 5인은 그대로 두었으나 令史는 2인 증가하여 13인으로, 書令史는 6인 증가하여 20인으로, 正名貼房는 7인을 증가하여 20인으로 하고 있다. 그러나 守闕貼房은 종래 100인이던 것을 이때에 와서 80인으로 감축하고 있다.

이상 樞密院 吏額에 보이는 胥吏의 구조를 유형별로 정리하면 대체로 다음 표와 같다.

---

86) 『宋會要輯稿』, 63, 職官 6, 樞密院承旨司孝宗隆興元年七月二十六一條

吏稱 / 胥吏類型	樞密院의 吏稱
承旨類	逐房副承旨
事吏類	主事, 守闕主事
史吏類	書令史, 權書令史, 守闕書令史
貼吏類	正名貼房, 守闕貼房, 正名

다음은 三司의 吏額에 관하여 살펴보자.

宋代의 三司는 樞密院과 함께 중요한 국가기관으로 발전하였고 특히 三司는 국가 재정을 총괄하였으므로 다수의 胥吏가 있었다. 三司는 鹽鐵·度支·戶部의 3부와 그에 예속된 三部勾院 都磨勘司 提擧帳司 都憑由司 道理欠司 開拆司 등 1원 5사의 支司가 있어서 국가 재정을 분담 총괄하였다.[87)]

송초에는 三司에 孔目 勾押 前行 後行 등의 人吏가 다수 있어서 회계 서기 등의 사무를 장악하였다.[88)] 太宗의 太平興國 3년의 三司에는 24안 약 1,000여 명의 胥吏가 있었으며[89)] 景德 원년의 三司 내의 吏額은 다음과 같이 나타나고 있다. 즉 鹽鐵 度支 戶部의 3부와 勾院 磨都勘 등 三司에 소속되어 있는 諸司의 節級, 즉 孔目 勾押官 및 前行 後行 등의 선발된 胥吏는 890인에 이르고 있으며[90)] 이의 구체적인 숫자는 鹽鐵 156인, 度支 182인, 戶部 217인으로 3부 합계는 555인이며 이 밖에 三部勾院 100인, 都磨勘司 34인 및 都磨勘司 부속의 都主轄支收司 24인, 拘收司 40인, 都憑由司 49인, 道理欠司 46인, 開拆司 50인

87) 『宋史』, 職官志, 三司條.
88) 周藤吉之, 「北宋の 三司の 性格」(三), 「三司の 人吏と 諸局吏の 賽神會」 참조.
89) 『續資治通鑑長編』, 卷 19, 太平興國三年 十二月丙辰條.
90) 『職官分紀』, 卷 13, 三司諸司屬吏條.

으로 이를 합하면 342인으로 앞서의 3부의 합계에다 이를 합하면 897인이 된다.[91)]

이에 따라서 宋代 三司의 吏額은 다른 관아에 비하여 특히 많았던 것으로 볼 수 있고 이는 宋代 三司의 업무가 그만큼 다양하였다는 사실을 입증한 것으로 해석할 수가 있다.

4. 其他 官衙의 吏額

이상과 같은 중앙 관아 이외에 宋代에는 특수기관으로서 중요한 역할을 한 御史臺・秘書省・殿中省 그리고 九寺가 있어서 이곳에도 胥吏가 배치되어 행정실무를 맡고 있었는데 이에 대해서 살펴보겠다.

御史臺의 吏額을 보면 御史臺는 그 기구가 三院으로 되어 있고[92)] 北宋의 초・중기에 主事 1인, 令史16인, 主推 4인, 書吏 4인, 引贊官 1인, 副引贊官 4인, 知班 3인, 引事司 1인, 驅使官 6인, 四團驅使官 5인 등 다양한 명칭의 胥吏가 배속되어 있다. 특히 御史臺의 胥吏명칭에 보이는 사실에서 주목되는 것은 그들의 직책과 명칭이 뚜렷한 관련성을 띠우고 있다는 사실이다. 南宋 初에 가면 吏額은 다음과 같다. 즉

前司主管班次 3人
引贊官兼令史 1人
副引贊官兼令史 1人
知班驅使官兼書令史 1人

---

91) 周藤吉之, 「前揭論文」 참조.
92) 『宋史』, 職官志, 御史臺條 및 『宋會要輯稿』, 69, 職官 17, 御史臺條에 三院에 대해서 「其屬有三院 一日臺院 侍御史隸焉 二日殿院 殿中侍御史隸焉 三日察院 監察御史隸焉」이라고 설명하고 있다.

驅使官兼書令史 5人

守闕驅使官 5人

四推 1人

主推 1人

書吏 3人

六察戶察書吏 4人, 貼司 3人

班察書吏 2人, 貼司 2人

吏·禮察書吏 各 2人

兵·工察書吏貼司 各 1人 등이다.[93]

이러한 御史臺의 胥吏는 지금까지 살펴본 중앙관아의 胥吏 명칭이 비교적 통일되어 있고 계층이 단순화된 데 비하면 이곳의 胥吏는 그의 직책의 부서가 명시되어 있다는 것이 특징적으로 나타나고 있다. 그런데 이와 같은 吏額은 孝宗의 건도 원년에 다음과 같이 정리하고 있다. 즉

> 乾道併省吏額 前司主管班次二人 正副引贊官二人 入品知班三人 知班五人 書令史四人驅使官四人 法司二人 六察書吏九人 貼司五人 通引官三人 (『宋史』, 職官 志 御史臺條)

이라 하여 도합 36인으로 나타나고 있다.

秘書省은 그 임무에 특수성을 비추어 內侍 2인을 句當官으로 임명하여 三館의 圖籍事를 관장시키고 그 밖에 孔目官, 表奏官, 掌舍 각각 1人을 두었으며 監書庫內侍를 1인, 監秘閣圖籍孔目官 1인을 두었는데 이들의 명칭은 胥吏에 해당하나 일반 중앙관아의 胥吏와는 그 성격이 다른 것 같다. 秘書省 秘閣에는 북송 대에는 4안이 있었고 書令史 1

93) 『同上書』, 『宋會要輯稿』.

인, 楷書 6인 등 7인의 吏胥가 업무를 분장하고 있었다.[94] 南宋代에도 4안이 있었고[95] 吏額은

都孔目官, 孔目官 各各 1人
四書書直官, 書直官, 書庫官 各各 1人
表奏官 1人
守當官 2人, 正名楷書 5人, 守闕 1人, 正係名 6人, 守闕係名 6人
監門官 1人
專知官 1人 等 28人

으로 나타나고 있다.[96]

이 중 監門官은 무인으로 충당하고 있다. 그런데 秘書省의 吏額에 있어서 北·南宋이 다같이 4안으로 분장하고 있으나 北宋에서는 吏額을 더 많이 배치하고 있다는 사실이 주목된다.

이 밖에 日曆所나 會要所의 吏額에 관해서는 기록이 없고 國史實錄院에는 南宋의 가주 2년에 實錄院의 胥吏가 國史院事를 겸행토록 하였는데 點檢文字 1인, 書庫官 8인, 楷書 4인이 이를 분담하고 있다.

다음 殿中省은 모두 6국으로 나누어져 있고[97] 天子의 玉食, 醫藥, 衣服, 幄帟, 輿輦 등을 관장하는 중요한 곳이므로 胥吏가 다수 배치되고 있고 胥吏의 품격이 대단히 높다. 6尙局에는 각각 典御 2인, 奉御 6인(혹은 4인) 監門 2인(혹은 1인)을 두었고 御藥院勾當官은 정원은

94) 『同上書』, 卷 70, 職官 18, 秘書省條.
95) 『同上書』 및 『宋史』, 職官志, 秘書省條 「分案有四 曰經籍 曰祝版 曰知雜 曰太史」
96) 『同上書』, 『宋會要輯稿』.
97) 『宋史』, 職官志 117, 職官 4 殿中省條에 「凡總六局 曰尙食 掌膳羞之事 曰尙藥掌和劑 診候之事 曰尙醖 掌酒醴之事 曰尙衣 掌衣服 冠冕之事 曰尙舍 掌次幄帟之事 曰尙輦 掌輿輦之事」라고 업무를 설명하고 있다.

없으나 入內內侍로 충당하였으며 이 밖에 典 8인,[98] 藥童 11인, 匠 7인이 있었다. 尙衣庫에도 典 1인, 匠 4인, 掌庫 10인을 內衣物庫에는 典 8인, 掌庫 31인, 新衣庫에는 典 10인, 掌庫 55인, 朝服法物庫에는 典 3인, 掌庫 30인이 있었다.[99]

다음 九寺의 吏額내용을 보면 다음과 같다.

먼저 太常寺는 北宋代에는 5안에 吏 11인을 두었고 南宋代에는 9案에[100] 贊引使 2인, 正禮直官 2인, 副禮直官 2인, 正名替者 7인, 守闕贊者 7인, 私名贊者 7인, 胥吏 1인, 胥佐 4인, 貼司 1인, 書表司 1인, 祠祭局供官 12인, 祭器司供官 10인, 樂正 3인, 鼓吹令 1인, 本寺天樂祭器庫專知官 1인, 庫子 2인, 圓壇大樂禮器庫專知官 1인, 庫子 1인 등이 그것이다.

宗正寺는 2안에[101] 吏額은 胥長 1인, 胥吏 1인, 胥佐 2인, 楷書 2인, 貼書 2인 등 모두 8인이 있었다. 景祐 3년에 설치된 大宗正司는 5안으로 갈라져 11인의 胥吏를 두고 있다. 玉牒所는 淳化 6년에 설치되었고 5안에 10인의 胥吏가 있었다.[102]

光祿寺에는 5안, 10인의 胥吏, 衛尉寺에는 4안, 10인, 太僕寺에는 5안, 胥吏 18인, 羣牧寺에는 都勾押官 1인, 勾押官 1인, 押司官 1인을 두었고 鞍轡庫에는 勾管 1인, 典 5인 掌庫 14인이 있었다.

大理寺는 北宋代에는 11안에 69인의 胥吏를 두었고 左斷刑은 3안이[103] 있고 4司를 두었는데[104] 吏額은 胥長 1인 胥吏(史) 3인, 胥佐

98) 長谷川誠夫,「唐宋時代の　胥吏を　あらわす　典について ― 典吏・典史と關聯して ―」,『史學』, 49-1・2號, 참조.

99)『宋史』, 職官志 117, 職官 4, 殿中省條.

100)『宋史』, 職官志 4 太常寺條에 의하면 9案은 禮儀, 祠祭 壇廟 大樂 法物 廩犧 太醫 掌法 知雜 등이다.

101)『上揭書』, 宗正寺條에 2案은 屬籍 知雜 등이다.

102)『上揭書』, 大宗正司 玉牒所條.

103)『宋史』, 職官志 118, 職官 5, 大理寺條에 3案의 내용을「曰磨勘 掌批會吏

30인, 貼書 6인, 楷書 14인 등 모두 54인이었으나 隆興 연간에 7인을 감하여 47인으로 하였다. 右治獄에는 4안과 2사가 있었고[105] 吏額은 前司胥吏 1인, 胥佐 9인, 表奏司 1인, 貼書 3인, 左右推胥吏 2인, 胥佐 8인, 般押推司 4인, 貼書 4인 등 모두 32인이 있었으나 隆興 연간에 5인을 감축하였으므로 27인이 되었다. 따라서 大理寺에는 北宋代의 吏額이 69인이고 南宋代의 隆興 연간에는 86인이었으나 隆興 이후에는 12인이 감축되어 74인으로 나타나고 있다.

鴻臚寺는 北宋代에는 4案에 9인의 書吏를 두었고 司農寺는 6案에 18인의 吏가 있었다. 또 太府寺는 9案에 65인의 胥吏가 있었다. 이상의 3사에 대한 남송 대의 分案과 吏額에 대해서는 자세한 내용을 알 수가 없다.

將作監은 5안에 27인, 小府監은 4안에 8인, 軍器監은 5안에 13인, 都水監은 7안에 37인의 吏額이 있었다. 이 밖에 司天監은 禮生 4인, 曆生 4인이 있으나 이들이 胥吏인지는 불분명하고 國子監에는 8안에 10인의 吏額이 있었다.[106]

5. 胥吏의 構造

宋代 중앙관아의 胥吏는 吏屬 가운데서도 우수한 자들을 선발하여

部等處改官事 曰宣黃 掌凡斷訖命官指揮 曰分簿 掌行分深諸案文字」라고 설명하고 있다.

104) 『上揭書』, 「設司有四 曰表奏議 掌拘催詳斷案 八房斷議獄案 兼旬申月奏 曰開拆 曰知雜 曰法司」이라 있다.

105) 『上揭書』 分案有四 「曰左右寺案 掌斷訖事案後 收理 追贓等 曰驅磨 掌驅磨兩推官錢 官物 文書 曰檢法 掌檢斷左右推獄案 併供檢應用條法 曰知雜 又有開折 表奏二司」라고 있다.

106) 『同上書』, 將作監條

보충하였으며 그들에 대한 대우도 특별하다고 하는 사실을 앞에서도 언급한 바이지만 그들의 신분은 入吏에서부터 胥吏생활을 마치고 그 자리를 물려주는 데 있어서도 강하게 작용하고 있었다. 그리하여 남송 시대의 葉適은 그의 『水心集』에서 「官僚社會는 封建이 없으나 胥吏社會는 대대로 세습되는 封建이 존재하고 있다」고 갈파하고 있는 것은[107] 바로 胥吏사회의 구조가 세습적인 조직력을 지니고 있음을 지적한 것이다. 이와 같은 胥吏는 그들이 백성 위에서 정치를 운영하는 실무자의 입장에 있기는 하나 그들 역시 군림하고 있는 관료의 지배하에 있으므로 해서 사실상 피지배자라는 입장이 강하기 때문에 행정의 운영상에 있어서 그들의 단결력은 매우 강하였고 胥吏의 채용이나 승진에 있어서도 상호 긴밀한 관련을 맺고 있었다.[108]

이러한 胥吏사회의 강한 인맥관계를 그들의 선발과정에서 보면 먼저 在京百司의 人吏의 선발에 대하여

> 國朝掌考試附奏 京百司人吏 每年十月 諸司牒到承闕姓名 年終申奏 至春夏差官考試
> (『職官分紀』, 卷 9, 流外銓)

라 하였으니 京百司의 人吏는 매해 10월에 諸司에서 闕員된 자의 성명을 파악하여 그해 말에 申奏하면 이듬해 春夏에 관을 보내어 고시하였음을 알 수가 있다. 그런데 百司의 胥吏가 누구나 시험을 볼 수 있는 것은 아니었으니

107) 『水心集』, 卷 3, 胥吏條에 의하면 「故今世號爲公人世界 又以爲官無封建而吏多封建者 皆指實而言也 且公卿大臣之位 其人不足以居之 俛首刮席 條令憲法有所不譜而 寄命於吏 此固然也」라고 주장하고 있다.

108) 周藤吉之, 위의 논문, 「三司の人吏」, 참조.

咸平元年勅 京百司 如今後 額內闕人處 吏部每歲於十月內曉示 諸司於見祗應私名入仕三年以上 依次牒送 比試補塡 (同上)

이라 하여 京司의 각 아문에 胥吏의 자리가 비어 있는 경우 3년 이상이 경과한 임시고용吏로 이를 충당하도록 하고 있다. 그런데 宋代에 있어서 胥吏의 채용은 중앙과 지방이 다르고 중앙에서도 三省·樞密院과 그 밖의 百司가 달랐다. 정화 4년의 秘書省의 吏額及遷補法을 보면[109] 胥吏의 지망자는 먼저 本省에 投名(志願書提出)을 한다. 이때에 本省 胥吏의 楷書 이상의 保引(身元保證)을 요한다. 保는 2인, 引은 1인, 本人은 遊手 공작(隱防) 또는 중죄인이 아니어야 한다. 投名이 허락되면 投名人으로 사무를 익히게 된다. 守闕係名(臨時顧傭人)에 빈자리가 생기면 시험을 보아 올라간다. 시험은 三館 秘閣官이 書와 讀을 과하여 孟子에서 200자를 쓰게 하여 10자가 틀리지 않아야 하고 또한 300자를 읽혀서 10자를 잘못 읽지 아니한 자를 합격시켜 다시 본성의 長次官이 覆試하여 吏錄名簿에 등록시키었다. 守闕係名에서 正係名(雇員)으로 승진하는 것은 무시험으로 하였고 正係名에서 守闕(吏豫備員)으로 올라갈 때에는 시험으로 遷補하였다. 이때의 시험은 周易一卦 혹은 孝經一篇을 출제하였다. 守闕은 三館秘閣에 예속되어 사무를 보았고 昭文官에서는 守闕에서 正名楷書(正任胥吏)를 선발하였다. 正名楷書는 정원이 5인이었고 이 가운데 首席이 있었으며 首席이 된 후에 4년간 근무를 하면 관원이 될 수 있다. 首席胥吏에서 관원이 되는 것을 출직 또는 출관이라 한다. 正名楷書가 된 후 出職까지에는 20년 정도 걸린다.

이와 같은 胥吏사회의 구조를 정리하면 다음과 같다. 즉

---

109) 宮崎市定, 「王安石の 吏士合一策」, 참조.

胥吏指望→臨時職→正式胥吏→
(役名人) (守闕係名) (正係名)

→守當官→書令史→令史→主事
→錄事→堂後官・副承旨 (守闕)

의 순으로 되어 있다. 그리하여 다시 출관하게 되면 품관으로 流內官이 되기도 하지만 대부분의 경우 胥吏로 종생하게 되고 정부는 이들의 노후를 위해 특별한 대우를 하였다. 특히 三省・樞密院의 胥吏는 堂吏・院吏라 하여 그들이 장악하는 업무가 복잡하고 중요하였으므로 유능한 자들이 모이게 되었고 胥吏에서 품관으로 나아갈 수 있는 出官(職)연한도 단축하고 수당도 풍족하였으므로 지망자가 많았다.

그런데 宋代 중앙관아의 吏額에서 특히 주목을 끄는 것은 각 관아의 吏額이 비교적 뚜렷하게 제시되어 있고 그에 따른 胥吏의 명칭 또한 확실하게 나타나고 있다는 사실이다. 宋代의 지방관아의 吏額은 부서마다 다르고[110] 그 명칭 또한 대단히 복잡하게 나타나고 있는데 중앙관아의 그것은 구조적으로 볼 때에 계층이 확연히 구분되고 있음을 알 수 가 있다. 이는 중앙행정부서의 업무가 확연하게 구분되어 있을 뿐만 아니라, 지방과는 달리 중앙의 胥吏사회가 조직화되어 있음을 의미하는 것으로 보아야 하겠다.

6. 맺는말

이상에서 살펴본 宋代 중앙관아의 吏額에서 나타난 사실을 정리하여 보면 먼저 각 관아의 사무분안(방)과 吏額과의 밀접한 관련성을 지

110) 周藤吉之, 前揭「宋代州縣の 職役と 胥吏の 發展」 참조.

적할 수가 있다.

宋代의 자료에서 빈번하게 눈에 뜨이는 사실은 각 관아를 설명함에 있어서의 서술형식이 하나의 유형을 보이고 있는데 관직명을 앞에 내세우고 관직이 하는 업무내용을 서술하고 그다음에 그 임무를 맡아서 처리하는 長·貳나 그 예하의 품관을 기술하고 있다. 그리고 관직의 분안(방)이 몇 개가 있고 이를 담당하는 실무의 吏額을 표시하고 있는데 이를 정리하면 다음표와 같은 유형이 된다.

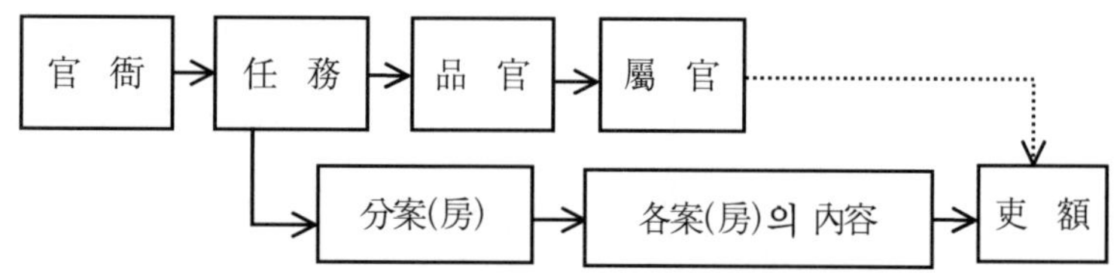

이는 중앙관아의 업무가 관료에 의하여 입안되고 정책이 결정되지만 실제로 이를 수행하여 나아가는 세부에 가서는 그 업무가 직접 胥吏와 깊은 관련을 지니고 있기 때문에 이와 같은 서술이 이루어졌고 실제로 업무가 胥吏에 의하여 분장되었다고 분명히 밝히고 있음을 알 수가 있다.

宋代의 정치가 胥吏정치였다는 사실은 일반론으로 거론되어 왔으나 이상과 같은 사실로써 업무의 분안과 이를 담당하는 胥吏와 그들의 吏額이 밀접한 관련을 지니고 있음을 알 수가 있다. 그러므로 중앙관아의 吏額을 구체적으로 살피는 과정에서 그들의 분장업무에 따라서 吏額이 결정되고 있다는 확실한 사실을 여기에서 찾아볼 수가 있다. 이와 같은 사실은 중앙관아에 있어서뿐만 아니라 지방행정에 있어서도 지방관아의 분안에 따라 이를 담당하는 吏額이 명시되고 있는데 이는 宋代의 행정 분안과 胥吏와의 긴밀성을 말해 주는 것으로서 宋

代 정치의 실무와 胥吏와의 밀접한 관계가 파악되는 것이다.

또한 吏額에 나타나고 있는 胥吏명과 吏額의 관련성, 그리고 胥吏사회의 구조의 문제이다. 관료사회의 인적구성은 하층부가 인원이 많고 상층부로 올라갈수록 적어지는 피라미드형을 나타내고 있는 것은 예나 지금이나 같은 것이지만 宋代 중앙관아의 吏額에 있어서도 그 구조는 하부로 내려가면 다액이고 상층부로 올라가면 소수로 나타나고 있다. 물론 流內官에서 보이는 바와 같은 엄격한 品位에 의하여 그들의 신분이 표시되어 있는 것은 아니지만 胥吏사회에 있어서도 채용에서부터 승진되는 길이 분명하게 나타나고 있고 이러한 과정에서 그들의 사무능력이 종합적으로 평가되고 있다.

宋代 중앙관아의 吏額이 북송의 초·중기와 원풍관제개혁 이후 그리고 남송시대에 걸쳐 대체적으로 어떻게 변천되어 나아갔는가를 알 수가 있고 이로써 중앙관아의 吏額의 숫자 파악이 가능하게 되었다. 따라서 종래에 막연히 宋代의 정치가 胥吏에 의한 정치였다고 하는 사실이 특히 행정의 중심을 이루는 중앙관아의 吏額의 파악으로 각 관아의 실무내용이 어떠하였으며 그와 같은 업무가 어느 정도의 吏額에 의하여 운영되어 나아갔는가를 구체적으로 파악할 수 있게 되었다.

다음으로 주목되는 것은 胥吏의 명칭에 나타나고 있는 胥吏신분의 계층성을 들 수 있다. 宋代 지방관아의 胥吏명칭은 대단히 다양하게 나타나고 있으나 중앙관아의 경우는 비교적 단순화되어 있어서 이를 유형화할 수 있는데 이를 분류하면 다음과 같다.

1) 事吏 階層……錄事·都事·主事
2) 史吏 階層……令史·書令史
3) 官吏 階層……守當官·守闕官 守當守闕官
4) 其他 階層……貼司·吏書·法司·私名

등의 4부류로 구분된다.

이들의 명칭이 구체적으로 어떤 업무를 관장하였는가에 대해서는 중앙관아의 사무분안(방)과 관련시켜 살펴보면 대체적인 것을 파악할 수가 있다. 따라서 이들의 업무도 사무 처리와 밀접한 관련이 있음을 살필 수가 있다. 즉 事吏 계층은 해당 사무의 주관과 기록처리 업무의 종합적인 검토와 깊은 관계가 있는 전문직의 성격을 띠고 있고, 史吏류는 이미 그 명칭이 남북조나 수당시대에 나타나고 있고, 宋代에 와서도 胥吏의 중추적인 계층으로 활약하고 있다. 官吏 계층은 그 부서의 사무 처리와 함께 관아의 보안이나 숙직 등의 업무에 임하고 있으므로 관아에 고정하여 사무 처리하는 경우보다 움직이면서 일을 분장하는 성격을 지니고 있다.

또한 宋代의 吏額은 행정구조의 변화와 깊은 관련을 지니고 있다. 이와 같은 사실도 胥吏가 실무와 밀접한 관련을 지니고 있음을 직접적으로 입증하는 것으로 파악된다.

宋代의 胥吏에 대한 연구는 선학들에 의하여 의욕적으로 연구되어 왔으나 胥吏가 일으키는 정치·사회적인 여러 가지 문제를 거의 부정적인 각도에서 고찰하고 있다. 그것은 관인층에 의하여 만들어진 宋代의 자료에서 胥吏계층에 대하여 긍정적으로 서술한 예는 극히 드물다고 하는 사실도 중요한 원인이 되고 있다. 그러나 宋代의 행정조직상에서 볼 때에 각 관아의 分案 업무는 이들 胥吏계층에 의하여 수행되었으며 그런 의미에서 胥吏의 역할은 이를 부정적인 입장에서만 다룰 수 없는 특수성이 있으며 이러한 각도에서 宋代 胥吏문제는 보다 깊이 연구 되어야 할 과제라고 생각된다.

(『東洋史研究』18輯, 1983)

Ⅳ. 北宋鄕兵考

-河北·河東地方을 中心으로-

1. 머리말

중국의 兵制를 크게 구분한다면 唐 中期 이전까지 발달한 府兵制度와 그 후의 募兵制로 양분할 수가 있다. 兵制의 발전과정에 있어서 唐代에 실시된 병농일치의 부병제도는 획기적인 군사정책이다. 그러나 均田法의 붕괴와 함께 부병제도는 무너지고 이후 새로운 募兵制가 실시되었다. 唐末 五代를 거쳐 宋代에 와서 募兵은 더욱 확대되어 그 결과 兵員의 증가를 초래하였다. 그러나 府兵과는 달리 국가가 군사비를 전담하는 募兵制는 兵員의 증가와 병행하여 국가예산의 급증을 수반하게 되니 宋代에 있어서 兵員의 급증은 막대한 군사비의 지출을 가져오게 되었다. 따라서 北宋의 財政家들이 唐의 府兵制를 계승하는 鄕(民)兵制의 부활로써 국가재정을 개선하려고 한 것은 매우 타당한 정책이라 생각된다.

北宋 시대의 군대의 종류를 禁軍과 廂軍, 그리고 鄕兵으로 대별할 수가 있는데 禁·廂軍은 官軍인데 대하여 鄕兵은 일종의 民兵이라 할 수 있다.[1)]

이 鄕兵에 대한 중요성은 北宋을 통하여 매우 주의 깊게 강조되었으니 王安石에 의한 保甲法의 실시는 鄕兵의 중요함을 인식하여 그것을 실천에 옮긴 좋은 예이다. 北宋 시대에 鄕兵의 우수성이 특히 강조된 것은 그들이 관군에 비하여 전투의 능력이 뛰어났다는 점과 또 관

1) 濱口重國, 「府兵制より新兵制へ」,『秦漢隋唐史の硏究』 上卷, pp. 3~83 參照.

군에 대한 군사비가 막대함에 비하여 鄕兵은 지방의 民兵임으로 많은 군비가 들지 않는다는 점에 있다. 이 점에 착안한 王安石이 保甲法을 실시하고 鄕兵으로써 兵制를 개혁하여 民兵主義를 채택하려 한 것도 그 실은 국가의 재정면에서 차지하는 막대한 군사비의 절약과 對西夏 및 契丹 방비에 관군의 무능함을 民兵으로 대치하려는데 主因이 있었던 것이다.[2)]

그러나 宋代 향병의 중요성을 인식하고 이에 대한 연구를 진행한 선학들이 있다. 일찍이 吉田清治는 그의 논문[3)]에서 北宋史를 兵制面에서 三期로 구분하여 各期의 시대적 특성을 설명하여 王安石의 保甲法에 이르러 鄕兵의 성격이 변화되어 軍國主義化하였다고 관론하였다. 小笠原正治는 宋代의 鄕兵中 陝西地方에 있어서의 屯田鄕兵의 일종인 弓箭手에 관한 연구를 하고 있었으며[4)], 山本隆義도 西北地方에 있어서 西夏에 대한 방비를 담당한 弓箭手와 국내의 溪峒蠻에 대한 荊湖南北路의 土丁을 연구하고 있으며[5)], 長部和雄도 그의 논문[6)]에서 宋代鄕兵의 일종인 弓箭社에 관한 연구를 하고 있다.

이들 연구의 특징은 우선적으로 宋代 鄕兵의 중요성을 강조하고, 다음으로 鄕兵의 연구대상으로 王安石의 保甲法과 陝西地方의 弓箭手를 집중적으로 다루고 있고, 그리고 鄕兵中에서도 자치적인 自衛團型의

---

2) 松井等, 「王安石の保甲法」,『東亞經濟研究所』 7-1, p.p. 27~39.
淺海正二, 「宋代保甲法に關する研究」,『史淵』 801 p.p 177~328.
淵田誠, 「保甲法の成立とその展開 ㅡ 王安石の政治改革の問題ㅡ」,『東洋史研究』 12-6, 以上 三篇 參照

3) 「宋の禁衛軍と鄕兵」,『文化』 2-9 p.p 56~72.

4) 「宋代弓箭手の研究(前篇)」,『東京教育大學東洋史學論集』 卷2, p.p. 177~328. 및 「宋代弓箭手の性格と構造(北宋)」,『同上論文集』 卷 3, pp. 81~94.

5) 「宋代に於ける民兵制に就いて」,『香川大學學藝部研究報告』 1-3.

6) 「宋代の弓箭社に就いて」,『史林』 24-3.

鄕兵에 연구의 초점이라는 것이다. 그러나 앞에서 말한바와 같이 宋代의 鄕兵은 各 지방에 따라 여러 가지의 종류가 있으며 그 성격도 다양하여 이상의 연구만으로 충분하다고 볼 수 없다. 각 지방에 따른 鄕兵의 연구는 계속 연구되어야 할 여지가 많이 있다고 생각된다. 특히 對契丹防備의 요지인 河北·河東地方에 대한 연구는, 이 지역이 宋代의 국방상 차지하는 중요함에 비추어 우선적으로 다루어져야 함에도 불구하고, 이 지역의 鄕兵에 대한 고찰은 미미한 형편이다.7)

이에 필자는, 북송에 있어서 對外防備의 요충지대라고 할 수 있는 河北·河東地方에 있어서 契丹防禦에 중요한 역할을 담당한 하북·하동 지방의 鄕兵에 대하여 초점을 두고 살펴 나갈까 한다. 그러기 위해서는 우선 宋代鄕兵의 종류와 그 성격을 고찰하고 이어 河北·河東地方의 鄕兵의 징발, 조직, 훈련과 그 변천과정을 살펴 나가야 할 것이다.

2. 鄕兵의 性格과 種類

宋史 兵志 鄕兵8)條에

鄕兵者 選自戶籍 或土民應募 在所团結訓練 以爲防守之兵也

---

7) 河北·河東地方에 局限하지 않고 一般論으로 言及한 것으로 서는 다음 數篇이 있다.
方豪, 「論宋代之軍隊」,『民主評論』 5-1, 1 p.p. 21~26.
威中, 「宋之民兵述略」, 『天津益世報史學』 第 53.
葛澤華, 「宋行保甲與兵制上關係」,『地方自治』 第 34.
張金銘, 『中國兵制史』 p.p. 127~129, 宋代兵制 鄕兵 國防研究院印.

8) 『宋史』 卷 190, 「兵志」 第143 兵4 鄕兵1 (以下 宋史 兵志 鄕兵이라 略함).

라 정의하고 있다. 이에 의하면 鄕兵은 戶에서 선발하기도 하고 또 土民의 응모한 者들로 구성되며 在所에서 단결 훈련하여 防守의 임무를 띠운다고 하였다. 이 鄕兵의 정의는 各戶에 있는 民丁을 선발하고 또 土民의 應募者로 구성하였기 때문에 거기에는 강제적인 성격보다는 자율성이 내포되어 있어서 자위적인 수비병임을 알 수가 있다. 앞서 말한 諸氏의 논문에서는 대부분 宋代의 鄕兵을 향촌방위를 위하여 자치적으로 조직된 농민의 자위단이라고 규정하고 있다. 그러나 鄕兵, 특히 强壯의 경우는 그 徵集, 組織, 訓練, 給糧等의 여러 면을 고찰해 볼 때에 자치적이고 자위단적인 성격과는 매우 거리가 먼 것임을 알 수가 있다. 强壯 이외의 鄕兵도 시대가 내려옴에 따라서, 그리고 契丹과 西夏의 군사적 압력이 증가되면서, 또는 禁軍과 廂軍의 무력함으로 인하여, 官令으로서 강제로 징집하고 兵營에서 起居를 시키며 향촌방위가 아닌 타지방에로의 원정에 임하고 있음을 볼때, 宋代의 鄕兵을 단지 자위단적인 향촌의 농민병이라고 획일적으로 논단해 버리기에는 복잡한 점이 적지 않다.

宋代 각 지역에 있어서의 鄕兵의 종류를 『宋史』의 兵志 鄕兵條에 의하여 분류하여 보면

河北·河東地方에는 强壯以外에 强人, 忠順, 砦戶, 義勇, 弓箭手, 護砦가 있으며
四川地方에는 土丁, 義軍土丁이 있으며
荊湖路에는 義軍土丁,
廣南西路에는 土丁이
廣南東路에는 槍手가
福建路와 江南西路에는 槍杖手가 있다.
이 외에도 특수지방의 방비를 爲하여 설치된 鄕兵이 있으니

邕州의 溪峒壯丁, 土丁과
三陝의 土丁, 壯丁
隣州의 義兵이 그것이다.

이상 각 지방의 鄕兵을 그 성립, 편성, 복무, 장비, 급여, 통할, 기능 등의 관점에서 분석하여 보면 대략 세가지의 유형으로 나눌 수가 있으니[9)]

첫째는 官에서 강제적으로 징집하고 훈련을 가한 징병형으로 여기에는 하동·하북지방의 强壯을 비롯하여 保毅, 忠順, 弓手, 槍手, 槍杖手, 義勇 및 保甲 等이 있다.

둘째는 자발적이고 자율적으로 조직되고 官의 통제를 별로 받지 않는 自衛團型으로서 이 自衛團型에는 弓箭社, 忠義巡社, 壯丁民社, 鄕社 等이 있다.

셋째는 屯田型으로, 弓弩手, 萬弩手, 弓箭手 等이 여기에 속한다.

필자가 주로 언급하려고 하는 하북·하동지방의 强壯은 대표적인 徵兵型으로서, 宋代의 鄕兵에는 이 徵兵型이 그 수에 있어서나 또는 지역적인 분포에 가장 많음을 알 수 있다. 따라서 앞서 인용한『宋史』兵志의 鄕兵에 대한 정의에 鄕兵을 자위단적인 것으로 간단히 설명한 것은 宋代 향병의 전체적인 정의라고 보기 어렵다. 또, 北宋 중기로 내려오면 西夏와 契丹의 군사적 압력이 가중되어 강제적인 徵兵型의 鄕兵이 수적으로 크게 증가를 보이고 그것이 王安石의 保甲法에 귀착되고 있음을 살펴 볼 때, 北宋의 鄕兵의 성격은 自衛團型 보다는 강제로 징집한 徵兵型이 우세하였음을 알 수가 있다.

---

9) 小笠原正治氏의「前揭論文」,『宋代弓箭手の 硏究』p.127 註-1 參照.

3. 鄉兵의 重要性

북송대 鄉兵의 중요성이 인식된 것은, 중기의 仁宗代에 들어와서 西夏가 건국하고 侵宋을 단행하는 때부터라고 할 수 있다. 鄉兵의 중요함이 강조된 원인은 군사적인 면과 재정적인 면이 고려된 것이다.

우선 군사적인 면을 살펴보면, 북송의 중기에 오면 國初 이래 문치주의에서 오는 여러 가지 폐단과 장기간의 평화로 官軍의 무력함이 나타나는데, 이 무력한 관군을 鄉兵으로 대치하여 군사력을 강화해 보려는 점을 들 수가 있다.

宋은 眞宗의 景德 元年(1004)에 契丹과 澶淵의 盟約을 체결한 후[10] 오랜 평화를 누리게 되니 宋初의 勇銳하고 실전의 경험을 지닌 精兵은 西夏의 침입이 시작되는 仁宗의 寶元年間(1038—39)에 들어오면 대부분이 무력한 冗兵으로 바뀌게 된다.

> 咸平以後 承平旣久 武備漸寬 仁宗之世 西兵招刺太多 將驕士惰[11]

라고 하여 契丹과 전쟁이 한참이던 咸平(998~1003)이후 終戰과 함께 오랜 평화가 계속되어 仁宗代에는 將·士 모두가 驕惰하였음을 말하고 있다.

景祐元年 二月에 知制誥인 李淑은 「時政十議」를 논하는 가운데

> 方今 繼承平之治 兵革不用三十年矣 遂使連營之士 不聞鉦鼓之聲[12]

---

10) 秋貞實造, 「澶淵の盟約と其の史的意義」,『史林』 卷20-1. 및 蔣復璁, 「澶淵之盟約硏究」,『宋史硏究集』 第2輯 p.p 127~198. 參照.

11) 『宋史』 卷 187, 「兵志」 禁軍 및 『文獻通考』 卷 150, 「兵考」

12) 『續資治通鑑長篇』 (以下 長篇이라 略함) 卷 154, 景祐元年 二月 乙未條.

이라 하여 오랜 평화의 계속으로 30연간이나 兵革을 사용치 않아서 마침내 鉦鼓의 소리를 들어볼 수 없도록 軍訓이 社絶되었음을 말하고 있으며, 康定元年에 鄜延鈐轄인 張亢의 상소에 의하면

> 國家承平日久 失於訓練 今每指揮藝精者 不過百餘人 其餘皆疲弱 不可用13)

라 하여 역시 오랜 평화로 군사훈련을 잊어버려 그 결과 一指揮가 가운데 精兵이 百餘人에 불과하고 나머지는 모두가 쓸모 없는 冗兵임을 말하고 있다. 宋代의 군사편제상에 一指揮의 數를 평균 四百餘로 잡는다면 이상과 같은 張亢의 말로서 康定 연간에 전투력이 매우 저하되었음을 살필 수가 있다.

明道二年(1033) 六月에 右司諫인 范仲淹은

> 騎兵之費 錢糧芻粟衣練之類 每一指揮 歲數萬緡 其間老弱者 尙艱於乘跨 況戰鬪乎14)

라고 하여 騎兵의 養費가 많은데 비하여 그 노약한 者들이 乘跨도 어려운 정도이니 하물며 전투에는 어떻게 쓸 수 있을 것인가 라고 개탄하고 있다.

이상과 같은 군대의 무력함은 훈련의 불충분함에 기인하지만 그와 아울러 軍紀의 문란이 또한 군사력의 저하를 가져오게 된다. 宋代는 國初 이래로 사회정책상 강도 중에서 小壯하고 武勇한 者들을 선발하여 禁軍에 편입시켰고 다수의 饑民救濟策으로 그들을 廂軍에 편입하

---

13) 『長篇』 卷 28, 康定元年 秋七月 癸亥條
14) 『長篇』 卷 113, 明道二年 六月 甲申條

였는데, 이러한 경향은 중기에는 더욱 증가되어 그 결과 宋代의 군대는 마치 유랑민의 집단소와 같은 상태가 되었다.[15] 이러한 소질이 나쁜 자가 군에 편입된 후 강력한 통제력으로 그들을 훈련시키지 못하면 그들은 자연히 軍紀를 문란시키게 되고, 그것은 그 자신뿐만 아니라 군 전체의 사기에도 큰 영향을 끼치게 되는 것으로, 이것은 전투력의 약화를 초래하게 되는 것이다. 韓崎는

> 康定元年에 陝西經略安撫使인 韓琦는 將帥와 士卒의 관계를
> 將未知士之勇怯 士未服將之威惠 以是數致敗衄[16]

라 하여 將帥와 士卒間의 상호 이해 없음을 말하고 그것이 패전의 주요 원인이라고 하였는데, 이러한 將士關係는 唐末·五代의 節度使의 횡포를 막고 將兵의 專橫의 폐단을 방지하기 위한 措處로 취해진 宋初의 更戍法에 원인하는 것으로, 將帥가 자기 예하부대의 士兵을 알지 못하고 士卒은 자기 지휘관의 능력에 감복되지 못하고서는 군의 효과적인 전투력을 기대하기는 어려운 것이다. 이러한 將士의 관계는 軍律을 더욱 해이하게 하여 군율을 위반한 병졸이 蕃部로 도망하면, 西夏는 이러한 도망병을 그들의 前衛部隊로 편성하고[17] 혹은 蕃族들이 이 도망병을 체포하여 와서 宋에 厚賞을 요구하였다.[18]

이상과 같은 宋代 군율의 해이함에 대하여는 趙翼도 그의 『廿二史箚記』에서 역대 왕조 중에서 宋의 軍紀가 가장 문란하였음을 고증하

---

15) 松井等, 「宋代に於ける兵制と社會政策」, 『東亞經濟研究所』 第 4-2 p.p 19~32.
16) 『長篇』 卷 128, 康定元年 八月癸巳條 및 『韓魏公集』 卷 11 家集.
17) 『宋史』 卷 485, 「夏國傳」上
18) 『長篇』 卷 104, 天聖四年 冬十月 己亥條 및 同十二月 甲戌條

고 있다.[19]

북송의 중기인 仁宗代에 들어오면 중요한 時政의 문제점으로 제기되는 것이 冗兵 문제로서 관군의 冗濫함은 그 원인이 전투력의 약화에 기인하는 것임을 예나 지금이나 별로 다를 바가 없는 것이다.

鄕兵의 중요성은 바로 이상과 같은 무력한 관군의 전투력에서 원인하는 것으로서 용렬한 官兵으로는 西夏와 契丹의 방비를 효과적으로 수행하기가 도저히 곤란함으로 여기에서 鄕兵論이 제기된 것이다.

> 康定初 趙元昊反 是時 禁兵多戍陝西 並邊土兵雖不及等 然驍勇善戰 京師所遣戍者 雖稱魁頭大率 不能辛苦而 摧鋒陷陳 比其所長 故議者 欲益募土兵爲就糧[20]

禁軍이 변방의 전투에 있어서 효과적인 임무를 수행하지 못하는 반면에 지방의 土兵은 용감하게 선전함으로 변방의 방비를 위하여 土兵을 증모해야 한다는 논의가 나오게 되었다고 말하고 있으며,

景祐四年 三月, 天章閣侍講인 賈昌朝는 備邊六事를 上奏한 가운데

> 其二曰復土兵 今河北河東强壯 陝西弓箭手之類 土兵遣法也 河北鄕兵其廢已久 陝西土兵 數爲賊破存者無幾 臣以謂河北河東强壯 已召近臣詳定法制 每鄕爲軍 其材能絶類 籍其姓名遞補之 陝西蕃落弓箭手 貪召募錢物利 月入糧奉多就黥湟爲營兵 宜優復田疇 使力耕死戰 世爲邊用可以減屯戍省供饋矣 內地州縣 增置弓手 如鄕軍之法而閱試之[21]

이라 하여 하북 · 하동지방의 鄕兵인 强壯과 陝西의 弓箭手는 모두 土

19) 『廿二史剳記』 卷 25, 「宋軍律之弛條」.
20) 『宋史』 卷 187, 「兵志」 禁軍上.
21) 『長篇』 卷 120, 景祐四年 三月 甲戌條 및 『宋史』 卷 285, 「賈昌朝列傳」

兵의 遺制로 그들을 부활하여 邊備에 이용하여야 한다고 주장하고 있으며, 陝西馬步軍都總管인 夏竦은 이러한 土兵(鄕兵)의 전투력이 軍官보다도 우수한 점을,

一則勁悍便習 各護鄕土人自爲戰 二則識山川道路 堪耐飢寒[22)]

이라 하여 土兵은 그 소질이 勁悍하고 또 자기의 향토를 보호한다는 애향심의 발로로 스스로의 자각심에서 전투를 수행하고, 또 西夏나 契丹의 국경에 접해 있는 陝西나 河北·河東地方의 鄕兵은 그 지방 출신자임으로 해서 그 지방의 지리에 밝은 故로 적과의 對戰에 있어서 유리한 위치를 차지함으로 전투수행이 용이하다고 하였다. 그 위에 敵의 언어를 이해함으로 적의 동정을 쉽게 파악하니 적에 대한 搜索偵察에 그들을 이용하기가 편리하며 그들은 寒冷한 북방기후에 잘 견디어 나가는 이점이 있음을 지적하고 있다.

慶曆 元年에 田況의 상소에도 藩落, 廣銳, 振武, 保捷들은 모두 土兵으로서 그들을 武勢가 精强하여 西夏와의 전투시에는 항상 前衛兵으로 용맹을 떨치고 전공을 세운다고 말하고 있다.[23)]

이상과 같이 土兵(鄕兵)의 전투능력이 관군에 비하여 뛰어남으로 해서 康定 元年에 하북지방의 强壯을 증모하였으니

詔河北都轉運使 仲孫 河北沿 邊安撫使高志寧密下 諸州軍添補强壯[24)]

---

22) 『長篇』 卷 125, 寶元二年 閏十二月 및 『文莊集』 卷 14, 「陳邊事十策」.
23) 『長篇』 卷 132, 慶曆元年 五月 甲戌條
24) 『長篇』 卷 127, 康定元年 夏四月 乙巳條 및 『皇宋十條綱要』 卷 5.

이라 하여 하북지방의 鄕兵인 强壯을 증보하게 되었는데 이에 대한 직접적인 동기가 된 것은

> 初知制誥王拱振 使契丹還言 見河北父老皆云 契丹不畏官軍而畏土丁 蓋天資勇悍 鄕界之地人自爲戰 不費糧廩座得勁兵 宜速加招募而訓練之 故降是詔[25)]

라 하여 知制誥인 王拱振이 契丹에 사신으로 갔다가 돌아와서 上告한 말 가운데 하북의 父老들이 이르기를, 契丹人들은 宋의 官兵은 두려워하지 아니 하나 土丁(鄕兵)을 무서워한다. 그 원인은 鄕兵은 天資가 勇悍하고 자기의 향토에 대하여 스스로 지키겠다는 마음으로 전투를 잘 하기 때문이다. 그 반면에 軍費는 관군에 비하여 적게 들므로 勁兵을 득할 수 있다고 주장하였기 때문에, 强壯을 모집하게 된 조서가 내려지게 된 것이다. 范仲淹도

> 久守之計 須用土兵 各諳山川 多習戰鬪 比之東兵 戰守功倍[26)]

이라 하여 土兵의 전투력이 東兵(官兵)의 그것에 비하여 倍나 우수함을 주장하고 따라서 久守之計는 이러한 鄕兵을 이용해야 한다고 주장하고 있다. 『文獻通考』에서도

> 是時 天下稱 昭義步兵 冠於諸軍 此近代之顯効 而或謂民兵祇可城守 難備戰陳 非通論也[27)]

25) 『長篇』 卷 127, 康定元年 夏四月 乙巳條.
26) 『范文正公政府奏議』 卷下, 邊事.
27) 『文獻通考』 卷 156, 「兵考」 鄕兵 및 『宋史』 卷 190, 「兵志」 鄕兵

이라고 하여 하북지방의 의용향병인 昭義步兵이 전투면에서 諸軍의 수위에 있음을 말하고 이러한 鄕兵의 이용은 바로 仁宗의 慶曆年間(1040-44)에 있어서 군사상의 顯効라고 밝히고 있다.

이상을 요약하여 볼 때 仁宗의 寶元 元年 이후 西夏의 침입과 契丹의 군사적 압력이 가중함에 따라 변방의 방비에 있어서 鄕兵의 우수성이 인정되고 있는데 그것은 그들의 天性이 勇悍하고 또 향토의 지리에 밝아 敵情을 잘 살필 수가 있고 자기의 고향을 지킨다는 義務感을 가지고 선전함으로써 뚜렷하게 나타나고 있는 것이다.

다음 둘째로 鄕兵의 중요성이 인정된 것은 군사비와의 문제, 다시 말하면 국가 재정면과의 관계에서 고려된 것이다.

宋代는 국초 이래로 계속해서 관군의 엄청난 증가를 보이고 있는데[28] 이러한 관군의 증가는 막대한 군사비의 지출을 수반하게 되는 것이다.

그런데 하북·하동지방의 强壯은 官에서 무기를 주고 소집기간에는 식량을 지급하는 외에 평소에는 귀농함으로 官兵처럼 많은 군사비가 들지 않는다는 것이다. 河北轉運副使 王沿은 하북·하동지방에는 다수의 禁軍·廂軍이 주둔하고 있는데 그들은 무엇을 해야 할지를 알지 못하니 이러한 무능한 官兵을 强壯으로 대치하고, 또 廂軍은 屯田의 경영에 충당하면 자연히 禁軍을 줄 일수가 있고 그에 따라서 막대한 국방비를 절약하며 精兵인 强壯에게 對契丹防禦를 맡기면 도리어 국

28) 『宋史』 卷 187, 禁軍上 및 『文獻通考』 卷 24, 國用에서 開寶之籍 總三十七萬八千 而禁軍馬步 十九萬三千 至道之籍 總六十六萬六千 而禁軍馬步三十五萬八千 天禧之籍 總九十一萬二千 而禁軍馬步 四十三萬二千 慶曆之籍 百二十五萬九千 而禁軍馬步 八十二萬六千으로서 國初 開寶年間(968~975)에 總兵數가 37萬8千이고 그 中에 禁軍과 馬步軍이 19萬3千이었는데 이것이 계속 증가하여 仁宗의 景曆年間에는 總兵數가 125萬9千이고 그中 禁軍, 馬步軍이 82萬 6千名으로 增加를 보이고 있다.

방력은 훨씬 강화된다고 주장하고 있다. 또 皇祐 元年(1049)에 河北都轉運使인 包拯이 헌책한 禦邊策에 의하면 仁宗의 慶曆 연간에 하북지방에서 징발한 鄕兵의 數는 18萬名인데 이를 가령 두 번에 나누어 매번에 3개월간의 훈련을 실시하고 그 훈련비를 官에서 지급한다 하더라도 一州의 賦入으로 이를 유지할 수 있고 또 그 비용은 官兵의 1개월비 즉, ⅓에 불과하여 관병유지비의 막대함에 비하면 문제가 안 된다고 말하고 있다. 景祐 2年 5月에 三司使 程琳은 住營兵(변방에서 住營하는 官兵)과 屯駐兵(邊方民)을 모집하여 주둔시키고 있는 鄕兵)과의 군사비를 이렇게 비교하고 있다

> 琳又上疏 論兵在精不在衆 河北陝西軍儲數匱 而招募不已 其住營一兵之費 可給屯駐三兵 昔養萬兵者今三萬矣(中略) 誠願罷河北陝西募住營兵勿復增置[29)]

이라 하여 住營兵이 屯駐士兵의 3倍에 해당하는 군비가 소요된다고 말하고 住榮兵의 증가를 금할 것을 상소하고 있는데, 이 程琳의 의견은 상당히 중요한 時策으로 채택되고 있다[30)]

仁宗代에 뛰어난 재정가인 翰林學士承旨 張方平은 經歷 2年 6月에서 7年 6月까지 증가된 禁軍 40萬의 군사비를 다음과 같이 계산하고 있다. 즉

> 略計 中等禁軍一卒 歲給約五十 千十萬人歲費五百萬緡 臣前在三司 勘會慶歷五年禁軍之數 比景祐以前 增置八白六十餘指揮 四十餘萬人 是歲增費二千萬緡也[31)]

---

29) 『長編』 卷 114, 景祐元年 五月乙丑條 및 『宋史』 卷 194, 「兵志」 廩祿之制.
30) 『長編』 卷 114, 景祐元年 五月乙丑條.

라 하여 下等 禁軍 一卒에 대한 1년간의 군비를 약 50緡으로 계산하고 있다.[32] 이러한 禁軍의 군사비에 비하면 鄕兵의 군비는 禁軍의 下級者의 수준에도 미달하는 형편이었으니, 宋代에 있어서 鄕兵에게 月俸錢을 모두 지급한 것은 아니나 특수한 경우 鄕兵에게도 俸祿을 지급하고 있는데 이 봉록을 비교하여 볼 때

> 諸軍自一千至三百 凡五等 廂兵閱教者有月俸錢 自一千至三百 凡三等 下等者給漿采錢 惑食鹽而巳[33]

이라 하여 禁軍의 月俸을 1千文에서 三百文錢까지로 5等級으로 나누어 지급하였고 廂兵中에서 教閱한 자에게는, 1千文에서 3百文까지로 5等級으로 나누어 지급하였는데, 下等者는 漿采錢이나 혹은 食鹽을 지급하였을 뿐임을 알 수가 있다. 그리고

> 土兵 其如請給甚微 不及東軍之下者 振武料錢 五百而五十爲折支 積數月一支[34]

라 하였으니, 土兵의 급여는 미세하여 東軍의 하급자에 미치지 못하며 土兵의 일종인 振武의 경우에는 月料錢은 五百으로부터 五十까지 折支하고 있는데, 이는 위에서 말한 禁軍의 月料錢에 비하면 매우 적은 것이고 그것도 수개월간 積하였다가 지급하였음을 알 수가 있다.

---

31) 『長編』 卷 209, 治平四年 春正月 丙午條 및 『樂全集』 卷23, 論事 論國計出納事에서는 禁軍一卒에게 支給하는 歲費五十緡에 대한 仔細한 項目을 分流하고 있다.

32) 曾我部靜雄, 「宋代の財政大觀」, 『東亞經濟研究』 第 14-4 p.p 15~27 參照.

33) 『宋史』 卷 195, 「兵志」 廩綜之制.

34) 『長編』 卷 132, 慶曆元年 五月 申戌條.

가령 官兵의 上級者의 月俸을 1千文으로 잡고 鄕兵의 상급자를 3百文으로 하여 비교하면 鄕兵이 三分의 一의 반액에 해당하지만, 하급자의 그것을 비교하여 보면 3百文과 50文을 六分의 一에 해당한다. 군사조직상에서 볼 때 하급자가 절대다수이기 때문에 전체적으로 鄕兵의 月俸額을 官兵의 비교가 안될 만큼 미미한 것임을 추측할 수가 있다.

국방력의 강화와 국가재정의 절약문제와는 서로 밀접한 관련을 갖고 있는 것으로, 최소한의 군사비로 최대의 국방력 강화를 꾀하는 것이 국가정책의 중요한 방책인 것이며, 이러한 방법으로 거론된 것이 鄕兵으로서 변방의 방비를 위한 鄕兵의 중요성은 바로 여기에 있는 것이다. 仁宗代에 관군의 급증은 막대한 군비의 지출을 요하고 이러한 군사비이 지출로는 국가재정을 온전하게 유지하기란 곤란한 것으로, 范仲淹은 大軍과 군비와의 관계를

> 陝西久屯大兵 供費竭 減兵則守備不足 不減則物力已困[35)]

이라고 설명하고, 大兵으로 인한 국가재정의 곤궁을 해결하려는 방안으로서

> 久守之計 須用土兵 各暗山川 多習戰鬪 比之東兵 戰守功倍[36)]

이라 하여, 지방의 鄕兵인 土兵의 이용을 역설하고 있다.[37)]

---

35) 『范文正公政府奏議』 卷下, 邊事 陝西守策
36) 『同上揭書』
37) 拙稿, 「北宋仁宗朝에 있어서 對西夏政策의 變更에 關하여」,『歷史教育』 第8輯 p.103 參照.

4. 鄕兵의 징발과 조직 및 훈련

北朝에 있어서 하북·하동지방은 對契丹 방비를 위하여 중요한 군사적 요지인 만큼 이 지방에 대한 방비는 매우 중요하게 취급되었다.[38] 앞에서도 언급한 바와 같이 이 지방에는 여러 가지의 명칭으로 불리우는 鄕兵이 있었는데, 여기서는 그 중의 强壯을 중심으로 살펴 나갈까 한다. 우선 强壯의 설치 유래를 보면

> 河北河東强壯 五代時瀛覇諸州已置[39]

이라 하여, 五代 때에 이미 瀛州와 覇州等 하북·하동 여러 곳에 설치되어 있었음을 알 수가 있는데

> 咸平三年 詔河北家二丁三丁籍一 四丁五丁籍二 六丁七丁籍三 八丁以上籍四爲强人[40]

이라 하여, 契丹과의 전쟁이 치열한 眞宗의 咸平 3年(1000)에 하북지방의 民家 가운데, 2 내지 3丁의 家에서는 1丁을, 4 내지 5丁의 家에서는 2丁을 6 내지 7丁의 家에서는 4丁을 징발하여 强人(强壯)으로 充籍하였다. 여기서 말하는 丁은

> 年二十係籍 六十免 [41]

---

38) 松井等, 「河北河東地方の對契丹配兵要領」,『滿鮮歷史地理硏究報告』 第 8 pp. 14~34 參照.

39) 『宋史』 卷 190, 「兵志」 鄕兵, 및 『文獻通考』 卷 156, 「兵考」 鄕兵.

40) 『同上揭兩書』

41) 『宋史』 卷 190, 「兵志」 鄕兵.

이란 것을 보아 20歲~60歲에 해당하는 丁男임을 알 수가 있다. 이렇게 징발된 强壯을 大契丹 전투에 이용하고 있는데

咸平四年 募河北民 諳契丹道路 勇銳可爲間何者 充强人[42)]

이라 한 것이 그것으로서, 契丹의 南侵에 대하여 하북 지방민으로 특히 契丹의 지리에 익숙하고 勇銳한 자들로서, 간첩에 이용할 수 있는 者를 모집하여 强人으로 보충하였던 것이다. 따라서 咸平 연간에 모집된 하북지방의 强人(壯)은 契丹의 방비를 위한 것이라 생각되는데

(咸平)五年 募其勇敢 團結附大軍爲柵 官給鎧甲[43)]

이라 하여, 앞서 咸平 3年에 每家에 일률적으로 强人으로 充籍한 鄕兵中에서 용감한 자를 선발하고 이를 단결하여 大軍에 예속시키어 對契丹 방비의 방어책으로 편성하고 있음을 볼때, 하북지방의 丁男을 일률적으로 强壯의 籍에 올리고 그 중에서 對契丹 작전에 이용할 수 있는 자를 모집에 의하여 契丹戰에 충당한 것이라 생각된다. 이 모집은 응모자의 자의에 의한 것인가는 알 수 없으나 일반적으로 宋代에 있어서는 군인을 강제로 모집하는 경우가 많은 것으로 보아서 강제성을 띤 것으로 생각된다.[44)] 이 咸平 연간에 모집된 鄕兵의 자세한 수는 명확하지 않으며, 또 송초에 禁軍의 精兵이 對契丹防禦에 주동이 되었으므로, 鄕兵의 역할은 斥候 등 군사 활동의 전위대 역할을 主로 한

42) 『同上揭書』 및 『文獻通考』 卷 156, 「兵考」 鄕兵.

43) 『 同上揭兩書』.

44) 松井等, 「宋代軍人の强制徵兵に就いて」, 『東亞經濟研究』 第 8 pp. 40~44 參朝.

것 같다. 그 후 眞宗의 景德 元年(1004)에 契丹과 전연의 맹약이 체결되어 종전이 되면서 양국간에는 평화가 유지되고, 그 결과 이 지역의 鄕兵이 폐지된 듯하니

> 當仁宗時 神銳忠勇强壯久廢 忠順保毅僅有存者[45)]

라고 한 사실로 알 수가 있다. 그러나 仁宗代에 들어와서 西夏의 침입이 시작되고 契丹도 군사적인 압력을 가해 옴으로써 사태는 달라져 鄕兵의 중요함이 나타나게 되었다. 즉, 康定 元年에 하북·하동지방에 비밀히 詔를 내리어 强壯을 모집하게 되었는데, 그 동기는 앞서 말한 바와 같이 그때 契丹에 사신으로 갔다온 王拱振의 보고에 따른 것으로, 이때에 모집한 强壯의 수를 보면

> 康定初 詔河北河東 添籍强壯 河北凡二十九萬三千 河東四十萬四千 皆以時訓練[46)]

이라고 하고 있으니 하북에서 29萬 3千, 하동에서 14萬 4千人을 强壯에 添籍하여 훈련을 실시하였음을 알 수가 있는데, 일시에 이렇게 많은 數를 동원한 것은 鄕兵의 중요함이 인정되었고 또 그들이 對契丹 방비에 중요한 역할을 맡게 되었기 때문이다. 그 후 西夏와의 전쟁이 치열한 慶曆 2年에는 强壯 中에서 다시 10分의 7을 선발하여 義勇으로 편성하고 强壯은 새로이 보강하였으니

---

45) 『宋史』 卷 190, 「兵志」 鄕兵.
46) 『同上揭書』 및 『文獻通考』 卷 156, 「兵考」 鄕兵.

慶曆二年 籍河北强壯得二十九萬五千 揀十之七爲義勇 且籍民丁以補其不足 河東揀籍如河法[47)]

이라 한 것으로 알 수 있다. 여기서 주목할 사실은, 하북지방의 强壯中에서 鄕兵籍에 올린 者 29萬 5千석 가운데 10分의 7을 뽑아서 義勇으로 편성하고 그 부족한 수의 强壯은 다시 民丁에서 보충하고 있다는 사실이다. 이는 두 가지 면에서 중요한 뜻을 가지고 있는 것이니, 하북・하동지방에 있어서의 鄕兵의 수적인 증가가 그 하나이고, 다른 하나는 强壯에서 義勇의 발생을 가져오고 이 義勇은 强壯보다 적극적인 군사 활동을 담당하게 되어 鄕兵의 성격이 변질되었다는 것이 그 둘째이다. 이 義勇의 군사 활동에 관해서는

其後諸子論 義勇爲河北伏兵 以時講習無待儲廩得 古寓兵於農之意 惜其東於列郡止 以爲城守之備 誠能令河北 邢裏二州 分東西兩路 命二郡守分領以時閱習 寇之卽兩路義勇翔集赴授 使其復背受敵則 河北三十餘所常伏銳兵矣 朝廷下其議[48)]

이라고 한 논의로 보아 義勇의 對契丹 방비가 중요한 임무의 일면이라는 것을 알 수가 있고[49)], 이어 同書에

是時天下稱 昭義步兵 冠於諸君 此近代之顯效而 或謂民兵祇可城守 難備戰陣 非通論也

47) 『宋史』 卷 190, 「兵志」 鄕兵 및 『文獻通考』 卷 156 「兵考」 鄕兵.

48) 『 同上揭兩書』.

49) 義勇의 重要性은 河北地方뿐만 아니라 對西夏 防備地域이 陝西地方에 있어서도 强調되어 陝西按舞招討使 韓琦의 請에 依하여 官兵代身에 募集하였으니 琦以陜書戍兵多而食不足 請籍民丁爲義用得十四萬(『東軍事略』 卷 69,「列傳」 52 韓琦)이라고 한 것으로도 알 수 있다.

이라 하여 慶曆 3年에 있어서의 民兵의 우수함을 말하고 있음을 볼 때, 仁宗의 慶曆 연간에 鄕兵의 질은 매우 훌륭하였음을 알 수 가 있다. 宋朝史에 있어서의 西夏의 건국과 侵宋을 단행한 寶元 元年(1038)은 일시기를 획할 수 있을 만큼 매우 중요한 의미를 갖는 해로서, 西夏의 침입은 宋의 정치, 경제, 사회 및 군사면에서 중요한 영향을 주고 있다. 향병제도가 仁宗代에 들어와서 중요시되고 발달하게 된 것도 西夏의 침입과 契丹의 군사적 압력이 가중되었기 때문이다. 이리하여 寶元 元年에서부터 西夏와의 和議가 締結되는 慶曆 3年(1043)까지의 7年間에 걸쳐 각 지방에 鄕兵이 크게 증가를 보이고 그들의 군사활동도 매우 활발해졌던 것이다.

다음에는 하북·하동지방에 있어서의 鄕兵의 조직과 훈련 상태를 살펴본다.

宋代 鄕兵의 조직에는 두가지 방법이 있는데, 하나는 禁軍의 조직방법을 따른 郡→指揮→軍의 편제이고, 다른 하나는 神宗代에 王安石에 의하여 실시된 保甲法의 조직방법이다.

河北.河東地方의 徵兵型의 鄕兵은 대개가 禁軍의 편제에 준하였는데, 强壯의 조직을 보면

> 五白人爲指揮 使百人爲都 置正副郡都二人 節級四人 所在置籍[50)]

이라 하였고, 이어서 同書에

> 二十五人爲團 置正副都頭各一人 五都爲指揮 使各以階級伏事 年二十係籍六十免 取家人或他戶代之 歲正月縣以籍上州 州以籍奏兵部 按擧不如法者

---

50) 『宋史』 卷 190, 「兵志」 鄕兵 및 『文獻通考』 卷 156, 「兵考」 鄕兵.

라고 하였으니, 一團을 25人으로 조직하고, 團에는 正副의 都頭 각 1人을 두었고, 4團(100人)으로 一都를 편성하고, 이 都에도 正副의 都頭를 두었으며, 절급 4인을 두고 있고, 5都(500人)로 一指揮를 조직하였다. 宋代 禁軍의 一指揮가 5百人이란 수는 반드시 일정한 것은 아니다. 이 지휘에는 지휘사가 있어서 부대를 통솔하였고, 지휘 이상의 부대로는 軍과 廂이 있는데 대개 5指揮를 一軍, 十軍을 合하여 廂으로 조직하였다. 하북·하동지방의 强壯中에 특히 騎射에 뛰어난 자를 뽑아 校長으로 편성 우대하였고, 자비로 馬, 武器를 구입한 자에게는 戶役을 免하여 주었으며, 勇銳한 자를 단결하여 변방의 요지에 栅으로 배치하였고, 이들에게는 정부에서 鎧甲을 지급하였다. 또 契丹語를 이해하고 契丹의 지리에 밝은 者는 搜索偵察의 임무를 맡기는 특별요원으로 채용하여 官軍의 前衛兵 역할을 하는 곳에다 조직하였다.

이러한 군사적인 조직외에

> 人身相推擇家資武藝 衆所服者爲社頭社副錄事謂之頭目 帶弓而鋤 佩劍而 樵樵 分審巡邏 頃刻可致千人 器甲鮫 馬常若寇至 松立常罰 嚴於官府51)

라 하여 자치적인 巡邏任務를 수행하였음을 알 수 있다. 鄕兵의 兵籍은 20歲에 所在의 鄕兵籍에 올리고 60歲가 되면 면하게 되는데, 면제될 때에 自家戶나 他戶로 대신 보충한다는 것으로 보아 60歲에 免籍하기는 하지만 家戶나 他戶로 代身케 하는 데에는 상당히 强制性을 띠고 있는 것으로 해석되며, 또 반드시 이대로 실행이 되었을 것인가에 대해서는 의문이다. 왜냐하면 20歲가 되면 鄕籍에 올라가는데 60歲

51) 『宋史』 卷 190, 「兵志」 鄕兵.

에 免籍되는 사람의 대신으로 그에 충당된 丁이 이론적으로 있을 수 가 없기 때문이다. 또 鄕兵의 兵籍簿는 해마다 正月에 縣에서 州에 올리고 州에서는 다시 이를 모아서 중앙의 兵部에 올렸고 兵部에서는 不如法한 자를 擧察하였다. 이 鄕兵籍은 처음에는 추밀원에 속하였으나 元豊의 新官制 실시 후에는 兵部가 관장하게 되었다.[52]

다음에는 鄕兵의 훈련을 보면

> 河北强壯 恐奪其農時 則以十月至正月 旬休日召集 而教閱之[53]

라 하였으니 하북지방의 强壯의 훈련은 농사시기를 피하여 10月에서 이듬해 正月까지의 농한기에 分番으로 州域에 모여 旬休日(10日)로 하여 훈련을 받았음을 알 수 있다. 훈련을 받는 强壯은 無事時에는 田野에 散居하여 농업에 종사하나, 적이 침입하여 오면 소집하여 향촌의 방비와 敵情의 偵察및 전위대 역할을 맡게 되었다. 이 동안에는 관에서 그들에게 무기와 1人當 2升의 식량을 지급하고 때때로 錢을 주기도 하며, 또 敵陣에 침투하여 적을 무찌르거나 적의 馬를 약탈하여 오는 경우에는 賞을 주었고, 적으로부터 노획한 재물은 그들에게 주기도 하였다. 또 給田의 예도 있는데, 巡邏와 斥候의 중임을 맡은 자에게는 田 40畝를, 자기 스스로 군마를 소지하여 출전하는 자에게도 40畝를 지급하였다. 이 田은 良田이 아니라 河北地方의 塘泊, 河淤田이었는데, 경작하기가 곤란하므로 熙寧 7年에 이르러 强壯으로부터 반환하여 일반 백성에게 給田하였다. 또 馬와 무기를 自備하고 적을 방비하기에 충분한 능력이 인정된 强壯에게는 戶役이 면제되었는데 정부에서는

---

52) 『長編』 卷 419, 元祐三年 十二月 內長條 注.
53) 『宋史』 卷 190, 「兵志」 鄕兵.

특히 馬의 자비를 장려하였다.

그런데 鄕兵의 軍營에는 여러 가지 문제가 따르게 된다. 仁宗朝에 들어와 鄕兵의 중요성이 인정되고 다수의 鄕兵을 징발함에 따라 강제 징발을 하게 되고 그에 따른 여러 가지 폐단이 사회문제화 되었고, 鄕兵 中에는 자기가 직접 훈련을 받지 아니하고 타인을 고용하여 대리 훈련을 받게 하는 경향이 생기게 되니, 이는 鄕兵 본래의 뜻을 벗어나는 것이다. 또 鄕兵을 향촌 방비 외에 원정에 투입한 결과 원정에 나아가는 것을 싫어하여 도망하는 경우도 일어나고, 또 외지에 원정하였을 경우에는 그 지방의 지리에 어둡기 때문에 鄕兵의 우수함이 반감되었을 것이다. 그리고 무엇보다도 鄕兵의 수적인 급증은 필연적으로 鄕兵의 質을 저하시키게 되고, 鄕兵 중에는 市井無賴輩가 끼이게 되어 때로는 도적화하는 경우도 있어서, 여러 가지 사회문제를 가져 오게 되었다. 이러한 여러 문제를 해결하고 强壯의 質을 다시 높이려고 한 것이 앞서 말한 慶曆 2年에 단행한 强壯中에 勇銳한 자를 간하여 義勇으로 개편한 것이라고 생각된다. 따라서 하북·하동지방에 있어서의 强壯은 義勇으로 변질되어 나아갔음을 살필 수가 있다.

5. 맺는말

이상에서 하북·하동지방을 중심으로 한 北宋 鄕兵의 대략을 살펴 보았다.

北宋의 鄕兵의 중요성에 강조된 것은, 仁宗의 寶元 元年 이후 西夏의 침입이 계속되고 또 契丹의 군사적 압력이 증대되면서부터 인데, 그 이유로서는 募兵制에 의한 官軍은 장기간에 걸친 평화의 계속으로 전투능력을 상실하였음에 대하여 鄕兵은 변방의 지리에 밝고 자기의 향사를 방위한다는 애향심의 발로로 또 북방의 한랭한 기후에 익숙하므로 해서 용감히 잘 싸운다는 군사면과, 관군유지비의 막대함에 비하면 훨씬 적은 군사비를 가지고 훌륭한 방비력을 가진 鄕兵을 보유할 수 있다는 국가 재정면에서 고려된 것이다.

北宋의 鄕兵은 각 지역에 따라 그 명칭이 다르고 조직 내용도 다양한 바가 있는데 이를 분류하면 徵兵型, 自衛團型, 屯田型으로 구분할 수가 있다. 종래 선학들에 의하여 屯田型의 鄕兵이 많이 연구되었으나, 수적인 면에서 볼 때 徵兵型이 압도적으로 많고 본고에서 취급하고 있는 强壯은 徵兵形의 대표적인 것이라 할 수 있다. 强壯의 편성방법은 禁軍의 그것에 따랐는데, 20歲부터 60歲까지의 丁男을 징발하여 소재지의 鄕籍에 올렸으며, 그들의 훈련은 農閑期(10월~1월)에 실시하였으며, 그 주요임무는 향촌의 수비와 敵情의 수색척후활동과 관군의 전위대역할을 담당하였다. 그러나 仁宗의 慶曆 2年에 이르러 强壯은 수적으로 급증하여 여러 가지 폐단도 수반하게 되어 强壯 中에서 가려 뽑아 義勇 鄕兵을 재편성하였다.

北宋의 鄕兵은 하북·하동지방에만 있었던 것이 아니므로 각 지역에 따른 연구의 여지는 많이 있다. 더구나 仁宗代에 들어와서는 그 중요성이 강조되고 있으므로 이때를 중심으로 전체적으로 연구가 되어야 할 것이다. 王安石이 실시한 바 있는 保甲法의 근본정신도 仁宗代에 거론되고 있는 鄕兵論을 전국적인 규모로 실천에 옮긴 것이라고 생각할 때, 향병문제는 兵制史에 국한하는 것이 아니라 宋代 사회경제의 전반적인 면과 상호 긴밀한 관계를 갖고 있는 것이라 생각된다.

(『歷史教育』제11 · 12合輯, 1969)

제 2 부

宋代文臣官僚論

Ⅰ. 司馬光・王安石의 君子・小人論

Ⅱ. 王安石 改革의 性格檢討

Ⅲ. 王安石의 人間性에 대하여

Ⅳ. 宋 范仲淹의 文敎改革策

Ⅴ. 王應麟의 學問

Ⅰ. 司馬光·王安石의 君子·小人論

1. 머리말

宋代의 정치는 물론 사회문화 전반에 걸쳐 司馬光·王安石의 영향력이 크다는 것은 잘 알려져 있다. 두 사람은 거의 비슷한 시대에 생존하였으나 그들의 정치적 입장, 인생관, 역사관 등 여러 가지 면에서 대조되는 점이 많다.1)

그런데 司馬光의 문집 가운데 보이는 역사관이나 그의 『資治通鑑』에 나타나고 있는 史論에는 君子와 小人論이 전통적인 유교윤리를 기반으로 주의 깊게 다루어지고 있다. 또한 王安石의 개혁의지가 잘 표현되고 있는 「上仁宗皇帝言事書」를 비롯한 文集의 여러 곳에서도 君子와 小人論을 王安石 특유의 현실성에 결부시켜 논하고 있다.

두사람의 사상 속에는 『論語』 이래의 도덕적인 군자라든가 교훈적인 小人論의 차원을 넘어서서 君子와 小人을 歷史觀이나 정치사상으로 다루고 있음을 인식하게 된다. 司馬光이 주장하는 小人이나 王安石이 생각하는 君子는 유교적 도덕성을 그 가운데 내포하고 있으면서도 唐末·五代의 시대적 전환기를 거쳐 士大夫 관료가 정치 사회 전반을 지배하고 있는 宋代의 시대상을 잘 반영하여 주고 있다는 사실을 알 수가 있다.

따라서 君子·小人論을 통하여 이들의 人生觀은 물론이고 정치철학, 사회사상을 이해하는 데 도움이 되리라고 생각한다. 그런데 王安石·司馬光뿐만 아니라 宋代 사대부 사회에서의 君子·小人에 관한 논의

---

1) 申採湜, 『宋代官僚制硏究』, (三英社 1981) 참조

는 활발하다. 지금까지 학계의 관심은 歐陽修의 「朋黨論」에 보이고 있는 君子·小人的 黨爭論을 제외하면 별로 다루어지지 않고 있다.[2)]

본고에서는 宋代 정치사에 대표적인 인물로서 신·구법당을 이끌고 나간 王安石·司馬光의 君子·小人論을 살펴보겠다.[3)] 이를 위해서는 먼저 『論語』 이래의 유교이념을 바탕으로 한 군자·소인상이 宋代에 와서는 어떻게 변형되면서 그 성격을 갖추게 되었는가를 검토하고 司馬光과 王安石이 주장하는 君子·小人論이 어떤 내용을 가지고 전개되고 있는가를 비교하여 보겠다.[4)] 아울러 이들의 人性論과 歷史觀에도 君子·小人論이 어떤 작용을 하고 있는가를 살펴보고자 한다.

2. 宋代 사회의 君子·小人 유형

유교이념이 지배하는 전통 중국사회에 『論語』가 후세에 미친 영향

---

2) 劉子健, 『歐陽修的治學與從政』(新亞硏究所, 1963), p.68 및 李家啓, 「王安石之政治思想」, 『中央大學 半月刊』 Ⅰ-10, (1980) 참조

3) 劉子健, Reform in Sung China, Wang An-shih (1021~1086) and his New Policies, (Harvard University Press, Cambridge, Massachusetts, 1959)의 제4장 "The New Policies and the Behavior of the Bureaucrats"에서 從來의 小人과 君子的 人物評價의 類型을 政治行動樣式과 社會經濟的 배경을 기준으로 하여 宋代의 官僚를 다음과 같이 3類型으로 나누고 있다. 즉
a) 理想志向的學者型 (Idealistic scholar official)
b) 立身出世型 (The Career-minded bureaucrats)
c) 惡德型 (The Abusive bureaucrats)이 그것이다. 理想志向的 學者型은 전통중국의 君子的 士大夫를 여기에 넣고 있으나 小人的 官僚型은 분명히 하지 않고 있다. 다만 立身出世型을 順應型(Conformist type), 能吏型(Executive type)으로 區分하고 惡德型을 墮落型(Corrupt type)과 策動型(Manipulative type)으로 나누고 있는데 이를 전통적 관념으로 보면 小人集團에 넣을 수 있다.

4) 王安石, 司馬光의 人物을 서로 비교한 저서로 東一夫, 『王安石と司馬光』, (沖積舍, 1982)이 있다.

은 거의 절대적이라고 할 수 있다. 그런데 『論語』 가운데서 孔子가 가장 흥미를 가지고 역설한 문제가 인간의 도리이며 이 도리를 바탕으로 한 인간전형이 어떠하여야 할 것인가를 그는 수없이 반복하여 설명하고 있다. 그러므로 『論語』에서 孔子가 생각하는 이상적 인간 전형이 어떤 것인가를 추상적이면서도 때로는 구체적으로 이를 파악할 수가 있다. 실제로 孔子가 내세운 가장 이상적인 인물은 聖人으로 귀결되지만 현실세계에서 聖人을 구하는 데 실망한 孔子가 내세운 인간전형이 바로 君子라 하겠다.[5] 이 君子는 孔子가 내세운 인간의 도덕적 가치의 중심이고 凡人도 도달할 수 있는 인간유형인 것이다.[6]

그런데 『論語』에서는 이와는 대립되는 또 하나의 인간형으로서 小人을 내세우고 있는데 君子의 도리를 설명할 때 이와 결부시켜 小人의 心性과 생활 태도에 대하여 언급하고 있다.

孔子에 있어서 君子는 끊임없는 자기노력(修養)에 의하여 도달 가

---

5) 貝塚茂樹, 「論語に現れた人間典型としての君子」, 『東洋史研究』 10-3, pp.1～14 참조.

6) 貝塚茂樹는 위 논문에서 君子의 概念을 班固의 『白虎通』 德論을 인용하여 '君은 群이며 子는 丈夫의 通稱'이라 하였고 다시 陳立의 『白虎通疏證』에 나오는 '君은 位에 있는 者의 通稱'이란 荀子의 註를 引用하여 一群의 男子의 통칭인 君子란 王朝와 封建諸侯의 정치에 참여하는 特定社會的 身分을 지닌 男子라 하였다.

宮崎市定은 『論語の新研究』, (岩波書店, 1974), p.136에서 論語에 나오는 君子를 새로운 각도로 해석하였다. 즉 君子는 4種類의 意味 내지는 뉴앙스가 있다.

첫째는 原義로, 君子란 身分 있는 男子, 爲政者, 指導者의 階層을 말하며 이 경우 被治者, 下層者로서의 小人과 相對的으로 사용되는 것이며

둘째, 君子(有德者) 小人(無德者)

셋째, 對話者에 대한 희망 내지는 婉曲한 指示, 이에 대한 小人은 禁止를 의미하는 것이며

넷째, 諸君 즉 단순한 2人稱으로 사용하는 것 등이라 보았다.

능한 인간형이며, 小人은 孔門 최고의 도덕인 仁義禮智信을 저버린 타락유형으로 경계하고 있다. 이와 같은 論語의 인물 평가를 인용하여 역사적 안목에서 인간 유형을 재정립한 것이 班固이다. 그는『漢書』의「古今人表」에서 고대로부터 현재에 이르기까지의 인물을 분류하고 그 기준을『論語』에 나오는 인물평에 의하여 충실하게 이를 표시하고 있다.[7]『論語』를 표준으로 하고 있는「古今人表」는 孔子를 이상적 인물로 다루었고 孔子의 제자들도 높이 평가하고 있다. 이리하여 儒家의 해석에 의하여 사료에 나타나고 있는 인물의 위치를 역사적인 안목에서 결정하고 있다.

『漢書』의「古今人表」는 고대로부터 秦에 이르기까지의 인물을 9등급으로 분류하고 있다. 즉 상·중·하의 3급으로 나누고 이를 다시 상·중·하로 분류하고 있는데 그 기준을 보면

> 선천적으로 (道를) 알고 있는 자는 上, 배워서 이를 깨닫는 자는 다음, 어려움을 당하여 비로소 배우는 자는 그 다음이며 어려움을 당하여서도 배우려 들지 않는 자는 가장 下位[8]

라고 하였다.[9]

이는『論語』의 인물분류를 그대로 따르고 있는 것이다.[10]『漢書』의

---

7) 櫻井芳郎,「漢書古今人表について」,『和田博士古稀記念東洋史論叢』, pp.437~46 참조.

8)『漢書』卷 29,「古今人表」第8.

9)『論語』의 季氏篇을 인용한 것이다. 그 내용은 다음과 같다. "孔子曰 生而知之者上也 學而知之者次也 困而學之又其次也 困而不學民期爲下矣." 또 雍也篇에서도 中人을 기준으로 하여 中人以上의 人物을 上이라 하고 中人以下의 인물과는 더불어 論할 수 없다고 하였다.

10)『論語』, 陽貨篇에 '上智下愚'란 말이 있고, 上智下愚는 移行하지 않는다고 하였다.

「古今人表」에는 실제로 『論語』에서처럼 군자·소인이란 표현은 하지 않고 있으나 『論語』의 인물평을 답습하고 있다는 점에서 유교적 기준에 의한 인물품평이 사서에 자리를 굳히는 계기를 마련한 것이라고 하겠다.

『論語』에 보이는 君子·小人의 개념파악을 통하여 군자와 소인의 인간유형을 알 수 있으나 이와 같은 개념을 가지고 현실적으로 어떤 인물이 君子이고 어떤 인물이 小人이라고 규정할 수 있겠는가 하는 것이 문제로 제기된다. 실제로 『論語』에서 君子의 도리나 小人의 마음가짐이 어떠하다고 예시하고 있으나 객관적인 뚜렷한 기준이 없다. 이는 이후 중국사회에 그대로 적용되어 인물평이 추상성을 갖게 하는 원인이 되었다.

그런데 『論語』 이후 중국의 인물평에 있어서 中人 이상의 상층집단으로서의 上人이나 君子는 下部집단으로서의 小人이나 下人에 비하여 거의 절대적인 우세를 보이고 있다. 그리하여 小人은 君子에 상대할 위치가 되지 못하고 君子에 부수적인 존재 또는 君子가 유교적 도덕의 기준에 어긋나서 소인화하지 않을까 경계하는 존재에 불과하였다. 『論語』의 서술형식을 보아도 항상 君子의 도리나 자세를 설명하고 이에 경계하는 상대로 小人을 들고 있는 점에서 잘 살필 수가 있다.

그런데 宋代에 오면 이와 같은 양상은 달라지고 있다. 우선 君子와 小人의 평가 기준이 주관적으로 뚜렷하고 그 대상 인물이 실명으로 제시되고 있다는 사실이다.[11] 따라서 宋代에는 『論語』에 있는 전통적

11) 『宋史』 卷 471, 姦臣列傳 序文에 "宋初 五星聚奎 占者以爲人才衆多之兆 然終宋之世 賢哲不乏 姦邪亦多 方其盛時 君子秉政 小人聽命 爲患亦鮮 及其衰也小人得志 逞其狡謀(中略)君子在野 無子救禍亂"이라 하여 姦臣傳의 人物을 전부 小人集團으로 열거하고 있는데 이와 같은 傾向은 宋人의 文集에서도 보이고 있다.

인 군자·소인상을 그대로 지니고 있으면서도 현실사회의 정치적 인물에 대한 평가에는 상당한 변화를 보이고 있다. 이것은 신·구법당의 당쟁과 밀접하게 연결되어 자신의 의사와 일치하지 않는 정적을 탄핵하는 수단으로 이용하고 있다.

이와 같은 현상의 사회적 배경으로서는 문벌이나 가문이 사라진 宋代의 관인사회에서 인물 추천방법을 漢代와 같은 鄕擧里選, 그리고 남북조의 九品官人法이나 唐代의 문벌적인 기준이 없다는 데서 비롯된 것이다.

그리하여 科擧나 蔭補 등의 방법으로 관계에 진출한 신흥사대부 관료들이 皇帝를 정점으로 정권을 담당하면서 자신의 권력기반을 유지하기 위한 수단으로 지연이나 학연 등의 방법으로 인맥을 구축하였고 이러한 과정에서 자기의 지지자를 군자의 위치에 놓았고 그렇지 않은 자를 소인으로 내몰고 있다. 이와 같은 경향은 仁宗의 慶曆 연간에 전개된 혁신세력과 보수 관료의 政爭에서 慶曆黨議에서 그 뚜렷한 모습을 나타내고 있고 神宗代의 신·구법당의 정쟁으로 그 절정에 이르게 되었다. 北宋 末, 南宋代에 이르러서도 君子·小人論에 의한 인물이나 역사적 평가는 그대로 지속되고 있다. 특히 구법당계의 관료가 신법당 인물을 소인집단으로 비난하고 있는 데서 가장 잘 나타나고 있다.

이렇게 볼 때에 『論語』에 있는 인간전형으로서의 君子나 이에 대립하는 小人은 宋代에도 유교적 도덕관념을 바탕으로 한 기준은 변화하지 않고 있으나 개인으로서가 아니고 사회구성원 특히 정권담당자로서의 소인집단의 등장은 뚜렷이 나타나고 있다.[12] 종래의 피지배자(無德

12) 『宋史』 卷 113, 選擧志 保任考課條에 太宗이 淳化元年에 小人集團을 경계하는 다음과 같은 말로써 살필 수 있다. "又嘗謂宰臣曰 君子小人趣向不同 君子畏愼 不欺暗室 名節造次靡渝 小人雖善談忠信 而履行頗僻 在官黷貨 罔畏刑罰如薛智周以侍御史安務 政以賄成 聚斂無已 其土產富於羅州 民謂之羅

者)로서의 소인이 정권의 담당자로서 의식될 만큼 그 지위가 향상되었다. 귀족사회의 몰락과 새로운 신분질서의 확립에 의한 관료층의 형성이라고 하는 역사발전에 의하여 유교적 인간전형으로서의 君子像은 지속되고 있으나 종래 집단으로서는 거의 문제도 되지 않던 小人集團이 부상하고 있음에 주목이 간다.[13)]

따라서 宋代의 소인집단은 군자집단과 대등한 세력을 지니고 있는 정권 담당층으로까지 그 지위가 향상되고 있고, 이는 바로 宋代의 군자·소인의 시대적 성격이라고 하겠다. 이와 같은 성격은 단순한 인간유형으로서의 긍정적인 군자나 부정적인 소인으로서 해석되어 온 종래의 유교적 도덕차원을 넘어서고 있다. 그리하여 宋代의 사대부들은 宋代적 군자·소인론을 가지고 이를 역사에 적용하여 새로운 역사관을 수립하고 있다. 歐陽修의 「朋黨論」[14)]을 비롯한 『新唐書』·『新五代史』와 司馬光의 「朋黨論」[15)]과 『資治通鑑』에서 그 예를 찾을 수 있다. 歐陽修가 그의 「朋黨論」에서 군자와 소인에 의하여 전개되는 붕당을 慶曆의 黨議를 그 예로 들고 있기는 하나 이는 경력시대에만 국한하지는 않고 있다.[16)] 그의 역사관으로 볼 때에 군자가 지배하는 역사시

端公 則爲治可知矣".

13) 劉子健, (註)3 論文 참조.

14) 『歐陽文忠公集』 卷17의 朋黨論은 다음과 같다.
"臣聞 朋黨之說 自古有之 惟幸人君辨其君子小人而已 大凡君子與君子 以同道爲朋 小人與小人 以同利爲朋 此子然之理也然臣謂 小人無朋 惟君子則有之 其故何哉 小人所好者祿利也 所貪者財貨也當其同利之時 暫相黨引以爲朋者僞也 及其見利而爭先 或利盡而交疎 則反相賊害 雖其兄弟親戚 不能相保 故臣謂 小人無朋 其暫爲朋者僞也"

15) 『司馬文正公集』 卷 71, 朋黨論 및 『資治通鑑』 卷 1 周紀 論贊

16) 『歐陽文忠公全集』 唐六臣傳後論에 의하면 "漢唐之末 擧其朝皆小人也 而其君子者何在哉 當漢之亡也 先以朋黨禁錮天下賢人君子 而立其朝者 皆小人也 然後漢從而亡 及唐之亡也 又先以朋黨盡殺朝廷之士 而其餘存者 皆庸懦不肖傾險之人也 然後唐從而亡"이라 있다.

대는 정치·문화적 발전기인 반면에 소인적 인간유형에 의하여 전개되는 역사시대는 쇠퇴·멸망기로 파악하고 있다.[17] 이와 같은 입장은 『資治通鑑』에서 더욱 확실하게 서술되고 있음을 읽을 수 있다.

宋代 士大夫의 역사의식은 문벌이 사라진 사대부사회에서 사회지배계층으로 등장한 관료에 의하여 지난 시대의 역사가 재평가되고 있는데 이는 宋代 군자·소인론의 성격을 반영한 것으로 해석된다.

3. 司馬光의 君子·小人論

司馬光의 군자·소인론을 이해하기 위해서는 먼저 그의 人性論을 살펴보아야 한다. 그에 의하면 인간은 선천적으로 지니고 있는 人性이 있으며 이 인성에 의하여 聖人·中人·愚人이 구분되고 다시 才·德에 의하여 군자와 소인의 차이가 나타난다고 하였다. 따라서 선천적 인성에 의한 聖·中·愚의 구별은 인간이 善·惡으로 구분되고 후천적인 군자·소인은 才德에 따라 나누어진다고 보았다.

먼저 그의 인성을 기반으로 하는 성·중·우인론을 살펴보자. 그는 孟子의 성선설이나 荀子의 성악설을 비판하면서

> 孟子는 人性을 善이라 하고 不善의 원인은 밖으로부터의 유혹 때문이라 하였다. 荀子는 人性을 惡이라 하고 그 人性이 착한 사람은 聖人의 가르침 때문이라 하였다. 그러나 이는 모두 전체를 살피지 못한 편협한 생각[18]

17) 『歐陽文忠公全集』에 "君子則不然 所守者道義 所行者忠信 所惜者名節 以之修身 則同道而相益 以之事國 則同心而共濟 終始如一 此君子之朋也 故爲人君者 但當退小人之僞朋用君子之眞朋 則天下治矣".

18) 『溫國文正司馬公集』 卷 72, 善惡混辨.

이라 하여 양설의 편향된 바를 비판하고 자신의 인성론을 피력하고 있다. 즉

> 대저 人性은 사람이 태어날 때부터 天授된 것으로 善·惡을 겸유하고 있다. 이 때문에 聖人이라 하더라도 惡을 지닐 수 있고 愚人이라 하여도 전혀 善이 없을 수 없다. 다만 天授될 때에 많고 적은 차가 있을 뿐이다.[19]

이는 司馬光이 종래의 성선·성악론에 대하여 중도적인 입장에서 자신의 뜻을 확실하게 표현한 것이다. 이에 의하면 인간의 性은 선천적인 것이며 선과 악은 이미 天授될 때에 겸유된 것이다. 따라서 성인의 인성에도 악이 없다고 할 수 없고, 愚人의 인성에도 선이 존재하는 것으로 절대적 성선이나 절대적 성악설을 부정하는 입장을 내세우고 있다. 다만 성인이나 愚人은 그 性에 내재하고 있는 선·악의 농도에 다소의 차이가 있을 뿐이라는 주장이다. 따라서 인간을 구분한다면 성인·중인·우인으로 분류할 수는 있으나 그 기준은 인성에 내재하는 선·악의 차이에 따라서 가능한 것이라 하였다. 즉

> 善함이 아주 많고 惡함이 적으면 聖人이고 이와 반대로 惡이 많고 善이 적으면 愚人이며 善과 惡이 반반이면 中人이다. 聖人에게 있는 惡은 그의 善을 결코 이기지 못하며 愚人에게 있는 善은 그의 惡을 꺾지 못하니 꺾지 못하면 사라져 없어지는 것[20]

이라 하였다. 여기에서 분명해지는 것은 司馬光의 人性論의 특이성이라 하겠다. 그에 의하면 인간성에 내재하는 善과 惡의 비율에 따라서

---

19) 『溫國文正司馬公集』 卷 72, 善惡混辨.
20) 『溫國文正司馬公集』 卷 72, 善惡混辨.

성인과 우인으로 구분되고, 선・악이 상반하는 경우를 中人으로 보고 있는 점은 극단적인 성선・성악론을 배격한 중도적 입장을 취하고 있는 것이다. 이와 같은 그의 인성론을 기반으로 하여 다시 군자・소인론을 펴고 있다. 성인은 그의 마음에 내재하고 있는 선이 악을 지배하는 경우와 함께 才・德을 갖추어야 한다는 재덕론을 내세우고 있다. 즉

> 才와 德을 완전하게 겸비하고 있는 자를 聖人, 才・德이 兼亡한 자는 愚人이며 君子와 小人은 德과 才의 상호작용에 의하여 구분된다.[21]

德이 才에 우세한 자를 君子로, 이와 달리 才가 德에 우월한 자를 小人으로 분류하고 있다. 이와 같이 才와 德에 의하여 군자와 소인이 구별된다고 생각한 司馬光은 다시 才・德에 대하여 다음과 같이 주장하고 있다. 즉

> 이른바 才는 天賦的인 것이고 德은 후천적인 것이다. 智・愚・勇・怯은 才이다. 어리석은 자를 슬기롭게 할 수 없고 비겁한 자를 용감한 자로 만들 수 없다. 이 네 가지 才는 독자적으로 常分하고 있어서 서로 바꿀 수 없다. 고로 천부적인 才를 善惡으로 역순하는 것은 德이며 사람이 진실로 악을 버리고 선을 취함으로써 이를 변혁시킬 수가 있다.[22]

따라서 才란 智・愚・勇・怯을 말하고, 그것은 선천적인 天分이며 소질(자질)이기 때문에 상분하며, 이행하지 않는 천부적인 성격을 지니고 있다. 德은 善・惡・逆・順으로 후천적인 것이며 수양에 따라서 변형 가능한 것이라고 하였다. 그는 이를 사물에 비유하여 다음과 같이 설명하고 있다. 즉

---

21) 『溫國文正司馬公集』 卷 72, 善惡混辨.
22) 『溫國文正司馬公集』 卷 70, 才德論.

> 쇠로써 鍾·鼎을 제작하고 玉으로써 珪·璧을 만들 수 있다. 이는 인간에게 지혜(德)가 있기 때문이다. 그러나 이와는 반대로 玉을 가지고 鍾·鼎을, 쇠로써 珪·璧을 만들 수 없는데 이는 바탕(才)이 다르기 때문[23]

이라 하였으니 쇠와 옥은 선천적인 소질이며 따라서 쇠를 가지고 鍾·鼎을, 옥으로 珪·璧을 만들 수 있는 것은 인간의 노력(수양)으로 가능하나 천분이 다른 것을 가지고서는 아무리 노력을 하여도 쇠로 珪·璧을, 옥으로 鍾·鼎을 만들 수 없는 바와 같은 원리라고 보았다. 이는 그의 인성론에 보이는 선·악 사상과도 관계가 있고 더 나아가 성인·군자·중인·소인의 형성 바탕에 덕이 차지하는 역할과 才가 작용하는 영향과도 긴밀한 관련이 있으니

> 聖人은 천부적인 才를 잘 활용하고 후천적은 德은 이를 잘 敎化하여 이룬다.[24]

그러나 재와 덕은 인간에게 골고루 주어지는 것이 아니라고 보았으니

> 진실로 上聖이 아니면 필히 한쪽에 치우치게 되는 것이다. 즉 才가 많은 자는 德이 박하고, 德이 풍부한 자는 才가 부족하다. 이 두 가지를 골고루 갖지 못할진대 어찌 才를 버리고 德을 취하지 않겠는가[25]

라 하였다. 이에 의하면 上聖이 아닌 군자에게는 재·덕이 겸비한다는 것은 사실상 어려운 일이고, 만약에 재·덕이 兩立하는 것이 어렵다면

23) 『溫國文正司馬公集』 卷 70, 才德論.
24) 『溫國文正司馬公集』 卷 70, 才德論.
25) 『溫國文正司馬公集』 卷 70, 才德論.

取德捨才가 바람직한 것이라 하였다. 여기에서 司馬光의 德優位論을 살필 수가 있다. 이는 그의 역사관을 지배하면서 일관되게 역사편찬의 사상으로 발전하고 있다.26) 특히 『資治通鑑』의 논찬에서 이를 분명히 살필 수가 있다. 즉

> 臣光曰 智伯이 파멸한 원인은 才가 德을 능가하였기 때문이다. 才는 德과는 다른 것이나 세간에서는 양자의 구분을 하지 못하고 통틀어 賢이라고 부른다. 이것이 바로 사람을 잘못 보고 (人物을) 잃게 되는 까닭이다. 聰察强毅함은 才이며 正直中和함은 德이다. 才는 바로 德의 資材이고 德은 才의 통솔자이다.27)

기원전 6세기 晋나라의 智伯이 파멸된 역사적 원인을 분석하여 재가 덕에 우월하였기 때문에 나타난 결과로 보고 있다.28)

여기에서 그가 말하는 "才는 德의 資이다"란 뜻은 才는 재료이며 소질이고, 才라고 하는 뛰어난 소재·소질이 덕에 의하여 연마되어 마침내 才는 정상·적절한 기능을 발휘하며 德도 才라고 하는 소재에 의하여 완벽한 작용을 다할 수 있음을 가리킨 것이다. 그리고 "德은 才의 師이다"라고 한 것은 德은 才를 통어하는 역할을 맡는 것이며 재의 강인한 독주를 正直中和한 德이 이를 억제하는 것이다. 이에 의하여 司馬光의 인성론이나 역사관에 있어서 才보다는 德을 중시하고

---

26) 『溫國文正司馬公集』 卷 71, 朋黨論에 의하면 黃介未가 그의 「壞唐論」에서 唐을 滅한 것은 黃巢나 朱溫이 아니라 小人集團으로서의 宦官과 李宗閔·李德裕 등의 朋黨의 弊에 원인한다고 주장하고 있는데 대하여 司馬光은 이를 인정하면서도 무릇 朋黨의 患은 비록 唐나라에서만 있었던 것은 아니다. 德이 부족한 小人이 지배하는 역사무대에서는 어느 시대에 있어서나 존재한다고 주장하였다.

27) 『資治通鑑』 卷 1, 周紀 論贊.

28) 『溫國文正司馬公集』 卷 70, 才德論.

德優位論을 내세우고 있음을 주목할 수가 있다. 그는 다시 재·덕의 관계를 좀 더 구체적으로 비유하고 있으니

> 雲夢의 竹은 天下의 勁이나 이를 矯揉하고 羽括하지 않은즉 능히 견고한 장비를 뚫지 못하며 棠谿의 쇠붙이는 천하의 利이나 이를 주조하고 갈지 않으면 강한 무기를 격파하지 못한다.[29]

고 하여 雲夢(湖北省 安陵縣) 지방에서 생산되는 죽은 화살로서는 천하명품이나 이를 矯揉하고 가공하지 않은즉 견고한 장비에 쓸 수 없고, 또 棠谿(하남성 西平縣)에서 생산되는 금속은 도검으로는 천하일품이지만 그것도 鑄型에 넣어서 용해하고 砥石으로 연마하지 않으면 강력한 대상을 擊할 수 없다고 하였다. '雲夢의 竹' '棠谿의 金'은 바로 德의 資에 해당하는 才이며, 이들이 矢와 劍으로 충분히 효과를 발휘하려면 교정과 가공이 필요한데 그것이 바로 德이라고 보았다. 아무리 훌륭한 재질을 가진 인간이라도 德으로 다듬어지지 않으면 쓸모없는 인간에 불과하다고 강조한 것이 바로 德性優位論이다.[30]

이러한 입장에서 司馬光은 인물 채용에 있어서는 재·덕을 겸비하고 있는 성인·군자를 택하는 것이 바람직하지만 그것이 안 될 경우에는 재질이 우수하나 덕이 없는 소인보다는 재질과 덕이 별로 없는 愚人을 채용하는 편을 바람직한 것이라고 하였다. 즉

> 무릇 진실로 取人하는 방법은 聖人·君子를 얻어 함께 하지 못할 진대 小人보다는 愚人을 取함만 같지 못하다.[31]

---

29) 『溫國文正司馬公集』 卷 70, 才德論.
30) 司馬光의 「才德論」은 『朱子語類』 卷 4, 性理篇(第77條) 및 第134卷 歷代篇(第26條이하)에서 朱熹에 의하여 비판되고 있다.

라고 하며 그 이유를 다음과 같이 들고 있다. 즉

> 왜냐하면 君子는 才를 가지고 善을 행하나 小人은 才로써 惡을 만들기 때문이다. 才로써 善을 이루는 자는 끝이 없고 才로써 惡을 행함도 끝이 없는 것이기 때문이다. 그러나 愚者는 不善하려 해도 智力이 미치지 못하는 것으로 乳狗가 사람에 덤벼드는 것과 같으므로 능히 인간이 이를 제어할 수가 있다. 그러나 小人은 지능이 간악한 행동을 하기에 충분하고 그의 勇은 포악한 일을 결행하기에 충분하다. 이는 마치 호랑이에게 날개를 다는 것과 같아서 그 해는 참으로 큰 바가 있다.[32)]

라 하여 군자는 재를 가지고 선행에 활용하나, 소인의 재는 악행을 수행하며 재를 선행에 쓰는 군자의 경우에는 그 선한 행동이 철저하고 악행에 활용하는 소인의 경우에도 그 악행이 철저하기 때문이라고 생각한 것이다. 그러나 우인은 선행을 하려 하나 지혜가 불충분하고 능력 면에 있어서도 성품이 부족한 것이다. 그러나 소인은 부정행위를 수행할 수 있는 지혜와 暴虐行爲를 단행할 용기를 갖추고 있으므로 그 피해는 큰 것이라 하였다. 이와 아울러 덕과 재가 인간상호관계에 작용하는 원리를 설명하여

> 대저 德은 사람이 엄하게 보는 것이고 才는 친애하는 것이다. 친애하는 바는 쉽게 친할 수 있으나 엄한 자는 소외되기 쉽다. 이 때문에 사람을 살피는 자는 才에 빠져 德을 놓치게 된다. 예부터 나라의 亂臣, 가정의 敗子는 才는 있으나 德이 모자라는 경우가 많고 그 때문에 (국가나 가정이) 전복되는 것이니 어찌 智伯만의 일일 수 있으리오. 고로 爲國, 爲家者는 진실로 才와 德의 구분을 살펴서 그 先과 後를 알게 된다면 어찌 사람을 놓치게 되는 걱정을 하게 되리오.[33)]

---

31) 『朱子語類』.
32) 『資治通鑑』 卷 1, 周紀 論贊.

라 하여 德人에 대한 세인의 감정은 畏敬 혹은 경계를 하나 才人에게는 애정을 갖고 친하며, 덕인은 소외당하기 쉬우나 재인에게는 현혹되어 덕인을 보지 못하는 경우가 많다. 이 때문에 고대 이래 나라를 혼란에 빠뜨린 亂臣, 家를 파멸로 이끈 패자는 재능에 뛰어나지만 덕성이 부족한 인물이 많았으며 이러한 부류의 인물을 그는 소인집단이라 하였다.

"소인보다는 愚人을 취하는 편이 낫다."고 한 司馬光의 주장은 그의 만년에 사회와 정치적 어지러운 경험에서 나온 것이며 특히 『資治通鑑』 편찬 당시는 신법당이 득세하고 있었던 시기이므로 이와 같은 그의 소인론은 신법파를 지목한 것으로 보아야 하겠다. 그리고 소인에 대신할 군자의 도리를 그는 中和論에서 다음과 같이 역설하고 있다. 즉

> 中庸에 이르기를 喜·怒·哀·樂이 겉으로 나타나지 않는 것이 中이며 나타나도 절도가 맞으면 和이다. 君子의 喜·怒·哀·樂이 나타나지 않고 있을 때에 마음 가짐이 中에 있을진대 이러한 상태가 中庸이다. 또한 庸은 常이니 中이 바로 常이 되는 것이다.[34]

라 하여 『禮記』·『中庸』에 나오는 中和에 근거하여 희·노·애·낙이 감정으로 표현되지 않는 상태를 중용이라 하고 발현되어도 節(度)에 맞는 것을 화라 하였으니 이는 王安石의 人性論에 비유될 수 있는 것이다. 이어서 司馬光은

> (喜·怒·哀·樂이) 겉으로 나타나면 中을 가지고 이를 억제하고 그러한즉 中節이 되고 이 中節이야말로 和이다. 이 때문에 中과 和는 하

---

33) 『資治通鑑』 卷 1, 周紀 論贊.
34) 『溫國文正司馬公集』 卷 71, 中和論.

나이며 이를 양성함이 中이며 이를 발현함이 和이다. 고로 中이란 천하의 大本이고 和는 바로 道에 이르는 길이다.[35]

라 하였으니 中과 和는 조화와 균형을 유지하는 상태로, 현상으로서 나타나는 氣가 화를 유지하기 위해서는 마음에 늘 中을 지녀야 하며 군자의 도리와 태도는 이와 같은 중화의 心을 지키고 중화의 기를 養하는 것으로 이 중화의 실현이 곧 道의 달성이라 하였다.

이와는 반대로 소인은 중화를 깨뜨리는 자이며 정치 사회 질서는 소인집단의 등장으로 반드시 깨어진다고 보고 있다. 司馬光의 이와 같은 중화주의는 王安石을 비롯한 신법당 인물의 평가에 있어서 진보성이나 혁신적이라고 하는 관념은 없고 단지 중화의 정신을 파괴하는 소인배로 보았다. 이와 같은 군자·소인론을 배경으로 하여 현실적으로 신법당을 소인집단으로 단정하고 王安石을 邪術로써 亂政를 형성하고 법을 빙자하여 朝典을 파괴하며 비도적 학문과 위선적 언행으로 가득 찬 小人으로 몰아붙이고 있다.[36]

이와 같은 주장은 앞에서도 지적한 바와 같이 그의 역사관을 지배하는 기본 입장으로서 특히 『資治通鑑』 편찬 당시의 정치적으로 불우한 그가 신법당에 의하여 실시되는 개혁정책이 司馬光의 역사가적 안목으로 볼 때에 소인집단에 의하여 자행되고 있는 위험한 政策으로 조명되었음에 틀림없다.

司馬光의 군자·소인론을 통하여 그의 중도적이며 보수주의적 입장을 재확인할 수 있는 것 같다.

35) 『溫國文正司馬公集』 卷 71, 中和論.
36) 『溫國文正司馬公集』 卷 1, 奏彈王安石表.

4. 王安石의 君子·小人論

司馬光의 인성론에 비유될 수 있는 것이 王安石의 性情論이다. 그는 인간의 마음에 내재하고 있는 心性으로서 性과 情을 내세우고 그것이 마음속에 고요히 있을 때에는 하나로 존재하지만 밖으로 표현될 경우에는 분립하는 것으로 보고 있다. 즉

> 性과 情은 본래 하나이다. 그런데 세상의 論者가 性은 善이고 情은 惡이라고 생각하는 것은 性·情의 명분만을 인식한 것이지 그 실제를 알지 못한 때문이다.[37)]

인성은 선이나 인정은 악이라고 생각하는 세론을 부정하고 (人)性에 대하여 다음과 같이 논하고 있다. 즉

> 喜·怒·哀·樂·好·惡·欲 등이 겉으로 발로되지 않고 마음에 간직하고 있는 것이 性이며 이와 같은 것이 겉으로 나타나서 행동화하는 것이 情이다.[38)]

인간의 마음속에 내재하고 있는 희·노·애·락·호·악·욕 등이 행동으로 나타나는 것이 (인)정이고, 마음속에 그대로 온전한 상태를 유지하는 것이 (인)성으로 보았다. 내재하고 있는 그 상태에는 성·정의 구분은 없으나 행동으로 표현되는 경우에는 성·정은 구분된다고 하였다. 그러나 하나인 성·정을 다시 근원적으로 파악하여 볼 때에 상호관계가 나타난다고 하였다. 즉

---

37) 『臨川先生文集』 卷 42, 性情.
38) 『臨川先生文集』 卷 42, 性情.

性은 情의 本이고, 情은 性의 用이다. 그런고로 性과 情은 하나인 것이다.[39]

라 하여 性·情은 일원이기는 하나, 性은 情의 본이고, 情은 性의 용이라는 차이점이 있다. 그는 이와 같은 관계 위에서 태극·五行과 성정의 관계를 설명하고 있다. 즉

대저 太極은 五行의 所生되는 바이다. 그러나 五行은 太極이 아니다. 性은 五常의 太極에 해당하는 것이다. 五常을 性이라 할 수 없는 바와 같다.[40]

라 하여 태극과 오행의 관계를 성과 오상의 관계와 비교하고 있다.

太極이 五行을 생성하며 그런 연후에 利害가 생긴다. 그러나 太極을 利害라고 말할 수는 없다. 性 또한 情을 낳으니 情이 나타난 연후에야 善惡이 형성되는 것으로 그런고로 性은 善惡하다고 말할 수 없다.[41]

이에 의하며 태극이 오행을 낳은 연후 이해가 생기는 것처럼 (人)性이 (人)情을 낳고 情이 있어야 선악이 형성되는 것이지만 性 그 자체는 선악하다고 할 수 없다고 하였다. 따라서 '性無善惡 情有善惡說'을 펴고 있는데 이 점에서 司馬光의 인성론과 차이가 있다. 그러나 王安石도 인간의 본성은 性善이라 하였으며 이와 같은 그의 성선론은 孟子의 성선사상에 귀결되며 荀子의 성악설을 배척한 것이다.[42] 그런데 선한 인성이 악하게 되는 원인은 전혀 후천적인 데 있으며 이와

39) 『臨川先生文集』 卷 42, 性情.
40) 『臨川先生文集』 卷 43, 原性.
41) 『臨川先生文集』 卷 43, 原性.
42) 『王安石文集拾遺』 卷 14, 荀卿論上.

같은 성정론을 바탕으로 하여 군자·소인론을 다음과 같이 설명하고 있다. 즉

> 君子는 性善을 배양하므로 그의 情도 善하나 小人은 性惡을 배양함으로써 그 情 또한 惡한 것이다. 그런고로 君子가 君子인 바는 정에 있지 않음이 없고 小人이 小人인 바도 情이 아닐 수 없다.[43]

性·情의 관계에서 볼 때 정의 본체인 성을 군자는 養善하는 데 반하여 소인은 養惡함으로써 性의 用인 情이 선하게 되기도 하고 악하게 되기도 한다고 하여 정을 특히 강조하고 있다. 결국 그의 군자·소인의 기본은 선천적인 성선이 후천적으로 어떤 방향으로 변형하느냐에 따라 情善·情惡이 나타나고, 이에 따라 군자·소인의 구별이 생긴다고 하였다.[44] 따라서 군자·소인의 구별이 나타나는 성선·성악적인 차이는 후천적인 것에 의하여 이루어진다고 보았다. 그 결과로 情이 善과 惡으로 흐르고 그것이 행동으로 나타나는 현상을 설명하여

> 사물에 접한 연후에 행동이 나타나고 이치에 맞게 행동하면 바로 聖人·賢人이 되는 것이나 이치에 어긋나면 바로 小人이 되는 것이다.[45]

라고 하였다. 성인, 현인의 경우 그들의 행동은 (도)리에 합당하나, 소인은 (도)리에 어긋난다고 보았다. 따라서 후천적인 정의 동향에 의하여 聖·賢이 되기로 하고 소인으로 전락된다고 하였다.

그런데 王安石은 이와 같은 성정론을 사상적인 배경으로 삼고 있으

---

43) 『臨川先生文集』 卷 42, 性情.
44) 『孟子』 離婁下의 君子·小人論을 인용한 것으로 그 내용은 다음과 같다. "君子所以異於人者 以其存心也 君子以仁存心 以禮存心"
45) 『臨川先生文集』 卷 42, 性情.

면서도 현실적인 정치세계에 등장하고 있는 인물에 대해서는 독특한 군자 · 소인론을 펴고 있다. 즉 그에 의하면 유교이념에 합당하는 성인이나 현인은 현실세계에는 쉽게 나타나지 않기 때문에 천하의 士人을 실질적으로 분류하면 세 가지 유형으로 나누어진다고 보았다. 君子 · 中人 · 小人이 바로 그것이다. 그런데 군자적 인간이나 소인적 유형은 많지 않고 대부분이 중인적 인간유형이라 하였다. 그런데 이들 3부류의 인간 가운데 中人은 생활형편에 따라서 군자로 상승하기도 하고 소인으로 전락된다고 주장하고 있다. 즉,

> 中人은 궁한즉 小人이 되고 넉넉하면 君子가 되는 것이다. 天下의 人士를 헤아려 보건대 中人의 上과 下에 해당하는 인물은 진실로 천명 가운데 十人도 되지 못하고 대부분이 궁하면 小人이 되고 넉넉하면 君子가 되는 것이 中人이다. 天下는 대체로 이와 같은 형편이다.[46)]

라고 하였다. 이는 개혁가로서의 王安石의 인물론을 이해하는 데 중요한 내용이다. 특히 현실적으로 士의 대부분을 중인으로 파악한 점 그리고 중인의 입장이 현실적인 물질생활에 의하여 그 위치가 변할 수 있다는 유물론적인 사고를 지니고 있다. 이와는 반대로 中人의 上에 있는 군자와 중인의 下에서는 소인의 경우는 생활 여건과 관계가 없다 하였으니

> 君子는 비록 곤궁해도 君子로서의 위치를 상실하지 않으며 小人은 생활이 넉넉해도 小人의 지위를 벗지는 못한다.[47)]

는 것이다. 이와 같은 王安石의 사고는 司馬光의 재덕론에 의한 군자 · 소인의 구분과 비교할 때에 큰 차이점이 있다. 실제로 王安石 정치 철학

---

46) 『臨川先生文集』 卷 39, 上仁宗皇帝言事書.
47) 『臨川先生文集』 卷 39, 上仁宗皇帝言事書.

의 기반은 士의 대부분을 차지하고 있는 이들 중(중)인을 경제적으로 향상시킴으로써 군자화하는 데 있고 이를 위해서는 국가의 경제적 발전이 달성되어야 한다는 것이 그의 신념이었고 이와 같은 사고는 그가 정권을 담당하여 新法을 실시하기 훨씬 이전에 지니고 있었던 정치사상이었다.[48] 뿐만 아니라 국가의 모든 법령제도도 이들 중인을 대상으로 하여 실현성이 있을 때에 비로소 훌륭한 입법이라 주장하고 있으니

> 先王께서는 민중을 위하여 정치를 행함에 있어서 民이 억지로 따르도록 하지 아니하였다. 고로 제도를 행함에 자신을 위하기보다 中人을 기준으로 하였다. 王이 하고자 한 바도 도리를 이롭게 하여 中人이 능히 지킬 수 있게 하였은즉 그 뜻이 천하에 행하여지고 후세에까지 내려올 수 있었던 것이다.[49]

라고 하였다. 王安石의 이상과 같은 군자・중인・소인의 3구분 방법은 그의 독창적인 것이라기보다는 『論語』에 나오는 上知・中人・下愚에 영향을 받고 있음이 분명하다.[50] 그러나 경제적 여건에 따라서 인성이 달라진다고 하는 일종의 유물론적인 사고는 유교윤리가 지배하는 당시의 사회에 있어서는 대단히 혁신적인 생각이라 하겠다. 그는 군자와 소인의 행동에 대하여도 다음과 같이 언급하고 있다. 즉,

> 세상의 논자가 이르기를 惠者는 輕與하고 勇者는 輕死한다 하고 財物을 보았을 때 헤아리지 아니하며 難을 당하여도 피하지 아니함이 聖人의 취할 바며 君子의 행동이다.[51]

---

48) 『臨川先生文集』 卷 39, 上仁宗皇帝言事書.
49) 『臨川先生文集』 卷 39, 上仁宗皇帝言事書.
50) 『論語』 陽貨 第17에 "孔子曰 唯上知與下愚不移"라 하고, 雍也 第6에 "又曰 中人以上 可以語上也 中人以下 不可以語上也"라 하여 上知, 中人, 下愚의 구별은 先天的인 德性에 의하여 나누고 있다.

라고 한 세론을 비판하여

> 나는 이와 같이 생각지 않는다. 惠者는 重與하며 勇者는 重死하여야 한다. 또한 財物에 임하여서도 헤아리지 않고 난을 당하여도 피하지 않음은 聖人의 잘못이며 이는 小人의 행동이다.[52)]

라고 보수적인 세론을 반박하고 이어서

> 고로 이른바 君子의 행동에는 두 가지 원칙이 있다. 그 情이 밖으로 표현되지 않았을 때에는 신중하여야 하고 이미 나타났을 때는 의로워야 하는 것이다. 신중한즉 義로움을 기대하며 결의하고 의로운즉 올바름을 기대하여 행동할 수 있으니 진실로 君子의 행할 바가 아니겠는가.[53)]

라고 하였다. 이와 같은 행동을 하지 못하는 자가 中人이며 행할 수 있는 자는 君子이며, 성인의 도리도 바로 여기에 있다고 하였다.[54)] 그리하여 군자가 세상을 살아가는 자세에 대하여 이르기를,

> 君子는 修身하여 天命을 기다리고 守道하여 시대에 任할 뿐이다. 貴賤禍福이 닥쳐오는 것은 君子의 힘으로 이를 막을 수는 없는 것이다.[55)]

라고 현실성 있는 군자상을 내세우고 있다. 특히 유교적 교양을 지닌 군자의 자세에 대하여

---

51) 『臨川先生文集』 卷 42, p.135, 勇惠.
52) 『臨川先生文集』 卷 42, 勇惠.
53) 『臨川先生文集』 卷 42, 勇惠.
54) 『臨川先生文集』 卷 84, 近孫正之序.
55) 『臨川先生文集』 卷 70, 推命對.

> 이른바 儒者가 임금에게 쓰일 때는 君之憂를 걱정하여야 하고 백성을 다스림에 있어서는 民之患을 걱정하여야 한다. 국가에 쓰이지 않고 在野에 묻혀 있는 때는 오직 자기 수양을 할 뿐이다.[56]

라 하여 유교적 官人의 취할 자세를 밝히고 있다.[57]

王安石도 司馬光처럼 인간의 재와 덕에 대하여 언급하고 있으나 司馬光처럼 '才勝德卽小人'론과 같은 德 제일주의를 내세우고 있지는 아니하다. 이 점이 두 사람의 인물론에 나타나고 있는 차이점이다. 王安石에 의하면

> 인간의 才와 德은 높고 낮고 후하고 박함이 같지 아니하다. 德이 후하면서 才가 높은 자는 우두머리로 할 것이고 德이 박하고 才도 떨어지는 자는 그에게 예속시키면 된다. 선비의 才로써 公卿大夫가 될 수도 있고 士人이 되기도 한다. 다만 그 才의 크고 작음과 옳고 그름이 있을 뿐이다.[58]

라는 것이다. 그는 덕과 재에 대하여 司馬光처럼 뚜렷한 구분을 하지 아니하였을 뿐만 아니라 才에 따라서 士의 위치를 설정하고 있다.

그리하여 德도 많고 才도 높은 자는 首長으로 임용하면 되고 덕이 없고 재도 낮은 자는 佐屬으로 임용하면 되는 것으로 경세치용의 입장에서 적재적소주의를 내세우고 있다.

이상에서 王安石의 군자·소인론은 유교적 이념을 그 바탕에 두고 있으면서도 이에 얽매이지 않고 현실주의적인 입장을 취하고 있고 이 점 司馬光과는 대조적인 면을 보이고 있다.

---

56) 『臨川先生文集』 卷 64, 子貢.

57) 范仲淹은 『范文正公全集』 卷 7, 岳陽樓記 에서 "先天下之憂而憂 後天下之樂而樂"이라 하였다. 이는 宋代 士大夫가 간직하여야 할 官人의 자세로 알려져 있다.

58) 『臨川先生文集』 卷 39, 上仁宗皇帝言事書.

5. 맺는말

『論語』에서 강조되고 있는 君子는 유교적 도덕의 실현을 위한 중심적인 인간유형이며 범인도 수양에 의하여 도달 가능한 인간전형이다. 이와 대립되는 또 하나의 유형으로서 小人을 들고 있는데 小人은 항상 군자와 대립되는 위치에서 유교이념에 부정적인 인간형으로 다루고 있다. 이러한 『論語』적인 인물분류는 班固에 의하여 다시 원용되었고 漢代 유교적 통치이념이 정착되면서 전통중국의 인물평가에 중요한 영향을 미치고 있다.

그러나 宋代의 군자·소인의 評定은 주관적이면서도 구체성을 띠우고 있다. 전통적인 군자·소인상은 변형되어 신·구법당의 당쟁과 긴밀한 관련을 갖게 되었을 뿐만 아니라 종래 君子에 부수적으로 따라다니던 小人은 정치집단으로 발전하여 그 세력은 군자집단에 종속되거나 부수적인 위치가 아닌 대등한 위치로 격상되었다. 이는 宋代의 시대적 성격을 반영한 것일 뿐만 아니라 宋代 사대부의 역사관을 지배하는 사상적 배경으로 전개되었다.

司馬光은 극단적인 性善·性惡論을 배격하고 人性에는 절대적 선·악이 없다는 中和論을 주장하고 인간이 타고 나는 인성에 내재하고 있는 선악의 차이에 따라서 聖人·中人·愚人이 구별된다고 보고 재덕에 의하여 군자와 소인을 분류하였다.

才는 智·愚·勇·怯을 가리키며 선천적 천분이며 천부적인 소질로서 바꾸어질 수 없는 것이라 하였다. 德은 善·惡·逆·順으로 인간의 노력(수양)에 따라서 고쳐질 수 있는 것으로 생각하였다. 따라서 聖人이 아닌 君子는 才德이 겸비되기 어렵고 선천적인 才를 지배하기 위해서도 후천적인 德을 쌓아야 함을 강조하고 才·德 가운데 德을 높이 평가하고 있고 이를 근거로 군자와 소인을 구분하고 있다. 즉 德이 才보다 우세한 자를 군자, 이와 반대로 재가 德보다 우세한 자를 소인이라 하여 德優位論을 내세우고 있다. 이와 같은 德 제일주의는 그의 역사관, 인물관을 지배하고 있는 사상적 배경이 되었다.

한편 王安石의 性情論은 司馬光의 인성론에 비유할 수 있다. 그는 인간의 마음속에 내재하는 것은 人性과 人情으로 喜·怒·哀·樂·好·惡·欲 등이 마음속에 온전하게 있는 상태가 정이고 그것이 외부로 나타나는 것을 人情으로 보았다. 따라서 性·情이 마음속에 내재하고 있을 때에는 그 구분이 없고 합일한 상태이나 밖으로 발산될 때에 구별된다고 보았다. 또한 性은 情의 본바탕이며 情은 性의 用이라는 차이점을 들고 있다. 王安石도 人性을 善으로 본 점에서는 司馬光과 비슷하나 다만 인성에는 선·악이 없는 반면에 人情은 선·악이 있다는 '性無善惡·情有善惡說'을 내세우고 있으니 이 점 司馬光의 중화론과 차이가 있다. 다만 군자는 성선을 닦는 데 반하여 소인은 성정 속에 있는 악을 기르기 때문에 소인이 된다고 하였다. 또한 君子는 그 행동이 도리에 합당하나 小人은 도리에 맞지 않음으로 해서 구별된다 하였다. 특히 王安石의 군자·소인론에 주목되는 바는 그의 현실주의적 사고가 유교적 도덕 이념을 넘어서고 있다는 점이다. 즉 그는 천하의 사대부를 君子·中人·小人으로 나누고 士의 대부분은 中人이며 이들은 생활이 궁하면 소인으로, 이와는 반대로 생활이 넉넉하면 君子로 변모한다고 주장하고 있다. 그러나 君子는 생활에 관계없이 자기의 위치를 지켜 나간다고 생각하였다. 王安石 정치철학의 기반은 中人을 경제적으로 향상시킴으로써 사회적으로 君子化하는 데 있다고 하겠다.

(高柄翊博士回甲論叢, 『人間과 歷史의 對應』, 1984)

Ⅱ. 王安石 改革의 性格檢討
-특히 新法의 保守性에 관하여-

1. 問題提起

北宋의 제6대 神宗(재위1068~1085)시대에 王安石(1021~1086)이 단행한 이른바 新法[1])에 대해서 개혁의 성격이나 내용, 그리고 王安石을 비롯한 신법 추진 관리에 대한 평가가 극단적으로 서로 다른 주장이 있다는 것은 잘 아는 사실이다.

王安石은 개혁을 실시하기 이전까지만 해도 유교적 교양을 지니고 詩文에 능한 宋代에 흔히 있던 秀才型의 문신관료에 불과하였다. 그러한 그가 중국 역사상 열 손가락에 꼽힐 정도로 유명한 인물이 된 것은 新法을 단행한 결과에서 비롯된 것이다. 그런데 王安石이 정권을 잡고 개혁을 추진한 기간은 6년(1069~1075)에 불과하고 이 6년 동안에도 개혁의지가 강하며 영민한 청년황제 神宗이 국정전반을 총괄하면서 개혁을 밀고 나갔기 때문에 실제로 신법의 추진과정에 있어서 王安石 혼자만의 독자적 개혁 추진으로 보려는 시각은 여러 가지 문제가 있다.

본인의 문제의식은 王安石 개혁의 성격에 관해 종래의 연구자와는

---

1) 歷史的 用語로 널리 使用되고 있는 '新法'이란 말은 『宋史』 卷327, 王安石 列傳에 나오지만 그 밖의 文獻에는 司馬光의 『溫公文正司馬文集』(卷45 卷61)에 많이 보이며 張方平의 『樂全集』(卷27)에도 있다. 舊法黨에 의해서 비난받는 『新法』이란 王莽이 세운 新과 같이 漢王朝를 찬탈한 不道德한 性格의 語訓으로 變質된 감이 없지 않다.

방향을 달리 할 수 있다는 생각에서 출발한 것이다. 즉 신법을 혁신적인 것으로 단정하는 종래의 연구와는 달리 신법에 보이는 保守性을 살펴 나가겠다. 이를 위해 먼저 밝혀 두고자 하는 것은 '保守'에 대한 정의이다. 保守는 守舊를 의미하며 守舊는 전통을 지킨다는 것을 뜻하는 것이다. 王安石의 개혁은 말하자면 유교적 도덕정치의 전통을 지키기 위한 수단으로서 현실적 모순을 바로잡으려는 것이지 결코 商鞅·韓非子와 같이 유가적 도덕주의를 근본적으로 혁파하고 법가적 사회질서나 새로운 정치이념을 가지고 왕조를 건설하려고 한 것이 아니다. 王安石은 유가에서 이상시하고 있는 요·순의 시대를 神宗황제로 하여금 실현하도록 건의하였고 그 자신도 儒家정치의 이념적 기반이라고 할 수 있는 王道政治가 위기 상황에 놓여 있음을 인식하여 이를 극복하고자 개혁을 단행한 것이다.

따라서 王安石 개혁의 성격은 보수파의 주장처럼 '조종지법'을 파괴하고 유가적 전통을 말살하려 한 것이 아니라 오히려 이를 해치고 있는 현실정치를 바로 세워 유가적 이상정치를 구현하려는 데 있으므로 그의 개혁은 무너져가는 전통사회를 지키려고 한 보수적 성격으로 규정할 수 있을 것이다. 그러므로 필자가 여기에서 말하는 '保守'란 말은 전통주의 바탕 위에 유가적 왕도정치를 바로 세우기 위하여 현실적으로 문제되고 있는 사회적 모순을 바로 잡으려는 뜻으로 해석한 것이다.

일반적으로 王安石개혁의 성격을 논함에 큰 문제가 되는 것은 王安石을 비롯한 개혁파를 혁신적 성격으로 규정한 반면 司馬光을 중심으로 한 반대파를 보수적 성향으로 구분하여 이를 혁신파대 보수파로 획일화시켜 양분하는 데 있다. 그리하여 이를 뒷받침하기 위한 방편으로 개혁파가 사상적으로 周禮學을 내세운 데 반해 보수파는 春秋學을 주장하였다고 하면서 특히 『周禮』는 前漢을 찬탈한 王莽의 新정권이 개혁을 추진하는 데 모범으로 삼았음을 가지고 王安石도 왕망과 동일한 범주에 넣고 있는데 문제가 있다.

『周禮』와 『春秋』는 그 성격상 동일하게 규정할 수 없는 면이 있다. 왜냐하면 『周禮』는 국가를 경영하는 제도적 규범인 데 반해 『春秋』는 인간의 일상생활의 도덕적 가치기준을 설정한 경전이기 때문이다. 다시 말하면 유가주의적 정치이념을 실현하고 현실적인 사회모순을 바로잡기 위해서 새로운 제도를 마련하려 할 때 법가적 혁신정책을 가져오거나 아니면 周代에 만들어졌다고 하는 『周禮』의 틀을 기본으로 하는 것은 중국 역사상 흔히 있는 일이다. 그러므로 국가의 기본적인 제도가 마련된 후 인간의 도덕적 생활을 국가가 제도적으로 추진하기 위해 『春秋』에서 내세우고 있는 義理나 修身을 강조하였다. 그러므로 『周禮』는 修身보다 더 가치 있는 덕목으로서 治國平天下를 실현하기 위한 제도 바로 그것이다. 이렇게 볼 때에 王安石이 인간의 논리적 가치를 실현할 수 있는 도덕적인 이상을 유교에다 설정하고 특히 왕도정치 구현을 『周禮』에 구하고 있는 것과, 구법파가 내세우고 있는 『春秋』는 모두가 유가적 범주 안에 속하는 것이다. 그러므로 사상적으로 『周禮』나 『春秋』를 가지고 혁신과 보수로 양분하는 것은 본질적으로 잘못된 것이다. 다만 차이성이 있다면 개혁에 반대하고 있는 구법파의 주장대로 『春秋』는 공자가 직접 밝힌 도덕적 원리에 입각한 정치행위의 판단규범이며 영원불변의 원리로서 정치제도의 변화보다는 『春秋』의 영향하에 인간행동이 통제되어야 한다는 데 반해 개혁파는 국가경영의 경륜을, 『周禮』를 모델로 하여 사회적 모순을 고쳐야 한다는 것으로 이는 이론적으로도 비약이 없고 유가적 전통에도 부합하는 것이다. 따라서 보수파가 사상적 근거로 내세우고 있는 『春秋』의 正名만으로는 사회가 치유될 수 없다고 한 개혁파의 논점에서도 보수적 개혁성을 엿볼 수가 있다.

이와 함께 개혁파와 보수파는 그들의 정치·사회적 배경에 차이가 있다는 시각도 문제가 있다. 다시 말하면 宋은 五代의 마지막 왕조인 後周에서 출발하였기 때문에 창업 세력 가운데 華北 출신자가 많은 것은 사실이다. 그리하여 宋의 초·중기의 집권층은 화북 출신자가 대부분을 이루고 있었으나 북송의 중기(仁宗시대) 이후로 접어들면서 科擧를 통한 江南人의 진출이 현저하여 북방 출신자가 밀려나기 시작하였다는 시각이다.

이는 의도적으로 宋代 사회를 지역적 당파성으로 갈라놓고 이를 강조하기 위한 수단으로 지방색을 이용하면서 지역주의를 선동하여 당파주의에 이용하려 한 사회적 분위기에 문제가 있는 것이다. 다시 말해서 王安石을 江南人, 司馬光을 華北人으로 편을 갈라놓는 것은 당쟁의 격화를 부추긴 보수파의 책동이 작용한 것이다.

삼국(위·촉·오) 이래 중국이 華北, 江南, 四川(蜀)으로 지역이 구분되어 온 것은 비단 宋代에 와서 시작된 일은 아니며 사람들의 기질을 華北은 보수, 江南은 혁신(변화)으로 나누고 있는 것도 宋代에 와서 확연해진 일이 아니다. 이러한 지역성을 송에 와서 정치적으로 악용하면서 당파주의를 강조하게 된 것은 宋代의 정치적 특색이라 하겠다. 경제적인 배경에 있어서도 개혁파는 중소농민과 상인을 배경으로 이들의 이익을 대변한 대신 보수파는 지방의 대토지소유자 및 그와 밀접한 관계가 있는 가문의 이익을 대신한다고 하는 주장도 경제관계를 정치적으로 이용하여 당파성을 강조하기 위한 도구로 양극화시킨 면이 없지 않다.

따라서 이상과 같은 여러 시각에서 王安石 개혁을 다른 각도에서 조명해 나가면서 신법의 보수성을 구체적으로 밝혀 보고자 한다.

2. 新法실시에 대한 논란

청의 고증사학자 趙翼은 王安石의 신법에 관하여 다음과 같이 의미 깊은 고증을 하였다. 즉

> "당시의 사람들은 王安石이 新法을 단행한 결과 天下를 해치고 또 奸邪한 무리를 등용하여 (조정의) 法令을 뜯어고침으로써 마침내 靖康의 변에 이르게 하였다고 믿고 그 禍首를 安石에게 돌리고 있다. 그러나 이는 사실을 올바르게 알지 못한 것이다. 그것은 新法의 바탕에는 神宗皇帝의 雄心이 크게 작용한 것으로 황제께서는 스스로 큰 뜻을 가지고 燕雲十六州를 회복하려는 강한 의지가 작용하여 新法을 단행하게 되었기 때문이다"[2)]

라고 주장하고 있다.

다시 말하면 趙翼은 신법실시가 종래의 주장처럼 王安石의 독단으로 단행된 것이 결코 아니며 오히려 神宗황제의 웅심이 그 원인으로 작용하였다고 보고 있는 것이다. 明末·淸初의 역사가 王夫之(1619-1692)는 神宗의 영민함을 강조하면서 이를 잘못 인도한 王安石과 그의 신법을 평하고 있다. 즉 王夫之는 "王安石은 小人이다"[3)]라고 혹평하면서 그 근거로

> "王安石은 처음 入闕하여 神宗과 獨對할 때 大言으로 神宗을 震하였다. 神宗께서 (중국의 역대황제 가운데 모범이 되는 제왕을) 唐의 太宗

---

2) 『二十二史箚記』 卷26. 「王安石之得君」條에 "王安石以新法害天下 引用奸邪 更張法令 馴致靖康之難 人皆咎安石爲禍首 而不知實根抵 於神宗 有雄心也 帝自命大有爲之才 嘗欲克復燕雲 恢張先烈"

3) 『宋論』 卷6, 神宗論.

> 이 如何하냐고 묻자 安石은 이에 대해 폐하는 堯·舜의 法으로 다스려야지 어찌 唐太宗을 본받을 것입니까"[4]

라고 名君을 잘못 인도하였다고 주장하였다. 또한 특히 王安石을 小人으로 혹평하는 근거로 다음과 같은 사실을 들고 있다. 즉

> "宋代에 정치를 농단한 蔡京·賈似道는 暗遇한 皇帝를 亂하였고 英察의 君主를 亂하지 않았다. 그러나 王安石의 경우에는 그렇지 않다. 그는 大言壯言으로 英察의 君主(神宗)를 어지럽혔으므로 그 禍는 더욱 격렬한 것이다"[5]

라고 하여 영철의 神宗을 亂하였다는 사실로 신법을 비난하였다. 따라서 王夫之도 神宗을 영철의 명군으로 인정하고 있고 王安石이 이러한 神宗을 잘못 보좌한 사실을 비판한 것이다.

趙翼은 또한 王安石의 신법은 결코 그가 창안한 것이 아니라고 하는 사실을 구체적인 고증을 통하여 확인하면서 王安石 신법에 대한 혁신성보다는 이 법이 안고 있는 수구적 성격을 강조하고 있다.[6]

王安石의 개혁에 대해서는 신법실시 당시에 이미 보수파의 관료들에 의해 반대의견이 제시되고 있었고[7] 심지어 神宗 이후의 정치·사

---

4) 『同上揭書』 "王安石之入對 首以大言震神宗 帝曰 唐太宗如何 卽對曰 階下當法堯舜何以太宗爲哉"라고 하였다.

5) 『同上揭書』 "或曰 安石而爲小人 何以處夫黷貨擅權導溪亂之蔡京 賈似道者 夫京似道 能亂亂荒之主 而不能亂英察之君 使遇神宗驅逐久矣 安石唯不知彼而禍乃益烈 諓諓之辯 硜硜之行 采足道哉."

6) 『二十二史箚記』 卷 26, 青苗錢不始於王安石條 참조.

7) 陸象山은 「荊國王文公祠堂記」에서 司馬光을 비롯한 保守派관료들의 혹독한 비판과 反對를 가리켜 "荊公(王安石)에 대한 비방은 言을 極하고 이를 析함에 至理가 없고 비방자 가운데 激者는 八九, 平者는 一二에 不過한 상태라 하였다.

회적 불안 요인의 모든 책임을 王安石에게 돌리려는 분위기가 확산되었으며[8] 북송 멸망(靖康의 變)의 원인도 王安石의 개혁에 있다는 주장이 나오기에 이르게 되었다.

淸나라 때 蔡上翔은 남송시대에 들어와 元祐諸賢의 자손과 程·蘇氏의 문인과 故吏 등이 北宋 멸망의 원인으로 蔡京을 공격하는 데 만족하지 않고 마침내 (북송) 멸망을 荊公(王安石)에다 넘기었다[9]고 주장하였다. 이리하여 남송 대에는 王安石에 대한 악평이 일반화되어 그의 이름을 떳떳이 내세울 수 없을 정도의 사회분위기로 고정되어 버렸다. 더욱이 전 근대적 관료지주가 지배하던 명·청 사회에서는 이러한 악평을 고칠 수 없는 상태가 되었으며 명대에 와서는 王安石이 간신열전에 실리게 되었다.

필자는 여기에서 新法의 내용이나 王安石에 대해서 새로운 사실을 제시하자는 것이 아니다. 다만 王安石과 그가 단행한 新法을 보는 시각에 문제가 있음을 지적하고자 하는 것이다. 다시 말하면 王安石의 신법이 그의 독단에 의해 단행된 개혁이 아니라고 하는 입장과 함께 당시의 구법당관료의 부정적인 시각과 淸代에 들어와서 蔡上翔, 梁啓超, 郭沫若 등에 의한 새로운 평가가 과연 王安石의 신법을 객관적 역사현상으로 조명하고 있는가라는 의문을 갖게 한다는 점이다[10]

북송의 초·중기 사회를 살펴 보면, 神宗 즉위 초의 정치적 분위기는 젊고 유능한 새 황제의 등극으로 이전 시대부터 제기되어 오던 내

8) 『續資治通鑑長編』(이하 『長編』이라 略함)卷254. 熙寧7年 4月 甲戌條에 의하면 당시에 河北·河東·陜西 지방에 不雨하여 飢民이 발생하자 鄭俠은 "天旱由王安石所致"라고 비방하였다.

9) 蔡上翔, 『王荊公年譜考略』.

10) 王安石에 대한 새로운 평가로 蔡上翔. 『王荊公年譜考略』이 유명하고 梁啓超는 『王安石評傳』에서 王安石을 "國史之光"으로 높이고 不世出의 英傑로 극찬하였다.

외 문제를 유능한 청년황제의 등장과 의지에 의하여 개혁이 추진될 것을 기대하는 사회분위기이다. 뿐만 아니라 王安石 개혁의 내용을 보아도 혁명적인 것이 아니라 神宗 이전에 이미 구관료들에 의하여 흔하게 논의되어 오던 문제를 神宗과 王安石이 정치·사회적 분위기에 맞추어 실천에 옮긴 것이다.

그러나 王安石이 재상으로 발탁되어 新정책이 발표되자 조정 내에는 찬반양론이 갈라서게 되었으며 이러한 와중에서 반대파(구법당)에는 인종, 영종 대 이래의 고위중신이 대부분 가담하게 되었다. 이들은 신법 그 자체보다는 구조적으로 王安石이라고 하는 젊은(48세) 재상에게 동조할 수 없는 자존심 강한 인물들이다. 대표적인 例가 青苗法을 극렬히 비판한 韓琦는 王安石이 21세에 과거에 합격하여 초임으로 簽書淮南判官에 임명되어 揚州에서 근무할 때 知州로서 젊은 신참자를 지휘하던 위치에 있었던 원로중신이다.

구법당과 보수적 관료에 의한 王安石 및 그의 신법에 대한 가혹한 비판과 반대는 그 표적을 신법의 시행이 새로 등극한 神宗황제의 의지가 아니고 祖宗之法을 파괴하려는 王安石의 독단임을 내세워 王安石에 대한 공격을 가열시켜 가면서 정권쟁탈의 도구로 이용하려 하였다. 이러한 과정에서 국정에 대한 올바른 판단을 할 수 있는 분별력이 상실되면서 위험한 감정적 대립으로 발전되어 나갔다. 특히 이와 같은 사실은 대표적 君子型으로 알려져 있는 司馬光의 王安石 및 新法에 대한 비판에서도 확실하게 살필 수 있다.

한편 朱子學的 권위가 실추된 淸代 이후의 王安石에 대한 새로운 평가도 그 방법상에서 여러 가지 문제를 안고 있다. 그것은 王安石이나 신법에 대한 종래의 부정적 시각에서 정반대의 방향전환을 하여 王安石과 신법에 접근하려는 자세의 문제성이다. 이와 같은 연구시각은 일본이나 구미학계에도 이어져 내려왔고 특히 일본학계의 연구자세는 王安石의 신법을 구중국의 가치척도로 헤아려 볼 때에 驚天動地의 성격[11]으로 단정하면서 신법의 혁신성을 강조하고 있다.

이러한 시각으로 볼 때에 신법단행은 구법당을 중심으로 하는 보수파 관료들의 신법에 대한 극단적인 반대의견이 표출되는 과정에서 신법의 실시나 그 내용이 사실보다 훨씬 왜곡되었다. 그리고 이를 바로 잡기 위한 청대 이후의 연구노력에서는 신법의 단행과정이나 王安石에 대한 객관적 사실현상보다는 구법당에 의해서 저질러진 왜곡된 부분만을 바로 세우려는 데 연구노력이 집중되었다. 다시 말하면 구법당에 의한 부정적 사실현상으로부터 이를 바로 잡기위한 연구과정에서 王安石에 대한 평가의 긍정적인 시각에만 초점이 놓여지게 되었음을 엿 볼 수 있다.

王安石과 그의 신법이 추진된 과정에 대한 역사성의 의미부여는 결코 획일적으로 논단하거나 신법의 내용 하나하나에만 매달려 이를 단순화시켜 비판 또는 긍정할 수는 없다. 그것은 신법의 실시가 神宗시대의 정치는 물론이고 사회, 경제, 문화 전체와 맞물려 돌아가고 있기 때문이다.

이렇게 생각할 때 신법이 단행되는 데는 神宗과 王安石의 역할이 충분히 고려되어야 하는데도 불구하고 지금까지 神宗시대의 개혁에 대한 비판자나 연구자의 공통된 입장은 신법의 주도권을 거의 王安石이 독점하여 단행한 것으로 논지를 전개시키면서 神宗을 비롯한 그 밖의 신법추진세력의 역할을 축소 내지는 은폐하는 경향이 강하였다. 이것은 신법반대자들이 개혁반대의 초점을 王安石에게 맞추어 개혁실패의 책임을 그에게 떠넘기려고 하는 정치적 의도가 깊게 작용한 결

11) 梅原郁.「王安石の 新法」.『岩波世界歷史』卷9. 195쪽 참조.

과라고 생각된다. 특히 王安石 신법에 관한 종래의 연구는 개혁의 성격을 『周禮』에 근거한 복고주의로 규정하면서도 王安石 개혁만은 거의 혁명적이고 혁신적인 것으로 과대포장을 서슴지 않고 있다.

『周禮』를 모델로 하여 단행된 그의 개혁이 혁신적이라고 한다면 북송 초기 이래 사회적 모순을 개혁해야 한다고 주장하고 있던 개혁론자들의 주장을 집약하여 실행에 옮겼다고 하는 데에서 그 혁신적 성격을 규정지을 수 있다. 따라서 王安石에 대한 종래의 혹평과 淸말에 나타난 새로운 평가는 王安石이 신법을 모두 독단적으로 주도하였다는 것을 전제로 한 평가라는 데 문제가 있다.

王安石의 개혁은 청년 황제 神宗의 절대적 지지가 없이는 불가능한 것이었다. 따라서 神宗의 역할을 단지 王安石 계획에 찬의를 표한 정도로 가볍게 취급되고 있는 것은 문제가 아닐 수 없다. 이러한 평가방법은 동양적 전제군주제라든가 특히 宋代 이후 현저히 발전한 중앙집권적 군주독재체제를 외면한 논리라고 생각된다. 王安石 신법성립의 배경은 대외정책뿐만 아니라 대내적 개혁의 주도권도 神宗 자신에게 있었고 王安石은 이를 보필하여 조정한 면이 강하다. 따라서 신법의 단행에는 趙翼의 주장처럼 오히려 神宗의 의지와 역할이 크다는 사실을 간과할 수 없는 것이다.

北宋 중기에 영주 神宗이 등극하고 王安石을 기용하여 명군현상이 마치 고기가 물을 얻음과 같이[12] 뜻을 같이하여 정치구조와 사회기강이 방만하여 농촌사회가 해체되어 가던 위급한 시국에 대개혁을 가한 것은 획기적인 일이다.

王安石은 商鞅이나 韓非子처럼 법가사상으로 전통과 보수를 개혁하

12) 宮崎市定. 「王安石の吏士合一策 — 倉法を中心にして —」. 『アジア史研究』 第1卷, 및 『二十二史箚記』 卷26. 「王安石之得君」條 참조.

려 한 혁신적인 부국강병론자도 아니며 王莽처럼 前漢王朝를 찬탈하고 새로운 왕조를 창업하여 개혁에 몰두한 정치가도 아니다. 그는 무치주의 사대부관료 사회의 모순을 합리적이고 온건한 방법으로 바로잡아 보려 하였다. 그러나 이러한 온건한 개혁조차 宋代 사회의 보수성과 사상적 분파성, 그리고 관료사회 내부에 가득 차 있던 배타성으로 해서 개혁의 내용에 비해 반대의 소리만이 경천동지하였다고 생각된다. 이런 시각으로 볼 때에 王安石은 구법당에 의한 피해자만은 아니다. 王安石 개혁의 보수성과 함께 개혁의지가 마치 魚水의 만남과 같이 神宗과 王安石의 공통된 뜻에서 이루어졌다는 사실을 신법의 실시와 그 내용에 나타나 있는 사실을 살펴보면 쉽게 이해할 수 있다.

3. 新法內容의 保守的 性向

王安石의 개혁은 전체적으로 볼 때 경제정책, 사회정책 그리고 재정정책 및 대외정책 등으로 분류된다.[13] 그런데 이들 정책은 서로 긴밀히 연계되면서 복합적으로 얽혀져 있기 때문에 이를 하나하나 따로 떼어 이야기하는 것은 개혁의 기본 뜻을 외면하는 결과를 가져오게 된다. 실제 新法을 반대하고 비판을 가한 대부분의 보수파 관료들의 신법에 대한 비판의 한계성은 이를 총체적으로 분석 비판한 것이 아니라 개별적으로, 그것도 王安石개혁 정신의 기본과는 다른 각도에서 비판을 가하였기 때문에 新法이 새로 창안된 혁신적인 새 법처럼 오해를 불러오게 만들었다.

그러면 王安石의 개혁에 나타난 제법의 내용이 어떤 성향을 지니고

13) 東一夫, 『王安石 新法の 研究』, 風間書房, 1970, 261쪽 참조.

있는가를 구체적으로 검토하여 여기에 보이는 보수성과 전통성을 찾아보겠다. 먼저 靑苗法에 관하여 그 성격을 살펴보겠다.

王安石의 신법 가운데 靑苗法은 대단히 중요한 바가 있다. 그것은 북송의 농촌사회가 안고 있는 고질적인 병폐를 치유해 보려는 의지가 이 법에 담겨 있을 뿐만 아니라 신법을 반대한 구법당의 반대 의견이 청묘법에 집중된 사실에서도 이를 알 수 있다. 그러나 신법의 중심인 靑苗法이 결코 王安石이 창안해 낸 새 법이 아니라는 데 주목할 필요가 있다. 趙翼은 靑苗錢이 唐代로부터 농민을 구제하기 위해 시행되어 내려오던 법이라는 사실을 다음과 같이 고증하고 있다.[14] 즉

靑苗錢의 명칭이 王安石에서 시작된 것이 아니라는 사실을 神宗의 물음에 답한 趙瞻의 말에서 찾아볼 수 있다. 靑苗錢은 당에서 행하여졌는데 그 정확한 시기를 代宗 永泰 2년(766)이라 하였다.[15]

唐에서는 安史의 난후 代宗의 광덕 2년(764)에 地頭錢을 창설하고 가을에 매 무당 10문의 지세를 징수하였다. 그 후 大曆 원년(766)에 이를 靑苗錢이라 하고 징세기도 하기로 고쳤다. 따라서 靑苗錢은 地頭錢의 명칭을 바꾼 것이며 靑苗地頭錢이라 불리기도 하였다.

趙翼은 이러한 唐代의 靑苗錢을 王安石의 靑苗法의 원류로 고증하면서도 당·송의 靑苗法 성격은 동일하지 않다고 보았다. 즉 唐은 每畝마다 세 30文(후에는 15文)을 地稅로 징수하여 백관의 봉록으로 충당한 데 반해 宋의 그것은 국가가 田을 民에게 대여하고 그 이식을 거두어들인 것이라고 차이점을 비교하였다. 이에 따라 宋의 靑苗法은 오히려 唐의 長安·萬年 2縣에서 본전을 설치하여 이를 각호에 나누

14) 『二十二史箚記』卷26, 「靑苗錢不始於王安石」條

15) 趙翼은 『同上揭書』에서 『資治通鑑』을 인용하여 唐의 代宗 永泰2年(이해에 大曆元年으로 改元) 秋7月 靑苗錢을 거두어 百官의 俸祿을 給한 사실을 가지고 靑苗法의 기원으로 보고 있다.

어 주고 그 이식을 수납하여 官의 잡비로 충당한 雜稅錢과 유사하다고 부기하고 있다.[16] 趙翼은 青苗錢의 기원을 唐에서 구하고 있으면서도 王安石의 青苗法은 神宗 이전의 仁宗시대 陝西轉運使인 李參이 陝西地方에 실시한 青苗錢에서 직접 영향을 받은 것이라고 논증하였고[17] 그 위에 王安石이 知鄞縣으로 재직하고 있을 당시 정부의 곡식을 가난한 농민에게 대여해 주고 그 이식을 상환하도록 하였는데 농민이 이를 대단히 편리하게 여기게 된 경험을 바탕으로 하였는데 이것이 神宗 대의 青苗法이라고 하였다.[18]

王安石이 지방관으로서 知鄞縣으로 재직하고 있던 시기는 그가 과거시험에 합격한 후 얼마 되지 않는 27·29세 때(仁宗의 慶曆 7년(1049)에서 皇祐 원년(1048)의 3년간이었으며 이때 이미 그는 농촌사회의 어려움을 개선하려는 의지를 가지고 있었다. 따라서 神宗代의 青苗法은 唐代의 青苗錢과 雜稅錢을 참조하고 그 위에 知鄞縣 시대의 경험과 李參이 陝西地方에서 실시하여 상당한 효과를 거두었던 青苗錢法 등이 참조되면서 神宗代의 青苗法으로 발전된 것이다.[19]

---

16) 『二十二史箚記』 卷 26, 青苗錢不始於王安石條의 "按唐時長安萬年二縣 有官置本錢配納各戶 收其息以供雜費 宋之青苗錢 正唐雜稅錢之法耳" 참조.

17) 『二十二史箚記』 卷 26, 『青苗錢不始於王安石條』에 "宋史李參傳 參爲陝西轉運使 部多戍兵苦食少 參令民自度麥粟之贏餘 先貸以錢 俟麥粟熟輸之官 號青苗錢 經數年廩有羨糧 比安石青苗錢之所本也"라고 고증하고 있는데 이러한 내용은『宋史』卷 330. 李參列傳에도 있고 말미에 "熙寧青苗法 蓋萌於比矣"라 하여 王의 青苗法의 기원이 李參에서 비롯되었다고 보았다.

18) 『二十二史箚記』 卷 26, 「青苗錢不如於王安石」條, 『宋史』卷327, 「王安石傳」에는 "再調知鄞縣 起堤堰決陂塘爲水陸之利 貸穀與民 立息以償 俾新陳相易 邑人使之"라고 있다.

19) 東一夫, 「青苗法, 市易法と社會政策」, 『王安石新法の硏究』, 546쪽에서 王安石이 知鄞縣으로 재직한 시기(1047-1049)와 李參이 陝西轉運使로 青苗法을 행한 嘉祐年間(1056-1063)사이는 王安石이 10여년 앞서기 때문에 王安石이 李參의 青苗法을 참조하였다는 것은 문제가 있다고 하였다. 그러나

이렇게 볼 때에 王安石의 青苗法은 神宗의 부름을 받고 창안된 새 법(신법)이 아니라 거슬러 올라가면 안사의 난 이후의 青苗錢法 혹은 雜稅錢法에서부터 李參의 陝西青苗錢法, 그리고 그 자신의 지방관(知鄞縣)재직 경험 등이 기반이 된 것이다. 따라서 青苗法에서는 반대파가 주장하는 바와 같이 조종지법을 파괴하는 혁신성을 찾아볼 수가 없다.

더욱이 青苗法을 비롯한 신법의 기본정신은 유가에서 이상으로 여기고 있는 『周禮』에서 구하고 있는 것도 그의 개혁의 수구성을 뒷받침해 주는 근거가 된다. 뿐만 아니라 青苗法에는 세 가지 요점을 담고 있는데, 첫째 종래 상평창이 혜민의 기능을 상실하고 있다는 점과 陝西 지방의 青苗法이 효과가 있다는 점, 그리고 先王의 법에 따르고 있다는 점이다.[20] 이와 함께 王安石 신법은 그가 仁宗황제에게 올린 만언서에서도 이미 그 기본정신이 담겨져 있는 바와 같이 先王之法, 즉 『周禮』에 기본정신을 두고 있다. 유가정치의 이상으로 인식되는 『周禮』가 司馬光을 비롯한 구법당 관료가 비난하는 것처럼 혁신적일 수 없으며 더욱이 祖宗之法(祖法)을 파괴하는 과격한 혁신적인 새 법일 수 없다. 더욱이 青苗法은 『周禮』 가운데서도 泉府의 정신이 근거가 된 것이다. 이 『周禮』 泉府의 직은 백성을 위해 대물의 유무를 서로 연결시켜 물가의 안정을 꾀하고 민생의 보호를 목적으로 하여 설치된 것이다. 따라서 여기에 근거하여 青苗·市易의 법을 수립한 王安石의 의도는 유가적 전통을 그대로 계승한 보수주의 정책인 것이다. 이렇게 볼 때 王安石의 青苗法은 『周禮』의 정신을 宋代의 사회발전단계에 맞추어 재생시키려 한 것이다. 따라서 이를 비판한 보수파의 주장은 宋代의 경제발전과 농촌사회로의 화폐침투라고 하는 현실인식을 결여하

神宗代에 新法을 실시할 때는 李參의 청묘법을 참조한 것이 확실하다.

20) 『宋會要輯稿』, 食貨4, 青苗.

고 있다는 점에서 비판의 한계를 보이고 있다. 또한 王安石이 『周禮』에 의거하여 신법을 수립한 사실을 王莽의 정치에 비유하고 그 해가 왕망 이상이라고 비난한 것은 지나친 논리의 비약이라 하겠다.[21)]

靑苗法과 함께 농촌사회의 모순을 해결하기 위해 단행된 方田均稅法의 내용에서도 보수성향이 짙다.

方田均稅法은 문란해진 전제로 세수가 감소되면서 국가재정의 위기를 초래하고 그 위에 농민의 토지소유와 세액의 불균형으로 자작농민이 몰락함으로써 농촌사회에 위기가 나타나자 이를 바로잡으려 한 것이다. 이 법도 王安石의 독창성에 의해 단행된 새 법이 아니며 이 법의 전신으로서는 仁宗朝의 千步方田法, 限田令, 太宗조 陳靖의 田制개혁[22)] 등이 참조되어 마련된 것이다. 仁宗代의 千步方田法은 경력 3년에 大理寺丞 郭諮, 秘書丞 孫琳이 河北지구에 시행한 均稅法으로[23)] 전부를 균등하게 하기 위해 실시한 것이다. 이 밖에도 嘉祐 4년에서 5년에 걸쳐 孫琳이 河中府에 실시한 예도 있는데[24)] 이 千步方田均稅는 후에 王安石이 시행한 方田均稅法의 전신으로 그 목적은 당시 불균형이 극에 달했던 세역을 시정하기 위한 均稅法이었다.[25)] 郭諮, 孫琳 등이 시행한 均稅法을 千步方田法이라 하여 王安石의 方田均稅法과는 구분된다. 이에 앞서 이미 太宗조에는 洛州에 方田이 시행되었는데 郭諮가 경력 3년에 天步方田法을 제안 실시한 것은 여기에서 암시를 받

21) 孫貽讓은 『周禮正義』의 序文에서 王莽 때의 劉歆, 宇文周 때의 蘇綽, 唐玄宗時의 李林甫, 宋神宗 때의 王安石 등이 周禮를 籍하여 정치개혁을 기도한 태도와 그것이 모두 실패한 것을 비판하고 있다.
22) 『宋史』食貨志上1. 農田 至道2年條
23) 『長編』卷144, 慶曆3年 冬10月 丁未條 및 『宋史』 食貨志上 賦稅條
24) 『玉海』卷176 食貨, 田制에 의하면 嘉祐4年에 孫琳, 林之純, 李鳳 등에 명하여 均稅를 맡긴 일이 있다.
25) 東一夫, 「千步方田法の均稅的性格」, 『王安石新法の研究』, 820쪽 참조.

은 것이다.[26)]

그런데 이러한 田制政策 이외에도 王安石 이전에는 많은 학자와 정치가들이 선왕의 제, 즉 『周禮』를 내세우면서 井田制의 부활을 제창하고 이에 찬성한 황제도 있다.[27)] 따라서 王安石의 方田均稅法은 국초 이래의 이와 같은 전제를 감안하여 시행하였기 때문에 이를 혁신적이라든가 '조법의 파괴'로 비판하는 것은 온당하지 않다.

특히 王安石의 토지정책에 비판과 함께 반대의견을 내세우고 있던 도학자 張載·程顥·程頤 등도 적극적인 『周禮』의 예찬론자로 井田制의 부활을 王安石 이전에 이미 제창한 바가 있다. 특히 張載는 정치는 삼대를 모범으로 따르지 않으면 종국에 가서는 도를 그르친다[28)] 하였고 천하를 다스림에는 井田에 따르지 않으면 태평함을 얻지 못하니 주도는 단지 이를 균평케 하였다[29)]고 주장하였다. 程顥도 神宗에게 치법십사를 올렸는데[30)] 균전무농의 중요성과 주제부흥을 내세우고 삼대의 정치를 본 따 적극적인 복고주의를 제창하였다. 특히 均田制는 주대에도 행하였는데 금일에 이를 행하지 못할 바가 없다고 주장하였다.[31)] 司馬光도 주제를 존중하고 복고를 제창한 면에서는 王安石에 뒤떨어지지 않는다. 司馬光은 진 始皇帝와 한 武帝가 비슷한 정치를 행하였으나 시황제는 망하고 武帝는 융성한 것은 武帝가 능히 先王의 도를 존중한 것이 망진의 화를 면한 원인이라 하여 周公의 정치를 모

26) 周藤吉之. 「北宋における方田均稅法の施行過程」 『中國土地制度史硏究』所收 참고.

27) 太宗은 陳靖의 均田辨法에 대하여 "朕欲得井田 顧未能也 靖此策合朕意"라고 井田制得活에 찬성하고 있다.(『宋史』卷426, 循吏 陳靖傳)

28) 『宋史』 卷 427, 道學 張載傳.

29) 『張子全書』 卷 4, 理屈風社.

30) 『二程全書』, 程子文集 卷 1, 論十事札子.

31) 『二程全書』, 程子道書, 卷 22 上.

범으로 삼을 것을 강조하고 있다.[32)]

이상에서 살펴본 바와 같이 王安石의 方田均稅法은 北宋 초 이래로 많은 사람들이 주창한 바를 정리한 것이며 특히 司馬光을 비롯한 반대자들도 신법 이전에는 王安石과 비슷한 주장을 하고 있음을 알 수 있다. 따라서 신법반대자의 개혁에 대한 반대의견은 王安石 개혁 이전에 주장하던 그들의 제도 개혁론과 王安石 개혁 이후의 반대의견 사이에 일관성이 없고 반대를 위한 반대 의견임을 느끼게 한다.

다음에는 熙寧 3년 12월에 제정된 保甲法에 대해 살펴보겠다. 保甲法은 王安石도 인정하고 있는 바와 같이[33)] 고대의 제도에서 유래한 향촌조직의 民兵制이다. 따라서 이 법은 『周禮』의 천관궁정에 있는 什伍法과 추관 사사에 보이는 什伍法을 기본으로 하고 그 이후 역대의 什伍法을 참고로 하였다.[34)]

宋代에도 王安石 이전에 保甲法의 원형이 존재하고 있었다. 그 가운데서도 太宗의 淳化 5년 知鄭州 何昌令이 民 10家를 一保로 하여 세수를 확보하려는 保甲法은 王安石의 保甲法과 가까운 형태의 것이다.[35)] 그러나 王安石의 保甲法에 직접 영향을 준 것은 農田水利差役使 趙子幾의 상언이다.[36)]

그런데 保甲法의 제정에 있어서 주목할 일은 神宗이 王安石보다 훨씬 적극적이었다는 사실이다. 神宗은 遼에 대한 설욕을 염두에 두고

---

32) 『資治通鑑』 卷 22.

33) 『臨川先生文集』 卷 41, 上五事箚子條.

34) 曾我部靜雄, 「王安石の保甲法」, 『東北大學文學部硏究年譜』8에 의하면 『管子』 立政篇首憲의 什伍法, 『春秋』 左氏傳(襄公 30년條)의 什伍法 『史記』商君傳에 보이는 秦 商鞅의 什伍法, 『後漢書』百官志의 漢代 什伍法 등을 保甲法의 기원으로 보았다.

35) 『宋會要輯稿』 食貨 61, 檢田雜錄

36) 『宋會要輯稿』 兵 2, 鄕兵, 熙寧3年 12月 9日條

즉위 초부터 이에 대한 대책을 강구하였다. 따라서 保甲法은 王安石이 건의한 것이라기보다 神宗의 뜻을 그가 충실히 이행한 것으로 해석되어야 한다.[37] 王安石은 군사비 절약, 국가재정의 확보 쪽에 관심을 둔 데 대해 神宗은 대외적극책의 일환으로 이 법을 추진한 것이다.[38]

市易法도 王安石의 독창에 의해 실시된 개혁입법은 아니다. 이 법은 魏繼宗의 상주에 의해 熙寧 5년에 반포되어 이어 三司戶部判官 呂嘉問이 京師의 市易務提擧官에 임명되면서 실시를 보았다. 市易法에 대한 魏繼宗의 주언[39]에 의하면 지금 물가결정권은 부호와 대상이 독점하여 수배의 이식을 차지하고 있기 때문에 중소상인과 일반백성이 불편을 당하고 있으나 権貨務典領官은 이 폐해를 제거하는 데 무능력하기 때문에 拔本的 改革, 즉 常平, 市易司를 두어 관전을 빌려 주고 물가결정권을 정부가 회수해야 한다는 주장이다. 青苗法이 주관천부의 정신에 기초한 것이라면 魏繼宗이 상주한 市易法도 王安石의 주장한 바에 의하면 주관시사의 정신에 따른 것이며 漢代의 平準法과도 비슷한 유형으로 파악할 수 있다.[40] 市易法은 지금까지 부상대가에 의해 좌우되고 있던 물자의 유통기구와 물가의 결정권을 정부가 장악하여 중소상인과 일반백성의 생활을 보호함과 동시에 국가재정을 충실히 하려는 것이다. 이는 均輸法의 정신을 계승하고 있으나 정부의 저리자금을 중소상인에게 융자하는 일종의 저리금융정책의 성격이 추가되었으니, 이

---

37) 東一夫, 『王安石 新法の研究』. 756쪽 参조.
38) 東一夫, 上掲書, 757쪽 参조.
39) 『宋會要輯稿』 食貨 37, 市易, 熙寧5年 3月 26日條 및 『長編』卷231 同年同月 丙午條.
40) 『臨川先生文集』 卷 41. 上五事箚子. 이 밖에 熙寧3년 保平軍 節度推官 王韶의 獻策에 따라 설립된 秦州市易司가 市易法의 源流를 이루고 있다(『宋會要輯稿』市易法)는 說이 있고 이와는 반대로 秦州市易司와 市易法制定과는 關係가 없다는 주장도 있다.(『資治通鑑長編紀事本末』卷72)

런 면에서는 균수법과 차이가 있다. 靑苗法의 융자대상이 농민인 데 반해 市易法은 중소상인을 그 대상으로 하고 있다는 점이 서로 다르다.

한편 均輸法은 그 보수성이 더욱 명백하다. 즉 均輸法은 이미 한무제에 의해 실시된 바가 있다. 이 법을 반대한 蘇轍을 "한무제가 가인 桑弘羊 등의 가천매귀의 均輸法을 채용하여 민을 괴롭힌 사례를 들면서 지금 송에서 다시 이 법을 부흥하는 일은 이것을 담당하고 있는 관료(薛向)가 재지방략 면에서 桑弘羊에 미치지 못하므로 그 해는 한대보다 클 것이다"라고 비판하였다.[41] 均輸法은 희령 2년에 제정되어 수송상의 균평화, 물자유통기구의 정비, 물가결정권의 국가장악을 목적으로 『周禮』 천부의 정신에 맞춘 理財策으로 市易法과 같은 성격을 가진 것이다. 물가의 경중과 물대의 流通法을 개혁하여 수납자의 편의를 도모하는 것으로 국가가 물가결정권, 물자유통기구개혁을 단행하려는 것이다.[42] 따라서 均輸法은 王安石이 국가재정에 대한 이상을 『周禮』 천부의 관에 나타나 있는 정신을 따르려 한 것으로[43] 특히 선왕(周代)의 재에 대한 중요한 인식과 유통기구의 합리성을 강조한 데서 그 정신을 찾을 수 있다.

다음에는 宋代 농촌사회의 심각한 문제로 제기되어 오던 差役法을 개선하여 募役法으로 바꾸는 과정과 이 법의 보수성에 대해 살펴보겠다. 王安石은 당시의 역법 폐해에 대해 일찍이 지방관 시대로부터 큰 관심을 기울였고[44] 이를 바탕으로 募役法이 나타났다. 그런데 募役法을 비난한 바 있는 司馬光도 이미 仁宗 시대에 농민의 생활을 도와주기 위해 募役法의 시행을 제안하고 있다.[45] 그러나 王安石이 募役法을

41) 『欒城集』 卷 25, 制置三司條例司論事狀 奏乞外任狀.
42) 『宋史』 186. 食貨志139, 下8, 均輸午.
43) 『臨川先生文集』 卷 70, 論議 乞置三司條例.
44) 『臨川先生文集』 卷 76, 上運使孫司諫書.

단행하자 반대하고 나섰고 원우 초에 司馬光이 집권하면서 신법을 폐지할 때 이 법만은 살려 두자는 구법당 관료의 건의를 묵살하고 있음을 볼 때 신법에 대한 정책 내용에 관계없이 자파가 입안하지 않은 개혁안은 철저히 배격하는 구법당의 배타적 자세를 엿볼 수 있다.[46]

募役法의 성립에는 神宗의 差役法 폐해에 대한 의지와 王安石의 지도력이 복합적으로 작용되었다. 그리고 差役法 시행 당시 각지에서 나타나고 있는 募役法적 원형과 차역법 그 자체에 존재하고 있던 募役法적 성격[47] 그리고 제 관료가 상주하고 있는 募役法의 의견 등이 참고된 것으로서 여기에 王安石 특유의『周禮』존중정신이 종합되어 募役法이 성립된 것이다. 募役法 성립의 직접 계기는 治平 4년 6월에 神宗이 차역법의 폐해를 개정하려고 발한 조이다. 조의 내용은 차역법이 농경을 방해하고 농민의 생활을 곤궁에 몰아넣고 있음을 지적하고 이를 해결하기 위해 차역법을 개정해야 한다는 뜻이 담겨 있다.[48]

王安石이 募役法을 중요시한 이유는 첫째 差役法에 대신하여 세수의 확보를 꾀하고 둘째 차역법의 모순에 의해 해체되어 가는 향촌사회를 재편성하는 두 가지 목표를 달성함으로써 이를 통해 향촌을 국가가 완전히 장악하여 중앙집권체제를 확립하려는 데 있었다. 여기에는 이미 宋代에 들어와 향촌사회에 화폐경제의 침투가 촉진되어 갔으므로 이러한 경제구조에 입각하여 향호를 재편성하려는 의도가 내포되어 있었다.

이상에서 살펴본 바와 같이 王安石의 신법은 총론적인 부분과 각론

---

45)『司馬溫公文集』卷 23, 論財利疏에 "臣愚以爲 凡農民租稅之外 宜無有所預 衙前當募人爲之 以優重相補 不足卽以坊郭 上戶爲之"란 사실로 알 수 있다.

46) 王安石은 募役法 폐지에 대한 안타까움을 "君實(司馬光의 字) 亦至此乎"라고 탄식하였다 한다.(諸橋轍次,『儒學の目的と宋儒の活動』제2편 3절『王安石 新法及び意義』참조.

47) 曾我部靜雄,「宋代初期の新法」,『宋代財政史』所收.

48)『宋會要輯稿』食貨 65, 免役에 詔의 全文이 있다.

적인 내용이 있는데 이들은 총체적으로 서로 긴밀한 관련성이 있다. 즉 전체적으로 송조의 재건을 꾀하고 각 신법이 전체적 구조 속에 놓여 있는 조직체라는 성격을 지니고 있음과 동시에 신법 하나하나가 개별적 독자성도 갖추고 있음을 확인할 수 있다. 때문에 신법의 보수성에 대한 접근은 이러한 총론과 각론의 성격파악을 통하여 총체적으로 어떠한 연결성을 갖추고 있는가를 밝히는 일이 필요한 것이다.

반대자들의 신법비판에 대한 문제점은 王安石이 의도한 바와 같이 신법의 총체적 입장과 개별적 성격을 연계시켜 이해하려 들지 않았을 뿐만 아니라 신법 하나하나의 개별적 성격조차도 함부로 왜곡하여 신법의 본뜻과는 동떨어진 내용을 과장하여 비판을 가하고 있고, 이러한 왜곡된 비판이 도리어 신법의 본 내용처럼 이해되어 버린 면이 적지 않다는 것이다. 그 예로서 蘇轍은 募役法에 대해 처음에는 반대하였으나 후에 司馬光이 집권하여 募役法을 폐지하려 하자 募役法의 좋은 점을 들어 폐지에 찬성하지 않았다. 그 이유로 募役法이 시행된 10년 동안에 큰 피해가 없었고 연간 420여만 관의 경비절감 효과가 있었음을 제시하면서 募役法을 실시할 때 이를 반대한 것은 한낱 기우였다[49]고 실토하고 있다.

4. 王安石改革의 思想的 保守性

대부분의 연구가들이 王安石의 개혁을 평가함에 神宗의 부름을 받아 王安石이 신법을 단행한 데 초점을 놓고 있기 때문에 그의 개혁의 바탕이 되고 있는 오랜 지방관시대(1042-1068)의 정치적 경험에 대해서

49) 『欒全集』 卷 26. 論差役五事狀.

는 소홀히 취급하는 경향이 없지 않다. 뿐만 아니라 그의 개혁이 단행되기 훨씬 이전에 仁宗 황제에게 올린 『만언서』에 담겨져 있는 내용 가운데 보수적 성격이 강한 부분에 대해서도 관심을 기울이지 않고 있다. 여기에서는 王安石의 지방관 시대의 개혁의지와 그의 신법개혁의 사상적 기반이 된 『만언서』의 보수성에 초점을 맞추어 그의 개혁이 일과성의 즉흥적인 것이 아닐 뿐만 아니라 개혁의지와 개혁내용이 오랜 세월 동안 마음속에 깊이 간직하고 있던 보수주의적인 것임을 확인하고자 한다. 따라서 王安石의 비판자들처럼 그가 '조종지법'을 파괴하려 하였다기보다는 구법당파에 못지않게 전통을 옹호하고 송의 국가체제를 바로 세우려는 강한 보수주의자라는 사실을 살펴보겠다.

먼저 지방관 시절의 개혁의지를 찾아보자. 王安石은 경력 2년(1042) 進士 제4등에 급제하여 곧바로 簽書淮南判官에 임용되고 3년의 임기가 끝나 당시의 제도로 과거 성적 상위권자에게 베푸는 중앙관으로서의 진출기회를 사퇴하고 경력 7년에 27세로 知鄞縣으로 부임하였다. 鄞縣은 수대의 지방조건으로는 자연의 혜택을 많이 받고 있던 지역이었으나[50] 농민의 빈곤은 다른 지역에 못지않았다. 특히 그는 鄞縣의 농민이 소유하고 있는 전토는 대호가 겨우 백무의 땅을 경작할 정도로 열악한 생활조건이라는 사실을 강조하고 있다.[51] 그가 知鄞縣으로 부임하여 장언을 쌓고 파당을 열어 수륙의 이익을 도모하고 (빈민에게) 곡식을 대여하여 이식을 받고 상환토록 新陳相易하니 읍인이 이

50) 宋代의 鄞縣은 慶元府에 속하였고 현재의 浙江省 寧波에 속하며 연안에서는 海鹽과 海產物이 풍부하게 생산되고 農耕에도 적합한 조건을 갖추고 있던 지역이다.(期波義信, 『宋代 江南經濟史の研究』, 東京大學 東洋文化研究所報吉, 185 및 340쪽 참조).

51) 『臨川先生文集』 卷 76, 書, 上運使孫司諫書에 가난한 해변의 民이 어쩔 수 없이 官을 속여 鹽密賣를 하는 것을 관대히 조처해 주기를 바라고 있다.

를 편리하다고 여겼다.[52] 이는 그의 신법에 나오는 青苗法의 연원을 이루며 農田水利政策도 이미 이 시대의 경험을 바탕으로 하여 형성된 것으로 볼 수 있다.[53] 그 후 33세 때 舒州道判으로 재직하고 있을 때 겸병가의 희생이 되어 고통 받는 농민의 아픔을 이해하면서 겸병가를 증오하고 俗吏, 俗儒의 무능에 대해 분노하면서 그 희생이 된 농민의 처참함에 동정을 보내고 있다.[54] 현실적으로 농민은 겸병가에 예속되어 있고 국정도 지주에 의해 좌우되고 있는 현실에 대해 통분을 갖고 있었다. 지방관으로서 그는 황지의 경영에 힘을 쏟고 고대의 井田制를 동경하면서 농민의 이상적 생활을 위해 개혁의 뜻을 지니게 되었다. 한편 王安石 개혁 사상의 기반이 된 『萬言書』는 仁宗의 가우 3년(1056)에 王安石이 知常州 提點江東路刑獄으로부터 중앙의 度支判官으로 전출되면서 仁宗 황제에게 올린 국정전반에 관한 개혁의견서이다.[55] 이는 神宗代(1069)에 신법을 단행하기 13년 전의 사실로 논리의 정연함과 사실설명의 간결함, 그리고 개혁의 필요성에 대한 확고함으로 당송팔대가 가운데서도 명문으로 꼽히고 있다. 『만언서』로 개혁의 필요성이 제기되기 이전에 이미 많은 사람들에 의해 내정개혁론이 제기되었고 특히 이 가운데는 후에 신법에 반대하는 입장을 취한 구법당계열의 인물도 포함되고 있었다.[56] 이로 미루어 볼 때 仁宗시대

52) 『宋史』 王安石傳.
53) 東一夫, 「知鄞縣時代の政治」, 『王安石 新法の硏究』, 929쪽 참조.
54) 王夫之는 이를 가지고 王安石이 大士主를 시기하는 편협한 小人輩로 매도하고 있다.
55) 『臨川先生文集』 卷 39, 書疏, 上仁宗皇帝言事書.
56) 賈昌朝의 財政論(『長編』 卷 123. 寶元2年 5月 癸卯條), 富弼의 軍事費論(同『上揭書』 卷 124. 寶元2年 9月), 宋祁의 三冗三費論(同 卷125, 同2年 11月 癸卯) 歐陽修의 財政策(同, 卷129, 康定元年 12月 己巳條), 范仲淹·韓琦·富弼 등의 弊政改革 列奏(同 卷 143, 慶曆2年 9月 丁卯條) 등이다.

이후 개혁의 필요성은 사회전반에 만연되어 왔고 王安石의 주장도 이러한 사회분위기의 일환이며 결코 혁신적이거나 돌발적인 것이 아니다. 이 외에 개혁주장의 또 다른 원인은 仁宗 대를 고비로 국가재정이 적자로 돌아서는 어려운 상황에 있었기 때문이기도 하다.[57)]

仁宗을 계승한 英宗도 북송사회가 안고 있던 여러 가지 모순을 혁파하려는 포부를 가지고 있었다. 그래서 英宗은 널리 인재를 구하고 특히 王安石의 기용을 열망하였다. 英宗이 王安石을 높이 평가한 것도 『만언서』를 통하여 王安石의 사람됨을 알았기 때문이다.[58)]

王安石은 『萬言書』에서 법을 중요시하고 있는데 그의 반대파는 이러한 법에 대해 문제를 삼고 있으나 王安石의 법은 법가주의자의 법이 아니고 선왕지법이다. 그에 의하면 지금 조정의 법은 엄격하고 행정령은 잘 갖추어져 있음에도 불구하고 정치가 제대로 운영되지 못하고 위기상황이 나타나고 있다. 그 원인은 현재의 법도가 先王之政에 부합되지 못하기 때문이라고 강조하고 있다. 다시 말하면 王安石의 시각으로 볼 때에 당시의 법령의 기본정신이 선왕지정에 맞지 않기 때문이라고 보았다. 王安石의 법은 법가주의가 아니라 孟子가 주창하고 있는 선왕지정이며 이는 법가에서 말하는 상벌이나 인민에 대한 가혹한 형벌과는 근본적으로 다르다.

王安石은 先王之政에 있어서 법의 집행순서에도 다음과 같은 세 가지 기본이 있다고 하였다. 즉 첫째 士나 관료에게 道藝를 가르친 후

---

57) 仁宗의 慶曆年間은 歲入 1억 3백59만 6천4백匹貫石兩이고 歲出은 8천9백38만 3천7백 匹貫石兩으로 2천 4백만의 흑자이다.(長編 卷167, 慶曆8년條) 그러나 皇祐 연간의 세입은 1억 2천6백25만 여이고 세출도 이와 거의 비슷하다.(長編卷 172. 皇祐4년 春正月 辛亥條) 英宗朝의 세입은 1억 6백 13만 8천 4백 53으로 2천만 정도가 赤字이다.(『玉海』 卷185. 治平會計錄)

58) 『臨川先生文集』 卷 40. 奏狀 辭赴闕狀 3에서 朝廷에 나가는 것을 사양하는 狀을 세 번이나 올린 사실에서 이를 알 수 있다.

이러한 가르침에 따르지 않는 자를 처벌하는 법, 둘째 예를 가르친 후에 역시 따르지 않는 자를 처벌하는 법, 셋째 직사를 일임한 후 이를 감당해 내지 못하는 자를 처벌하는 것이 바로 선왕지정의 근본법정신이라 보았다. 그는 이제 삼왕의 역사 이래 일치일난이 계속되면서 법제도 각 시대에 따라 각기 변하고 있으나 근본적으로 변하지 않는 것이 바로 입법의 정신이며 이러한 입법의 기본정신(법의)은 바로 『周禮』에 근거해야 된다고 주장하였다.

특히 王安石은 법가에서 내세우고 있는 법치주의 혹은 법만능주의를 배격하고 있다. 즉 그는 천하를 다스릴 수 있는 관료를 먼저 학교에서 교육하고(교지), 유교주의 입장을 강조하면서 학교는 마땅히 유가의 도덕정치를 실현할 수 있는 군자를 길러야 하고(양지), 그다음에 이들을 취하고(취지), 관료에 임용(임지)하는 순서를 밟아야 한다고 하였다. 또 인간행동의 규제도 먼저 재물을 가지고 풍요롭게 만들고, 그 다음에 예를 가지고 이들을 절약시킨 후 최후로 법으로써 이를 형재하는 것이 올바른 순서라 하였다.

王安石은 현실의 위기를 타개하기 위한 개혁이념을 "선왕지정"에서 구하고 선왕지정의 구체적인 실례를 『周禮』에서 찾고 선왕시대의 예로 주 文王대를 꼽고 있으므로 그의 개혁이념은 혁신이라기보다는 유가주의 전통을 고수하려는 보수주의 바로 그것이다.

그는 현재의 학교교육은 인재를 육성하기보다는 인간을 困苦시켜 파멸로 몰아넣는데 이것은 선왕의 인재육성 방법에 부합하지 않기 때문이라 하였다. 士의 교육은 先王之道(유교교육)로 해야 하고 士의 교육에서 異物(잡세)과 제자백가의 학설을 배격하고 있다.

선왕이 천하를 다스림에 있어서 인간의 불위를 걱정하지 아니하고 인간의 무능함을 염려하였고 인간의 무능보다도 선왕자신의 不勉을 더욱 염려하였음을 강조하였다. 또 인간은 선행에 따른 명예, 高爵, 厚利를 얻으려는 감정을 가지고 있기 때문에 선왕께서는 능히 이를 헤아렸다고 주장하였다.

孔子께서는 필부의 신분으로 전통을 타파하고 열악함을 보강할 것을 요구하면서 천하를 주유하였으나 종래에는 배척당하였다. 그러나 孔子께서는 초지를 굽히지 아니하였으니 이러한 확신은 文王으로부터 나온 것이다. 따라서 잘못된 사회관행이나 제도풍습을 개혁하려 한 것은 孔子의 시종일관된 뜻으로 받아들이면서 유가에서의 개혁의 필요성을 강조하고 있다.

이상의 『만언서』의 기본정신에 나타나 있는 王安石의 개혁이상은 바로 『주례』를 기본으로 하는 유가의 이상적 정치시대인 堯舜시대와 주대의 文王이나 武王, 孔子라고 하는 사실을 알 수 있으며 이는 선왕지정으로 함축되고 있다.

5. 宋史奸臣傳과 宋代의 士風

『宋史』의 간신열전에서는 君子(賢哲人)와 小人(奸臣人)을 확연히 구분하면서 북송 대의 관료로 呂惠卿, 曾布, 蔡確, 章惇, 邢恕, 蔡京, 蔡卞 등 신법파의 주동인물을 간신으로 분류하여 놓았다. 그런데 북송대에 신법당이 집권한 시기는 전후 세 차례였다. 제1차 집권 시기는 神宗이 즉위한 후 王安石이 재상으로 발탁된 시대(희령 연간, 1078-1085), 다음 신법당이 정권을 장악하였으나 王安石의 개혁과는 거리가 있는 哲宗의 紹聖 원년(1094)의 제2차 신법당 집권기로 章惇이 재상이 되어 신법을 추진하였으나 개혁의 순수성은 많이 퇴색되었다. 徽宗 대에 들어가서 蔡京에 의한 제3차 신법당집권은 명칭만이 신법파이지 신법과는 그 성격이 다르다. 실제로 蔡京 집권 시에 세운 원우당적비에는 신법파의 章惇, 曾布, 張商英을 포함시키고 있는데 이는 채경이 자신에게 부화하지 않은 자를 모두 간당으로 배척한 때문이다. 후에 신법당을 악매한 반대자들은 신법당의 2대 중심인물을 王安石과 蔡京으로 내세워 이들을 같은 유형으로 분류하는 잘못을 저질렀다. 『宋史』의 저자도 구법파의 입장을 지지하여 북송의 멸망원인이 王安石과 蔡京 등 신법파에 있음을 강조하려 하였고 『宋史』 간신전도 이러한 반신법파에 의해 설정된 것이다.[59)]

필자는 앞에서도 강조한 바와 같이 王安石의 신법논쟁은 宋代 관료사회의 분파주의가 만들어 낸 역사의 왜곡된 굴절현상으로 파악한다. 중국의 역사상 정치의 도덕지상주의를 철저하게 주장하고 특히 도학(송학)이 발달한 宋代에 신구관료에 의하여 자행된 정쟁의 치열함, 상대를 극단으로 매도하면서 자파만을 군자로 자처한 파벌이기주의는 이 시대의 특이한 현상이다. 사실 송의 초기는 오대의 무인시대를 이어받았기 때문에 오대의 폐풍이 남아 있었다고는 하나 상대를 매도하는 배타적 군자, 소인론은 없었다. 그러나 宋代 사풍이 진작되고 도덕정치가 확립되었다고 하는 仁宗의 경덕시대(1041-1048)부터는 자기의 의견에 추종하지 않으면 소인(간인)으로 매도하는 관료사회의 풍조가 나타나고 있다.[60)]

---

59) 『宋史』는 南宋의 紹興시대 舊法黨계통의 史官에 의해 기술된 제3차 訂正本인 『神宗實錄』을 기초로 편찬되었는데 의도적으로 新法黨을 淫害하려는 뜻이 강하고 舊法黨에게 불리한 기사는 거의 말살시켰다. 또한 『續資治通鑑長編紀事本末』卷59, 王安石事迹上・下 및 同卷60. 呂惠卿姦邪, 李定姦邪, 同卷63, 王安石毁去正臣. 同卷64 王安石傳用小人 등에서 이러한 사실을 확인할 수 있다.

60) 宮崎市定은 『宋代の士風』.『アジア史研究』第四에서 南宋 羅大慶의 『鶴林玉露』 (卷7)을 인용하여 "慶曆 이전에는 君子・小人의 구분 없이 모두가 一

이와 같은 사대부 관료의 성향은 기본적으로 문치주의 관료제의 출세지향성과 밀접한 관계가 있고 그 결과 사대부 관인의 배타성을 가져오게 되면서 붕당화 경향을 낳게 되었다. 宋代의 관료사회는 집단화의 현상을 歐陽修는 군자의 진붕과 소인의 위붕으로 구분하여 붕당론으로 정리하였는데 군자이건 소인이건 다같이 붕당을 형성하지 않을 수 없었다고 주장하였다.61) 이러한 관료의 붕당화 경향과 출세주의가 신구양파로 분파시키는 결과를 가져오게 하였다.

顧炎武는 宋代가 중국역대 가운데 士風이 순량한 시대였다고 주장하고 있다.62) 이에 반해 송의 사대부가 다른 시대보다 뛰어나게 기풍이 좋았다고 하는 것을 찾을 수 없고 오히려 그 반대가 아니었는가 하는 의혹이 간다고 반론을 제기하는 학자도 있다.63) 仁宗 말의 詔에 의하면

> "요즈음 士大夫 중에는 陰險한 사람이 있어 자기의 愛憎을 가지고 증거도 없는 浮說을 만들어 臺諫의 門에 날마다 드나들며 風波의 論議를 일으키고, 있다. 危言 危行이나 故意로 사람 눈에 잘 뜨이게 人衆을 놀라게 하고 上을 무시하기도 하며 때로는 論事의 官에 媚하고 人身攻擊의 재료를 제공하는 이들이 있는데 溥俗의 弊風이므로 차후로 이를 삼갈 일"64)

家였으나 慶曆 이후 君子·小人의 명칭이 처음 성립되어 自家·他家의 구분이 생기게 되었다고 하면서 이 때문에 君子는 禍를 입게 되는 일이 사건마다 깊어지게 되었다"고 論하였다. 拙稿. 「王安石·司馬光의 君子·小人論」, 『高柄翊先生華甲紀念歷史學論叢』. 1985 참조.

61) 『歐陽文忠公集』 卷 17, 朋黨論.

62) 『日知錄』 卷 13, 宋世風俗.

63) 宮埼市定. 『宋代の士風』 참조.

64) 『長編』 卷 194. 仁宗 嘉祐6年 秋7月.

이라고 하였다. 神宗 초에 蘇轍도

> "今世의 士大夫는 他人의 말에 贊同하는 것을 嫌(惡)하고 異意를 내세우는 것을 좋아한다. 他人의 成功을 嫉妬하고 失敗를 喜한다. 自己가 참여한 計劃이 아니면 그것이 一寸이라도 蹉跌이 생기면 群起하여 이를 공격한다. 새로운 制度 전부가 나쁘다고 비난한다. 不幸히도 한 번에 이루어지지 않으면 두 번, 세 번 공격을 계속하니 윗분들도 결국 自信을 잃고 의혹을 갖게 되니 늘 중요한 정책이 실패로 끝나고 만다."65)

라고 개탄하고 있다. 神宗 초에 司馬光도

> "庸人들은 자기가 수립한 계획이 아니면 嫉妬가 지나쳐 그 계획을 打壞시키려 꾀하고 절대로 同心協力하여 계획을 成功시키려 노력하지 않는데 現地의 官吏 가운데 5, 6割은 이렇다."66)

라고 사대부 관료의 국가정책에 대한 자세를 비판하고 있다.

宋代의 관료는 대체로 자기 중심주의적이고 자신의 명예이익이 되는 일이 아니면 타인의 좋은 국정개혁에 대해서도 협력하는 일이 없고 그 계획이 성공해서 그것으로 해서 입안자의 명예가 된다고 생각될 때는 백방으로 방해를 한다. 이리하여 언론기관인 臺諫은 여러 방면에서 정보를 입수하여 정책을 반대하는 것이 곤란하면 인신공격으로 파란을 일으켜 종국에는 이를 저지시켜 버린다. 이는 臺諫 자신의 영달을 목적으로 한 것이지 국사는 안중에 없다는 것이다.67) 神宗 초의 재상 劉沆은 "경력 이후 臺諫의 지위가 높아져 조정에서 명이 내

---

65) 『續資治通鑑長編拾補』 卷3, 下.
66) 『同上揭書』.
67) 宮埼市定, 『宋代의 士風』. 참조

릴 때마다 그 일의 옳고 나쁨을 헤아리지 않고 처음부터 반대를 내세운다. 그래도 통하지 않을 경우 개인의 비밀에 속한 증거를 내세워 타인을 중상한다. 이 때문에 재상은 이러한 논의를 겁내어 言官의 롱탁을 피하여야 한다."고 宋代 사대부의 국정논의를 비판하고 있다.

이를 볼 때 宋代의 정치적 분위기는 사대부관료가 너나없이 정치에 대해 강한 비판을 가하는 풍조가 仁宗의 경력시대 이후 유행하고 神宗 대에도 이는 계속되었다. 이에 대해 司馬光·蘇軾·蘇轍·程顥 등이 王安石의 신법에 극렬한 반대의견을 들고 나왔는데 이들 구법당 관료들은 神宗시대 이전(북송 말 英宗시대)에는 정치개혁을 제창한 관료들이다. 다만 새로운 정치개혁이 자기로부터 나오지 않으면 백방으로 이를 저양하여 쾌재를 부르는 것이 宋代의 사풍이다. 이러한 그들은 사회적 분위기를 배경으로 사대부 관료는 출세를 위해서 끊임없이 서로 경쟁을 하면서 붕당을 만들어 나갔는데 그 출발은 관인이 되기 위한 시험(科擧)에서 시작되었다.

당대나 남북조시대처럼 귀족이 사회의 지배계층으로 군림하고 있는 귀족사회에서는 관인으로 출세하는 일은 사회적 신분상 그다지 긴요한 일은 아니다. 그러나 사대부 서민사회인 宋代에 있어서는 관인의 반열에 나가는 일은 계층상승을 위해 중요한 일이었다. 관인이 되기 위해 지방의 주에서 실시하는 解試에 이미 30-40대 1의 치열한 경쟁현상이 나타나고 중앙의 禮部에서 실시하는 省試(貢擧) 또한 解試에 못지않은 경쟁을 뚫어야 한다. 관료로 나가기 위한 좁은 문을 통과하는 데 있어서는 동학(동문)으로서의 의식은 별 의미가 없고 오직 경쟁자로서의 상대로 대할 뿐이다. 이들이 천자 앞에 나아가 마지막 관문인 殿試를 통과하는 데도 치열한 경쟁의식은 여전하였다. 殿試의 성적순위는 관료생활의 출세과정에 절대적인 영향을 주기 때문에 여기에서도 경쟁은 치열하였다. 이와 같이 관료가 되기 위한 극단적인 출세주의 성향으로 해서 宋代의 관료에게는 사제·동문의식은 존재하지 않고 과거합격시의 知貢擧와 수험자, 그리고 같이 합격한 동기의식이 중요하게 작용하고 있다. 관료의 출세에는 選人에서 京人으로 개관하는 일이 중요하며 이때 필수적으로 選人의 신분을 보증하여 주는 보증인(擧主) 오인이 있어야 한다.[68] 選人과 保擧人 사이에는 깊은 인간관계가 형성되고 이는 관료의 출세와 밀접한 관련을 갖고 당파와 연결된다.

王安石의 신법에 대한 보수파 관료의 철저한 반대는 이러한 宋代 관료의 출세성향과 맥을 같이하고 있다고 보아야 할 것이다. 왜냐하면 신법이 실시될 때 王安石에 반대한 관료의 대부분(司馬光, 韓琦, 富弼, 呂公著, 呂誨, 歐陽修, 蘇軾, 蘇轍, 程顥)이 王安石이 등장하기 이전에 이미 개혁을 주장하던 인물이었기 때문이다. 王安石 개혁의 가장 큰 어려움도 대다수 관료들의 반대를 위한 반대와 비협조적 태도였으며 이러한 관료사회의 분위기는 북송은 물론이고 남송 대에도 계속되어 개혁다운 개혁을 추진할 수 없는 결과를 가져오게 하였다.

이와 함께 宋代의 지역적 차별성이 관료의 붕당화와 관계가 깊고 이는 王安石의 신법에 대한 반대입장을 강화시키는 결과를 가져오게 하였다. 북송은 초기부터 새로 정복한 江南地方 출신자에 대한 북방인의 우월감과 편견이 심했고 신법당에 강남인이 많고 구법당에 서북방 출신자가 많았다. 이리하여 국초로부터 남방출신자에게 국정을 맡기지 않는 전통이 생기게 되었다. 仁宗 대의 학자 邵雍(康節)이 天津橋상에서 두견새의 우는 소리를 듣고 장차 강남인(王安石)이 조정에 등용되어 천하가 어지러워질 것이라는 예언을 한 것이 유명한데 이는 화북

68) 拙稿, 「宋代文臣官僚의 陞進에 관하여」, 『東洋史學硏究』8·9합집, 1975 및 『宋代 官人의 保擧』, 『宋代官僚制硏究』, 三英社, 1982, 참조.

인의 강남인 등장을 경계한 일화이다. 司馬光은 강남인은 교험하고 四川의 촉인은 경역하다 하였고 또 仁宗시대로부터 英宗, 神宗 대에 걸쳐 보수파의 원로격인 侍御史 呂誨는 神宗에게 상소한 王安石의 인물평에서 대간사충 대녕사신이라 하고 외종박야이나 마음속에는 교사를 품고 있다고 혹평하고 있는데 이는 王安石의 출신지 臨川(오대의 남당)과 관련이 있다.

王安石이 大姦大忌한 인물로 평가된 유래도 여기에서 비롯된다. 司馬光도 王安石을 평하기를 사술을 주창하고 朝典을 파괴하며 그의 學은 正學이 아니고 언행에는 거짓이 담겨 있다고 혹평하였다. 또 蘇洵은 辨姦論(위작으로 판명됨)에서 王安石을 악인으로 평하면서 입으로는 孔子의 말씀을 송하고 몸소 이 제의 행동을 행하는 척하지만 음부험랑하여 타인과는 취지를 달리하는 악인이라고 극언하고 있다.

6. 宋代의 社會性格과 改革論

宋代는 중국역사상 사회성격이 아주 뚜렷한 시대에 속한다. 북송의 건국에서 사대부 문신관료체제가 확립된 역사적 배경도 그러하거니와 밖으로 정복왕조의 출현이 가능하였던 것도 송의 이러한 文治主義的 사회성격과 밀접한 관련을 갖고 전개되었다.

宋의 대외적인 역사 환경으로 볼 때는 唐末·五代의 군벌체제를 종식시키기 위해서는 문치주의 정책이 불가피하였으나 대외적인 국제환경으로 볼 때에 문치주의 정책은 매우 위험한 국가정책이었다. 그것은 북송의 전 시대를 통하여 북방민족에게 시달림을 당하면서 북송이 망하는 결과를 가져오게 하였고 이러한 역사적 실상을 바로 직접적으로 경험한 남송시대 역시 문치주의를 개혁하지 못하고 전 국토를 이민족이게 정복당한 사실이 이를 잘 증명하고 있다. 문치주의 정책의 결과 북송멸망의 교훈을 남송의 사대부 관료가 잘 인식하고 있으면서도 군사개혁이나 사회정책의 전환을 단행하지 못하고 중국역사상 처음으로 전 국토를 몽고에게 내주는 비극을 맞이하게 된 것은 송의 문신관료의 책임이 크다고 하겠다. 문신관료가 지배하는 宋代의 사회분위기는 쉽게 새로운 개혁을 수용하지 못하였을 뿐만 아니라 참신한 개혁이 제기되어도 그것이 성공할 수 있는 사회적 여건이 조성될 수 있는 분위기가 아니었다. 王安石 신법이 극복해야 한계가 바로 여기에 있었다.

仁宗 대에 이미 范仲淹의 개혁이 단행되었으나 실효는 약하였다.[69] 개혁의 필요성은 보수파의 대정치가 韓琦, 歐陽修를 비롯하여 司馬光, 呂公箸 등의 신진관료 등이 정도의 차이는 있으나 다 같이 개혁을 역설하였다. 그러나 그 대부분은 위정자 개인의 도덕적 자각을 요청하는 입장을 벗어나지 못하고 문제의 근본을 투시하지 못할 뿐 아니라 탁상공론과 표면적 호도책에 불과하였다. 중국사에 있어서 개혁안과 개혁단행과는 큰 차이가 있다. 개혁의 필요성을 역설하는 일은 宋代 문신관료에게 있어서는 참으로 매력적인 정치활동이다. 그러나 이를 실제로 행하기 위한 구체적 방법과 개혁을 실천으로 옮기는 일은 결코 쉬운 일이 아니다. 거기에는 개혁에 대한 확고한 신념과 용기가 있어야 하고 또한 황제의 결단이 수반되어야 한다.

王安石의 신법은 새롭고 독창적인 내용이 아니다. 신법에 포함되어 있는 이른바 부국책이나 강병책, 그리고 科擧制와 학교교육의 개혁 등은 모두가 이전에도 개혁을 논의할 때에 흔히 나오는 내용들이다. 뿐

---

69) 拙稿, 「北宋仁宗朝의 對西夏政策變遷」, 『歷史教育』第8輯, 1965 및 「宋 范仲淹의 文教改革策」, 同 第12輯, 1970년 참조.

만 아니라 오대의 무인체제에서 宋代의 사대부 문신관료체제로 탈바꿈한 송의 국가체제는 그 자체가 대내외적으로 지극히 위험한 시국을 내포할 수 있는 형편을 초래하였다. 다시 말하면 오대 군벌의 횡포를 종식시킨 송의 문신관료체제의 군사적 취약성은 거란, 서하의 군사적 압박을 힘겹게 넘기기는 하였으나 宋代의 생각 있는 관료로서는 누구나 禁軍을 기반으로 하고 있는 募兵體制의 비효율성을 지적하지 않는 자가 없었다. 王安石의 강병책은 국초 이래로 제기되어 오던 이러한 군사제도의 문제점을 고쳐 보는 것이었다. 이와 함께 문신관료체제에 의한 冗官의 대두와 관료사회의 비효율성과 부정부패는 북송의 전성시대로 일컬어지고 있던 仁宗 대에 이미 구법당으로 분류되고 있는 范仲淹의 개혁으로 나타나고 있으며 계속해서 개혁의 필요성은 王安石의 신법에 철저히 반대를 한 보수파의 司馬光까지도 역설하고 있었던 사실이다.

따라서 王安石의 개혁도 이와 같은 국초 이래의 개혁 주장의 연장이며 돌출적인 새로운 내용은 없다. 『만언서』에서도 지적한 바와 같이 王安石의 정치이념은 『주례』에 근거한 선왕지정의 복고주의가 깊게 깔려 있으며 복고적 정치이념이 구체적으로 제시되고 있다. 뿐만 아니라 王安石의 신법실시의 핵심기관이라 할 수 있는 制置三司條例司도 정치기구로서 독창적인 성격을 갖고 있지 않은 것이다. 이는 송초로부터 재정을 담당하던 三司에다 신법내용을 검토하기 위한 條例司를 추가시킨 데 불과한 것이다. 특히 制置三司條例司의 기구내용을 보면 신법의 기본정신은 이미 仁宗시대 이후 주창되어 오던 재정 문제에 초점을 두었다고 생각된다. 따라서 王安石 개혁의 중심은 仁宗 대부터 적자재정에 허덕이고 있는 국가예산을 바로 잡으려는 데 있었다.

王安石의 사상체계도 북송 대의 송학을 계승하면서 공리적 현실주의를 추구하였다. 북송의 사상계에서 송학이 대두된 시기는 眞宗의 함평 연간(998-1003)이며 그 후 지도적 사상가는 胡瑗과 孫復이다. 王安石의 개혁이 실시되기 이전인 북송 중기 仁宗 대에 孫復, 胡瑗이 중심이 되어 일으킨 [정학]이 范仲淹, 歐陽修 등에게 영향을 주어 경력의 개혁이 추진되었던 것이다. 胡瑗과 孫復의 이러한 학문경향은 북송의 중기에 들어오면서 여러 학파를 탄생시켰는데 胡瑗에 의한 안정학파의 영향을 받은 인물로 歐陽修와 李覯를 들 수 있다. 특히 李覯는 歐陽修, 王安石과 같이 강남출신으로 그의 「부국책」 10편과 「강병책」 10편은 王安石의 신법에 큰 영향을 주었다. 그는 국가의 중요문제는 부국, 강병, 안민에 있다고 하는 공리주의적 경륜론을 주장하였으며 이와 같은 이상적인 근거를 『주례』에서 구하고 국가경영의 기본이 『주례』에 있음을 강조하였는데 이는 王安石의 『주례』지상론에 절대적인 영향을 주었다.

한편 도덕주의와 춘추학을 내세운 孫復의 사상은 司馬光을 비롯한 구법당에게 영향을 주면서 발전되어 나갔는데 이들은 洛陽을 중심으로 『春秋學』이 발전한 낙학파와 四川을 중심으로 한 촉학파, 呂公著가 중심이 된 범여학파, 司馬光의 속수학파 등 다양한 학파로 분파되면서 보수파로 집결되었다. 북송시대의 이러한 다양한 사상경향은 지역적으로 華北의 삭학파와 江南地方의 신학파(王安石 중심)로 양분되면서 유교경전에 있어서의 『春秋』 대 『周禮』로 대립을 보였고, 사상적으로는 도덕주의 대 공리주의로 대립되어 보수 대 개혁으로 갈라지게 되었다. 그러나 신학으로 알려진 王安石의 신법파는 신법의 실패로 평판을 잃고 북송의 멸망으로 간신으로 몰리게 되어 남송 대에는 유교의 이단으로 그 기반을 상실하게 되었다. 그리하여 신학에 대한 반대자들의 사상과 학문이 송학의 정통으로 군림하게 되었다.

이렇게 볼 때 王安石의 신법은 내용면에서나 사상체계에 있어서나 혁신성이 적고 종래에 주장되어 오던 개혁안을 시행에 옮긴 것에 불과하며 그의 사상체계도 宋代에 발달한 송학의 테두리를 벗어나지 않고 있다. 이러한 시각에서 볼 때 신법은 이를 반대한 구법당에 의하여 지나치게 혁신적인 새 법으로 과장되면서 정치적으로 악용된 면이 없지 않다. 특히 王安石이 정치의 도덕성 수립에 개혁의 목표를 두었다는 점에서도 보수파와 다를 바가 없으며 다만 방법상에서 王安石은 개혁의 방향을 택하였으므로 이 점에서 신법의 성격을 찾아야 할 것이다.

거듭 강조하는 바이지만 王安石과 그의 신법은 그것이 본래 지니고 있던 역사적 실상과는 다르게 宋代의 정치 사회적 환경에 의하여 굴절되면서 구법당과 도학파에 의해 법가적 패도주의로까지 매도당하면서 유교의 이단이라 비난되었다. 그러나 王安石의 신법과 그의 사상은 구법당 못지않게 유교적 전통을 고수하고 있으며 그의 개혁은 구법당이나 주자학에서도 존중하고 있는 북송 초의 정학에까지 소급할 수 있다. 그러나 구법당에 의한 이러한 王安石 신법의 굴절현상이 청대 이후 원상으로 회복되는 과정에서 굴절된 각도의 조절이 빗나가고 진상파악이 어긋난 부분이 없지 않다.

王安石은 근본적으로 유가의 테두리를 벗어나지 않은 유가사상가이다. 특히 王安石이 추구한 개혁정책은 흔히 말하는 특정계층(중소농민, 중소상인)의 이익을 목표로 하여 지주와 대상을 희생의 대상으로 한 것이 아니다. 이는 북송이 처하고 있던 당시의 내외적 상황에서는 너무나 당연한 개혁조치이고 그러므로 그의 개혁을 전통성이 강한 수창적 개혁으로 규정하는 것이다. 신법에 대한 반대파의 비판 가운데 가장 큰 모순은 법의 기본정신은 접어둔 채 지엽적인 문제를 들어 비판을 내세우는 경우가 있고 또한 이 법이 시행되기도 전에 이미 반대와 비판을 가혹하게 가하고 있는데 이는 반대를 위한 반대가 아닐 수 없다. 이 경우 王安石이 물러난 후에 구법당이 신법을 폐지하자 이때는 도리어 신법 폐지를 반대하는 입장에서 다시 비판을 하는 경우를 볼 수 있다. 그리고 신법을 실시하기 이전에는 개혁을 주장하던 인물들이 신법실시와 함께 종래 자기가 주장하던 개혁은 없던 것으로 하고 신법에 반대하는 논리적 모순을 들 수 있다.

(『東洋史學硏究』 제51집, 1995)

Ⅲ. 王安石의 人間性에 대하여

1. 머리말

인간의 성격(인간성) 형성에는 두 가지 要因이 있다. 하나는 선천적인 요소(유전성)이고 다른 하나는 후천적 要因(환경성)이라 하겠다.

王安石의 인간성 형성도 예외는 아니다. 그는 선천적으로 좋은 요인을 타고났고, 후천적으로도 당시로는 몇 가지 문제는 있어도 좋은 환경에서 자랐다. 따라서 그에 대해 많은 사람들이 논란을 하는 것은 그의 인간성에 대한 것이라기보다는 오히려 정치가, 개혁가로서의 王安石을 비판한 것이고 여기에 묻혀서 자연인으로서의 그의 인간성까지도 왜곡되어 버린 면이 적지 않다.

중국사에서 개인에 대한 연구로서 王安石 연구 만큼 그 질이 깊고 양이 방대한 연구도 드물 것이다. 또한 한 사람의 인물평가에 대한 기록(사료)에 있어서도 王安石처럼 서로 상반된 예도 흔치가 않다. 그만큼 王安石은 이미 동 시대(북송시대)에 新法派와 舊法派에 의해서 서로 다른 평가를 받아왔다. 그 위에 북송이 망하자 멸망의 책임을 王安石과는 무관한 당시에 집권하고 있던 신법당에 돌리게 되면서 남송시대에는 王安石 평가도 사실과 다른 쪽으로 왜곡되어 나갔다.

王安石을 연구하는 데 느끼는 어려움이 그에 대한 방대한 기록과 역사적 사실 사이에 존재하는 괴리를 어떻게 좁히느냐에 있다고 하겠다.

王安石에 대해서 한편에서는 위대한 정치가·개혁가 그리고 당송팔대가로 꼽을 정도로 뛰어난 문인으로 평가하기도 하고 다른 한편에서는 그를 간사한 정치가, 위선적인 문인 그리고 인간성이 德이 없는 냉정한 인물로 혹평하기도 한다.

이러한 王安石의 평가는 북송시대의 정치·사회상과 무관하지 않다. 신·구법당의 치열한 당쟁 속에서 반대당을 무조건 폄훼하는 정치적 상황은 인물평가의 객관성을 유지하기 어렵다. 더욱이 王安石과는 관계가 없으면서도 다만 신법당에 속한 蔡京 일당이 집권한 북송의 말기 현상과 북송 멸망의 원인을 단죄하는 데 후세의 역사적 평가는 그 모든 책임을 신법당과 그 창시자라고 할 수 있는 王安石에게 돌린 역사평가의 과오라고 생각된다.

王安石은 개혁을 실시하기 이전까지만 해도 유교적 교양을 지니고 시문에 능한 宋代에 흔히 있던 수재형의 문신관료에 불과하였다. 그러한 그가 중국 역사상 열 손가락에 꼽힐 정도로 유명한 인물이 된 것은 신법을 단행한 결과에서 비롯된 것이다. 그런데 王安石이 정권을 잡고 개혁을 추진한 기간은 6년(1069~1075)에 불과하고 이 6년 동안에도 개혁의지가 강하며 영민한 청년황제 神宗이 국정전반을 총괄하면서 개혁을 밀고 나갔기 때문에 실제로 신법의 추진과정에 대하여 王安石 개인의 독자적 개혁으로 보려는 시각에는 여러 가지 문제가 있다. 따라서 정치가 王安石과 인간 王安石은 구분되어야 하는데 지금까지의 그에 대한 평가는 정치가로서의 평가에 무게를 놓았기 때문에 한 인간으로서의 그의 참모습이 가려진 것이 사실이며 이것이 王安石의 인간성 평가에도 작용하였다.

종래의 王安石 연구는 주로 그가 단행한 신법연구를 중심으로 진행되어 왔고 자연인 王安石에 대한 연구는 신법의 그늘에 묻히어 관심을 갖지 않은 것이 사실이다. 또한 唐宋八大家의 한 사람으로 그의 산문과 시문은 문학적 가치가 높기 때문에 이러한 작품에 대한 문학적 연구도 중요한 연구주제로 부각되고 있다.

본 연구는 이러한 북송 대의 정치·사회적 시대상을 생각하면서 종래의 王安石에 대한 정치적 시각에서 비롯된 역사적 관점과는 방향을 달리하여 王安石의 인간성, 다시 말해 그의 성격 면을 구체적으로 추적하여 종래에 평가되어 온 부정적인 내용의 문제점을 보완하고 그의 인간성에 대한 객관적인 사실을 확인하려는 데 연구의 중심을 두었다.

2. 王安石의 人間性 혹평의 배경

王安石에 대한 비평은 주로 그의 新法에 대해 초점이 맞추어져 있다. 따라서 그의 인간성에 대한 평가는 新法과 결부되면서 신법의 내용과 성격 그리고 이를 집행하는 과정에서 그의 결단성이나 비타협성, 그리고 독선적 성격을 부각시키고 있다. 그러므로 이러한 평가는 엄밀하게 보면 王安石의 인간성에 대한 직접적인 평가라기보다는 주체는 신법에 두고 이에 대한 부수적인 측면에서의 그의 성격의 일면을 부각시키고 있기 때문에 개관적인 王安石의 인간성이라고 말하기 어렵다. 王安石의 인간성이 오해되고 있는 점도 바로 이러한 데 그 중요한 원인이 있는 것이다.

王安石에 대한 평가는 이미 北宋시대 사람들의 혹평에서 볼 수 있다. 王安石의 정적이고 구법당의 총수인 司馬光의 王安石에 대한 인물평을 보면

> 安石은 邪說을 首唱하며 亂世를 일으키려 하고 법을 어기고 조정의 법도를 함부로 바꾸며 학문이 잘못되어 있고 거짓을 말하면서 王制를 파괴하니 진실로 良臣이라고 말하나 그는 바로 民敵[1])

1) 『司馬溫公文集』 卷 1, 奏彈王安石表.

이라고 혹평하고 있다. 특히 그의 성격에 대해서

> 그와 뜻을 같이하면 기뻐하고 그와 뜻을 달리하면 미워하여 뜻을 같이하는 자는 登運(출세)을 시키지만 뜻을 달리하는 자는 관에서 축출시켜 종신토록 초야에 묻히게 만든다.[2)]

라고 극단적으로 악평하고 있는데 司馬光은 宋代 뿐 만 아니라 중국의 역사상 존경받는 君子로 알려져 있으나 王安石에 대한 그의 평론은 감정적이고도 과장된 수사라는 것을 알 수 있다.

이와 같은 司馬光의 王安石에 대한 평은 많이 과장되고 있다는 사실을 쉽게 알 수 있다. 그것은 司馬光이 이 상소문을 올린 시기가 神宗의 熙寧 3년(1070)으로 이보다 1년 전 熙寧 2년(1069)에 王安石이 新法을 단행하였고 정책에 제대로 집행되지 못하고 있던 상태였다. 이러한 시점에서 王安石이 그와 뜻을 달리하는 자를 모두 몰아내었다는 것도 사실과 많이 다르다.

다음에는 구법당의 원로이고 仁宗·英宗·神宗의 三代에 걸쳐 고위직을 역임한 呂誨의 王安石評을 보면 "大姦似忠 大佞似信"[3)]이라고 악평을 하고 이어서

> 王安石은 겉으로는 순박한 척 하나 속으로는 교사함을 감추고 있는 자로 결국에는 전하를 속이고 천하의 창생을 그르치게 할 인간이다.[4)]

라고 하였다. 呂誨는 王安石의 인간성에 대해 大姦大佞하고 겉과 속마음이 다른 음밀한 성격의 소유자라고 평하고 있다.

---

2) 『同上揭書』.
3) 『宋文鑑』 卷 5, 呂誨 論王安石.
4) 『同上書』

蘇洵은 王安石에 대하여

> 입은 孔子의 말씀을 誦하고, 몸으로는 伯夷·叔齊의 행동을 본 따는 듯하면서도 그의 성격은 陰賊險狼하니 사람들과 뜻하는 바가 전혀 다르다.[5)]

라고 王安石의 성격을 신법과 결부시켜 평가하고 있다.

宋代 사대부 관료의 극단적인 대립형태를 신법·구법당의 정쟁과 붕당에서 그 원인을 찾고 君子와 小人의 대립관계에서 官人사회 유학자의 대립 구도로 보는 시각이 지배적이다. 즉 송유의 經驗派와 正名派, 周禮學派, 春秋學派의 대립으로 비롯된 것으로 파악하고 있다.[6)]

顧炎武는 宋代가 중국 역대 가운데 士風이 醇良한 시대였다고 주장하고 있다.[7)] 이에 반해 송의 사대부가 다른 시대보다 뛰어나게 기풍이 좋았다고 하는 것을 찾을 수 없고 오히려 그 반대가 아니었는가 하는 의혹이 간다고 반론을 제기하는 학자도 있다.[8)]

仁宗도 士大夫관료의 이와 같은 대립을 염려하여

> 요즈음 士大夫 중에는 陰險한 사람이 있어 자기의 愛憎을 가지고 증거도 없는 浮說을 만들어 臺諫의 門에 날마다 드나들며 風波의 論議를 일으키고, 危言危行을 하며 故意로 사람 눈에 잘 뜨이게 人衆을 놀라게 하고 上官을 무시하기도 하며 때로는 論事의 官에 아첨하고 人身攻擊의 재료를 제공하는 이들이 있는데 薄俗의 弊風이므로 차후로 이를 삼가야 할 것이다.[9)]

---

5) 『蘇老泉全集』 卷 3, 辨姦論.
6) 拙稿, 「王安石, 司馬光의 君子·小人論」, 『高柄翊先生 華甲紀念論集』, 歷史와 人間의 對應.
7) 『日知錄』 卷 13, 宋世風俗.
8) 宮崎市定, 「宋代の 士風」, 『アジア史研究』 卷 4..
9) 『續資治通鑑長編』 卷 194, 嘉祐 6年 7月.

또한 神宗初에 蘇轍도

> 今世의 士大夫는 他人의 말에 贊同하는 것을 嫌(惡)하고 異意를 내세우는 것을 좋아한다. 타인의 成功을 嫉妬하고 先敗를 喜한다. 자기가 참여한 계획이 아니면 그것이 一寸이라도 차질이 생기면 群起하여 이를 공격한다. 새로운 制度를 만들어도 그것이 조금이라도 불합리함이 드러나면 그 제도 전부가 나쁘다고 비난한다. 불행히도 한 번에 이루어지지 않으면 두 번, 세 번 공격을 계속하니 윗분들도 결국 자신을 잃고 의욕을 갖게 되니 늘 중요한 정책이 실패로 끝나고 만다.[10]

라고 개탄하고 있다.

神宗初에 司馬光도 용인들은 자기가 수립한 계획이 아니면 질투가 지나쳐 그 계획을 타괴시키려 꾀하고 절대로 동심협력하여 계획을 성공시키려 노력하지 않는데 현지의 관리 가운데 5, 6할은 이렇다[11]고 사대부 관료의 마음가짐에 대한 부정적인 자세를 비판하고 있다.

宋代의 관료는 대체로 자기 중심주의적이고 자신의 명예이익이 되는 일이 아니면 타인의 좋은 개혁안에 대해서도 협력하는 일이 없고 그 계획이 성공해서 그것으로 해서 입안자의 명예가 된다고 생각될 때는 백방으로 방해를 한다.

이를 볼 때 宋代의 정치적 분위기는 사대부관료가 너나없이 정치에 대해 강한 비판을 가하는 풍조가 仁宗시대 이후 유행하였고 神宗代에도 이는 계속되었다. 神宗이 즉위하면서 王安石을 발탁하여 정치를 개혁하고자 하였다. 이에 대해 사마광을 중심으로 하는 관료들이 王安石의 신법에 극렬한 반대의견을 들고 나왔는데 이들 구법당 관료들은

10) 『續資治通鑑 長編拾補』 券 3.
11) 『續資治通鑑 長編拾補』 券 3, 下.

神宗시대 이전(북송 초, 英宗시대)에는 정치개혁을 제창한 관료들이다. 다만 새로운 정치개혁이 자기로부터 나오지 않으면 백방으로 이를 반대하였다.

王安石에 대한 가혹한 비판도 宋代의 사회적 분위기를 그대로 반영한 것이다. 특히 王安石의 개혁이 역사상 그 예를 찾기 어려울 정도로 과감하고 혁신적이었기 때문에 반대파는 그를 유교주의자가 아니고 조종의 법을 파괴하는 법가주의자로 몰아붙이고 나아가서 그의 인간성까지도 냉혹하고 비정한 인간으로 몰아붙였다고 볼 수 있다.

이와 함께 王安石에 대한 악평은 지역적인 감정이 배후 작용을 하고 있다.

宋代는 華北五代의 후주를 계승하였기 때문에 국초부터 남방출신자를 국정에 참여시키지 않는 전통이 있었다. 이것은 오대의 혼란을 통일한 화북인이 江南地方을 병합한 데서 오는 북방인의 우월감에서 나온 것이라고 할 수 있다. 여기에 王安石은 江南의 臨川出身이고 구법당의 사마광은 華北地方 출신이었다. 王安石이 태어난 華南의 臨川縣은 아주 시골이고 특히 華南地方은 宋이 건국(960)한 이후 최후까지 송조에 귀의하지 않고 저항하였기 때문에 송이 건국한 이후에도 중앙정계에 발을 붙일 수 없었고 또한 화북인들도 그들을 비하하는 습속이 있었다.

이와 같은 화북인 우월감은 宋代의 관료사회의 저변에 흐르는 지역감정이었다. 사마광은 직접적으로 강남인을 폄박하는 말을 서슴지 않았으니 神宗이 江南의 建州, 建陽출신인 陳升之를 재상으로 등용하려하자 "江南의 민인은 교활하고 음험하며 초인은 경박하다."[12]는 말로 강남인에 대한 선입견을 말하고 있다.

---

12) 『宋史』 卷 336, 司馬光傳.

또한 사회계층적 이해관계가 王安石의 신법과 긴밀한 관계를 갖게 되면서 왕에 대한 악평이 나오게 되었다. 즉 북송의 체제하에서 기득권을 가지고 있던 대상, 대토지 소유자들은 그들의 대변자인 고관의 특권을 침해할 요소가 신법에 포함되어 있다. 이로 인해서 신법의 추진자인 王安石에 대한 격렬한 비판을 서슴지 않았던 것은 당연하다고 하겠고 그것이 신법 그 자체에 국한하지 않고 王安石의 인간성에 대해서도 통렬한 악평을 서슴지 않았다.

북송시대에 王安石에 가해진 악평은 북송 멸망 당시의 정권을 담당하였던 蔡京을 비롯한 인물들이 신법당 관료들이었다는 사실이 王安石에게는 대단히 불리한 것이었다. 휘종 대의 신법당 인물들은 王安石과는 별로 관계가 없고 다만 神宗·哲宗·徽宗 시대로 내려가면서 신·구법당의 치열한 당쟁의 와중에서 북송 말에 신법파가 정권을 장악하였을 뿐 이들은 王安石의 개혁의지나 혁신적인 국정쇄신노력은 전혀 갖고 있지 않았다. 그런데도 북송 멸망의 원인을 신법당에 돌리고 그 원천적 책임을 王安石에게 있다는 남송시대의 역사서술을 근본적으로 잘못된 것이다. 따라서 북송시대에 王安石에게 가해진 혹평이 고정되어 버린 것은 구법당적 성격을 띤 남송정권에서 확정되었고 특히 남송에서 편찬된 神宗實錄이 중요한 작용을 하게 된 것이다. 그 내용은 구법당적 주장과 춘추학적 정명파의 색깔이 강하고 이러한 영향을 받은 『宋史』의 기사는 사실을 왜곡한 부분이 많다. 그 예로 王安石에 협력하였다는 이유만으로 간신전에 넣은 曾布와 程顥를 신법당에 가담한 것은 정치적 욕망에 굴복하였다는 비난의 기록은 그 좋은 예라 하겠다.

이러한 『宋史』 및 남송시대에 편찬된 역사서가 아무런 비판이나 수정 없이 그 이후 시대에 계속되면서 王安石에 가해진 악평은 굳어져

버린 것이다.

그러나 남송시대의 陸九淵은 王安石의 인간성에 대해 "蓋世之英 絶俗之操"[13]를 타고난 정치가로 평가하면서 王安石에 대한 비난은 신법의 참뜻을 이해하지 못하는 감정에 휩쓸린 결과라고 하였다. 陸九淵의 이와 같은 평가는 王安石의 인간성 가운데서도 탁월한 영단과 세속과 결코 타협하지 않는 지조의 고고함을 높게 보고 있음에 주목이 간다. 한편 청대의 고증사학자로 알려진 王夫之[14]와 錢大昕[15] 등도 王安石에 대해서는 혹평을 하고 있다.

그러나 王安石에 대한 전통적인 악평은 蔡上翔의 『王荊公年譜考略』(1804년)에 의해서 王安石이 과거 700여 년 동안 억울한 누명을 쓰고 있는 것을 벗겨야 한다는 사실을 고증학자답게 수많은 사서의 고증을 통하여 밝히고 있다. 또한 梁啓超는 『王荊公』(1936년)과 『王安石評傳』(1936년)을 통하여 王安石에 대한 종래의 악평이 잘못임을 밝히고 있다. 특히 그는 王安石의 개혁을 사회주의적인 개혁으로 보고 "國史之光"으로 평가하고 있다. 이 밖에도 王安石의 인간성보다는 신법에 대한 악평가는 薛農山[16], 呂振羽[17] 등에 의해서 나타났다.

---

13) 『象山先生全集』 卷 19. 荊國王文公祠堂記.

14) 王夫之는 『宋論』 卷 6, 神宗論에서 宋滅亡의 原因을 新·舊法堂의 黨爭에 두지 않았다. 또한 新法의 推進은 王安石보다는 神宗에 그 무게를 두고 있다. 그러나 王安石을 小人이며 惡人이라 酷評하고 있다.

15) 『潛研黨文集》 卷2, 王安石論에서 王安石의 新法을 商鞅의 政術과 같으나 王安石의 人物됨은 商鞅에 미치지 못하며 그의 新法을 詐欺術이라 혹평하였다.

16) 薛農山은 『中國農民戰爭之史的硏究(上)』 (1935년)에서 新法을 社會主義的 改革이라 보지 않고 改良主義的 改革에 불과하다고 하였다.

17) 『中國政治思想史』 下(1937)에서 新法은 참된 社會主義가 아니고 改良主義 政策에 불과하다고 評하고 있다.

3. 王安石의 人間性과 家族關係

王安石은 북송의 3대 眞宗의 천희 5년(1201)에 臨江軍(江西省 淸江縣)에서 10남매 중의 3남으로 태어났다. 천희 5년대는 북송이 건국한 지 70여 년이 지나 太祖·太宗代의 창업·수성시대를 거쳐 안정시대로 접어들면서 중앙집권적 문신관료체제가 본 궤도에 진입한 시대로 문신체제의 송조적 성격이 뚜렷이 부각되는 시대적 배경을 지니고 있다.18)

王安石의 성격 형성에는 가족관계가 무엇보다 중요하고 특히 그의 인간성을 살피는 데 있어서는 성장환경이 중요하며 王安石의 가계와 가족관계는 그의 인간성에 중요한 영향을 주었다고 생각한다.

王安石가는 처음부터 관료가계는 아니다. 증조부·조부 모두 관직에 나가지 아니하였으며 그 위에 왕씨 일가는 본래부터 江南地方의 토착인은 아니다. 병란을 피하여 북방의 太原에서 撫州, 臨川지방으로 이주하였으므로 관료로 진출하기 이전까지는 경제적인 기반을 마련하지 못한 상태였다.19)

왕씨 일가가 관계에 발을 들여놓게 된 것은 王安石의 조부 王用之의 동생인 王貫之가 眞宗의 함평 3년(1000년)에 進士에 합격하여 지방관으로 출사하면서 비롯되었다. 또한 王安石의 부친인 王益이 대중상부 8년(1015)에 21세로 進士에 급제하면서 문치주의 宋代 관료사회의 기반을 비로소 마련하게 되었다.

王安石의 가계는 王安石 대에 와서 실력에 의한 관계진출의 길이

---

18) 拙著,『宋代 官僚制 硏究』, 三英社, 1982.
19) 王安石의 文集 『臨川文先生文集』 卷 71,「先生夫述」 王氏其先出太原 今爲撫州 臨川人 참조.

열렸다. 宋代에 부·자 이 대에 걸친 進士합격의 어려움을 생각할 때 進士에 합격한 王益의 자손들에 대한 교육열이 상당하였음을 알 수 있다.

王安石에 이어 皇祐 연간(1049년)에 형 王安仁이 급제하고 다시 가우 6년(1061년)에는 동생 王安禮가 합격하였다. 그 후 英宗의 치평 4년(1067년)에 아들 王雱이 召試에 의해서 각각 進士에 등제되었다. 함평 3년(1000년)부터 69년 동안에 일가족 중에 6인의 進士가 나왔다는 것은 그의 가계가 관료로서의 기반을 마련하였음은 물론이고 문치주의 宋代 사회에서의 문인적 교양을 충분히 마련한 집안이라고 평가된다.

王安石 가문의 이와 같은 높은 교양은 남성 형제에 한하지 않고 여성자녀들에게도 적용된다. 그의 매 3인은 張奎, 朱明之, 李長의 관료가문으로 출가하였고 그의 두 딸은 吳安特, 蔡下 등 고관에게 출가하였다. 이들은 모두 여류문인으로 이름이 알려졌다. 이들이 여류문인으로 이름을 떨친 것은 王安石의 모친 吳氏와 외조모 黃氏의 높은 학문의 영향을 받은 것으로 보인다. 吳氏와 그의 모친 黃氏는 다 같이 학문을 사랑하고 사서에 일가견을 가지고 있었던 사실[20]로 미루어 볼 때 왕씨의 외가의 학문과 높은 교육수준을 알 수 있다.

특히 그의 누이 王文淑은 張奎에게 출가하였고 조정으로부터 長安縣君의 칭호를 받았다. 그는 시문에 뛰어나고 서예에도 능하여 문학예술의 재능이 있었으며 王安石과도 시로 화답할 정도였다.[21]

이와 같은 그의 학자적 가정환경은 王安石의 인간성 형성에 많은 작용을 하였다. 뿐만 아니라 王安石을 반대하고 그에 대한 악평을 서

---

20)『臨川先生文集』, 卷 71, 雜著 先大夫述.
21)『臨川先生文集』, 卷 30, 宗長安縣君.

숭지 않는 많은 인사들이 그를 강남의 보잘것없는 가문으로 매도하는 것은 잘못된 것이라 하겠다.[22]

王安石의 인간성 형성에는 부친 王益의 영향이 가장 컸고 실제로 그의 성격에는 부친을 많이 닮은 면이 여러 곳에서 발견된다.

王安石의 부친 王益은 청빈한 인물로 宋代의 유학자 故瑗을 감동시켰다. 그는 대중상부 8년에 進士에 합격한 후 중앙정계에 나가지 못하고 지방관으로 종신하였다. 그러나 지방관으로서의 그 치적은 높이 평가되고 있는데 건안주부시대에는 간악한 孔目吏의 선동으로 조세가 걷히지 않자 孔目吏를 체포하여 엄중히 문책함으로써 세수가 순조롭게 걷혔다. 특히 독과에 있어서는 가난한 농민의 사정을 살피고 호민에 대해 엄격하였다. 臨江軍判官 시절에는 수로를 열어 수운을 편리하게 함으로써 농민의 고통을 덜어주었다. 특히 知韶州 시대에는 지방관의 풍속을 정비하고 남녀풍기를 궁치하였다. 이것이 바로 故瑗을 감동시킨 일이다.

그는 지방민관의 어려움을 해결하는 데 힘을 기울였으니 창고를 짓고 방도를 개설하여 농민생활보호에 치적을 올렸다. 이리하여 韶州의 주민들로부터 역대의 知州 가운데 王益보다 훌륭한 관인은 없었다고 칭송되기도 하였다. 지방관으로서의 王益의 이러한 치적과 정치적 자세는 王安石이 지방관으로 재직하면서 행한 바와 유사한 바가 있다.

王益이 이렇게 지방관을 전전한 것은 추천인을 얻지 못한 데 중요 원인이 있다.[23] 王益이 21세에 進士시험에 합격한 것은 그의 천재성

---

22) 『宋史』 卷 327, 王安石傳에 安石本楚士 未知名於中朝.

23) 宋代의 관료가 승진하거나 中央官으로 진출할 때에는 반드시 직접 上官이나 中央의 高官의 추천과 보증을 받아야 한다. 이것을 保擧·擧官·擧士 등 여러 가지 명칭이 있다.(『宋會要輯稿』 117冊, 選擧·擧官 및 『宋史』 卷 160, 選擧法 6 保任條.)

을 입증한 것이며 유능한 인물로 평가되어 있으면서도 지방관으로 그것도 요직이 아닌 말직을 전전한 것을 보면 유능한 보증인을 얻지 못한 것이 아닌가 생각된다.

宋代는 唐代까지 유지되어 오던 문벌이 사라진 대신 개인의 능력이 발휘되는 시대이기는 하나 인맥관계는 아주 중요하다. 宋代에 유명한 관료로서 인맥에 의한 추천을 받지 않고 출세한 사람은 드물다. 司馬光은 20세에 과거에 합격하여 華州 屬官(종 9품)으로 관료생활을 시작하였다. 그는 당시 중앙정계의 대관인 龍籍의 추천으로 출세하게 되었다. 范仲淹은 晏珠의 추천으로, 歐陽修와 尹洙는 王曉의 추천. 王安石을 神宗에게 추천한 것은 韓維이다. 이와는 반대로 鄭樵는 추천자를 얻지 못하여 독학으로 일관하였다.[24] 관료로서 출세하기 위해서는 지연이나 학연, 특히 과거 시험 당시의 시험관(考試官)과의 인연이 중요하다. 그런데 유능한 추천인을 얻는 일은 개인의 학문적인 능력과 함께 인간관계에 중요한 작용을 하였다. 王益은 능력이 있으면서도 직선적이고 비타협적인 신념의 성품 때문에 상관에게 추종하지 못하였으므로 추천을 받지 못한 것이 아닌가 생각된다. 이러한 성품은 王安石의 인간성에도 잘 나타나 있다. 따라서 王益의 성격은 아들 王安石이 볼 때에는 강력한 것이었고 王安石이 28세 때 부친에 대한 회고기술인 〈先大夫述〉에 보면 부친의 엄격성, 정직성, 성실성에 크게 감동하면서 깊은 영향을 받고 있음을 살필 수 있다.[25]

지방관으로서의 王益의 치적은 후에 王安石이 지방관 재직 시 행적과 유사한 면이 많다.

예컨대 王益은 행정을 처리함에는 사소한 일에는 구애받지 않으면

---

24) 拙著, 『宋代官僚制研究』 참조.
25) 『臨川先生文集』 卷 71, 「先大夫述」 참조.

서도 관료로서의 사회적 책임에는 엄격하고 한 번 결정을 한 일에 대해서는 결코 고치는 일이 없고 자신감과 신념에 차 있었다. 그는 재산을 모으는 데 관심을 두지 않고 청렴한 생활을 하였고 가난한 농민의 생활안정을 위해 지방관으로서의 임무를 충실히 행한 점 등은 후에 王安石의 지방관 생활과 비슷하다.

王益은 관료로서 자기의 책임을 성실하고 근면히 수행하였을 뿐 아니라 가정에서는 매우 다정다감한 가장의 역할을 하였고 이것은 王安石에게도 좋은 본보기가 되었다. 가정에 돌아와서는 부모에게 효도하였고 지방관으로 임지를 옮겨 갈 때마다 부모를 모시고 가족 모두를 인솔하여 부임하였다. 가족을 정성껏 돌보고 부친(王用之)을 위해 평소에는 근검절약하여 인색하다는 소리를 듣기도 하였으나 부모를 위한 일에는 전혀 돈을 아끼지 아니하였다. 자제를 때리거나 화를 내는 일이 없이 화목한 가정을 이끌어 나갔다. 이는 王安石의 소년기 인격 형성에 깊은 영향을 주었다. 특히 부친의 청빈한 생활 태도와 지방관으로서 각지를 순력하면서도 관료로서 기본적인 전지를 마련하지 못하고 가족을 데리고 임지로 부임하였다. 이와 같이 가난하게 각지를 돌아다니는 과정은 소년기 王安石의 성격 형성에 강력한 영향을 주었다.

또한 王安石의 인간성 형성에는 모친을 비롯한 외가의 영향이 적지 않았다.

王安石의 모친 吳氏는 훌륭한 인격을 갖춘 분이다. 王益의 후처로서 전처인 徐氏 소생의 두 아들(安仁·安道)을 친자식 이상으로 돌보았기 때문에 형제간에도 이모형제이라는 사실을 모를 정도였다. 사람을 대접함에 후하였고 어려운 사람에게 관대히 베풀었다. 뿐만 아니라 吳氏는 학문을 즐기고 기억력이 뛰어나 사람들로부터 존경을 받고 음양술수의 학문을 모친 黃氏로부터 배웠다. 王安石이 기억력이 남달리 뛰어난 것은 이러한 모친의 영향이 많다고 생각된다.

앞에서도 언급하였지만 王安石의 인간성 형성에 특히 큰 작용을 한 것은 그의 가족 구조에서 살필 수가 있다. 그는 10남매 중 3남이다. 위로 두 형(安仁·安道)과 아래로 사제(安國·安世·安禮·安上) 그리고 매가 셋(文淑 이하 2명)이 있다. 두 형은 王益의 사망한 전처 徐氏의 소생이고 王安石 이하 8남매는 그의 모친 吳氏 출생이다. 그러므로 王安石은 3남이지만 장남의 역할을 함께 해야 하는 가족구조상의 책임을 져야 하는 위치에 있었다. 실제로 보원 2년(1039)에 부친이 병사한 후 가족의 생계를 王安石이 도맡아 나갔고 이것은 그가 중앙관으로 진출할 기회를 포기하고 봉급이 후한 지방관으로 재직한 사실로 그의 가족에 대한 애정과 책임을 알 수 있다. 특히 모친과 여동생에 대한 극진한 사랑은 王安石의 인간성에 다정다감한 애정을 볼 수 있고 모친에 대한 극진한 효도는 외가와 외조모에게까지 사랑의 표시를 하고 있음을 그가 유년시절을 회고한 글에서도 나타나고 있다.[26]

王安石의 인간성에 대해 그를 비판하는 사람들은 인정이 없는 냉정한 성격이라고 하지만 사실과 다르다. 〈長安縣君에 보낸 詩〉[27]에 의하면 이미 출가한 매에 대한 자상한 오라버니의 면모를 보이고 있고 〈吳氏의 女에게 부친 詩〉에서는 외손자에 대해 간절한 인간의 정을 표현하고 있다.

王安石은 정치가적 성격보다는 학자적 예술가(문인)적 성격의 면모를 가지고 있다. 그가 神宗의 부름을 받아 중앙관으로 나아가지 않았다면 부친과 비슷한 지방관으로 종신하였을 것이고 많은 문학작품을

---

26) 『臨川先生文集』 卷13. 憶昨示諸外弟.
27) 長安縣君은 王安石의 누이 文淑으로 張奎의 妻가 되어 朝廷으로부터 長安縣君의 칭호를 받았다.

남겼을 것이다.

그는 어려서부터 남달리 독서를 즐겼고 12세에 이미 학문(유학, 문학) 방면에 상당히 높은 수준에 도달하였다. 어려서부터 뛰어난 기억력을 가지고 독서에 몰두하였다. 『宋史』 王安石傳에 "少年시절 讀書를 즐기고 한 번 읽은 내용은 平生 잊지 않았다."고 할 정도로 박학강기의 재주가 있었다.[28] 이러한 기억력이 그로 하여금 어려운 과거의 진사과에 4등으로 합격하게 한 것이다. 그의 독서열은 進士에 합격하여 관계에 나간 후에도 계속되었고 때로는 밤을 새워 독서하다 등조에 늦어 상관인 韓魏公으로부터 오해를 받았다는 일화가 있다.[29] 이러한 기억력과 함께 사물을 미시적으로 관찰하는 섬세함과 거시적으로 통찰하는 종합성을 가지고 있었다. 그 위에 사물에 대한 합리적 사고와 직관적 판단력을 가지고 있었다. 이는 후에 신법을 단행함에 있어 무수한 반대론자의 비판에도 불구하고 개혁내용에는 결함이나 불합리함을 찾을 수 없다는 점에서도 그의 치밀하고도 합리적인 인간성 일면이 내포되어 있음을 살필 수 있다.

4. 官僚로서의 王安石의 人間性

인간은 자연인으로 초야에서 생활하고 있으면 그에 대한 인간성의 특색을 알 수 없다. 그러나 관인의 직위에 나가게 되면 인간의 본성이 확연하게 드러나게 된다.

여기에서 자연인 王安石과 관인으로서의 王安石의 인간성에 대해 확연한 특성을 살필 수 있다. 그는 경력 2년(1042)에 과거시험의 진사

---

28) 『宋史』 卷 327, 王安石傳.
29) 『河南邵氏見聞錄』 卷 9.

과에 4등으로 합격하였기 때문에 곧바로 품관으로서 簽書淮南判官에 임명되었다. 宋代 관료의 승진에는 과거시험 성적이 중요한 작용을 하였다.[30] 초임관으로 3년의 질만을 거치면 진사과 성적 상위자는 황제에게 글을 올려 중앙관으로 나아갈 자격이 있었는데 그는 이를 실행하지 않았다.

宋代 관료는 과거성적 상위자가 초임관 생활 3년을 거쳐 임기를 채운 후(질만) 중앙관으로 나아가려는 것이 관인의 소망이다. 왜냐하면 중앙관으로 나아가는 것이 곧 출세의 지름길이기 때문이다. 그러나 王安石은 이 중요한 기회를 스스로 포기하고 지방관으로 부임한 것이다. 부친 사망 후의 가족의 생계를 돌보기 위해서이다.

王安石을 비난하는 반대파의 인사들이 그를 출세주의적 인물로 비난하고 출세를 위해서는 아부하는 일을 서슴지 않았다고 매도한 것은 사실과 다르다. 宋代의 문신관료 체제하에서 중앙관(京官)으로 나아가는 일이 출세의 첩경이라는 사실을 王安石이 몰랐을 리가 없고 그도 당당히 중앙에 진출하고 싶었을 것이다. 그의 부친(王益)이 오랜 지방관 생활 후에 요절한 것을 안타깝게 생각한[31] 그가 중앙관에 나가지 않은 것은 王安石이 결코 출세지향적 세속인이 아님을 입증하는 좋은 예가 된다. 그것도 가족을 위해 자신을 희생한 사실에서 그의 인간성을 알 수 있다. 이후에도 여러 번 중앙관으로 나오라는 추천을 받았다. 즉 舒州通判으로 임용된 황우 3년(1051), 34세 때와 다시 英宗시대에도 두 번이나 추천을 받았다.[32] 그러나 번번이 사퇴하고 있다. 이때의 사퇴이유를

30) 拙稿, 「宋代文臣官僚의 陞進에 대하여」, 『東洋史學研究』 8・9 合輯.
31) 『臨川先生文集』 卷 71, 雜著, 先大夫述.
32) 『臨川先生文集』 卷 40.

> 親母가 年老하며 先考의 장례도 끝나지 않고 弟妹들도 아직 出嫁시키지 못한 위에 家貧하고 食口가 衆하여 京師에서의 生計가 어렵기 때문에 自陳한다.

라고 하여 역시 가빈을 중요한 이유로 들고 있다. 3년 후 중앙의 요직인 集賢校理에 제수되었을 때도 다시 사퇴하고 있는데 그 이유도

> 祖母와 兄嫂가 계속하여 喪亡하여 奉養昏嫁葬送으로 인하여 窘困함이 前보다 甚하다.

라고 가정사정의 어려움을 들고 있다.[33] 여기에서 王安石의 청빈과 정직한 성품을 살필 수 있다. 그의 이러한 청빈함과 정직성은 관인으로서 평생 일관되었다. 그 대표적 예로 그가 재상직을 사임할 때 神宗皇帝로부터 하사받은 막대한 자산을 田宅과 함께 蔣山의 太平興國寺에 모두 기진[34]한 것을 보아도 그가 재산에 대해 초연하였다는 것을 알 수 있다.

宋代의 관료 가운데 이러한 예는 극히 드물다. 관인으로서 출사하는 일이 재부를 축적하는 것이고 이를 위해서는 수단과 방법을 가리지 않는 것이 거의 일반화되어 있는데 王安石의 인간성에는 재화를 탐하는 성품이 거의 없다. 이러한 그의 성격이 반대파가 그를 두려워하고 오히려 그를 이중적인 성격의 소유자로 악평하게 된 것이다.

전 근대사회의 관인의 治財는 거의 보편화되어 있고 "三年 縣令에 三代足"이란 말이 상식화되어 있는 관료사회에서 부(王益)·자(王安

---

33) 王安石이 中央官을 辭讓한 上書는『臨川先生文集』卷 40, 卷 77 등 여러 곳에 있고 그 이유를 역시 家計의 어려움을 들고 있다.

34)『臨川先生文集』卷 43, 箚子, 乞將田割入蔣山常住箚子.

石) 이 대에 걸쳐 관인의 꽃이라고 할 진사과에 합격하고 오랜 지방관 생활을 역임하고서도 가정을 부양할 경제력을 갖지 못하였다고 하는 사실은 王安石의 인간성의 청빈성과 정직성, 그리고 반부정과 탈속, 그리고 신념과 소신의 성격 소유자임을 알 수 있다.

실제로 王安石이 神宗의 부름을 받아 중앙에 나아가 신법을 단행한 집정시대 7년간과 仁宗 말기의 4년을 합해 11년을 제외하면 대부분의 관료생활을 지방관으로 보냈다. 따라서 宋代의 관료들이 지방관 생활을 기피하는 사실과는 매우 대조적이고 중앙관 것으로 출사할 기회를 사퇴한 것을 볼 때 출세주의적 속인이라고 그의 인간성을 비난하는 것은 전혀 사실과 다르다. 특히 그가 지방관에 재직하려는 중요한 이유가 가족부양 때문이라는 사실은 남달리 가족을 사랑하고 아낀 그의 인간성을 파악할 수 있다.

다음으로 관료로서의 王安石의 인간성을 살피는 데 중요한 점은 그의 인간(농민)에 대한 지극한 애정이다. 그가 가난한 농민의 생활고에 깊은 동정을 보인 중요한 실례로 知鄞縣으로서 직속상관인 轉運使 孫司諫에게 올린 글 가운데

> 沿岸 海邊의 縣民이 鹽을 密賣해야만 어려운 살림을 꾸려나갈 수 있으니 이들의 鹽密賣에 대해 관대하게 조처해 줄 것[35]

을 청원하고 있다. 이 기록은 간단하게 보면 그리 대단한 얘기는 아니다. 그러나 王安石의 성격으로 해석하면 중요한 사실이 아닐 수가 없다. 그것은 王安石의 성격상 원칙과 법에 어긋나는 일은 절대로 하지 않았다. 그가 오랜 지방관 생활을 하면서도 국가에서 지급하는 급료

35) 『臨川先生文集』, 卷 76, 書 上轉運司孫司諫.

이외의 재화에 대해 탐하지 않았고 공무를 집행함에 공사를 분명하게 구분한 일이 이를 증명하고 있다. 그럼에도 불구하고 宋代의 염법으로 보면 소금은 국가의 전매품으로 국가수입의 중요 부분을 차지하고 있다. 따라서 염밀매는 중형으로 다스리고 있음을 잘 알고 있는 그로서 가난한 농민의 생활 수단으로 행해지는 소금 밀매를 관대하게 처리하여 달라고 하는 상서는 농민을 지극히 사랑하지 않고서는 불가능한 일이다.

宋代 농민들의 전토 소유액은 백 무 내외자가 3등호이고 이 3등호가 宋代 농민의 평균치이다. 그러나 王安石이 知縣으로 있던 鄞縣은 3등호에 미치지 못하는 가난한 영세민이 많았다. 이들 가난한 농민들이 지출해야 할 경비로써 현금이 필요하였고 농민이 현금을 마련하는 길은 소금의 밀매에 의존할 수밖에 없었다. 이러한 농민의 사정을 잘 알고 있었던 그로서는 轉運使에게 염밀매에 대해 관대한 처분을 상서하지 않을 수 없었으니 그의 인간에 대한 깊은 애정을 살필 수 있다. 그가 당시의 사정을 시로 읊은『收鹽』에는

> 一民의 生이라도 天下에는 더없이 所重하고 君子는 결코 秋毫의 (이익을) 人民과 다투어서는 안 된다.[36]

고 하여 인간의 평등과 생명의 존엄성을 중하게 생각하는 그의 인간성을 알 수 있다.

王安石의 농민에 대한 애정표시는 그의 시 속에서도 자주 나오고 있다.

『收鹽』은 그의 20대의 知鄞縣 시절에 농민을 사랑하여 지은 시인데

36)『臨川先生文集』, 卷 3.

희령 9년(1076)에 정계를 은퇴하고 고향에 돌아올 때의 심정을 읊은 『獨歸』에서도

> 勞한 農民의 마음은 물 부족을 안타까워하고 구름을 보면서도 언제 비가 올지 알 수 없기에 水車를 밟고 있는 불쌍한 농민의 힘든 노동이 오래도록 계속되고 있구나.[37)]

라고 한탄하고 있다. 王安石 개혁의 근본정신은 지방관으로 재직하고 있을 때 농민들의 이와 같은 비참한 생활을 개선해야 하겠다는 절박함에서 시작된 것으로 보아야 한다. 또한 그의 신법개혁은 그의 인간성 속에 내재되어 있는 인간에 대한 깊은 사랑을 사회개혁을 통하여 인간애를 구체적으로 실천하려는 강한 의지에서 출발한 것이다. 이것은 王安石의 인간성을 이해하는 데 가장 중요한 부분이 된다. 그러나 王安石 연구가들의 대다수는 이 부분을 소홀히 다루고 있다.

이와 함께 王安石의 인간성을 냉혹한 법가주의로 비난하는 반대파가 많은데 사실은 그가 법가주의적 개혁가라기보다는 인간주의를 바탕으로 한 개혁주의자이다. 그는 법을 집행하는 데 있어서 법가주의자들처럼 처음부터 냉혹한 법집행이 아니고 단계적인 법의 집행을 주장하고 있다. 이는 유교주의적인 행정과 법의 실행을 의미한다.

王安石의 인간성 내면에는 이상주의적인 宋代 사대부 관료로서의 자기성찰과 도덕적 자세를 지니고 있다. 그는 검소하게 생활하였으며 불교적인 수양과 달관에 바탕을 둔 은둔적 생활태도를 지니고 있었다. 그는 관료들의 부정과 사리추구에는 단호히 대처하였다.

王安石의 인격에는 부정과 타협하지 않는 면과 함께 인간관계에도 정사를 분명히 하고 있다. 당시 관료들이 대관의 문하에 드나들며 문

---

37) 『上揭書』.

객이나 문생이 되는 것은 일상적인 일이었고 세도가의 친척이나 친구의 환심을 사려는 관료들도 적지 않았다. 매일같이 대관들이 사저를 방문하여 출세를 바라는 인사도 흔하였다. 王安石은 이러한 행동에 대해서는 아주 비판적이다. 그는 執政의 지위에 오르자 축하객을 사절하고 술자리의 추대에도 응하지 않는 한편, 소수의 선택된 붕우들과 자리를 같이하였을 뿐이다. 王安石의 이러한 태도가 많은 관료들의 비난을 사고 그의 성품에 대한 악평을 가져오게 만들었다.

5. 王安石의 人性論

王安石의 인간성 연구에 또 하나의 중요 부분이 그가 도덕적 가치를 어디에 두고 있는가를 살피는 것이고 이를 위해서 그의 인성론을 검토할 필요가 있다.

王安石은 인간의 마음에 내재하고 있는 심성으로서 性과 情을 내세우고 그것이 마음속에 고요히 있을 때에는 하나로 존재하지만 밖으로 표현될 경우에는 분립하는 것으로 보았다. 사람들이 性과 情은 본래 하나로서 인간의 본성은 善이고, 情은 惡이라고 하지만 이것은 性·情의 명분만을 인식한 것이지 그 실제를 알지 못한 때문이다[38]라고 하여 인성은 선이나 인정은 악이라고 생각하는 세론을 부정하고 (인)성에 대하여 다음과 같이 말하고 있다. 즉

> 喜·怒·哀·樂·好·惡·欲 등이 겉으로 발로되지 않고 마음에 간직하고 있는 것이 性이고 이것이 겉으로 나타나서 행동화되는 것이 情이라 하였다.[39]

---

38) 『臨川先生文集』 卷 42, 性情.
39) 『上同書』.

그는 인간의 마음속에 내재하고 있는 喜·怒·哀·樂·好·惡·欲 등이 행동으로 나타나는 것이 (인)정이고, 마음속에 그대로 온전한 상태를 유지하는 것이 (인)성으로 보았고 인간성 속에 내재하고 있는 상태에서 성·정의 구분은 없으나 행동으로 표현될 때 성·정은 구분된다고 하였다.

王安石은 인간의 본성은 성선이라 하였다. 그의 性善論은 孟子의 성선사상에 귀결되며 荀子의 성악설을 배척한 것이다. 여기에서 王安石의 유교주의적 사상을 알 수 있고 그를 법가주의로 단정하는 것은 잘못된 것이다. 그런데 선한 인성이 악하게 되는 원인은 후천적인 것이고 이와 같은 성정론을 바탕으로 하여 군자·소인론을 다음과 같이 설명하고 있다. 즉

> 君子는 善을 배양함으로 그의 情도 善하나 小人은 性惡을 배양함으로써 그 情 또한 惡한 것이다. 그런고로 君子가 君子인 바는 情에 있지 않음이 없고 小人이 小人인 바도 情이 아닐 수 없다.[40]

라 하였다. 그런데 王安石에 의하면 유교이념에 합당한 성인이나 현인은 현실세계에는 쉽게 나타나지 않기 때문에 천하의 士는 세 가지 유형으로 나누어진다고 보았다. 군자·중인·소인이 그것이다. 그런데 군자적 인간이나 소인적 유형은 많지 않고 대부분은 중인적 인간유형이라 하였다. 그런데 이들 3부류의 인간 가운데 중인은 생활형편에 따라서 군자로 상승하기도 하고 소인으로 전락된다고 하였다. 중인은 곤궁한즉 소인이 되고 넉넉하면 군자가 되는 것이다. 천하의 인사를 헤아려 보건대 중인의 상과 하에 해당하는 인물은 진실로 천인 가운데

---

40) 『上同書』.

십 인도 되지 못하고 대부분이 궁하면 소인이 되고 넉넉하면 君子가 되는 中人으로서 천하는 대체로 이와 같은 형편이다[41]라고 하였다. 이는 개혁가로서의 王安石의 인물론을 이해하는 데 중요한 내용으로서 특히 현실적으로 士의 대부분을 中人으로 파악한 점, 그리고 中人의 입장이 현실적인 물질생활에 의하여 그 위치가 변할 수 있다는 사고를 지니고 있다는 점을 이해할 수가 있다. 이와는 반대로 중인의 상에 있는 군자와 중인의 하에 서는 소인의 경우는 생활 여건과 관계가 없다고 하였다.

> 君子는 비록 곤궁해도 君子로서의 위치를 상실하지 않으며 小人은 생활이 넉넉해도 小人의 지위를 벗지는 못한다.[42]

고 하였다. 王安石 정치철학의 기반은 士의 대부분을 차지하고 있는 이들 중인을 경제적으로 향상시킴으로써 군자화하는 데 있고 이를 위해 국가의 경제적 발전이 달성되어야 한다는 것이다. 이와 같은 사고는 그가 정권을 담당하여 신법을 실시하기 훨씬 이전에 지니고 있었던 정치사상이었다. 뿐만 아니라 국가가 입안하는 모든 法令制度도 이들 中人을 대상으로 하여 실현성이 있을 때에 비로소 훌륭한 입법이라 주장하고 있다.

이상과 같은 王安石의 인성론의 근거는 그의 성선론적인 인간성을 바탕으로 한 것이다. 따라서 그는 군자가 되는 일이 인간의 큰 도리이고 소인을 군자의 위치로 인간성을 높이는 것이 바로 정치와 교육의 목표라고 하는 것을 보면 그의 인간성이 법가주의 성향을 하고 있다는 평가는 크게 잘못된 것임을 알 수 있다.

---

41) 『臨川先生文集』 卷 39, 上仁宗皇帝 言事書.
42) 『上同書』.

6. 맺는말

王安石의 인간성에 대해서는 대부분의 비판론자들이 그의 인간성을 신법의 정치개혁과 연계시켜 평하는 경우가 많다. 이것은 王安石의 인간성 평가의 올바른 방법이 아니다. 왜냐하면 자연인 王安石과 정치개혁가 王安石은 인간성을 논함에 있어서 차별되어야 하기 때문이다. 그럼에도 불구하고 王安石의 인간성을 말하는 데도 항상 그의 개혁주의를 가지고 그의 모든 것을 평가하려 들고 있다.

王安石에 대한 논쟁은 宋代 관료사회의 분파주의가 만들어 낸 역사의 왜곡된 굴절현상으로 파악해야 한다. 중국의 역사상 정치의 도덕지상주의를 주장하고 특히 도학(송학)이 발달한 宋代에 신구관료에 의하여 자행된 정쟁의 치열함, 상대를 극단으로 매도하면서 자파만을 군자로 자처한 파벌적 이기주의는 이 시대의 특이한 현상이다. 사실 송의 초기는 오대의 무인시대를 이어받았기 때문에 오대의 무인적 기풍이 남아 있었다고는 하나 상대를 무조건적 매도하는 배타적·사회적 분위기는 없었다. 그러나 宋代 사풍이 진작되고 도덕정치가 확립되었다고 하는 仁宗의 경력시대(1041~1048)부터는 자기의 의견에 추종하지 않으면 소인(간인)으로 비판하는 관료사회의 풍조가 나타나고 있고 이러한 시대풍조가 王安石의 인간성 평가에도 중요하게 작용한 것이다.

특히 중국 역사의 보수주의적인 성격 때문에 王安石의 개혁은 충분히 평가를 받지 못하였고 이러한 와중에서 그의 인간성에 대한 논란도 신법과 결부되면서 악평을 면치 못하였다.

이와 함께 王安石은 정치가 이전에 한 사람의 자연인으로 평가할 때 그의 인간성은 반대론자의 주장처럼 냉혹한 성격의 소유자가 아니다. 지방관으로 재직하고 있을 때의 백성을 위한 헌신적인 노력은 인간을 사랑하는 인간성의 소유자가 아니면 하기 어려울 일이고 그가 추진한 지방사업은 모두 농민을 위한 것임을 알 수 있다. 그의 시문에 보이는 자연주의적 예술관과 미적 감각은 심성이 아름답지 않고서는 표현할 수 없는 심미관이라 하겠다.

또한 그의 개혁은 반대론자의 주장처럼 법가주의에 바탕을 둔 것이 아니라 온건한 유가적인 전통의 폭넓은 유산 속에 머물러 있었고 현실적으로 북송사회가 안고 있었던 문제들을 과감하게 척결해 나갔을 뿐이다. 그는 결코 공상적인 이상론에 집착한 정치가는 아니다. 王安石은 근본적으로 유가의 테두리를 벗어나지 않은 유가사상가이다. 특히 王安石이 추구한 개혁정책은 흔히 말하는 특정계층(中小農民, 中小商人)의 이익만을 목표로 하여 지주와 대상을 희생의 대상으로 한 것이 아니다. 이는 북송이 처하고 있던 당시의 내외적 상황으로 볼 때 당연한 개혁조치이고 그의 개혁은 전통성이 강한 수구적 개혁으로 규정하는 것이다. 신법에 대한 반대파의 비판 가운데 가장 큰 모순은 신법의 기본정신은 접어둔 채 지엽적인 문제를 들어 비판을 하는 경우가 많다. 또한 신법이 시행되기도 전에 이미 반대와 비판을 가혹하게 가하고 있는데 이는 반대를 위한 반대가 아닐 수 없다.

만약 王安石이 정치가로서 신법을 단행하지 않고 한 사람의 문인으로 생을 마쳤다면 그는 아마도 중국 사상 가장 위대한 예술가로 칭송받았을 것이며 인간의 정이 넘치는 인간주의적 인물로 평가되었을 것이다. 위대한 예술작품은 아름다운 인간성의 소유자가 아니고서는 불가능하기 때문에 현존하는 王安石의 시와 산문을 보아도 그가 당송팔대가에 들어갈 만하고 그의 인간성은 정이 많으며 아름답고 착한 성품의 소유자라는 사실을 확인할 수 있다.

(『東國史學』 第38輯, 2002년 9월)

Ⅳ. 宋 范仲淹의 文教改革策

1. 머리말

宋代는 唐末·五代의 혼란을 수습하고 문치주의를 실행한 결과로 학술과 사상 면에서 발전을 이룩한 시대이다. 그러나 어떠한 형태로 문치주의를 실행하였으며 학술과 사상이 어떠한 단계를 거쳐 발전을 이룩하였는가에 대하여서는 생각해 보아야 할 여지가 많이 있다. 그것은 실제로 宋이 건국한 후 상당한 기간이 지나도 문치주의를 실행하는 데 가장 기본이 될 수 있는 학교 교육은 보급되지 못하고 문교진흥의 풍조는 사회전반에 실천되고 있지 못함을 알 수가 있다.

唐末·五代의 崇武에서 宋의 崇文政策으로 방향은 전환되었지만 그것이 아직 실천력을 가지고 학교교육에 나타나고 있지 않기 때문이다. 더구나 문교 면에서는 국가정책이 바뀌었다 해서 사회전반에 문치주의적 교육열이 쉽사리 확산되는 것은 아니다. 또 宋初(太祖·太宗代)에 科擧 시험에 의하여 문신이 등용되었다고 그것이 바로 문치주의의 실현이라고 말할 수 없다.

이러한 외형적인 면보다는 실제로 사상과 학술을 발전시키는 근원이 되는 교육면을 살펴 나감으로써 문교의 진흥을 올바르게 이해할 수가 있지 않을까 한다. 문치주의의 결과로 문운이 발달되었다고 단정할 것이 아니라 발전되어 나간 형태와 단계를 보다 구체적으로 살펴보아야 할 것이다. 이를 위해서는 官學, 地方을 망라한 학교 교육이 어떻게 보급되었고 이러한 학교 교육을 통하여 어떠한 인물이 배출되었으며 그러한 인물에 의하여 이룩된 사상과 학술을 검토함으로써 비로소 문치주의의 내용을 전체적으로 파악할 수가 있는 것이다.

宋代의 문치주의의 발전단계에서 볼 때 仁宗의 慶曆 연간(1041~48)은 획기적인 시대로 간주되며 경력의 교육진흥과 문교개혁을 담당한 인물이 范仲淹(989~1053)이다.

仁宗의 경력의 치세로 일컬어지고 있는 이 시기는 많은 인물이 배출되어 이른바 「慶曆之士」로 알려져 있고 이들의 대부분은 문교의 개혁을 포함하는 혁신적인 운동을 전개하였다. 이들 혁신운동을 전개한 인사들은 「祖宗之法」, 「無事之治」라는 전통적 권위를 내세운 보수적인 구파에 반기를 들고 국정전반을 개혁하려 하였으며 특히 문교정책에 있어서는 「實學」과 「節義」를 내세워 실행력이 있는 사대부의 양성을 위한 학교교육의 강화와 과거제도의 개혁을 주장하고 이를 실천에 옮기었던 것이다.

范仲淹은 慶曆 3년(1043) 8월에 參知政事로 임명되면서 그가 평소에 지니고 있던 학교교육의 진흥과 과거제도의 모순을 개혁해야 함을 상주하고 이듬해 이를 실천에 옮기게 되었다. 范仲淹에 대한 연구는 상당히 활발하고 그의 국정전반에 걸친 개혁문제를 다룬 논구도 선학들에 의하여 진행되었음을 볼 수 있는데[1] 본고에서는 이를 참조하면서

1) 范仲淹의 政治改革 全體를 취급한 論文으로서는 James T.C.Liu, 「An Early Sunf Reformer; Fan Chug-yen」(Chinese Thought and Institution, Edited by John K. Fair bank pp.105-131)가 있다. 本論文은 范仲淹에 依해 上奏되고 實行된 十個條의 革新的인 改革案의 內容을 分析하고 이를 實施하기 위한 政治情勢에 관해 論及하고 있다. 또 吉田清治, 「范仲淹の政治思想」(文化3~6)에서 范仲淹의 政治想想의 根本이 德治主義에 있고 堯舜의 王道政治를 理想으로 한다는 觀點에서 言及하고 있다. 그리고 劉季洪, 「范仲淹對於宋代學術之影響」(宋史研究集 第一輯 pp. 357-366)에서 范仲淹이 ① 儒士의 장려 ② 興學 ③ 科擧의 改善 ④ 士風의 激勵에 큰 영향을 미쳤음을 간략하게 論及하고 있다. 이 밖에 宮崎市定, 「宋代の太學生 生活」(アジア史研究 第一 pp.365-401) 및 寺田剛 著 宋代教育史概說(昭和 44年)에서 많은 敎示를 받았다. 그 외에도

특히 范仲淹의 文敎改革策을 집중적으로 다루어 볼까 한다. 따라서 먼저 송 초의 학교교육을 살피어 경력시대의 문교개혁의 시대적 배경을 파악한 후에 范仲淹의 교육진흥책이 어떻게 형성되었으며 文敎改革策을 실천에 옮기는 데 있어서 학교교육의 강화와 科擧制度의 개혁 면을 살펴보고 끝으로 王安石에 의하여 실시되었던 文敎改革策의 내용과도 비교 검토할 것이다.

2. 宋初의 敎育

唐末・五代의 병란은 특히 교육면에서 폐해가 심하였고 이러한 교육부재의 상황은 송의 건국과 文治主義政策에 舊殼을 벗기 시작하였다. 그러나 종래 일반론으로 생각되어 오듯 송의 건국과 文治主義政策이 바로 교육 전반에 걸쳐 실행되어 변화를 가져온 것은 아니고 특히 학교 교육 면에서 살펴볼 때 그것은 상당한 시간을 요하였음을 알 수가 있다.

宋初(太祖・太宗때)의 교육기관으로서는 관학이 아직 발전하지 못함으로 해서 사학(私塾)이 중요한 역할을 맡았으며, 그 후 관학이 발전하면서 私塾은 점차 쇠퇴하는 경향을 보이게 되었다. 私學은 개인의 私塾과 書院이 그 중요한 교육기관의 역할을 하게 된 것이다. 宋初의 학교교육에 관해서는

既敷氏의 「慶曆改革的始末」(大公報史地周刊 24. 1935. 5.)과 그리고 蔣茂孫, 「宋代慶曆改革的敎訓」(民主評論 4-10 1935. 10. pp.12-15.)
錢穆, 「論慶曆熙寧之兩次政變」(天津益世報諫書周刊 105, 1937. 6.)
劉子健, 「范仲淹梅堯臣與北宋政爭中的士風」(東方學 14號 1957 pp.104-107) 등의 論文이 慶曆年間에 行하여진 國政全般에 걸친 革新的인 改革과 士風에 關한 문제를 다루고 있다.

是時 未有州縣之學 先有鄕黨之學[2)]

이라 한 것은 관에 의한 州縣學이 일어나지 않고 향당 간의 사숙에서 講學이 존재하였음을 말해 주는 것이다.[3)] 향당의 학자가 강학하는 예는 관학이 불진한 오대에도 있었으나 송 초에 이르러 평화의 회복과 文治主義政策에 의하여 한층 발전된 것이다. 이러한 사숙에 의한 강학의 풍조에 대해서는 宋史의 유림전에 많이 산견되는데 대표적인 몇 사람의 예를 들어 강학상황을 보면 송초의 교육계에 큰 공을 남긴 孫奭은 山東博平人으로

幼與諸生 師里中王徹 徹死有從奭問經者 奭爲解析微指 人人敬服 於是門人數百皆從奭[4)]

이라 하여 鄕黨에서의 孫奭의 교육상황을 설명하고 있다. 그는 太宗 때에 國子監直講으로 임명되어 관학의 진흥에도 힘을 기울이었다. 또한 王昭素도 『宋史』「儒林傳」에

開封酸棗人 少篤學不仕 有志行爲鄕里所稱 常聚徒敎授以自給 李穆與弟肅及李惲皆常師事焉 鄕人爭訟不官府 多就昭素決決之 昭素博通九經兼究莊老尤精[5)]

---

2) 『文獻通考』 卷 46, 郡國鄕黨之學.

3) 趙鐵寒, 「宋代的州學」,『宋史硏究集』 第二輯, p.343에서 官學의 성격을 띠운 宋代州學의 濫觴을 眞宗의 乾興元年(1022)으로 잡고 있다. 이는 宋의 開國 後 63年이 지난 시대임을 특히 강조하고 있다.

4) 『宋史』 卷 431, 「儒林」 1 孫奭 및 『文獻通考』 卷 63에 乾興元年 兗州守臣孫奭私建學舍 聚生從 餘鎭未置學也라 한 것으로 보아 孫奭이 私學에 기울인 열성을 알 수 있고 이 兗州 州學이 후에 宋代의 官立州學으로 발전하는 기원이 되었다.

이라 하였다. 그는 開寶 3년에 77세로 國子博士가 되었다. 그리고 劉顏에 대해서는

彭城人 少孤好古學 不專章句 師事高弁……居鄕里 敎授數十百人[6]

이라 하여 역시 향리에서의 강학을 하였음을 알 수 있다. 이 외에도 宋初의 鄕黨에서 강학한 인물로서는

辛文悅과 傅孫蘭[7] 戚同文[8] 등이 사숙을 열어 경학을 강의하여 지방 교육에 주력하고 지방자체도 이러한 사숙에 모여 기꺼이 교육을 받았던 것이다.

이러한 私塾과 같은 성질을 지닌 사학으로서 송 초 교육계에 큰 비중을 갖고 있던 것으로 서원을 들 수가 있다. 특히 송 초에 유명한 서원으로서는 潭州의 岳麓山書院, 盧山의 白鹿洞書院, 衡州의 石鼓書院, 應天府書院, 安義縣의 雷塘書院, 洪州의 華林書院 등이 모두 지방의 사학으로서 지방교육의 발전에 기여한 바 컸다. 이들 서원의 설치는 당 이래 전래되어 오던 것도 있고 宋代에 와서 창건된 경우도 있는데 대개가 지방의 유력자가 자기의 자제를 교육하기 위해 중수하였거나 지방관이 그 지방민을 교화할 목적으로 세운 두 가지 유형이 있는데 일단 설립된 후에는 조정으로부터 여러 가지 지원을 받는 경우가 많다.[9] 이러한 서원은 관학의 발달과 함께 점차 쇠퇴하였으며, 그 후

---

5) 『同上揭書』, 王昭素.

6) 『同上揭書』 432, 「學林」 2, 劉顏

7) 『同上揭書』 辛文悅 및 『續資治通鑑長編』(以下 長編이라 略함) 卷 1, 建隆元年 2月 辛卯條에 治左傳春秋 聚徒敎授라 있음.

8) 『同上揭書』 卷 44, 咸平 2年 3月條에 隱居敎授 學者不遠千里而至 登科者凡五十六人이라 있다.

9) 盛郞西, 「宋之書院講學制」 (民鐸雜誌 6~1, 1925, 1月) 및 張天量 「宋代書院

남송에 이르러 다시 부흥하게 된다.

이상이 宋初에 官學이 아직 부진한 시대에 교육기관으로서의 중요한 역할을 담당한 私學의 실태이거니와 다음에는 宋初의 관학은 어떠한가?

宋初의 관학은 중앙과 지방의 양면으로 나누어 살필 수가 있는데 먼저 태학으로 발전하기 이전에 중앙학교는 太祖가 송을 개국하면서 국자감에 관심을 표명하여 국자감에 관원을 두고 또 有司에 명하여 祠宇를 증집케 하고 先聖 先賢 및 先儒의 像을 塑繪하고 친히 孔顔을 親하고 이와 함께 수차에 걸쳐 국자감에 幸行하였다.[10] 그러나 그곳에서 아직 교수를 행하지는 않았는데 建隆 3년에 左諫議大夫 崔頌이 判國子監事에 임명되면서 비로소 생도를 모집하고 講書를 실시하였으니 太祖 자신도 이를 가상히 생각하였다.[11] 이 당시의 국자감의 형편을 開寶 8년, 국자감의 上言에 의하여 대략 알 수가 있다. 즉,

> 生從舊數七十人 先奉詔令分習五經 內有繫籍而不至者 又有仕京進士諸科 常赴講席 緣監生元有定數 欲以在監習業之人 補充生徒 [12]

이를 미루어 보면 당시의 국자감은 생도가 겨우 40인 정도이고 그것도 적만 있고 실제로 재적한 수는 이보다 적고 오경을 分習하였으며 그 밖에 亥書의 업무가 있었다. 이러한 국자감은 오대의 그것과 별다른 바가 없고 소수의 관리 자제를 교육하는 기관으로서 국자감에서

的興起」, 『大公報史地周刊』 30, 1935. 4. 참조.

10) 『長編』 卷 3, 建隆 3年 6月 辛卯條 『同書』 卷 2, 建隆 2年 11月 己巳條 및 同 3年 正月 癸未條, 그리고 同 6年 辛卯에 國子監에 幸行하고 祠宇를 살피었다.

11) 『同上揭書』 卷 3.

12) 『文獻通考』 卷 42.

는 解試를 하여 감생이 省試를 받을 자격을 주었다. 景祐 4년의 詔에

許文武升朝官保任 監官驗之 亦聽附學充貢.[13)]

이라 하여 국자감에 解額을 준 결과 解試가 있을 때만 학생들이 몰려오고 解試가 끝나면 학생은 모두 돌아가 학교는 다시 텅비게 되어 학교는 수험자에게 이용되고[14)] 科擧시험의 附庸에 불과한 형편이었다. 그 후 西京 국자감을 설치하였으나 별다른 발전을 보이지 못하였고 이러한 상태는 太祖, 太宗시대를 통하여 크게 달라지지 않았다.[15)] 그러므로 중앙의 태학이 발전되어 그 기능이 활발하게 나타난 것은 仁宋의 경력 4년(1044)에 范仲淹에 의한 太學制度의 개혁과 확장에 의해서 비로소 교육기관 본래의 역할을 하게 된 것이다.[16)]

다음에는 宋初 지방의 관학 형편을 살펴보자. 府州縣學의 기원을 趙鐵漢氏는 『文獻通考』를 인용하여[17)] 眞宋의 乾興 元年(1022)으로 잡고 있다. 仁宗의 天聖 5년경 樞密副使의 晏殊가 知應天府가 되었을 때 范仲淹을 부학의 교수로 초빙하니 范仲淹은 일과를 정하여 생도들로 하여금 지키게 하고 때때로 기숙사를 돌아보면서 엄중히 이를 勵行시켰

13) 『宋史』 卷 157, 「選擧志」 學校.
14) 宮崎市定 「宋代の太學生生活」, 『アジア史研究』 第一, p.365 참조.
15) 『文獻通考』 卷 42, 端洪 2年에 國子監을 國子學이라 改稱하였고 淳化 5年에는 다시 國子監이라 하였다. 監舍는 五代에 使用하던 天福普利禪院에 그대로 두고 監中의 職員은 判監事二人 直講八人 丞簿와 書庫監官이 各一人있어 소규모를 면치 못하였다.
16) 趙鐵漢, 「宋代的太學」, 『宋史研究集』 第一輯, p.317 參照.
17) 趙鐵漢, 「宋代的州學」, 『宋史研究集』 第二輯, p.343에서 『文獻通考』 卷 63의 「健興元年兗州守臣 孫奭私建學舍聚生徒 餘鎭未置學也」란 사실과 이듬해 (天聖元年) 仁宗이 卽位하면서 學田을 賜豫한 記事로서 兗州의 州學이 公立學校의 性質을 갖추게 되었음을 들어 州學의 濫觴으로 보고 있다.

다[18]고 있다. 天聖 5년경에 이미 應天府學의 존재를 인정하고 있다. 이렇게 應天府學의 설치를 天聖 초로 보는 견해와는 달리 府學의 설치를 大中祥符 2년(1009)에 應天府의 서원에 勅額을 賜하고 應天府의 幕職官으로 하여금 제거케 하였으며 官이 서원을 후원한 것을 예로 들어 이를 宋代의 府學의 濫觴이라 보는 학자도 있다. 그러나 明道 2년에까지 應天府書院은 서원으로서의 위치를 지니고 있었던 것으로 보아 아직 府學의 성격은 제대로 갖추지 못하였으며 明道 2년에

置應天府書院 講授官一員[19]

이라 하여 講授官 한 사람을 두고 다시 景祐 2년에 學田十頃을 賜함[20]에 이르러 비로소 府學으로 발전된 것이라 하겠다. 따라서 應天府書院은 大中祥符 2년(1009)으로부터 官의 지원을 받았으며 天聖 초에 晏殊와 范仲淹에 의하여 부분적으로 부학의 성격을 갖추게 되고 景祐 2년(1034)에 府學으로 발전하였다고 말할 수 있겠다.[21] 宋初의 府州學의 경우 應天府 서원과 같이 국가의 특별한 恩遇를 받는 예는 드물고 대부분이 지방관의 교육열에 좌우되는 경우가 많은데 여기에 學田의 지급을 요구하여 官學으로서의 재정적 뒷받침을 꾀하게 되었으니 諸州의 學田을 지급하는 단서가 된 兗州의 學田申請의 사정을 보면 이를 알 수가 있다.

---

18) 宮崎市定「前揭論文」참조.
19)『長編』卷 113, 明道 2年 10月 乙未條.
20)『同上揭書』卷 117, 景祐 2年 11月 辛巳朔.
21)『同上揭書』卷 105, 天聖 5年 正月 壬寅朔 庚申條에 降樞密副使刑部侍郞晏殊知宣州.……改知應天府 殊至應天乃大興學 范仲淹方居母喪 殊延以敎諸生 自五代以來 天下學廢 興自殊始이라 하여 應天府書院이 宋代 敎學의 先驅임을 말하고 있음을 注目할 수가 있다.

判國子監孫奭言 知兗州日 於文宣王廟 建立學舍 以延生徒 自後從學者不減數百人 臣雖以俸錢贍之 然常不給 自臣去郡恐漸廢散 伏見密州馬耆山 講書太學助敎楊光素有經行 望持遷二官 令於兗州講書 仍給田十頃 以爲學糧 從之 以光輔爲奉禮郞[22]

이에 따라 學田의 지급을 전체적으로 시행하게 되었으니

仁宗卽位之初 賜兗州學田已而 又命藩輔皆得立學 其後諸旁郡多願立學者詔詔可之 稍增悉之 田如兗州 由是學校之設遍天下[23]

이라 한 사실로 알 수 있다. 慶曆 이전의 건학 및 學田지급의 내용은 長編에 자세히 기록되어 있다.[24]

이리하여 仁宗代에 들어오면 관학은 서서히 발전되어 나가며 이에 따라 송 초의 지방교육의 주역을 담당하고 있던 사숙과 서원은 관학에게 그 지위를 빼앗기에 되었고 이것이 경력 4년에 이르러 范仲淹에 의한 文敎의 개혁으로 학교교육이 크게 발전을 하는 계기를 마련하게 되었다.

3. 范仲淹의 文敎改革論

范仲淹은 太宗의 端拱 2년(986)에[25] 武寧軍(徐州)節度의 書記로 있

22) 『長編』 卷 99, 乾興元年 11月 庚辰條
23) 『文獻通考』 卷 46.
24) 寺田剛著, 『宋代敎育史概說』, 博文社 刊 昭和 40年 4月, pp.27-31 表에서 長編을 정리하여 자세히 기록하고 있다.
25) 그의 出生年을 淳化元年(990)으로 보는 견해도 있으나 范文正工全集年譜에 端拱二年己丑 八月癸酉 二日丁丑 以辛丑時生이란 기록에 依하였다.

던 范墉의 제3자로 태어났다. 그의 家勢는 唐代의 丞相이던 范履冰에까지 거슬러 올라갈 수가 있으나 宋代에 이르러 家勢는 몰락하였다. 그가 2세 때에 부친을 잃고 어머니 謝氏가 가난하여 의지할 곳조차 없어 淄州 長山의 朱氏家로 再嫁하고 따라서 그의 姓을 朱氏로 하고 名을 說이라 하였다.[26] 그 후 眞宗의 大中祥符 2년, 21세 때에 長白山 僧舍(禮泉寺內有祠)에서 苦學을 하였는데 당시의 그의 생활이 얼마나 고생스러웠든가는

> 讀書長白山 按東軒筆錄 公與劉某同在長白山禮泉寺僧舍讀書 日作粥一器分爲四塊 早暮取二塊 斷齊數莖入少鹽以啗之 如此者三年[27]

이러한 생활 속에서 고생을 한 까닭으로 그는 일생동안 호의호식을 하지 않았다. 뿐만 아니라 자손들에게도 검소한 생활을 몸소 勤하고 불행한 친족을 돕기 위한 義莊을 마련한 것은 다 그의 청소년시절의 고생에서 얻은 교훈이라 하겠다. 그가 자신의 家系를 알게 된 것은 大中祥符 4년으로 그의 나이 23세 때의 우연한 기회였고 이것이 그의 생애에 전환점이 되는 계기가 되었으니

> 旣長知其世家 迺感泣辭母去之應天府 依戚同文 學書夜不息 冬月憊甚以水沃面 食不給至以糜粥繼之 人不能堪仲淹不苦也[28]

라 하였으니 그가 당시의 碩學이며 교육자로 손꼽히던 戚同文의[29] 문

---

26) 『宋史』 卷 314, 「列傳」 第 73 范仲淹.
27) 『同上揭書』 및 『范文正公全集年譜』..
28) 『同上揭書』 및 『宋史』 卷 314, 「范仲淹列傳」.
29) 『長編』 卷 44, 咸平 2年 3月條에 戚同文에 대해 다음과 같이 말하고 있다. 즉 隱居教授 學者不遠千里而至 登科者凡五十六人..

하에서 수학하게 된 것은 范仲淹의 인격과 학술의 형성에 큰 영향을 주었다.

大中祥符 8년(1015)에 27세로서 進士科에 합격하고[30] 解褐하여 廣德軍司理參軍으로 관리생활을 시작하였다. 그는 慶曆 4년에 문교개혁을 단행하기 이전에 교육의 중요성과 문교에 대한 개혁안을 가지고 있었다. 그리하여 지방관으로서 각지를 전전하는 동안 지방에 학교를 세우고 또는 지방의 교수로서 자제를 교육하였으며 한편으로는 자신의 文敎政策을 上奏하여 개혁을 주장하고 있다. 이를 좀 더 구체적으로 살펴보면 지방학교의 진흥을 위하여서 그가 기울인 노력을 보면 먼저 廣德軍의 司理參軍으로 임명되어 이 지방 교육에 힘을 기울였으니

> 公擧進士爲廣德軍司理參軍 初廣德人未知學 公得名士三人爲之師 於是郡人之擢進士第者相繼[31]

라 한 것으로 이 당시만 해도 아직 지방에 있어서 교육이 보급되지 못하였음을 알 수 있으며 이러한 형편에 놓여 있는 지방교육을 위해 다시 우경 초에 知蘇州로 임관되었을 때 더욱 邁展하였다. 즉 景祐 2년(1035)에 蘇州에 군학을 세울 것을 주청함과 동시에 스스로 州學을 설립하고 송 일대의 교육가의 원조인 胡瑗(安定)을 교수로 초빙하였다. 胡瑗은 이곳에 처음으로 學規를 만들고 규칙 있는 교육을 행하였는데[32] 胡瑗은 후에 湖州의 교수가 되어 경의제, 치사제란 專門硏究齋舍를 만들어 특수한 직업교육을 실시하여 명성을 떨쳤는데 이는 慶曆 4년에 중앙의 태학을 확장할 때에 모방할 정도로 훌륭하였다. 이와

---

30) 『范文正公全集』, 年譜.
31) 『范文正公全集』, 年譜.
32) 劉眞 「宋代的 學規和鄕約」, 『宋史硏究集』第一輯, p.368, 胡安定的敎法 参조.

같이 范仲淹이 宋代의 교육과 학계에 큰 비중을 차지하는 胡瑗을[33] 교수로 모신 것을 보아도 그가 지방의 州學에 기울인 노력은 명실상부한 것이라 할 수 있겠다. 范仲淹은 胡瑗을 경모하여 양인 관계는 이후에도 계속되어 내려갔다.

당시에는 이미 科擧시험의 詩賦 영향으로 대부분의 강학이 詩賦를 숭상하는 경향이 강하고 특히 科擧의 진사과에 詩賦 중심으로 시험함으로 詩賦가 유행하였다. 胡瑗에 의한 湖州學은 經義 등 실용적인 학문을 숭상하여 經義制에는 疏通 器局이 있는 자를 선택하여 기거케 하고 治事齊에는 전문적으로 一事를 훈련하도록 하였다. (예컨대 변방 수리와 같이 실용할 수 있는 학문), 이로써 국가에 유용할 수 있는 인재를 양성하려고 하였다. 이러한 胡瑗의 교육방법은 范仲淹에 직접적으로 영향을 주고 있다. 慶曆 4년의 문교개혁의 내용이 이와 일치하고 있는 사실로 알 수가 있다. 그 위에 蘇州學을 세움에 있어서 학교의 교지를 택하게 된 경위를 보면

> 先是公得南園之地 旣卜築而將居焉 陰陽家謂必踵出公卿 公曰 吾家有其貴 孰若天下士咸教育於此 貴將無已焉.[34]

이라 하여 자신이나 일족의 영달보다 학교교육의 발전을 더 중시하고 있다. 蘇州學은 교수 학교시설 그리고 교육내용이 잘 갖추어진 훌륭한 州學이었다.

그 후 饒州와 潤州 등지에 謫居할 때에도 학교를 설립하였으니 饒州의 建學에 대하여는

---

33) 『宋元學案』 卷 1, 安定學案에 「宋世學術之盛 安定泰山爲之先河 程朱二先生皆爲然」이라 한 사실로 알 수 있다.

34) 『范文正公全集』, 年譜.

> 公又遷 建饒之郡學 饒之山大率秀拔 公識其形勝 曰妙果院 一塔高峙 當城之東南屹立千餘尺 城之下枕瞰數湖 水脈連秀 於是名之曰文筆峯 硯池學旣建 而生徒浸盛 由公遷址而建也 且曰二十歲後 當有魁天下者 逮治平乙巳 彭汝礪果第一及第 公沈幾遠識如此[35]

그의 교육계획이 먼 장래를 내다보면서 설계되고 있음을 알 수가 있다. 范仲淹이 지방관을 지내는 동안에 있어서 한 지방에 오래 머문 것은 극히 드물고 짧은 시간을 여러 지방을 전임하면서도 학교를 일으키고 훌륭한 인물을 교수로 초빙하여 지방교육을 진흥하였으니 그에 의하여 경력 4년에 주현에 학교를 설치하는 조명이 실시된 것은 지방학교의 발전에 매우 중요한 작용을 한 것은 사실이자만 그 이전에 있어서도 그의 이와 같은 지방학교의 설립과 교육의 진흥에 의하여 宋代의 지방교육은 진작되어 나갔다.

4. 范仲淹의 文教改革實施

范仲淹은 지방의 교육진흥에 힘을 기울였을 뿐만 아니라 문교 전반에 걸쳐 개혁해야 할 여러 가지 의견을 지니고 있었다. 이를 실시하게 된 것이 慶曆 3년에 參知政事로 임명되고 자신의 교육안을 仁宗의 手詔에 답하는 형식으로 上奏하여 이듬해에 실천에 옮기게 되었다. 그는 慶曆 이전에 文敎改革策을 다음과 같이 주장하고 있다.

즉 天聖 8년(1030)에 이미 교육개혁책에 經義를 중시해야 한다는 점을 다음과 같이 말하고 있으니

---

35) 『范文正公全集』, 年譜.

> 夫善國者莫先育材 育材之方莫先勸學 勸學之要莫尙宗經 宗經則道大 道大則才 大 才大則功大 蓋聖人法度之言存乎書 安危之幾存乎易 得失之鑒存乎詩 是非之辯存乎春秋 天下之制存乎禮 萬物之情存乎樂 故俊哲之人入乎六經 則能版法度之言 察安危之幾 陳得失之鑒 析是非之辯 明天下之制[36]

라 하였다. 이로써 그가 당시에 유행하고 있던 詩賦 보다는 科擧시험에 6經을 중시해야 한다는 점을 살필 수 있으며 이러한 經義 중시의 의견은 앞서 살핀 바와 같이 그가 지방학교를 건립하고 지방 교육에서 경의치사의 이과를 중시한 사실과 일치하고 있다.

范仲淹의 문교개혁안은 胡瑗으로부터 영향을 받고 있음을 알 수 있다. 景祐 2년에 蘇州學을 건립하여 胡瑗을 교수로 초빙하였다 함은 앞서 언급한 바이지만 이해 겨울에 조정에서는 雅樂을 更定하게 되었는데 이때 范仲淹은 그를 추천하였다. 胡瑗은 백의로 仁宗에 예견하고 丹州의 軍事推官을 辟하게 이르렀으며 다시 慶曆 2년(1042)에 湖州에 주학을 세움에 胡瑗이 이를 주관하고 保寧節度 推官으로서 교수를 겸직하게 되었다.

胡瑗은 宋代 교육 발전에 중요한 인물일 뿐만 아니라 그가 范仲淹에 준 교육상의 영향도 매우 큰 것이었다.

> 自慶曆中 教學於蘇湖間二十餘年之語[37]

란 소문이 돌아다닐 정도로 蘇州와 湖州는 宋代 지방교육의 중심지로 胡瑗이 교수로 있은 곳이며 范仲淹이 후원을 한 곳이기도 하다. 이렇게 范仲淹과 胡瑗의 관계가 밀접하므로 范仲淹의 문교개혁책을 이해

---

36) 『范文正公全集』 卷 9, 天聖 8年 上時議制擧書.
37) 『宋史』 卷 157, 「選擧志」.

함에는 胡瑗의 교학을 살펴볼 필요가 있다. 胡瑗이 주장한 교학의 내용은,

> 是時方尙辭賦 獨湖學以經義及時務(中略) 故天下謂湖學多秀彥 其出而筮仕 往往取高第 及爲政多適於世用 若老於吏事者.[38]

라 하였으니 그의 湖州學은 경의와 시무로서 교학의 바탕으로 하고 세용을 중시하여 실용적인 학문을 가르쳤음을 알 수 있다. 胡瑗은 교학의 방법으로서,

> 瑗教人有法 科條織悉備具 而身先之 雖盛署必公服坐堂上 嚴師弟之禮 視諸生如其子弟 諸生亦信愛如其父兄 從之遊者常數百人.[39]

이라 하여 학과교육은 치밀하게 하며 자신이 인격으로 모범을 보여 학생들을 감화시키고 친자제와 같이 그들을 인격적으로 이끌고 나갔음을 알 수 있다. 이런 결과로 제자도 그들 친부처럼 따랐으니,

> 先生在(太)學時 每公私試罷 掌儀率諸生於肯善堂 合雅樂歌詩 至夜乃散諸齊亦自歌詩奏樂 琴瑟之聲徹於外.[40]

학생과 함께 생활을 하면서 情緒교육에도 치중하고 사제 상호간의 인격적 유대관계를 강조하고 있고, 胡瑗의 태학에 있어서의 교육방법도,

---

38) 『文獻通考』 卷 46.
39) 『宋史』 卷 432, 「儒林傳」 胡瑗.
40) 『宋元學案』 卷 1, 安定學案.

先生初爲直講 旨專一學之政 遂教育多士 亦甄人物 故好尙經術者 好談兵戰者 好文藝 好尙節義者 使之以類羣居講習 先生亦時時召之 使論其所學爲定其理 或自出一義 使人人以對 爲可否之 或即當時政事俾之折 故人人皆樂 從而有成效.[41]

학생 개개인의 적성에 따라 교육 내용을 달리 하였으며 학생들로 하여금 자발적으로 활동케 하였으니 교육가로서의 훌륭함을 엿볼 수가 있다. 이러한 胡瑗의 교육방법은 范仲淹에게 직접적으로 영향을 미쳤을 것이며 神宗 대에 들어가 范仲淹과 같은 의견을 지닌 王安石도 胡瑗을 숭모하고 있음을 알 수가 있다.[42]

다음에는 范仲淹에 의하여 실시된 慶曆 4년(1044)의 문교개혁 내용을 살펴보자.

仁宗은 慶曆 3년 3월에 呂夷簡을 罷하고 국가의 弊事를 更刷하려고 하였다.[43] 이리하여 3년 8월에 范仲淹을 參知政事, 韓琦를 樞密副使로 임명하고 歐陽修, 蔡襄, 王素 등의 강직한 인사를 발탁하여 諫官에 임명한 후 소위 경력의 치를 구현하고 동 3년 9월에 仁宗이 몸소 輔臣 및 知雜御史 이상을 천장각에 불러서 국정쇄신의 의견을 수조로 묻게 되었다.[44] 이보다 먼저 당시 樞密副使이던 富弼은 국정전반에 걸쳐 개혁해야 할 여러 가지 의견을 다음과 같이 상주하고 있다. 즉,

41) 『同上揭書』 卷 1, 安定學案 附錄.
42) 『臨川文集』 卷 13, 奇贈胡先生.
43) 『皇宋十朝綱要』 卷 5, 慶曆 3年 3月 戊子條.
44) 『長編』 卷 143, 慶曆 3年 9月 丁卯條 및 이때의 자세한 사정은 歐陽修의 吉州學記 (『歐陽文忠公集』 卷 39)에 慶曆三年秋 天子開天章閣 召政事之臣八人 問治天下 其要有機 施於今者 宜何先 使出而書以對 八人者皆震恐失位府伏頓首言 此非愚臣所能 及惟陛下所欲爲 則天下幸甚 於是詔書屢下 勸農桑 責吏課 擧賢才 其明年三月 遂詔天下 皆立學置學官之員 然後海隅激塞四方萬里之外 莫不皆有學 嗚乎盛矣.이라고 있다.

> 近年紀綱甚紊 隨事變更 兩府執守 便爲成例 施於天下 咸以爲非 而朝廷安然奉行 不思剗革 至使民力殫竭 國用乏匱 吏員冗而 率未得人 政道缺而 將及於亂 賞罰無準 邪正未分 西北交侵 寇盜充斥 師出無律 而戰必敗令 下無信 而民不從如此百端 不可悉數.45)

라 하여 정치전반에 걸친 병폐를 논하고 있다.

仁宗의 경력 초는 내외적으로 어려운 문제가 제기된 시기이다. 밖으로는 寶元 원년 이래 계속되어 온 西夏의 침입에 대한 대책을 위해 논의가 분분하였고46) 안응로는 국정전반에 걸쳐 폐정개혁을 요구하는 의논이 활발하게 전개되었다.

이러한 배경에서 단행된 것이 范仲淹에 의한 諸般改革elk. 仁宗의 手詔를 받은 范仲淹은 그 자리를 물러나온 후에 上奏하기를

> 我國家革五代之亂 夫有四海 垂八十年 紀綱法度 日削月侵 官壅於下民困於外 彊埸不靖 寇盜橫熾 不可不更張以救之 然欲正其末 必端其本欲淸其流 必澄其源 臣敢約前代帝王之道 求今朝祖宗之烈 采其可行者條奏 願陛下順天下之心 力行此事 庶幾法制有立 鋼紀再振則 宗社靈長天下蒙福.47)

이라고 말머리를 꺼내고 이어서

> 明黜陟 抑僥倖 精貢擧 擇官長 均公田 厚農桑 修武備 減徭役 覃恩臣重命令.48)

---

45) 『長編』 卷 143, 慶曆 3年 9月 丙戌條.
46) 申採湜, 「北宋仁宗朝에 있어서의 對西夏政策의 變遷에 關하여」, 『歷史教育』 第 8 輯 pp.101-140, 참조.
47) 『長編』 卷 143, 慶曆 3年 9月 丁卯條 및 范文正公 政府奏議 卷上
48) 『同上兩書』

의 十事의 개혁안을 상주하였다. 이 十事 중의 셋째로 거론하고 있는 精貢擧條는 바로 문교정책의 개혁안으로 학교와 科擧制度에 대한 전면적인 개혁을 논한 것이다. 그 내용을 보면,

> 三曰精貢擧 臣謹按周禮卿大夫之職 其廢已久 今諸道學校 如得明師尙可敎人 六經傳治國治人之道 而國家專以詞賦取進士以墨藝取諸科.[49]

이라 하여 六經은 治國과 治人의 도임에도 불구하고 詞賦로 진사과를, 묵예로 제과를 취하는 시험방법의 그릇됨을 지적하고 이어서 이러하기 때문에,

> 士皆捨大方 而趨小道 雖濟濟盈庭 求有才有識者 十無一二 況天下危困乏人如此.

이라 하여 인재가 곤핍하게 되었음을 논하고 이에 대한 개혁책으로,

> 固當敎以經濟之業 取以經濟之才 (中略) 臣請諸路州郡有學校處 奏擧通經有道之士 專於敎授 務在興行 其取士之科 卽依賈昌朝等起請進士先策論 而後詩賦 諸科墨義之外 更通經旨使人不專辭藻 必明理道則天下講學必興.[50]

諸路의 州郡학교에서는 通經有道의 인사를 천거하여 교수를 전담시키고 취사에는 進士는 책론을 먼저하고 시부를 뒤로 미루며 諸科는 墨義 이외에 經旨에 통하게 하고 통리를 밝게 하면 천하의 講學이 반

---

49) 『同上兩書』

50) 『同上兩書』.

드시 바르게 일어날 것이라고 논하였다.

范仲淹의 이와 같은 개혁안은 당시 학교 및 공거의 폐를 인식하고 있던 혁신적인 인사들의 대부분이 공통적으로 주장하고 있었던 것이다.[51]

范仲淹이 주장한 개혁안 十事奏議에 대하여 仁宗은 다시 근신에게 詔하여 詳議시키었고 마침내 경력 4년 3월에 翰林學士 宋祁, 御史中丞 王拱辰, 知制誥 張方平, 歐陽修 殿中侍郎史 梅摰, 天章閣侍講 曾公亮, 王洙, 右正言 孫甫, 監察御使 劉湜 등 9인이 合奏하여 學校貢擧條制를 올리었다.[52]

이 奏議는 歐陽修에 의하여 작성되었다. 즉,

> 臣等準勅差 詳定貢擧條制者 伏以取士之方 必求其實 用人之術 當盡其材 今教不本於學校 士不察於鄕里 則不能覈名實 有司束以聲病 學者專於記誦 則不足盡人材 此獻議者 所共以爲言也.[53]

라고 논의자들의 개혁에 대한 종합적인 의견을 개진하고 이러한 문제의 해결의 방안으로서,

> 臣等參考衆說, 擇其便於今者 莫若使士皆士著 而教之於學校 然後州縣察其履行 則學者修飭矣.[54]

51) 歐陽修도 論更改貢擧事件箚子 (『歐陽文忠公全集』 卷 104, 『奏議集』 卷 8)에서 今貢擧之失者 患在有司取人 先詩賦而後策論 使學者不根經術 不本道理 但能詩賦節抄六帖 初學記之類者 便可剽盜偶儷以應試格 而童年新學全不曉事之人 往往幸而中選 此擧子之弊也.라고 范仲淹과 같은 의견을 開陳하고 있다.

52) 『長編』 卷 147, 慶曆 4年 3月 甲戌條.

53) 『歐陽文忠公全集』 卷 104, 『奏議』 卷 8, 詳定貢擧條狀.

54) 『歐陽文忠公全集』 卷 104, 『奏議』 卷 8, 詳定貢擧條狀.

선비들로 하여금 鄕里의 학교에서 배우고 각 주현이 그들의 행동을 살피게 하였으며 또 책론을 먼저 하면 문사에 능한 자는 마음을 治亂에다 두고 정식을 簡하게 하면 閎博者는 馳騁하게 되니 執經者는 記誦에만 전적으로 빠질 수 없으니 따라서 인재를 모두 얻을 수가 있게 되는 것이다. 또 주군의 封彌謄錄帖經은 모두 細碎한 것이므로 무익하니 파해야 한다고 주장하고 있다.

요컨대 학교를 충실하게 하려면 먼저 科擧制度의 시험 내용을 개정하여 학자들의 奔競之弊를 바로 잡고 향리에 안정하여 수도하고 記誦辭章의 폐를 없앤 후에 우수한 자를 貢擧해야 참된 인재를 얻을 수 있다는 것 이 仁宗의 手詔에 참석하였던 9인의 공통된 의견이었다.

慶曆 3년 9월에 개혁이 발의되어 이듬해 3월까지 范仲淹의 論十事에 대한 개혁안이 다각도로 검토되고 특히 문교개혁안은 그 중요성이 인정되어 慶曆 4년 3월에 흥학의 詔가 내려져서 실시를 보게 되었다.[55] 范仲淹에 의하여 上奏된 개혁안이 皇帝에 의하여 재가된 것으

---

55) 『宋史』 選擧志 및 『長編』 卷 147, 慶曆 4年 3月 乙亥條 그리고 歐陽文忠公全集 卷 79, 外制集 卷 1 領貢擧條制勅이 실려 있는데 이는 范仲淹이 主張한 改革意見과 매우 類似하므로 서로 比較해 볼 必要에서 장황하나 全文을 적어보면

勅夫儒者通乎天地人之理 而兼明古今治亂之原 可謂博矣 然學者不得騁其說 而有司務先聲病章句以牽狗之 則吾豪雋奇偉之士 何以奮焉 有純明朴茂之美 而無斅學養成之法 其飭身勵節者 使與不肖之人雜而竝進 則夫懿德敏行之賢 何以見焉 此士人（一作取士）之甚弊（中略)이라고 詩賦中心의 取士의 弊를 지적하고 이어

朕慎於改更（中略）仍詔宰府加之參定 皆以謂本學校以敎之 然後可求其行實 先策論 則辨理者得盡其說 簡程式(一作試) 則閎博者可見其材 至於經術之家 稍增新制 兼行舊式以勉中人 其煩法細文一皆罷去 明其賞罰 俾各勸焉 如此 則待士之意周 取人之道廣 夫遇人以薄者 不可責其厚 今朕建學興善 以尊子大夫之行 而更諸革弊 以盡學者之材 予於敎育之方 勤亦至矣 有司其務嚴訓道精察擧以稱朕意 學者其思進德修業 而無失其時 凡所科條 可(一作以)爲永

로 학교교육과 과거제도의 폐해를 개혁하여 문교진흥의 기본방침을 설정하게 된 것이다.

이 詔와 함께 學校貢擧條制가 발포되어 개혁이 실시를 보게 되었는데 실시된 개혁의 내용은 范仲淹이 주장한 바와 대략적으로 같은데 그 요지는[56] 먼저 흥학을 실시함에 있어서 제로의 부·주·군에다 모두 학교를 세우고(종래는 번진에만 세움) 현에도 학교를 세울 것을 허사하였고 士는 在學의 학습일 수가 3백일에 이르러야 秋試를 보게 하여 학교에서의 일정한 교육기간을 반드시 이수토록 하였다. 이는 종래 국자감에서의 취해를 위해 학적만을 형식적으로 가지려는 폐를 방지하려 한 것이다. 그리고 지방의 학교가 대폭 증설됨에 따라 일어나는 敎授의 충원은 우수한 인물을 선발하여 임명케 하였는데 3년을 임기로 하였다. 관리 중에서 이를 선임하게 하고 적임자가 없을 경우에는 향리에서 宿學하며 도업 있는 자 중에 3년간 私譴이 없는 자를 임용하였다. 또 중앙의 국자감은 시설과 학생 수, 그리고 敎授의 대우가 개선되어 대학으로의 발전을 하게 된 것도 바로 이때의 일로서[57] 학생의 수가 200명으로 증가되고[58] 錫慶院을 태학의 학사로 사용하게 하였다. 이 석경원의 태학전용은 곧 중지되었으나 태학시설의 확장은 계속 추진되었으니 태학교육 강화를 위해 조정이 기울인 노력의 일면을 살필 수가 있는 것이다.[59]

制(一作式)하라 하였다.

56) 『文獻通考』 卷 46, 學校考 및 『宋史』 選擧志 學校.

57) 趙鐵漢, 「宋代的 太學」, 『宋史硏究集』 第一輯 p.317, 참조.

58) 宮崎市定 「前揭論文」 참조.

59) 錫慶院을 太學으로 使用하게 된 동기에 관해서는 『文獻通考』 卷 42 및 『長編』 卷 148, 慶曆 4年 夏 4月 壬子條에 자세히 記錄하고 있다. 즉 「慶曆四年判國子監王拱辰等言　首善京師　漢太學二百四十房千八百餘室　生徒三萬人　唐學舍亦千二百間　今國子監才二百楹　不足以容學者　請以錫慶院爲太學

다음에는 范仲淹에 의한 科擧制度 개혁이다.[60] 범중엄은 국초 이래 번창한 科擧에 대하여 개혁을 주장하였고 그의 주장이 慶曆 4년에 실현을 보게 된 것이니 그의 주장은 과거교육과 科擧시험과는 밀접한 관계가 있다. 養士를 하는 학교교육이 選士를 하는 科擧시험과 서로 동떨어져서는 안 된다는 생각에서 일정기간(300일 이상) 학교교육을 받은 후에 과거에 응시하게 하여 科擧시험의 준비교육에 불과한 학교교육을 科擧시험으로부터 독립시키려고 하였다. 考試의 내용도 종래 文藝가 위주가 된 것을 지양하고 才識과 덕행을 보다 중시하고 있었다. 또 시험은 삼장으로 나누어 策·論·詩賦의 순으로 시험하게 하고 帖經墨義는 파하였는데 이 삼장의 법은 종래 省試의 응시자가 대체로 2천 명인 경우 시험채점관이 시부와 책·론의 三考를 채점하는데 6천 권의 답안지를 단시일 내에 채점하므로 많은 폐가 있다. 歐陽修도 그 폐단을 지적하고 있는데[61] 이를 개혁하여 먼저 책시로써 일차 선발하고 다음에 論으로 2차 선발하면 반은 낙제되고 제삼장에 가서 詩賦로 시험을 보이면 삼장에 응시한 자는 책·논에 통과한 우수한 인물로서 종래와 같이 시부의 폐단은 없을 것이고 표절도 할 수 없고 학문과 지식이 뛰어난 인재를 선발하는 결과가 되니 이를 逐場去留之法이라고 한다.

이와 같은 科擧制度의 개혁은 그가 天聖 5년에 학교공거에 대한 근본적인 개혁의견이 이때의 실시를 본 것이다. 이 밖에 시험장에서 종래 물의를 일으켜 오던 부정행위에 대한 칠개조의 禁制를 설정하여

從之」라 하였다. 이 錫慶院은 契丹使를 위한 錫宴之所로 慶曆 5年 春正月 己巳에 不可闕이란 三司의 建議에 따라 太學은 다시 別地를 擇하게 되었다. (長編 卷 154)

60) 『文獻通考』 卷 42, 및 『宋史』 選擧志

61) 『歐陽文忠公全集』 奏議集 卷 8, 諫院 論更改貢擧事件箚子.

시험의 공정을 기한 점 등은 과거시험의 내용, 운영, 채점 등에 혁신적인 개혁이다.

이상과 같은 개혁은 불행히도 실시된 후 얼마 안 가서 폐지되었다. 그것은 范仲淹의 정치적인 불운, 즉 반대파인 呂夷簡, 夏竦 등에 의한 붕당의 협의와 西夏의 침입이 계속되어 국력을 陝西방비에 주력하고 범중엄을 西夏정책에 이용하려고 慶曆 4년 6월에 그를 陝西河東路宣撫使로 임명하였다. 그가 조정을 떠나자[62] 그의 반대자, 呂夷簡, 夏竦은 祖宗 이래의 구법을 유지해야 한다고 강력히 개혁의 불가함을 논하고[63] 有司도 이에 동조하였다. 仁宗은

> 科擧舊條 愷先朝所作也 宜一切如故 前所更定 今悉罷.[64]

이라 하여 范仲淹에 의한 혁신적인 개혁은「祖宗之法」,「無事之法」이라는 전통적 권위를 내세운 보수파에 의하여 좌절되었다.[65] 단 州郡興學의 조령은 취소되지 아니하였으므로 지방관의 교육열에 따라서 발전한 곳도 적지 아니하였다.

이리하여 范仲淹의 학교교육진흥 이후 지방의 교육은 발전을 가져왔고 이것이 宋代의 문운발달에 중요한 영향을 담당하였다. 지방학교 진흥의 예를 살펴보면

---

62) 『長編』 卷 150, 慶曆 4年 6月 壬子條.
63) 『宋史』 卷 155, 選擧志 1에 「詩賦聲病易考而 策論汗漫難知 祖宗以來莫之有改 且得人嘗多矣」이라 하였다.
64) 『同上揭書』.
65) 入學聽習三百日은 慶曆 4年 11月 戊午條에 判國子監 余靖의 反對意見에 따라 파하고 (『長編』 卷 153) 錫慶院을 太學으로 하려던 計劃은 慶曆 5年 春正月 己巳條에 三司의 反對로 別地(馬軍都虞保公宇)로 바꾸게 되었다.(『長編』 卷 154)

먼저 歐陽修는 경력 4년의 흥학실시 후의 사정을 그의 길주학기[66]에서

宋興蓋八十有四年 而天下之學 始克大豈非盛美之事

라고 興學에 대한 찬사와 이를 계기로 하여 각 곳에서 학교가 크게 설립하게 됨을 말하고 이어서 吉州의 학교가 크게 발전하게 됨을 다음과 같이 말하고 있다. 즉

是以詔下之日 臣民喜幸 而奔走就事者 以後爲羞 其年十月 吉州之學成 州舊有夫子廟 在城之西北 今知州事李侯寬之至也 謨與州人遷而大之 以爲學舍

라고 吉州學의 성립을 말하고 있다. 이는 知州事 李侯寬의 노력으로 시작은 되었으나 學의 성립에는 주민 전체가 총력을 기울인 것 같다. 그는 이어서

吉之士 率其私錢一百五十萬以助 用人之力積二萬二千工 而人不以爲勞 其良材堅甓之用 範二十二萬三千五百 而人不以爲多 學有堂筵齊講 有藏書之閣 有賓客之位 有游息之亭 嚴嚴翼翼 壯偉閎耀 而人不以爲侈 旣成而來 學者常三百餘人

학교의 규모가 위굉함과 아울러 학생의 수가 300여 인에 이르렀다 함은 지방학교의 발전이 대단하였음을 알 수 있다. 岳州의 州學도 尹洙의 악주학기에 의하면 范仲淹의 지방교육 진흥책에 대한 仁宗의 興學詔가

66) 『歐陽文忠公全集』 卷 39, 吉州學記

내려진 후에 郡守가 학교를 부흥하여 建閣聚書, 齋는 八十九楹에 이르렀고 邠州의 州學도 慶曆 5년에 廟學이 엄격하게 성립되어 일백사십영에 이르렀다고 있다.[67] 江南의 虔州 州學도 王安石의 말에 의하면

> 慶曆中 嘗詔 立學州縣 虔亦應詔[68]

虔州의 주학도 경력 4년의 지방학교진흥 후에 설립된 것으로 볼 수 있다. 그러므로 宋代의 지방 주학은 경력의 흥학운동 이후에 대부분이 설립되었고 주학이 설립되지 않은 곳은 거의 드믄 형편으로 范仲淹에 의한 地方教育振興策이 宋代 지방주학 발전에 중요한 작용을 하게 된 것이라고 말할 수 있겠다. 그리고 주 아래의 현에 있어서도 이와 같은 흥학의 풍조는 경력 이후 유행을 하였으니 王安石은 繁昌縣 學記[69]에서

> 宋困近世之法 而無能致 至今天子始詔 天下有州愷得立學 奠孔子其中如古之 爲 而縣之學 士滿二百人者 亦得爲之 而繁昌小邑也 其士少不能中律 (中略) 而治其兩廡爲生師之居 而待縣之學者 以書屬其故人臨川王某 使記其成之始

이라 하였으니 당시에는 縣學은 士 이백 人이 되지 않으면 입학을 허가치 아니하는 규정이었으나 慶曆興學의 詔 후에는 소읍에까지 학문하는 풍조가 퍼져 繁昌縣 慈溪縣[70] 같은 소읍은 현학을 세우기에는

---

67) 『范文正公全集』 卷 7, 邠州建學記.

68) 『王臨川文集』 卷 82, 虔州 學記.

69) 『同上揭書』 卷 82, 繁昌縣 學記.

70) 『同上揭書』 卷 83, 慈溪縣學記에

今天子卽位若干年 頗修法度 而革近世之不然者 當此之時 學稍稍立於天下矣 猶日州之士滿二百人 乃得立學 於是慈溪之士不得有學 而爲孔子廟如故廟又壞不治 今劉君在中言於州 使民出鐵 將修而作之 未及爲而去 時慶曆某年也

士가 부족했으므로 孔子廟를 중수하여 학사강당을 세우고 현의 자제를 모아 교육을 실시하였다. 이는 비단 繁昌, 慈溪縣에만 국한된 것이 아니라 각지에 이러한 교육의 열은 파급되었다.

그러므로 范仲淹에 의한 문교의 개혁책은 비록 정치적으로는 중단되어 실패하였다고 하겠으나 이를 계기로 하여 중앙과 지방에 있어서 교육의 열은 고조되고 문교작흥의 풍조가 유행하여 宋代의 학술발달에 중요한 작용을 하게 되었다. 그리고 范仲淹의 이러한 문교진흥의 영향은 宋代의 학술상에 있어서 큰 의의를 갖는 것이므로[71] 그의 文教改革策은 교육상에 결코 실패라 할 수 없다. 이후의 문교진흥에도 중요한 영향을 주었기 때문이다.

실제로 神宗의 희령 초에 王安石에 의해서 단행된 文教改革策의 내용을 보면 范仲淹에 의해서 주창된 내용과 유사한 점이 있고 王安石 이후의 학교와 科擧制度의 개혁에도 영향을 준 바가 있다. 그러므로 范仲淹의 개혁은 宋을 통하여 文教政策 면에 원대한 계획이라 할 수 있다. 王安石의 文教改革策과 비교하여 볼 때 더욱 확실함을 알 수가 있다.

다음에는 王安石의 文教改革策과 비교하여 宋代 혁신적 인사들의 교육과 科擧制度에 대한 의견을 종합하여 보고 아울러 范仲淹의 개혁 내용이 그 후에까지 유지되어 나간 것을 살펴보자.

後林君擊至 則曰古之所以爲學者吾不得而見 而法者吾不可以毋循也 雖然吾之人民 於此不可以無教 卽因民錢 作孔子廟如今之所云 而治其四旁爲學舍講堂其中 師縣之子弟 起先生杜君醇爲之師 而興於學噫이라 한 것도 縣에 있어서의 학교의 재건과 教育普及을 말한 것이다.

71) 劉李洪, 「范仲淹對於宋代學術之影響」, 『宋史研究集』 第一輯 및 pp.357-366

5. 王安石의 文教改革策과의 비교

范仲淹의 文敎改革策은 神宗의 熙寧 연간(1069-73)에 王安石에 의하여 실시된 新法 가운데서 문교의 개혁책과 그 내용이 여러 면에서 유사함을 주목할 수가 있다. 이를 비교 검토함으로써 宋代의 혁신주의자에 의해 주장된 학교교육과 科擧制度 등 문교 면에 걸친 개혁내용을 보다 구체적으로 파악할 수가 있을 것이며, 이는 宋代의 학술과 사상의 발달을 단계적으로 파악하는 데도 도움이 된다.

王安石의 新法에 관한 연구와 특히 文敎政策에 관해서도 몇 편의 저서 및 논문을 찾아볼 수가 있다.[72] 여기에서는 이를 참고로 하면서 范仲淹의 개혁과 비교해 보겠다.

먼저 范仲淹과 王安石과의 관계인데 한 세대가량 앞선 范仲淹(989~1053)이 王安石(1019-86)에게 직접적으로 영향을 줄 수는 없을 것이다. 다만 王安石은 앞에서도 언급하였듯이 范仲淹의 文敎改革策에 상당한 영향을 주었던 胡瑗을 높이 평가하고 특히 그의 經學중심적인 實用주의교육과 德育교육에 대하여 칭찬을 아끼지 않고 있다. 王安石 신법의 골자는 상업 활동을 국가가 장려함으로써 민생의 경생을 촉진하고 국가재정을 풍부히 하려하였다. 南宋의 呂東萊가 王安石을 「慶曆之士」의 수장에 范仲淹과 동열에다 놓고 있다.[73] 북송의 정치사에 특히 혁신적인 개혁 면에서 볼 때 范仲淹과 王安石은 동열에 놓을 수 있다. 특히 그들의 文敎改革策은 유사성을 지니고 있다. 또 范仲淹의

---

72) 宮崎市定, 「宋代の 太學生生活」,『アジア史 硏究』 第一. 同氏의 「科擧」 佐伯富 「王安石」 (富山房 支那歷史地理叢書 1941) 및 王建秋 「宋代太學與太學生」 (臺灣商務印書館 民國 54年) 王雲五著 宋元政治思想 (臺灣商務印書館 民國 58年).

73) 西順藏著, 「中國思想論集」, 三人の 北宋士大夫の 思想(pp.287-306) 참조.

개혁론이 중단된 후 王安石에 의하여 다시 개혁되기까지 즉, 1045년에서 1069년 간에 뜻있는 인사들이 문교의 개혁을 주장하다. 그 내용은 학교의 진흥과 科擧制度의 개혁을 내세우고 있다.[74] 이는 范仲淹의 그것과 비슷하고 따라서 그의 文敎改革策이 宋代의 교육상에 여러 가지 병폐를 개혁하려는 노력으로써 범중엄의 개혁안은 장래를 내다본 근본적인 혁신 정책이었다. 王安石의 文敎改革策 중에서 科擧制度에 范仲淹의 그것과 유사한 점을 비교하여 보자.

王安石은 仁宗의 말년에 학교와 貢擧문제를 걱정하면서 당시의 학교교육과 科擧制度의 폐점을 들어 上奏하여 개혁의견을 내세우고 있다.[75]

王安石은 당시의 병폐를

> 雖然以方今之世揆之 陛下雖欲改易更天下之事 合於先王之意 其勢必不能也 (中略) 以方今天下之人才 不足故也

라 하여 천하의 인재 부족을 논하고 이어

> 臣嘗竊觀天下在位之人 未有乏於此時者也 夫人才乏於上 則有沈廢伏匿在下而佛爲當時所知者矣 臣又求之於閭巷草野之間 而亦未見其多焉 豈非陶治而成之者 非其道而然乎

---

74) 貢擧改正論의 大略을 보면『長編』卷 175 皇祐 5年 7月 甲子條에 如聞 監生或以補牒質鬻於人 使流寓無行之士冒試 於有司其加察之라고 科場內의 不正行爲에 대하여 경고하였고 이어『長編』卷 181, 至和 2年 10月 乙酉朔條에 朱景陽이 科擧의 改革을 上奏하고 있으며 다사 嘉祐 2年 正月에 歐陽修가 權知貢擧에 任命되어 條約擧人懷挾文字箚子(歐陽文忠公集 卷 111 奏議卷 15)에서 科場의 弊風을 改革해야 함을 主張하고 있다. 또한 學校敎育에 대해서도 嘉祐 3年에, 歐陽修의 議學狀(歐陽文忠公集 卷 112)에서 論議된 것이 代表的이라 하겠다.

75)『王臨川集』卷 39, 書疏 上仁宗皇帝言事書.

이라 하였고 이어서

> 人之才 未嘗不自人主陶冶 而成之者也

라고 교육의 중요성을 말하면서

> 所謂陶冶而成之者何也 亦敎之養之取之任之道而已 所謂敎之之道者何也 古者 天子諸侯自國至於鄕黨 皆有學 博置敎導之官 而嚴其選 朝廷禮樂刑政之事皆 在於學 士所觀而習者 皆先王之法言德行治天下之意 其材可以爲 天下國家之用 苟不可以爲天下國家之用 則不敎也 苟可以爲天下國家之用者則 無不在學 此敎之道也

라고 교육의 기본을 논하고 있다. 또

> 所謂養之者何也 饒之以財 約之以禮 裁之以法也 (中略) 所謂取之之道者何也 先王之取人也 必於鄕黨 必於鄕序 使衆人推其所謂賢能以告於上 而察其誠賢 能也 然俊隨其德之大小 才之高下而官使之

라고 養人과 取人의 근본을 논하면서

> 所謂任之之道者何也 人之才德 高下厚薄不同 其所任有義有不宜 先王知其如 此 故知農者以爲後稷 知工者以爲共工 其德厚而才高者以爲之長 德薄而才下 者以爲之佐屬 又以久於其職 則上狃習而知其事 下服馴而安其敎 賢者則其功 可以至於成 不肖者則其罪可以著

그가 주장하는 교육목적은 陶冶에 있고 도야의 방법은 국가가 이를 관리해야 하며 그 목적은 敎·養·取·任의 네 가지 면에 치중하되

덕용을 특히 존중하고 치용적 인물을 중요하게 생각하였다.

王安石도 范仲淹과 같이 詩賦중심의 科擧制度에 반대하고 이의 개혁을 주장하고 있다. 즉,

> 方今州縣雖有學 取牆壁具而 非有教導之官 長育人材之事也 (中略) 學者之所教 講說章句 固非古者教人之道也 近世內始教之以課試之文章 夫課試之文章 非博誦强學窮日之力 則不能其能工也 大則不足以用天下國家 小則不足以爲天下國之用 (中略) 故使之從政 則范然不知其皆是也

학교교육을 강화하고 科擧制度를 개혁해야 한다는 王安石의 이러한 주장은 范仲淹의 의견과 상당히 가까운 바가 있다. 그러나 仁宗 말에 있어서는 이러한 그의 주장은 실현을 보지 못하고 英宗을 지나 다음 神宗의 희령 2년 (1069)에 參知政事로 임명되면서 실현되었으니 그 내용을 보면 대략 다음과 같다.

그는 먼저 科擧시험에 있어서 특히 진사과의 시험에 시부를 중심으로 하는 방법에 대하여 반대의견을 지니고 있었다.[76] 그리하여 걸개과조제차자[77]를 올려 科擧制度의 개혁을 주장하였으니

> 伏以古之取士 皆本於學校 故道德一於上 而習俗成於下 其人材皆足以有爲於 世 自先王之擇竭 教養之法無所本 士雖有美材 而無學校師友以成就之議者之 所患也

---

76) 『同上揭書』 卷 30에서
少年操筆坐中庭 子墨文章頗自輕 聖世選才終用賦 白頭來此試諸生이란 글과 『同上書』 卷 18에 童子常誇作賦工 暮年羞悔有楊雄 當時賜帛倡優等 今日論才將相中 細甚客卿因筆墨 卑於爾雅注魚蟲 漢家故事眞當改 新詠知君勝弱翁이란 事實로 알 수가 있다.

77) 『王臨川文集』 卷 42.

라고 하여 科擧 중심의 취사방법을 반대하고 학교에서 취사를 하는 古制를 보다 올바른 방법으로 제시하고 이어서

> 今欲追復古制 以革其弊 則患於無漸 宜先除去聲病對偶之交 使學者得以專意經義 以俟亭朝廷興建學校 然後講求三代所以教育選擧之法 施於天下庶幾可福古矣

이라 하여 除去聲病은 詩文 중심의 교육에서 經義를 중시하는 교육내용으로 바꿀 것과 학교를 일으켜 교육과 선거에 대한 근본적인 병폐를 해결하려고 하였다. 이는 范仲淹이 주장한 경의중심, 학교중심 교육과 일치하는 점이라 하겠다. 그는 이어서

> 所對明經科欲行廢罷 弁諸科元額內 解明經人數添解進士 及更俟一次科場不許新應諸科人投不文字 漸令改習進士

이라 하였으며 지방의 학교교육 및 進士科 인원수에 대해서는

> 仍於京東 陝西 河東 河北 京西五路先置學官 使之敎導 於南省所添進士奏名 仍具別作一項 止取上件 京東等五路 應擧人幷府監諸路曾應諸科改應進士人數所貴合格者多 可以誘進諸科業如進士科業如允所奏 乞降勅r命施行

이라 하였다. 요컨대 取士는 학교를 중심으로 하여야 한다는 것이며 교육내용은 經義를 전문으로 하며 인재를 육성해야 한다는 것이 그의 교육개혁의 대강이다. 이러한 그의 의견은 神宗 4년에 개혁이 단행되면서 보다 구체화되었다. 진사과는 시부첩경을 폐지하고 경의와 논책을 과함으로써 실제정치에 유용할 수 있고 도덕 면에서도 훌륭한 인

물을 선발하려 하였고 시험방법으로는 詩經, 易經, 書經, 周禮, 禮記로서 본경을 삼고 春秋를 제외하고 論語와 孟子를 가하여 兼經으로 삼았으며 四場의 시험을 실시하였는데 초장에서는 본경, 第二場에서는 겸경을 주로 하였고 그 위에 大義十道를 시험하고 第三場에서는 논일수, 第四場에서는 策三道를 시험하였다. 이는 范仲淹의 科擧三場之法과 그 정신에는 비슷한 점이 많다. 그 위에 制科에도 반드시 경의의 대의를 물어 경의를 필수케 하였으며 殿試에는 進士, 明經 각각 시무책일도, 九經 등과는 本經 대의십도를 시험하여 그 성적에 따라 관리로 임명하였다. 이러한 王安石의 科擧制度의 개혁내용은 경의중심, 과장의 분치라는 점에 있어서 范仲淹과 비슷하다고 하겠다.

다음에는 학교교육에 대한 내용을 비교하여 보면 王安石도 范仲淹과 같이 太學교육을 강화하였으니

太學의 直講을 증가하여 10人으로 하고 태학 내에 학생은 三舍法을 실시함으로써 삼등으로 구분하여 外舍生 600인, 內舍生 200인, 上舍生 100인으로 정하고 시험에 의해서 외사에서 내사로 내사에서 상사에로 진급시키었다. 그 위에 보다 중요한 것은 성적이 우수한 자는 科擧시험을 거치지 아니하고 직접 태학에서 관리로 임명하였으니 종래 태학이 科擧시험의 준비교육의 구실을 하고 있던 기능에서 벗어나 독립적인 교육기능을 찾게 되었을 뿐만 아니라[78] 인격을 갖추고 있는 유능한 인재를 태학에서 선발하려는 것이 주목적이었다. 이 太學內舍는 慶曆 4년에 설치하였던 제도로서[79] 200명을 정원으로 하였다. 이 內舍

78) 宮崎市定, 「前揭論文」 참조.
79) 『玉海』 卷 112 學校 建隆增修國子監條에 熙寧元年正月 諫官勝甫等言 慶曆太學內舍生二百員 官給食 乞增置 詔於內舍生外增一百外舍生 職制補試監生六百人 五月增爲九百人宋代 太學生의 定員에 대해서는 王建秋著, 『宋代太學與太學生』 p.108-111에 자세히 記錄하고 있다.

生은 태학의 齋舍(기숙사)에 들어가서 국가에서 주는 관비로 給養을 받는 학생을 일컫는 것이며[80] 外舍生이란 일종의 청강생으로 일정한 정원은 없었으나 嘉祐 3년(1058)에 외사생의 정원을 정하여 내외 합하여 600명으로 하였고 神宗의 熙寧 원년에 내사의 상위기구로 上舍生 100명을 설치하고 외사도 600인으로 증액하였다. 이렇게 三舍의 법[81]이 마련되어 태학교육이 본 궤도에 오르게 되었고 원풍 2년(1079)에는 다시 태학의 대확장을 보게 되었다.[82]

太學에 입학하기 위해서는 먼저 補試(입학시험)[83]를 받어야 한다. 수험자격은 원칙으로 주학에서 일정 연한의 재학을 요하고 州로부터 공거를 받아와서 시험을 치게 된다. 이 補試에 합격하면 외사생으로 齋(기숙사)에 들게 된다. 이 齋舍에는 齊長, 齊諭가 있고 이는 모두 상급생이었다.[84] 제에 따라서 전공과목이 정해지고 전문적인 教官과 博士에게 전공을 배우게 된다. 단 제생은 직접 博士로부터 제업을 받는 것이 아니고 學諭가 있어서 강의를 듣고 와서 전달강의를 하였다. 태학 내에서의 시험은 매 십일에 한 번씩 치르는 課試가 있고 매 순 삼일에 晩學官이 齋諭에게 문제를 주어서 일반학생에게 전달시켜 다음날에 답안을 제출케 하는 旬試가 있는데 초순에는 經義, 중순에는 論, 하순에는 策을 시험하였다. 매 월말에는 私試가 있는데 맹월에 경의, 중월에는 논, 이월에는 책으로 하였고 일 년에 한 번 公試가 있는데 경의와 논책을 시험하였다.[85]

---

80) 宮崎市定, 「前揭論文」 参조.

81) 宮崎教授는 前揭論文에서 外舍를 豫科, 內舍를 本科, 上舍를 研究科라고 풀이하여 三舍의 性格을 뚜렷하게 定義하고 있다.

82) 王建秋著, 『宋代太學與太學生』 p.108-111 참조.

83) 宮崎市定, 「前揭論文」 参조.

84) 宮崎市定, 「前揭論文」 参조.

85) 宮崎市定, 「前揭論文」 参조.

태학 내에서의 시험의 대부분이 경의·논·책임을 알 수가 있고 시부 중심의 교육이 아니라 경의와 논·책을 중요한 태학교과로 하였음을 알 수가 있다. 특히 내사생의 경우 이년에 한 번 舍試(졸업시험)를 보는데 이때는 학교의 學官이 관계하지 않고 정부에서 특별히 시험관을 파견하여 科擧의 省試와 같이 엄격하게 시험 관리를 하는 데 불상시의 태학 내의 성적과 품행성적(積行)을 합하여 우수하면 직접 관리로 임용하였다. 그 대우는 科擧의 전시 才一人 또는 二人과 같은 높은 대우를 받으며 釋褐壯元이라 하였다.[86] 종래 과거시험의 부속준비 기구처럼 여기던 태학의 교육을 독립시켜 태학의 발전을 이룩하는 데 큰 역할을 한 제도이다. 이와 같은 태학의 발전은 자연 태학시설의 확장을 심요로 하게 되었다.[87] 그리하여 太學錫慶院, 朝集院, 殿前都虞候廨舍로서 상사, 내사, 외사의 강당과 재사로 할 것을 논의하여 그 결과 舊國子監을 내사로 하고 武成王廟를 외사로 錫慶院 급 朝集院西廡로 강서당으로 하고 諸生의 齋舍와 官掌事者直廬를 세워 태학의 시설을 보충하였다.[88]

王安石은 지방 학교의 진흥에도 힘을 기울이었으니 京東·京西·河東·河北·陝西의 五路에 다 학교를 설치하고 제주와 부에도 學官을 증가 배치하였으며 지방학교의 재정을 지원하기 위하여 각주에다 學糧으로 충당하기 위하여 전십경을 지급하여 지방민의 교육을 장려하였다.

王安石에 의한 文敎政策의 개혁내용은 중앙과 지방의 학교교육 진흥과 태학교육의 科擧로부터의 독립, 그리고 학교교육과 科擧시험에

86) 宮崎市定, 「前揭論文」 참조.
87) 『長編』 卷 227, 熙寧 4年 10月 壬子朔 己卯條
88) 『文獻通考』 卷 40, 學校考.

있어서도 모두 시부중심에서 경의와 논·책을 중요시하는 교과내용의 개혁 그리고 인격과 덕망 있는 인재의 발탁과 실제 정치에 유용될 수 있는 인물 양성을 주요 목표로 하고 있다. 范仲淹과 王安石은 다 같이 개혁을 주장하였으며 이들의 개혁 가운데 科擧制度와 학교교육의 진흥책은 서로 유사한 바가 적지 않음을 찾아볼 수가 있다.

6. 맺는말

仁宗의 경력 연간에 范仲淹에 의하여 추진된 文敎改革策을 살펴보았다. 唐末·五代 병란의 폐를 시정하기 위하여 문치주의를 내세운 송조는 학교 교육면을 보면 太祖·太宗·眞宗代를 지나 건국 후 80여년이 경과된 仁宗의 경력 초까지 교육은 보급되지 못하였다.

范仲淹에 의한 학교교육의 진흥으로 중앙과 지방의 학교가 발전할 기반을 마련하게 되었다. 한편 科擧制度는 송초로부터 발달하였고 많은 인재가 科擧를 통하여 등용되기는 하였으나 唐代 이래의 詩賦 중심에 치우쳐 학문과 사상의 발전에 기여한 바가 적다. 그리하여 학교교육은 자연히 科擧시험을 위한 준비교육의 성격을 띠고 있는 형편이었다. 이러한 과거제도의 모순을 해결하고 참다운 인재를 학교에서 양성하려 한 것이 范仲淹의 혁신적 개혁이었다.

范仲淹은 仁宗의 초기 天聖 연간에 문교의 개혁을 주창하였고 慶曆 연간에 이를 실천에 옮긴 것이다. 학교교육의 강화를 위하여 중앙의 太學을 확장하고 지방에 있어서의 주현에 학교를 설립하고 교육내용에 종래의 詩賦위주에서 실용성이 있는 論策과 經義를 중시할 것을 강조하고 있다. 또 科擧시험에 학교교육을 科擧 준비교육으로부터 독립시키기 위해 학교에서 일정한 기간 교육을 마친 후에 科擧응시의 자격을 부여케 하였으며 科擧와 학교교육과는 상호 밀접한 관계가 있음으로 科擧 시험에도 詩賦를 중시하던 종래의 방침을 策·論·經義 등 실제 정치에 쓰일 수 있는 실용과목을 중요시하고 시험방법도 삼장으로 하여 올바른 인선에 힘을 기울이었다. 그리하여 실제로 정치를 하는 데 실행력이 있는 실용과목을 학교와 科擧에서 중시함으로써 유능한 인재를 등용하자는 것이 范仲淹의 주장이었다.

范仲淹이 중시한 것이 학교 교육이고 이 교육과 밀접한 관계를 갖는 것이 科擧制度이다. 학교가 養士를 한다면 科擧는 取士하여 임관하는 것으로 양사와 거사는 정치의 가장 기본이 되는 것이라 생각하였다. 중국사에 있어서 科擧制度는 수나라에서 실시된 이후 唐代에 와서 완비되었고 宋代에는 더욱 발전하였다고 하는데 학교교육과 科擧制度와는 상호 밀접한 관계를 갖고 있으며 보다 근본적인 면에서는 학교교육이 중시되어야 할 것이나 실제에 있어서는 학교교육이 과거시험의 준비교육이 되어 왔던 것이다.

范仲淹을 비롯하여 科擧制度에 대한 개혁을 주장한 많은 인사들은 모두가 학교를 科擧制度의 준비교육에서 독립시켜 교육 본연의 상태로 놓아서 인재를 양성하려는 데 의견이 일치되어 왔다. 또한 范仲淹은 종래에는 取士의 과거시험과목은 임관하여 실무에 유용할 수 있는 과목이 아니므로 이를 개혁하여 교육과 정치실무를 밀접하게 하여 詩賦 중심의 科擧시험에서 등용된 인물이 실제 정치일선에서는 그들의 지식이 쓰이지 못하는 폐단을 시정하기 위하여 科擧시험 과목을 실제 정치에 유용하게 할 수 있는 經義와 論策으로 하여 養士·取士·行政의 삼자를 서로 결부시키려는 것이 그의 이상이었다.

그러나 중국사의 역사적 전통은 개혁운동이 「祖宗之法」의 파괴란 구실을 내세운 守舊세력의 벽에 부딪쳐 성공을 보지 못하듯이 范仲淹의 文敎改革策도 실천된 지 얼마 아니 되어 구법으로 환원되었다. 그러나 范仲淹에 의한 이러한 개혁운동은 중단되었으나 학교교육에서는 중앙의 태학교육은 확장되었고 특히 宋初 이래 그다지 발전을 하지 못하였던 州縣 등 지방의 교육은 이를 계기로 하여 진흥되어 宋代 문교발전의 중요한 작용을 하게 되었다. 그 위에 范仲淹의 혁신정책을 지지한 혁신적인 인사는 경력 이후의 정계에서 활약하였으며 그들은 계속 이러한 의견을 주장하여 문교의 진흥에 영향을 주었다. 후에 王安石에 의한 新法의 실시는 范仲淹에 의해 주장되어 온 文敎革新策과 유사함이 많다. 이는 경력혁신운동의 재흥이라 하겠다. 范仲淹과 王安石은 다 같이 宋代 정치와 교육을 개혁하려는 혁신운동의 동열에 놓을 수 있는 정치가로 판단된다.

(『歷史敎育』 제13집, 1970)

V. 王應麟의 學問

1. 王應麟의 歷史性

宋代는 사대부사회의 발전과 문치주의 정책으로 뛰어난 문인과 학자가 많이 배출되었다.

남송 말의 학자 王應麟은 널리 알려지지는 않았으나 宋代의 학자 가운데 독특한 역사적 성격을 지닌 인물이다.

먼저 王應麟의 역사성은 그의 천재적 재능과 함께 고결한 인품과 깊은 관계를 갖고 있다. 宋代의 사대부로서 과거에 응시하여 이에 합격하였다면 그는 이미 선천적으로 뛰어난 人才임을 인정받은 인물이다. 왕응린은 6세에 이미 六經에 능통하고 어려서 읽지 않은 책이 없었으며 가정과 사회적 환경의 영향으로 형성된 그의 학문체계는 博學宏聞의 경지에 이르게 되었다. 특히 그의 조직적 학문세계의 구축은 한 번 읽은 책은 두 번 볼 필요가 없을 정도로 완벽한 기억력의 소지자였기 때문에 가능하였다.

이러한 왕응린의 천재성은 관료로서보다는 학문적으로 유감없이 발휘되어 『困學紀聞』, 『玉海』 등과 같은 유명한 저서를 편찬하였다는 데 역사적 의미를 부여할 수 있겠다. 그는 宋代의 사대부 관인이 흔히 걷는 일반적 출세의 길을 가지 않고 자신의 박학을 국가제도와 결부시켰다. 19세에 과거의 進士科에 합격하고 평범한 관료생활을 하였으나 진사과만으로는 만족하지 못하고 다시 博學宏詞科에 응시하였는데, 이는 宋代의 일반관료로는 드문 일이다. 따라서 왕응린의 천재성과 박학은 宋代 과거시험의 꽃이라고 할 수 있는 진사과를 비판하고 또 다른 길을 개척하여 官僚생활과 학문생활을 병행해 나갔다는 점에서도 역사적 의미를 찾을 수 있다.

다음으로 왕응린의 역사성은 그의 생애의 역사적 전개와도 밀접한 관계를 갖는다. 우선 그는 南宋이 망하기 전까지는 관인으로 현실정치에 대한 과감한 비판을 서슴지 않았다. 옛날 北宋이 金에게 망한(1127) 역사적 교훈을 되새기면서 시시각각으로 압박해 오는 몽골(元)의 남침에 대해 끊임없는 걱정과 함께 몽골대책(변방론)을 주장하였다. 그러나 권신들에게 묵살당하고 결국 남송이 망하는 비운을 당한 후에 그 이전과는 전혀 다른 새로운 인생을 열어나갔다는 사실에 큰 역사적 의미를 둘 수 있다.

또한 남송이 망한 후 철저한 은둔생활로 들어갔는데, 이때 그의 방대한 저술의 대부분이 이민족 치하에서 이루어졌다는 사실도 역사적이라 하겠다. 그는 元의 치하에 들어선 이후 고향의 鄞縣에서 두문불출하면서 저술을 완성하였다. 만약 남송이 멸망하지 않고 은둔생활이 없었다면 그의 저술은 없었을 것이다. 왜냐하면 그가 50여 세가 되도록 관료생활을 하는 과정에서 史學은 물론이고 儒學을 비롯하여 여러 방면에 뛰어난 학식을 지녔을 뿐 아니라 일가견을 가지고 있었다는 것은 모든 사람들이 인정하는 바이지만 이러한 그의 박식이 저술로 엮어지지는 못하였다. 때문에 그가 南宋의 관료생활을 계속하고 生을 마쳤다면 위대한 저술을 남기지 못하였을 것이다. 이점에서 그의 생애는 역사적이라 하겠다.

이러한 王應麟의 역사성은 淸代 고증학자로 하여금 그의 학문에 관심을 갖게 하였다. 왕응린에 대한 청대 학자들의 관심과 높은 평가는 그의 박학다문에 의한 여러 저서를 통한 것이지만 이에 못지않게 왕응린의 고결한 인격과 지조도 높은 평가를 하고 있다. 章學誠을 비롯한 많은 청대 학자들이 宋代 학자들의 인격에 대해 찬사를 아끼지 않고 특히 왕응린을 높이 평가하면서 왕응린 학문의 기반은 그의 높은 인격에서 이루어진 것임을 강조하고 있다. 이와 함께 이민족 치하에 놓여 있던 청대 學人 역시 몽골치하에서 두문불출하면서 많은 저술을 펴낸 왕응린의 인간적 고뇌를 자신의 현실적 위치와 연계시키면서 바라보았지 않았나 하는 생각을 할 때 王應麟의 역사성은 더욱 큰 의미를 부여할 수 있다.

2. 王應麟의 생애

왕응린(1123~1296)의 자는 伯厚, 스스로 深寧居士라 하여 문집도 『深寧集』이라 하였다. 그의 본적은 북송시대 開封府의 浚儀縣(河南省 開封縣)이었다. 북송이 망하자 그의 증조부 때 고향을 떠나 피난을 내려와 남송이 수도 근처인 慶元府 鄞縣(浙江省 鄞縣)에 이주하여 계속 이곳을 근거지로 하였다.[1)]

그는 남송 후기인 寧宗의 가정 16년(1223) 7월 29일[2)]에 鄞縣에서 동생 鳳麟과 쌍둥이로 태어나서 남송이 망하고 중국역사상 처음으로 전 국토가 이민족인 몽골의 지배하에 놓인 元나라 成宗 원정 2년(1296)에 74세를 일기로 세상을 떠났다.

---

1) 王德毅, 「王應麟 『玉海』之硏究」, 『中國歷史學會史學集刊』 第24期, 1992 참조. 왕응린의 曾祖 安道의 字는 時中이고 武經大夫保信軍承宣使였다. 建炎 2年(1128) 高宗을 따라 피난하여 孝宗 乾道年間(1165~1173)에 비로소 鄞縣에 定居하였다. 祖父 晞亮의 字는 寅仲이고 官은 朝散大夫에 이르렀다.

2) 그의 出生日을 8월 27일로 보는 견해도 있으나 錢大昕은 『王應麟年譜』에서 『困學紀聞』『玉海』『四明文獻集』등을 참작하여 7월 29일이 확실함을 증명하고 있다.

그의 부친 王撝(1184~1253)는 학문적으로 뛰어난 인물이다. 왕위는 남송시대의 理學派인 樓昉을 통해 철학자 呂祖謙의 理學사상을 익혔고 史彌鞏을 통해서는 陸九淵의 문장과 학문을 배웠다. 呂祖謙과 陸九淵은 다 같이 宋代 성리학의 대성자로 유명한데, 王撝는 이들의 사상과 학문을 전수받을 수 있었다.[3] 王撝는 좀 늦기는 하였으나 39세 때(1223) 進士에 합격한 것을 보면 성리학뿐만 아니라 문학에도 조예가 깊은 인물이었다. 비록 관료로서는 높은 직위에 오르지 못하였으나 성실성과 충성심은 皇帝(理宗)도 인정하는 바였다.[4]

王撝의 청렴함과 백성을 위한 정치는 그의 아들 왕응린이 知衢州로 부임하였을 때 이 지방의 부노들이 옛날에 이 지방 太守를 역임한 왕응린의 부친을 회상하면서 응린을 가리켜 이는 "淸白太守(王撝)之子也"[5]라고 칭송한 것을 보아 알 수 있다. 지방관으로 재직 중에 王撝는 토호세력을 누르고 租賦를 공평히 하여 농민의 부담을 경감하면서도 국고를 충실히 한 정백한 관인으로 평판이 높고 이러한 王撝가 죽은 후 많은 세월이 지난 뒤에 衢州지방에 다시 그 아들 응린이 부임하자 그때까지도 父老들 사이에는 王撝에 대한 좋은 평판이 남아 있을 정도였다.

이로 미루어 볼 때 그의 부친 王撝는 관료로서 청렴하고 문장과 기품이 있는 학자이고 동시에 충성심이 강한 인물로 평판이 높았고 사

3) 『宋元學案』 卷 85 深寧學案 序文에 "王應麟의 父(王撝)는 史獨善의 師로서 陸九淵의 學問을 계승하고 深寧(응린)도 그 家訓을 紹明하였다"라고 설명하고 있다.

4) 『宋史』 卷 438 列傳 197 儒林 8 王應麟(이하 『宋史』 王應麟 列傳)에 의하면 왕응린이 武學博士가 되어 上疏를 하였을 때 황제(理宗)께서 "너의 父는 陳善爲忠하니 그대도 부친의 어진 뜻을 계승하였도다"라고 칭찬한 바 있다.

5) 『宋史』 王應麟傳.

대부들의 추앙과 존경을 받았다. 특히 아들(應麟·應鳳 쌍둥이 형제)의 교육에 대해서 기울인 부친의 노력은 대단하였다.

王應麟이 태어나던 13세기 초반(1223)은 몽골이 건국(1206)한 지 10여 년이 지났고 金이 멸망(1234)하기 직전의 긴박한 대외정세 속에서 남송의 국내 정정 또한 어수선한 때이다. 후에 그가 관료생활을 하면서 대외문제(邊防論)에 관심을 쏟게 된 것은 자연히 이러한 시대상황 속에서 성장하였기 때문이라 하겠다.

왕응린의 천재성에 대해서는 여러 가지 자료가 이를 증명하고 있는데, 어려서 신동으로 알려졌고 이미 6세에 육경에 능통하였다[6]는 사실이 이를 뒷받침하고 있다.

王應麟의 일생은 크게 3기로 나누어 살필 수 있다.

제1기는 그가 19세에 과거의 진사과에 합격하기 이전까지의 소년기이다.

제2기는 19세(1241)에 과거에 합격한 후 관료생활을 시작하여 53세 때(1276) 남송이 몽골에 멸망하기 직전 관직을 떠날 때까지의 관료기이다.

제3기는 74세(1296)까지의 은둔저술기[7]이다.

그런데 제2기의 관료기를 다시 전기와 후기로 나눌 수 있다. 전기는 19세에 과거시험의 진사과에 합격하여 宋代의 사대부관료가 흔히 걷는 일반적 관직생활 시기이고 후기는 34세 때(1256) 다시 博學宏詞科에 응시하여 합격함으로써 종래의 일반적 관직생활기와는 성격이 다

6) 『宋史』 王應麟傳.

7) 王應麟 스스로도 『困學紀聞』의 自序에서 그의 일생을 유년기와 南宋 멸망 이후의 노년기로 나누어 설명하면서 "幼承義方 晩遇艱屯"이라 하여 어려서는 義方(가정에서의 德義敎訓)을 배우고 晩年에는 艱屯(南宋의 멸망)을 만나게 되었다고 서술하였다.

른 학자 겸 관료 생활기이다. 이 후기의 생활은 왕응린의 천재성이 유감없이 발휘되면서 그의 생애의 제3기에 해당하는 만년의 은둔 저술기를 준비하는 시기이기도 하다. 사실 학자로서의 왕응린의 저술은 관직생활 기간에는 별반 이루어지지 못하였다. 다만 제2기의 후한은 관료로서는 명성을 떨치지 못하였으나 학자로서는 명망을 떨쳐 황제로부터 신임을 받았다. 남송이 몽고에 멸망한 이후에 그의 방대한 저서가 나온 것을 보면 후기의 관직생활 동안 그의 천재적이며 박식한 연구생활이 관직을 갖고 있으면서도 꾸준히 이루어진 것으로 볼 수가 있다.[8)]

理宗의 순우 원년(1241)에 19세로 진사과에 합격하기 이전까지의 소년기 왕응린의 교육에 가장 큰 영향을 미친 것은 그의 부친(王撝)이며 또 그가 출생한 절강성 鄞縣의 문화적 환경도 적지 않은 작용을 하였다.

鄞縣은 남송시대의 수도 부근의 明州(후의 寧波)로 정치·군사·경제적으로 중요한 지역이며 문화적 선진지역으로 宋代에 많은 학자가 이곳에서 배출되고 있다. 明州가 개발되기 시작한 것은 당나라 玄宗의 개원 말이고 이어 당 말의 지방 분권화에 따라 明州의 개발이 본격화되었다.[9)] 오대 오월국의 전씨시대에 명주는 望海軍節度로 승격되고 州城의 도시화가 촉진되었다. 동시에 附郭의 鄞縣(후량의 개평 3년[909]에 郭縣으로 개명)의 북방 甬江河口의 靜海鎮도 望海縣(송·원·명의 定海縣, 청의 鎮海縣)으로 승격되어 행정영역의 구분이 거의

---

8) 王應麟의 제자이며 元代 翰林侍講學學士인 袁桷은 『困學紀聞』의 序文에서 “先生年未五十 諸經皆有說”이라 하여 先生(王應麟)께서는 50세 이전에 이미 六經에 대한 독창적인 說을 갖고 있었음을 강조하고 있다.

9) 斯波義信, 『宋代江南經濟史の研究』(東京大學 東洋文化研究所報告, 1988), 459-466쪽 참조.

확정되었다. 송은 이러한 오대의 제도를 계승함과 동시에 神宗의 희령 6년(1073)에 明州의 행정영역을 확립하게 되었다.[10)]

북송과 남송시대에 다같이 鄞縣을 비롯한 明州지방이 크게 개발되고 있음을 호구의 통계에서 짐작할 수 있다. 즉 당대의 호구와 비교해 볼 때 거의 3배의 증가[11)]를 나타내고 있는데, 이는 이 지방의 민생안정과 산업의 개발로 인한 강남지방의 발전을 의미하는 것이다.

이와 같이 왕응린이 태어난 鄞縣의 경제적 발전과 호수의 증가는 明州가 교통과 상업의 중심지로 발전하였고 특히 鄞縣은 남송시대의 주 산업인 쌀농사에 적합한데다가 수리의 정비를 통해 中稻를 주로 하면서도 早稻·占稻·晩稻 등 모두 14품종으로 분화된 품종개량 등의 기술적인 발전이 이루어져,[12)] 거의 지역 내의 소비를 충족하였고 특히 鄞縣의 東錢湖 부근 光同鄕·桃源鄕·慈溪縣의 산남이 주산지였다. 이 밖에도 풍부한 해산물과 함께 무역항으로서의 明州의 산업문화적 지위는 크게 향상되었다.

한편 王應麟의 부친 王撝가 그의 쌍둥이 아들에게 쏟은 교육적 노력은 대단한 것이었다. 왕응린이 태어난 후, 첫 10년 동안은 수도에서 상당히 멀리 떨어진 곳에 살았으나 아이들의 교육을 위해 중앙으로 진출하였고 관직생활을 하면서도 王撝는 왕응린에게 주자학과 陸九淵의 사상을 전수하였다.

---

10) 『위의 책』.

11) 『元豊九域志』 卷 5 및 寶慶志 卷 5에 의하면 唐代 玄宗의 天寶 초기(742)의 鄞縣 지방의 戶數는 42127호인 데 반해 北宋의 神宗代(1080년경) 11만 5208호, 북송 말의 政和年間(1116)에 12만 3692호, 이어 南宋에 들어와 乾道 4年(1168)에는 13만 6072호로 증가하고 있다.

12) 日比野丈夫, 「唐宋時代における福建の開發」 『東洋史研究』 4-3, 1939; 周藤吉之, 「南宋鄕都の稅制と土地所有」 『宋代經濟史研究』 (東京大出版社, 1962); 斯波義信, 앞의 글 참조.

1239년에 그의 부친은 당시의 參知政事인 余天錫의 아들의 스승이 되었다. 그는 이에 대한 대가로 余天錫이 자신의 아들(응린)의 교육을 도와줄 것을 부탁하였다. 특히 정부의 중요한 도서관에 소장되어 있는 귀중본을 빌려 보는 데 힘써 줄 것을 요구하였다. 이에 여천석은 책을 보내주었고 책이 도착하면 王撝는 그 가운데서 좋은 도서를 골라 아들이 적절히 사용할 수 있도록 세심한 주의를 쏟았다. 왕응린의 박학과 특히 서지학에 대한 깊은 관심은 부친의 이러한 배려에 의한 것이다.

왕응린은 부친의 도움을 받아 여러 해 동안 과거시험 준비를 거쳐 1241년에 19세로 진사과에 합격하였다. 과거에 합격한 다음해(1242)에 그의 부친은 그를 남송시대의 유명한 史氏門中에 소개하였고 史彌鞏를 비롯하여 史彌遠 등을 알게 되었다. 王應麟은 이들의 아들과 손자들을 직접 가르치고 이를 계기로 남宋代의 명가로 소문난 사씨와의 인연이 시작되었다.

王應麟은 그의 생애의 제2기에 접어들자 관직과 학문연구를 병행하였다. 일반적으로 宋代의 사대부 문신관료들은 두 가지 유형이 있다. 하나는 과거시험 합격을 위해 전력을 쏟아 공부를 하고 일단 과거에 합격하면 학문은 멀리하고 관직에만 몰두하여 출세주의로 나아가는 경우와 다른 하나는 관인이 된 후에도 학문과 관직을 병행하면서 학문연구를 지속하는 경우가 그것이다. 왕응린은 대표적인 관직과 학문을 병행한 유형에 속한다.

그의 관직생활 가운데 특히 지방관으로서의 행정능력은 뛰어난 바가 있다. 즉 그는 과거에 합격한 후 21세 때에 衢州 西安의 서기(主簿)로 관직을 시작하였는데 백성들이 그의 연소함을 얕잡아 賦稅 수송에 협조를 게을리 하자 이를 법으로써 엄격히 다스려 기강을 바로 잡고 국고의 충실에 수완을 발휘하였다. 뿐만 아니라 이 지역에서의 시험 관리를 공정하게 하여 백성의 칭송을 받기도 하였다. 그 공로로 이듬해에 浙西의 경제 재정을 담당하는 提擧常平茶鹽主簿帳司로 전보되었는데 이러한 사실로 그가 지방행정, 특히 재정 면에 뛰어난 수완을 발휘하였음을 살필 수 있다.13)

이와 같은 지방관의 생활 속에서도 그의 학문에 대한 열정은 식지 아니하여 주자학파의 王埜로부터 주학을 익히고 또 王埜를 통하여 그 당시의 대학자인 眞德秀의 영향을 받았고 관료생활 중에도 전적을 널리 통독하면서 博學宏詞科에 응시할 준비를 시작하였다. 王應麟이 특히 宏詞科에 응시하려는 동기는 각별한 바가 있었다. 그는 당시의 과거시험(진사과)에 대하여 다음과 같은 비판을 가하고 있다.

> 현재의 과거시험에 응시한 擧子는 명예를 소홀히 하고 오직 과거시험에 합격하기 위해 모든 것을 희생하고 있다. 또 일단 과거에 합격되어 관료가 되면 그때부터 학문을 포기하기 때문에 방만한 制度와 法典을 성찰하지 못하고 있다. 그러므로 국가가 소망하는 바의 儒學에 능통한 자를 얻지 못하게 되는 것이다.14)

이리하여 그는 發憤하면서 博學宏詞科15) 시험에 도전하여 꼭 합격할 것임을 스스로에게 맹세하고 館閣의 장서를 빌려 시험 준비에 임하였다. 그 후 보우 4년(1256)에 "詞藻弘麗 文章秀異"한 자를 뽑는 이 과에 응시하여 어려운 합격의 영예를 얻게 되었다.16)

---

13) 『宋史』 王應麟傳.
14) 『宋史』 王應麟傳.
15) 博學宏詞科 설치는 詩文으로 시험하는 進士科 출신자로서는 사무처리에 적합하지 않다고 판단하여 北宋時代에 한때 실시되었다. 南宋代(1133)에 부활하였다. 禮·樂·史·儀典 등에 걸쳐 역사적 사실과 자세한 문헌학적 지식을 요하였으므로 이 시험에 합격하기는 대단히 어려웠다.
16) 『宋元學案』 卷 85 深寧學案에 의하면 그의 쌍둥이 동생 王應鳳도 開慶 元

博學宏詞科의 합격을 위해서는 육경은 물론이고 제사와 문학 등에 뛰어나야 하기 때문에 백과사전적인 지식의 소유자라야만 합격할 수 있었는데 박식한 왕응린에게는 아주 합당한 시험과목이었다. 박학굉사과를 준비하기 위한 그의 부지런한 노력은 특히 그가 秘府에 갈 때마다 거기에 소장되어 있던 무수한 전적을 열람하는 과정에서 그의 천재성이 발휘되었고 여기에서 볼 수 있는 많은 전적을 충분히 이용하였다.

그가 博學宏詞科에 합격하자 황제는 이듬해 그를 예부의 시험 감독관으로 임명하였고(1257) 고전에 관하여 황제에게 강의할 것을 명령하였다. 특히 그의 박학은 理宗 다음의 度宗을 포함해서 많은 사람들에게 널리 알려졌는데 그는 殿試에서 文天祥의 답안지가 우수함을 인정하여 황제로 하여금 문을 장원으로 뽑을 것을 理宗에게 건의하였다.[17)]

왕응린이 관직생활을 하면서 경학 사학 등에 대한 연구가 추진되었다. 이와 함께 국사에 대한 그의 관심도 두 가지 방향으로 전개되었다. 하나는 북으로부터 내려오는 몽고의 남침에 대한 방비를 강조한 변방론이고 다른 하나는 권신의 실정을 서슴없이 비판한 정도론이다.

특히 그는 당시의 권신 丁大全과 그 후의 재상 賈似道의 전횡에 대하여 철저한 비판을 가하여 이들로부터 미움을 사서 지방관으로 좇겨나기도 하고 한때 직위를 박탈당하기도 하였다.

남송 후기에 이르면 理宗의 장기간에 걸친 통치로 국정이 해이해지고 이 틈을 타서 환관 董宋臣이 황제의 총애를 받아 불법이 행해지고

年(1259)에 博學宏詞科에 합격, 황제가 특별히 詔를 내려 이를 褒諭하였으니 兄弟의 學識이 뛰어났음을 알 수 있다.

17) 『宋史』 王應麟傳에 의하면 理宗이 集英殿에서 殿試를 행할 때 文天祥의 성적이 제7위로 올라온 것을 보고 이를 首卷으로 할 뜻이 있어 왕응린으로 하여금 覆考토록 하였다. 王은 文의 답안의 내용이 "忠肝함이 鐵石과 같다"하여 황제와 뜻이 옳다는 사실을 上疏하여 文天祥을 狀元으로 합격되도록 하였다.

있었다. 그 위에 외척에 연고가 있는 丁大全이 황제의 신임을 받아 요직을 차지하고 그의 전횡이 극에 달하였다. 이에 대해 왕응린은 상소하여 董丁의 전횡을 공격하였고 이에 동조하는 사람이 많았으므로 그들은 마침내 축출되었다. 그러나 이들이 물러난 후 賈似道가 정치를 담당하면서 다시 권력을 마음대로 하였다. 왕응린은 특히 賈似道의 公田政策과 對蒙古政策에 대해서 비판을 가하였다. 1269년에서 1271년간에 지방관을 마치고 조정으로 돌아와서 조정이 취한 對蒙古政策에 대한 애매모호한 태도에 비판을 가하였으므로 권신 賈似道의 미움을 받았고 이어 모친상을 당하였으므로 1275년까지 관직을 떠나 있었다. 그러나 왕응린은 권신을 두려워하지 않고 그들의 실정을 비판하면서 변방을 논[18]하고 우국의 뜻을 표시하고 있다.

이에 앞서 1259년(송 개경 원년)에 몽고의 남침이 다시 시작되니 賈似道가 전군을 총괄하여 대항하게 되었다. 賈는 黃州에 이르러 몽고의 황제 쿠빌라이에게 사신을 파견하여 화의를 요청하였으나[19] 받아들여지지 않았다. 이때 몽고의 憲宗이 죽고 阿里不哥를 옹립하여 憲宗의 뒤를 계승하려는 음모가 일어나자 쿠빌라이는 남송과 강화를 기다리지 않고 鄂州의 포위를 풀고 철군하여 몽고로 돌아가 世祖로 즉위하였다.(1261)

처음 賈似道가 몽고와 강화를 시도한 것은 황제의 허락을 얻지 않은 독단적으로 조처하였으며 따라서 그는 이 사실을 은폐하고 몽고가

---

18) 『宋史』 王應麟傳에 의하면 그의 邊防論은 여러 번 있으나 특히 賈似道의 군대가 江上에서 敗한 후에 올린 疏陳十事가 유명하다. 그 내용은 "急征討 明政刊 勵廉恥 通下情 求將材 練軍實 備糧餉 擧實材 擇牧守 防海道"이다. 몽고방비에 대한 구체적 내용은 현실성이 강하다.

19) 강화조건으로 宋의 稱臣과 함께 몽고군이 철군하면 長江(楊子江) 이북의 땅을 할양하고 매년 20萬銀絹을 歲幣로 바친다는 것 등이다. 그러나 이 강화조건은 황제의 허락을 받지 않고 賈似道가 임의로 제시한 것으로 後患이 되었다.

국내사정으로 물러간 것을 송의 군사력에 밀려 후퇴한 것으로 허위 상주하였다(1260, 경정 원년). 이에 대해 理宗은 그의 공적을 찬양하고 제 장사에게도 관직을 올려주었다. 그 후 몽고 측에서는 이러한 사실도 모르고 한림학사 郝經을 國信使로 송에 파견하여 交誼를 수립하고자 하였다. 賈似道는 郝經이 수도에 오면 자신의 거짓이 탄로 날 것을 두려워한 나머지 그를 眞州(江蘇省 儀徽縣)에 1년간 연금하였는데, 이것은 몽고가 남송을 정벌하는 결정적인 구실로 작용하게 되었다. 몽고의 중통 연간(1260-1263)은 世祖 쿠빌라이 칸이 왕위 계승전을 전개하면서 몽고황실 내분문제를 수습하는 시기로서 미처 남송을 정벌할 여유가 없었다. 그러나 1264년에 世祖는 금의 수도 燕京으로 천도하여 이를 中都라 하고 적극적인 남송정벌에 나섰는데, 이 해에 남송에서는 理宗이 붕하고 度宗이 즉위하여 더욱 어려운 국면을 맞이하게 되었다. 度宗의 즉위에는 右丞相이던 賈似道의 역할이 컸으므로 그는 크게 예우를 받았다. 왕응린은 禮部郎官에 임명되어 조정의 의전을 감독하고 理宗의 장례기간에 황족과 고위관료의 의식을 주관하였다.

1275년 이후 몽고의 침입에 대한 약화된 군사적 저항으로도 수도 臨安에서의 국가행정은 거의 마비상태에 빠졌다. 이해 말에 王應麟은 臨安을 떠나 고향의 鄞縣으로 내려가 은둔생활에 들어갔다. 남송이 멸망할 당시에 몽고의 정예부대가 수도 臨安을 향해 내려오고 남송의 방어선이 무너졌을 때(1275) 정부의 고위관료들이 다수 달아났는데, 이들 도망자 속에 이미 고향으로 내려간 왕응린까지 포함시켜 매도하는 자도 후에 있으나 관직을 떠나 고향으로 내려간 王과 달아난 관료와는 전혀 그 성격이 다르다. 왕응린에 대한 이러한 비난은 몽고에 항복할 때까지 조정에 남아 있었던 文天祥과 같은 충성스러운 관료의 행동을 격찬한 역사가에 의해 과장되었다고 보는 것이 온당하다.

3. 王應麟의 學統

왕응린의 박학과 학문계통의 유래에 대해 『宋元學案』은 다음과 같이 설명하고 있다. 즉 "심녕(왕응린의 호)의 학문은 王埜, 徐鳳으로부터 얻어진 것이고 王埜와 徐鳳의 학문은 또한 西山(眞德秀의 호)에게서 나온 것이다"[20] 라고 하였는데, 특히 王埜는 왕응린에게 학문적으로 크게 영향을 준 인물이다. 그는 王介[21] 의 아들로 가정 연간에 進士科에 합격하였고 후에 端明殿學士에까지 올랐다. 또한 왕응린의 학문에 영향을 준 인물로 呂祖謙[22] 의 고제인 樓昉(迂齊)을 꼽을 수 있다. 왕응린이 제자백가의 학설을 익히고 고전에 대한 해박한 지식과 연구방법을 터득한 것은 바로 呂祖謙(東萊)의 연구법에 유래한 것으로 이러한 학문적 성취는 여조겸의 제자 樓昉으로부터 배운 것이다. 특히 樓昉은 왕응린과 동향의 鄞縣人으로 일찍이 향리에서 수백 인의 제자를 거느리면서 교육을 하였는데, 王應麟은 그의 고제자[23] 였다.

남송의 孝宗 대에는 이학이 창성하여 陸九淵이 象山에서 강학하자 明州 지역의 학자들이 그 영향을 받았다. 이에 楊簡·袁燮·舒璘·沈煥 등 네 사람이 그의 학문을 이어받아 陸학이 더욱 성하였다. 王應麟

---

20) 『宋元學案』 卷 85 深寧學案 ‘『宋元學案』 卷 85 西山眞氏學案 등에 의하면 王埜는 金萃人으로 嘉定 12年에 進士에 합격하였다. 眞德秀가 그를 만난 후 그의 特奇함을 알고 高弟로 삼았는데, "先生으로부터 學問을 닦는 바는 義理의 심오함을 배우는 것"이라 하였다.

21) 『宋元學案』 卷 73 麗澤諸儒學案 東萊門人條에 의하면 그는 처음 呂祖謙에게 학문을 수여하고 다시 朱熹門下에서 수업한 강직한 인물이었다.

22) 呂祖謙은 隆興進士로 그의 관직은 直秘閣著作郎國史院編修로 南宋代 朱熹, 張栻齊와 함께 東南三寶로 일컬어졌고 특히 그의 文詞는 내용이 풍부하고 박학하며 詩·書·春秋에 있어 古義를 구명하는 데 유명하였으니 왕응린은 이러한 학풍의 영향을 받았다.

23) 『宋元學案』 卷 73 麗澤諸儒學案 東萊門人條.

도 어려서 王埜로부터 수업을 받으면서 주자학과 육구연의 학문에 깊은 조예를 갖게 되었다. 남송 대의 주·육학의 뛰어난 인물로 史果齊(史蒙卿)·黃發(黃震)·王伯厚(王應麟) 등 3명을 꼽고 있다.[24] 그런데 宋代 주자학파는 두 파로 나눠지는데 하나는 주자의 철학, 즉 이기심성론을 계승하여 전파한 자로 이를 朱子의 정통파라 하며 蔡元定父子·陳淳·黃幹·輔廣 등이 여기에 속한다. 다른 한 파는 朱子의 박람다식의 학풍을 계승한 학자들로 王應麟·黃震·馬端臨 등을 꼽는다. 청의 章學誠은 후자를 다시 구분하여 馬端臨을 整齊類比史學이라 하였고 왕응린을 考逸搜遺史學派로 분류하면서 이들 두 파 모두 청대 고증사학에 큰 영향을 주었다고 강조하고 있다.[25]

왕응린의 학통은 朱子(熹)와 眞德秀의 학문에 근원을 두고 있으면서도 呂祖謙(東萊)을 사숙하고 建安·江右·永嘉의 학문에까지 겸비하면서 이를 종합한 박학으로 알려졌다.[26] 당시 왕응린과 이웃에 살면서 교분을 두텁게 갖고 학문적으로 깊은 왕래가 있었던 湯漢은 그의 인품을 높이 평가하고 권신 賈似道에게 천거하였는데, 湯漢(文淸公)은 왕응린을 평하여 "내가 훌륭한 선비를 많이 만났지만 伯厚(왕응린의 호)야말로 진실로 참된 유학자이다"[27]라고 높이 평하고 있다. 그런데 왕응린의 학문은 주자학에 뿌리를 두고 있으면서도 그의 박학은 『주자어류』의 오류를 지적할 정도였다. 즉 "응린은 박흡다문하여 宋代 학자 가운데 그와 비교될 수 있는 인물은 드물고 그의 학문적 뿌리는 주자학에 두고 있으면서도 『주자어류』 가운데 잘못된 곳을 지적하고 있다"[28]라고 하였다. 왕응린의 수제자이며 원대에 翰林侍讀學

24) 『宋元學案』 卷 85 深寧學案.
25) 內藤虎次郞, 『支那史學史』(淸水弘文堂書房, 1967), 320쪽 참조.
26) 『宋元學案』 卷 85 深寧學案 附錄 및 翁注 『困學紀聞』 序文.
27) 『宋元學案』.

士 知制誥同修國史를 역임한 袁桷은 『困學紀聞』의 서문에서 스승의 박식함을 다음과 같이 회상하고 있다.

> 선생께서는 五十 이전에 이미 諸經에 대해 나름대로의 學說을 지니고 있었으며 南宋이 멸망한 이후의 晩歲에 모든 잡무를 떨쳐 버리고 오직 이 책을 완성하는 데 힘을 쏟았다. 그 어휘의 심오함과 精實함이 뛰어나고 애매모호함이 없고 능히 해독하지 못함 또한 없다.

牟應龍 역시 아래와 같이 왕응린의 박학함을 강조하였다.

> 王公(왕응린)은 그 당시에 博學雄文으로 이미 세상에 널리 알려져 있었고 특히 황제의 조칙문인 兩制(內・外制)의 訓辭와 爾雅에 깊은 조예가 있었다. 선생께서는 저술하지 않은 바가 없으며 의문이 있어 선생께 물으면 알지 못하는 바가 결코 없었다.[29]

또한 왕응린의 아들 昌世도 "아버님께서는 평생 동안 많은 책을 쓰셨는데 그 가운데서도 『곤학기문』은 특히 학자를 위해 저술한 책이다"[30]라고 하였다. 牟應龍은 왕응린의 학문적 관심과 범위에 대하여 "구경・제자의 지의와 역대 사전의 要諦・제도 명물의 원류 그리고 석학들의 시문, 의논에 이르기까지 후학들이 알아야 할 바를 망라하고 있다"[31]라고 그의 학문세계의 방대함에 대해 경탄을 하고 있다.

중국의 사학사에서는 고증적 방법을 창안하여 후대까지 큰 영향을 준 책으로는 王應麟의 『옥해』와 馬端臨의 『문헌통고』를 든다. 『옥해』

---

28) 欽定 四庫全書 總目 『困學紀聞』序.
29) 『困學紀聞』 牟應龍의 序文.
30) 『困學紀聞』.
31) 翁注, 『困學紀聞』 原序.

는 辭學의 필요에서 저작된 것이고 왕응린도 이러한 목적을 위해 이 책을 지었다고 하였다. 그런데 辭學의 필요성은 당대부터 있어 왔는데 당대 이후의 유서는 모두 辭學 때문에 만든 것이다. 사학은 宏詞라고도 하며 후에는 박학굉사라고도 하였는데, 특히 皇帝의 조칙을 작성하는 데 필요하였기 때문에 발달한 것이다.

辭學은 사고제요에서도 밝히고 있는 바와 같이 북송 후기에 이미 과거의 시험과목이 되었고 남송에 이르러서는 한층 전성기를 맞게 되면서 남송의 학자는 많이 辭學에서 나왔다. 『옥해』도 이러한 학풍에 따라 나타난 것이지만 왕응린의 천재성과 박학이 경학과 사학, 그 밖의 유서를 망라하여 고증을 하게 된 것이며 따라서 고증이 학문의 형태를 갖추게 된 것은 왕응린에서 비롯되었다고 할 수 있다. 특히 이러한 고증학은 남송시대의 辭學의 발달과 함께 왕응린의 독창적인 천재성으로 인하여 큰 발전을 가져오게 되었으며[32] 특히 『옥해』의 예문 부분에서 그의 독창성을 살필 수 있다. 즉 『옥해』의 예문은 여러 부문으로 분류하고 각 부문에는 다시 거기에 필요한 서적을 열거하고 옛 사람들이 지은 서적에 대하여 저술의 유래와 내용에 대해 비평을 하고 있다. 이에 따라 모든 서적의 내용과 성격을 파악할 수 있고 예문에 실려 있는 도서의 순서에 따라 각 부문의 변천 연혁을 자연히 알 수 있도록 하였다.

이러한 저술은 王應麟의 천재성과 함께 박학굉기가 아니고서는 불가능한 일이다.

『玉海』의 부록에 「漢書藝文志考證」이 있다. 이것은 『漢書藝文志』에 적혀 있는 책 가운데 왕응린 시대(남송 말)에 이미 없어진 것을 고서 속의 인용문에서 채록하여 고서 내용의 대강을 알려주고 있는데, 이는

32) 內藤虎次郎, 『앞의 책』, 318쪽 참조.

예문지의 목적과는 다르지만 이러한 방업이 청조에 이르러 고증학자들에게 영향을 주고 청대고증학 발달에 기여하였다.

왕응린의 고증방법의 특색은 이미 망실된 서적이 옛날(망실되기 전)에는 어떤 체제의 것이었던가를 알리는 데 충분한 재료를 모아놓은 점에 있다. 「한서예문지고증」은 그 가운데 하나이지만 이 밖에 시고와 같은 것은 당시에는 모시만이 남아 있고 3가의 시는 망실되어 없어진 것을 여러 책에 흩어져 있는 재료들을 모아 옛날 체제를 알 수 있게 한 점이다. 『주역정주』도 같은 방법의 책이다. 이것은 고대의 사실을 연구하는 데 필요하고 뛰어난 방법으로 어느 시대에나 통용될 수 있는 연구방법이기도 하다.

왕응린의 대표적 저서로는 『玉海』와 『困學紀聞』을 꼽고 이 밖에 『深寧集』(100권), 『玉堂類稿』(23권), 『掖垣類稿』(22권), 『詩考』(5권), 『詩地理稿』(5권), 『漢書藝文志考證』(10권), 『通鑑地理考』(100권), 『通鑑地理通釋』(16권), 『通鑑答問』(4권),『困學紀聞』(20권), 『六經天文編』(6권), 『小學諷詠』(4권), 『小學紺珠』(10권), 『玉海』(200권), 『夢訓』(70권), 『集解踐阼篇補注就篇』(6권), 『詞學題苑』(40권), 『詞學指南』(4권), 『筆海』(40권), 『姓氏急就篇』(6권), 『漢制考』(4권) 등이 있다.

이상과 같은 왕응린의 저서와 고증학적 연구방법은 원·명대에는 그다지 빛을 보지 못하였다. 그러나 청대에 들어와 그의 학문은 크게 빛을 보게 되었다. 왕응린에게는 그 당시에 이미 많은 제자들이 있었는데, 그 가운데는 뛰어난 사학자와 유학자가 많다. 『資治通鑑』의 주를 쓴 남송 말 원대의 胡三省을 비롯하여 袁桷·戴表元·黃叔雅·史夢卿·史夢卿·趙孟葉·楊湲·王性賢 등이 그들이다.[33] 이 중에서 胡三省은 王門의 수좌의 위치에 있었다.

---

33) 『宋元學案』 卷 85 深寧學案 深寧門人條

4. 王應麟과 淸代考證學

청대의 고증학자들은 일찍부터 왕응린의 저서에 관심을 가지고 연구를 하면서 영향을 받았다. 고증학의 개조로 알려진 顧炎武의 역사에 대한 논의는 고증을 특징으로 하고 있는데, 그는 학문의 지침으로 '博學于文' '行己有恥'를 제시했고, 이 가운데서도 비중을 둔 것이 박학쪽이며 이는 고증학으로 발전이 된 것이다. 고염무가 직접 왕응린으로부터 어떤 영향을 받았는지 확실치 않으나 다만 그의 고증주의는 왕응린의 역사학적 학풍과 유사성이 있다.[34] 그런데 고염무의 학풍을 이어받은 그의 제자들에 이르면 왕응린의 학풍과 직접 관련이 있음을 알 수 있고 이로써 청대의 고증학에 미친 왕의 영향은 크다고 하겠다. 남송시대 浙東지방에는 사학이 발달하였고 많은 대가를 배출하였다. 그중에서도 明州의 王應麟과 黃震이 유명하여 명말청초에 이르러 黃宗羲·顧炎武·萬斯同·全祖望 등이 그 유풍을 계승하여 절동사학파가 되었다.[35]

고염무의 생질로 역사학자인 徐乾學은 고염무의 학문을 기초로 고증사학을 발전시켰다. 徐乾學이 『일통지』를 편찬할 때 우수한 학자가 모였는데 그 가운데 유명한 인물로 顧祖禹·閻若據·胡渭 등이 있고 이들은 모두 왕응린의 영향을 받아 청대 고증학의 대가로 훌륭한 저서를 찬술하였다. 顧祖禹는 유명한 『讀史方輿紀要』(130권)를 지었는

---

34) 고염무의 『日知錄』은 전체 32卷으로 되어 있다. 그 가운데 卷8~卷17은 역사적 사실을 고증하였고 卷18~卷21은 藝文을 논하였는데 이 부분도 역사에 관한 내용이 많다. 특히 卷20은 史論이고 卷22~卷24까지는 雜論名義로 역사에 관한 부분이 있다. 卷25는 古代史를 論하였고 卷26 및 卷29 이하도 대부분 史論으로 구성되어 있어서 王應麟의 『困學紀聞』과 비교해 볼 때 유사성을 살필 수 있다.

35) 王德毅, 앞의 글 참조.

데, 중국의 역사지리학에서 개인의 저술로서는 드물게 보는 명저이다. 그가 이 책을 쓰는 데 영향을 크게 받은 책은 王應麟의 『옥해』에서 인용한 지리서와 胡三省의 『자치통감주』 등인데, 왕응린은 물론이고 그의 직계 제자인 胡三省의 영향이 크다. 따라서 顧祖禹에게 미친 왕응린의 영향은 직접적이라 하겠다.

청대의 고증학자들 가운데 왕응린의 학풍을 계승하고 특히 『곤학기문』에 대해서 주와 평을 쓴 사람이 많다. 그 가운데서도 閻若據·何焯(義門)·全祖望 이 유명하다. 일찍이 全祖望이 거인의 시험을 볼 때 시험관이던 李紱은 그의 학풍의 성격을 深寧(王應麟) 東發(黃震)과 유사하게 보았다. 全祖望의 저서 가운데 후대에 큰 영향을 미친 것으로 『한서지리지』와 『수경주』의 교정이 있으며 이는 왕응린의 『옥해』의 영향이 크다. 청대 초기의 유학은 주자학 계통에서 나왔으나 건륭시대 이후의 고증학은 王應麟으로부터 유래한 것이다. 錢大昕은 왕응린에게 사숙하였기 때문에 그의 연보를 저술하였으며 이 밖에도 宋代의 洪适·洪邁 형제의 연보도 지었다. 이들 형제는 宋代 校勘學의 기초를 열었는데, 이러한 학풍은 그대로 청대 고증학에 계승되었다.

청대 고증사학자로 유명한 章學誠은 학문의 요체를 박학에 두었고 宋代의 박학굉학자를 높이 평가하였는데, 그는 박학에 있어서는 王應麟을 따를 자가 없다고 하였다. 章學誠 학문의 참된 정신은 한학이 아니고 송학이라 하겠고 그는 宋代 사대부학자를 평하여 "송의 학자는 대체로 품행이 방정하고 인격에서 버릴 곳이 없다. 대저 사대부는 박학능문을 가지고 걸출해도 품행이 나쁘면 학자로서는 불가하다"라고 하였다. 章學誠은 학문의 기본을 3요소로 구분하였다. 즉 考訂·辭章·義理로서 이러한 3요소를 개인에게 연계시키면 재·학·식에 해당된다고 하였는데 이를 다 갖추고 특히 박학한 면에서 가장 뛰어난

인물로 王應麟을 들고 있다.[36)]

章學誠은 사적의 해제에 힘을 기울였는데, 그 기본 방침으로 王應麟의 『옥해』의 藝文門의 기본정신을 취하였으며 또한 건륭기에 일어난 고증사학을 분류하여 馬端臨 일파를 整齊類比史學이라 하고 王應麟파를 考逸搜遺史學이라 하였다. 이들 두 파는 『사고전서』 편찬 당시 청대의 고증학자 사이에 이미 널리 유행하고 있음을 살필 수 있다. 이는 송말 원초에 일어난 王應麟의 학문이 그 당시는 물론이고 청대에도 큰 영향을 주었다는 것을 말해 주는 것이다.

그런데 이와 같이 청대의 고증학이 왕응린의 영향을 받고 있으면서도 학문 방법은 다르다. 즉 왕응린은 자기가 연구한 사실에 대해 결론을 내리지 아니하였다. 많은 서적을 검토한 후 확신을 갖게 된 사실까지도 고증의 결과로서의 자기주장을 유보하고 있다. 그 대표적 저서로서 『옥해』의 저작 방법을 들 수 있다. 이와는 대조적으로 많은 전적을 본 결과 고증에 의하지 아니하고 결론만을 간단히 발표한 것이 『곤학기문』이다.[37)] 때문에 왕응린은 어떤 사실에 대해 단정적인 결론을 쉽게 내리지 않고 있기 때문에 읽기가 힘든 부분이 많으나 이러한 애매함이 오히려 청대 고증학자들로 하여금 정밀하게 연구하는 고증학을 생각해 내도록 영향을 준 것이다.

그 구체적인 방법을 『곤학기문』에서 몇 가지 예를 들어보면 다음과 같다. 먼저 『곤학기문』의 주예조에서 향한 왕응린의 고증 방법을 보자.

> 漢나라 때 河間獻王(전한의 劉德, 景帝의 셋째아들)이 『周官(周禮)』를 얻었다. 후에 漢 武帝가 이 책을 보고 末世瀆亂의 '不驗之書'라고

---

36) 岡崎文夫, 「章學誠 — 其人と學」『東洋史研究』 8卷 1號, 1943 참조.
37) 內藤虎次郎, 앞의 책, 318쪽 참조.

하였다. 당나라 太宗께서는 밤마다 이 책을 읽고 "참으로 眞聖의 저작"이라 하였고 "井田制이건 封建制이건 周公의 道를 행하려고 하여도 아직 그 참뜻을 얻지 못하였다"라고 하였다. 帝王 가운데 『周官』의 참뜻을 알고 있는 분은 오직 唐의 太宗뿐이다. 일찍이 漢나라 劉歆이 『周官』을 이용하였고 蘇綽(後周人)이 다시 이를 사용하였고 王安石이 세 번째로 이를 써서 개혁을 추진하였는데 이는 『周官』의 조그마한 좀에 불과하다. 文中子가 이르기를 "만일 나를 부리려 든다면 이 책을 가지고 갈 것이다"라고 하였고 程伯子(程明道)가 가로되 "關雎·麟趾의 뜻이 있어도 후에 『周官』의 법도를 행할 뿐"이라 하였다. 儒者 가운데 이 經典의 참뜻을 안 자는 오직 王安石·程明道 두 사람이라 하였다.[38]

이상은 왕응린의 『곤학기문』에서 고문 『주례』의 출현으로부터 역대 제왕들의 이 책에 대한 평가와 또 이 책을 이용한 여러 학자들의 의견을 열거하고 있는데 다만 왕응린 자신의 이에 대한 주장은 끝에다 간단히 적고 있음을 알 수 있다. 이러한 경향은 『곤학기문』의 춘추좌씨전조에 나타나고 있는 고증방법에서도 살필 수 있다.

"三傳(春秋三傳)은 모두 經을 바탕으로 하였으면서도 得失도 있다. 左氏傳은 禮의 뜻을 잘 전하고, 公羊은 讖의 뜻을, 穀梁은 經의 뜻을 잘 전하고 있다"라고 주장한 것은 鄭康成(鄭玄)이다. "左氏는 艶하면서 富하니 그 단점은 巫에 있고, 穀梁은 淸하면서도 婉하니 그 결점은 短에 있다. 公羊은 辨하면서 裁하니 그 결점은 俗에 있다"고 한 것은 范武子(范寧)의 말이다. "左氏의 義에는 三長이 있으며 (나머지) 三傳의 義에는 五短이 있다"고 한 것은 劉知幾의 말이다. "左氏는 赴告에 매이고 公羊은 참위에 끌리며 穀梁은 日月에 궁색하다"고 한 것은 劉原文(劉敞)의 주장이다. "左氏의 失은 淺한 데 있고 公羊은 險하며 穀梁은 迂한 데 失이 있다"고 한 것은 崔伯直(崔子方: 北宋人)의 말이다. "左氏의 失은

38) 『困學紀聞』 卷 4 周禮

> 전적으로 縱함에 있고 公羊의 失은 雜하면서 拘하고 穀梁은 縱, 拘하지는 않으나 이것이 隨함"이라 한 것은 晁以道(晁說之: 北宋人)의 말이다. "事는 左氏보다 더 갖추어진 것이 없으며 例는 公羊보다 명백한 것이 없고 義는 穀梁보다 精한 것은 없다. 그러나 혹은 誣에 빠지고 혹은 亂하며 혹은 鑿에 빠지는 단점이 있다"고 한 것은 胡文定(胡安國 北宋人)의 주장이다. "左氏는 事를 전하지만 義는 전하지 않으니 이로 볼 때 史에는 자세하나 事는 반드시 實하지 않다. 公羊 穀梁은 義를 전하고 事는 전하지 않으니 이로 볼 때 經에는 詳하여도 義는 반드시 當하지는 못한다"고 한 것은 葉少蘊(葉夢得: 北宋人)의 말이다. "左氏의 史學은 事實에는 상세하나 理에 差가 있고 公·穀의 經學은 理가 精致하나 事實에 오류가 있다"라고 한 것은 朱文公(朱熹)의 말이다.

이와 같이 춘추삼전의 내용에 대한 여러 학자의 주장을 세심하게 고증하고 있으면서도 왕응린 자신의 의견은 단지 말미에 다음과 같이 간단히 언급하고 있다.

> 學者가 그 장점을 택하고 단점을 버리는 것은 聖人의 마음을 얻는 바이다. 啖助(唐代의 春秋학자) 趙匡(唐代의 春秋학자) 이후 私를 빙자하여 臆決하고 심한 경우 閣에도 三傳을 束하지 않으니 이는 진실로 방에 들어가는 데 문을 거치지 않음과 같다.[39)]

이와 같이 그는 어떤 사실에 대한 고증학적 방법의 기본을 여러 학자의 설을 제시하여 그들을 통해 자신의 생각을 확연히 부각시키면서도 본인의 주장이나 확실한 논증은 보류해 두는 참으로 박학하면서도 겸손한 학자이다. 이러한 학문적 태도는 章學誠을 비롯한 많은 청대학자들이 그의 학문뿐만 아니라 인격에까지 이끌려 높이 평가한 것이다.

다시 왕응린의 고증방법을 통하여 그의 왕도와 패도에 대한 정치관을

---

39) 『困學紀聞』 卷6 左氏傳.

살필 수 있다. 즉 그는 『곤학기문』에서 다음과 같이 논평하고 있다.[40)]

> 王者는 周의 文王보다 고매한 王者는 없고 覇者는 齊나라 桓公보다 고매한 분은 없다. 이들은 모두가 賢名한 신하를 능히 등용한 결과 비로소 그 명성을 후세에 남길 수 있게 된 것이다"라고 한 것은 漢나라 高祖의 詔에 보이는 一節이다. 또 漢의 宣帝는 이르기를 "漢나라 조정에는 정해진 主義가 있고 조정의 통치방침은 본래 王道와 覇道를 섞어서 행하였다"라고 하였다. 내(왕응린)가 생각건대 漢나라 정치의 통치방침은 이와 같이 왕도와 패도를 混用하고 있었으니 이는 高祖의 앞의 詔에서도 나타나고 있는 것이다. 劉向이 賈誼를 칭찬한 말 가운데 "비록 古代의 伊尹·管仲이라도 賈誼보다 뛰어났다고 할 수 없다"라고 격찬하였으나 伊尹과 管仲을 어떻게 나란히 같은 범주에 넣을 수 있을 것인가. 林少穎은 漢代의 이와 같은 경향에 대하여 "王道와 覇道를 판별하지 않음은 漢代가 제일 심하고 人物의 類型에 맞추어 범주에 묶어서 수긍할 수 없게 분류한 것도 한대 유학자가 가장 심하다. 漢代에 王道를 존중하며 覇道를 배척하고 道義를 唱導하여 公利的인 것을 언급하지 않은 學者는 단지 한 사람 董仲舒가 있을 뿐이다.

이상과 같이 王應麟이 학문을 연구하는 고증방법에는 매우 독특한 면을 지니고 있는데, 이것은 박학하지 않고서는 거의 불가능한 것이다. 왕응린의 이러한 연구방법에 영향을 받은 청의 고증학자들은 다 같이 그의 학문세계가 넓고도 치밀하다고 높이 평가하면서 청대 고증학자에게 끼친 영향에 대해 다음과 같이 강조하고 있다. 먼저 全祖望의 평가를 보자.

> 『困學紀聞』에 인용한 서적은 심오하고도 넓어서 그 내력을 찾기가 어렵다. 閻若據가 일찍이 이에 注를 하고 얼마 후에 다시 何焯이 補

40) 『困學紀聞』 卷12 故史.

> 注를 하였다. 이 두 권의 『困學紀聞』 箋注는 世宗이 皇太子로 있을 때 밤이 새는 줄 모르고 탐독하였다.[41]

『곤학기문』과 그 주서가 청초 학자들의 연구대상이 되었을 뿐 아니라 호학의 世宗(雍正)이 태자 때 이 책의 주서를 탐독한 사실을 전하고 있다. 그러나 閻若據나 何焯의 箋注가 다 같이 장단점이 있어 全祖望이 다시 이를 合訂하여 번잡한 것은 刪簡하고 미진한 데는 보충하여 고색하지 못한 부분은 찾아내고 잘못된 부분 300여 곳을 바로잡았다고 하는데 이로써 왕응린의 『곤학기문』이 청대 고증학자에게 준 영향의 대단함을 알 수 있다.

도광 5년에 黃徵도 『곤학기문』에 깊은 관심을 갖고 이 책을 높이 평가하는 「서문」에서 다음과 같이 이 책의 우수성과 왕응린의 박학함을 평하고 있다.

> 王氏(王應麟)는 朱門과 眞氏의 학문적 淵源에서 이루어진 것으로 이 책은 博物君子가 아니고서는 도저히 지을 수 없고 또한 博物君子가 아니고서는 注를 할 수 없다. 『困學紀聞』 한 권을 읽으면 수많은 책을 읽은 바와 같다. 일찍 鳳西(姚江翁)선생은 만여 권의 도서를 구입하였고 官職에 있으면서도 이 책만은 손에서 놓지 않을 정도였다.[42]

역시 이 책의 주와 서문을 지은 翁元圻도 다음과 같이 감탄하고 있다.

> 선생은 群書에 博極하였는데 元朝 治下 30여 년간 한 발자국도 樓아래 내려서지 않고 더욱 先儒의 학설에 침잠하여 이에 관통하고 漢唐에서 그 核心을 취하고 남송에서 그 순수함을 이어받았다. 그러나 한

41) 『翁注困學紀聞三箋序』 乾隆 壬戌 2月 旣望 後學 全祖望 撰.
42) 『翁注困學紀聞』黃序 道光 5年 8月 望日.

> 가지 說에 얽매이거나 一家의 說에 집착하지 않고 諸儒의 뛰어난 說을 賓集하였으니 인용한 내용이 浩博하고 그 本源을 찾는 데 든 어려움은 閻若據·何炸·全祖望 등 세 분 선생이 이 책의 연원을 찾아도 그 출처를 자세히 찾아내지 못할 정도이다.[43]

胡敬도 다음과 같이 서문에 적으면서 왕응린의 학문이 후인(청대의 학자)에게 준 영향이 크다는 사실을 강조하였다.

> 先生(왕응린)의 책을 보니 전에 의심되고 이해가 가지 않은 바가 확연히 풀리었다. 厚齊의 이 책은 博而約하고 擇之精하며 또한 約而博하고 誤之詳하니 注書의 體制가 宜然하다. 선생의 학문적 업적은 이 책을 이루어 놓음으로써 後人을 감화시켰고 이 책의 注로써 絶學을 表章하였다.[44]

章學誠은 그의 『문사통의』에서 왕응린의 박학과 학문의 치밀성에 관하여 청대학자들이 받은 영향이 크다는 사실을 언급하였다.

> 王伯厚가 수집한 내용을 보면 아득한 것을 摘抉하고 極微한 것을 지극히 하였다. 經·傳·子·史와 名物 制數를 꿰뚫어보고 先儒의 未備한 점을 능히 검토하여 놓았다. 그가 편찬한 여러 책은 오늘(淸代)에 이르러 학자들의 衣被로 삼는 바탕이 되었으니 어찌 待問之學으로 이를 소홀히 할 수 있겠는가.[45]

또한 그는 이어서 다음과 같이 말하였다.

> 王伯厚는 名으로 實을 구하였다. 옛날 韓昌黎(韓愈)는 文을 통하여 道

43) 『翁注困學紀聞』 自序 道光 5年 春 3月.
44) 『翁注困學紀聞』 注序 道光 6年 秋 7月 朔日.
45) 『文史通義』 內篇 博約(中).

를 깨닫고 道를 깨우친 후에는 文을 초월하였다. 王氏(應麟)는 待問을 통하여 學을 求하고 學問을 깨달은 후에는 待問을 초월한 분이다.[46]

이렇게 당대의 韓愈와 王應麟의 학문적인 자세를 비유하였던 것이다. 특히 그는 왕응린의 고증학적 연구업적에 대해 "夫子(孔子)의 刪修도 王伯厚가 (典籍의) 遺逸을 밝혀 찾아낸 것만 같지 못하다"[47]라고 극찬을 하면서 다음과 같이 평하였다.

> 王氏(應麟)의 諸書는 纂輯이라고 할 수 있어도 著述이라고 할 수는 없다. 求知의 功力은 可하나 成家의 學術이라고 할 수 없다.[48] 오늘날[淸代]의 博雅君子들은 經·傳·子·史에 온 정신이 피로하고 있으나 학문적으로 아무런 업적을 이루지 못하고 다만 正坐하여 王氏(응린)를 높이고 숭상하면서 求知의 힘을 잘못 취하고 있을 뿐이다.[49]

청대 고증학과 왕응린의 학문세계를 비교하면서도 그들이 결코 왕응린에 미치지 못하고 있음을 강조하고 있다.

王應麟의 학문은 그의 천재성을 바탕으로 이루어졌으며 그의 박학에 의한 독창성은 새로운 학풍을 창안하여 그 당시는 물론이고 후대에까지도 큰 영향을 주었다. 王應麟의 생애는 송원의 역사적 대변혁기에 걸쳐 있다. 나라가 망하자 벼슬하지 않고 20여 년의 여생을 학문에 전념하여 '온고이지신'을 이루었으니 그 공은 확실히 不朽한 것이고 이러한 사실을 청대 학인이 확실히 평가하고 있다.

---

46) 위의 책.
47) 위의 책.
48) 위의 책.
49) 위의 책.

제 3 부

宋代 財政과 農村社會

Ⅰ. 北宋의 財政改革論에 관하여

Ⅱ. 북송초기 농촌부흥책과 墾田통계

Ⅲ. 北宋時代의 墾田에 관하여

Ⅳ. 宋代의 土地制度와 佃戶·主戶·客戶問題

Ⅰ. 北宋의 財政改革論에 관하여

1. 머리말

北宋時代는 중국사 속에서 분명히 한시기를 획할 수 있는 특징적인 변화를 이룩한 시대이다. 이러한 변화는 물론 宋代에 와서 갑자기 나타난 것은 아니고 唐末·五代의 변혁기에 그 유래를 찾을 수 있지만 변화의 양상이 터전을 마련한 시대가 바로 北宋代라 할 수 있겠다.

흔히 말하는 바와 같이 중앙집권적 관료사회를 형성하고 지방분권적인 절도사체제에서부터 문관우위의 황제독재권의 강화체제로 변천시킨 시대가 바로 北宋시대라고 할 수 있다. 이러한 중앙집권적인 관료사회를 유지하는데 필요한 二大要素는 皇帝의 親衛兵인 禁軍과 皇帝의 수족으로서 政事를 담당하는 관료들이라 할 것이다. 禁軍과 官僚, 이 두 가지 支柱 위에 宋代의 중앙집권적인 황제독재권 운영이 가능하였다고 보겠다. 그런데 宋代의 皇帝親衛隊로서의 禁軍은 宋 이전과 같이 兵農一致의 府兵이 아니고 국가의 예산에 의하여 유지되는 募兵이며 따라서 禁軍이 차지하는 歲出上의 부담은 대단히 큰 것으로 나타나고 있다. 또한 관료의 경우에 있어서도 文治主義를 표방한 宋朝는 관료들에 대한 여러 가지 대우가 그 이전 시대와는 비교가 안 될 만큼 厚한 것이었기 때문에 관료의 유지비 또한 군사비 다음으로 중요한 歲出의 항목으로 나타나고 있다. 北宋의 재정문제를 論함에 있어서 군사비와 관료유지비가 항상 커다란 문제로 등장하는 원인이 바로 여기에 있는 것이다.

北宋은 그 초기로부터 북방의 契丹과 西北方의 西夏의 압력을 계속

받아왔으며 이를 방어하기 위한 수단으로 막대한 군인의 증가가 계속되어 마침내 仁宗의 慶曆年間에는 125萬餘로 증가하고 또 科擧와 蔭補로서 기용된 관리의 數도 계속해서 증가하여 드디어는 冗兵·冗官문제가 중요한 사회문제화 되었다.

北宋史에 있어서는 冗兵論과 冗官論이 항상 심각하게 논의되고 있는데 論難의 골자는 군인과 관료의 무능함과 아울러 그들이 국가재정상에서 차지하는 부담이 매우 큼으로 이 두 가지 문제를 해결하지 않고서는 재정문제를 해결할 수 없다는데 초점을 두고 있다. 따라서 北宋의 재정문제에 대한 論議의 대상은 주로 이 두 가지 문제에 초점을 두고 있으며 神宗代에 들어와 王安石에 의한 개혁도 이러한 재정문제의 해결과 冗兵·冗官의 淘汰에 상당한 역점을 두고 있음을 알 수 있다. 그리고 王安石의 개혁을 흔히 혁신적이라고 주장 하지만 적어도 재정개혁에 있어서는 前代에 결쳐 개혁을 해야 한다고 주장되어 온 문제들이 王安石에 의하여 단행된 것이며 상당한 부분이 王安石에 의한 독창적인 것이라기 보다는 宋初로부터 제기되어온 문제들이라고 생각된다.

이미 알려져 있는 사실이지만 宋代는 정치면이나 문화면에서 뿐만 아니라 사회와 경제적인 방면에 있어서도 획기적인 발전을 이룩한 시기로서 생산기술의 발전에 의한 산업의 발달로 생산은 증가되고 그에 따른 상업의 발전을 가져왔다. 전국에 걸친 시장의 형성과 상업도시의 발달, 그리고 화폐경제의 큰 진전을 보였다. 이와 같은 경제적인 발전은 자연히 宋代의 재정수입을 크게 증가시키고 北宋의 財政支出의 원동력을 이룩하게 되었다. 北宋時代에는 전에 볼 수 없을 만큼 막대한 규모의 군사비 지출과 관료의 유지가 가능하였던 財政的인 바탕은 실로 이러한 경제적 발전의 결과로 가능하였다고 생각된다.

北宋의 경제적 발전에 관하여서는 이미 先學의 연구가 진행되었다. 특히 최근에 북송상업발전에 관한 보다 조직적이고 깊이 있는 연구의 진행으로 宋代 상업발전에 관한 깊이 있는 연구로 宋代商業의 실상이 더 분명하게 밝혀졌다.[1] 이에 의하여 상업과 관계가 있는 기타 산업이 큰 발전을 이룩하였음을 알 수 있다. 宋代 상업의 발전을 論者에 따라서는 商業革命[2]이라고 규정할 만큼 비약적인 발전을 이룩하였다고 말하고 있다. 이에 따라 宋代 이후를 중국사회의 近世史의 분기점으로 생각하려는 학자들도 있다.[3] 농업의 발달과 상공업의 발전은 자연히 宋代의 국가재정 규모를 확대시키고 그것은 宋代의 막대한 군비지출과 官吏의 俸祿을 충당하는데 재정적인 원천을 이룩하게 된 것이다.

本稿에서는 北宋代를 통하여 논의가 분분하였던 재정상의 문제점들을 찾아본 후에 財政改革論이 어떠한 방향으로 논의 되었고 이러한 개혁안이 王安石의 新法으로 어떻게 연결되어 나갔는가를 살펴볼 것이다.

北宋의 재정개혁론은 宋의 초기부터 시작되었고 그것은 국가예산문제로 중요한 의의를 지니고 있지만, 다른 한편에서는 재정지출의 여러 항목이 사회 각 분야와도 밀접한 관계를 지니고 있었으므로 단순히 재정문제에 국한시키지 않고 사회현상과도 간접적으로 연관되고 있어 상당히 흥미로운 문제라 생각된다.

---

1) 斯波義信, 『北宋商業史研究』, 風間書房 1963.
2) E. O. Reischower · J.K. Fairbank, East Asia The great Tradition, Havard 1958 P. 220 참조.
3) 鈴木,俊 『,中國史の 時代區分』, 東京大學出版社, 1957, 참조.

2. 宋代의 會計錄과 財政문제

北宋代에서는 재정문제가 항상 정치적인 중요쟁점으로 나타났고 宋代 당쟁의 중심문제도 주로 국가의 재정문제가 논란의 대상이 되었다. 그 원인은 宋代 사회의 경제적 발전으로 인하여 재정규모가 확대된 면과 傭兵主義와 外民族의 압박에 대한 兵員의 급격한 증가에 따르는 막대한 군사비의 지출이 재정면에 큰 압박을 주었다는 점을 들 수 있다. 그리하여 군사비문제에 대한 보다 효과적인 개선책이 재정논란의 중심이 되었다. 이와 함께 文治主義 宋朝를 유지하기 위해서 다수의 관료가 필요하고 관료의 봉록이 국가의 재정을 크게 압박하였다. 그리하여 宋代 재정사에 있어서는 항상 冗兵·冗官問題가 재정문제와 긴밀한 관계를 지니면서 논의되었다.

北宋의 재정일반을 파악하기 위하여서는 北宋時代의 會計錄을 살펴볼 필요가 있다. 宋代의 會計錄에 관하여서는 王應麟의 『玉海』에 비교적 세밀히 記錄하고 있다.[4] 이 會計錄의 편찬은 唐, 憲宗의 元和 2年(807)에 재상인 李吉甫가 元和國計薄를 편찬하여 황제에게 올린데서 비롯된다.[5] 宋代 최초의 會計錄은 眞宗의 景德 4年에 右諫議大夫 權三司使인 丁謂[6]에 의하여 景德會計錄 6卷이 편찬 된데서 비롯된다.[7]

---

4) 『玉海』 卷185에 의하면 北宋시대에는 各時代別로 會計錄이 편찬되었다. 景德, 祥符, 慶曆, 皇祐, 治平. 熙寧, 元祐, 宣和 등의 北宋時代와 紹聖,등 南宋의 것이 있었다.

5) 會我部靜雄, 『宋代財政史』, 生活社, 1941, P. 18, 三 會計錄에 의하면 元和國計簿는 天寶年間과 元和年間을 서로 比較하여 天下의 戶口數, 州縣數, 歲出入數, 官員과 兵員數등을 자세히 數字로 表示한 것으로서 宋代의 會計錄은 대개 이에 準한 것이라고 하였다.

6) 『宋史』 卷264 丁謂列傳및 『東都事略』 卷49 列傳32 丁謂에 의하면 그는 어려서부터 文名이 떨쳤고 大理評事通判渝州을 거쳐 直史館 福建路轉運使 지

이는 眞宗이 泰山에서 封禪을 행하려고 재정형편을 丁謂에게 문의한데 대한 丁謂의 統計報告이다. 다음 慶曆會計錄 2卷은 慶曆 3年에 三司使[8]에 의하여 京師의 출납과 지방 19路의 錢帛芻糧數를 기록하고 있다. 皇祐會計錄 6卷은 皇祐 2年[9]에 權三司使 田況[10]에 의하여 편찬된 것으로 丁謂의 景德會計錄을 본 딴 것으로[11] 戶賦, 課入, 經費, 儲運, 祿賜, 雜記로 분류하고 있다. 治平會計錄은 治平 4年에 三司使인 韓絳(或은 蔡襄이란 說도 있다)에 의해 편찬되었고,[12] 哲宗代의 元祐會計錄은 元祐 3年에 蘇轍, 韓忠彦등에 의하여 收支, 民賦, 課入, 儲運, 經費의 5項에 관하여 元豊 8年度의 통계를 중심으로 작성되고 있다. 그리고 徽宗時代에서도 宣和會計錄 편찬의 필요성을 楊時가 역설하고는 있지마는 실제로 편찬이 되었는지는 알 수가 없다.

이상 北宋時代의 재정상황을 파악하는데 매우 중요한 자료가 되는

내고 咸平初에 三司戶部判官과 同5年에 三司塩鐵副使知制誥를 歷任하여 三司使에 이르기까지 地方 및 中央의 財政部分의 要職을 담당하였다.

7) 『長篇』 卷68 景德 4年 7月 丙子條 및 8月 丁巳條에 의하면 一戶賦, 二郡縣, 三課入, 四歲用, 五祿食, 六雜記로 그 내용이 분류되어 있다.

8) 周藤吉之, 「北宋の三司の性格」, 『宋史研究』 所收에 의하면 이 당시의 三司使는 王堯臣이다. 『宋史』 王堯臣列傳과 『東都事略』 卷70, 列傳 53에 의하면 王堯臣은 科擧의 진사과에 제일위로 합격하여 將作監丞으로 解褐하고 通判湖州, 著作佐郎, 知光州 三司度支判官 右司鍊知制誥 翰林學士를 거쳐 三司使에 부임하기 까지 地方과 中央의 經濟와 政治의 요직을 거쳤다.

9) 曾我部靜雄는 『宋代財政史』 P. 19에서 『長編』 卷 172 皇祐 4年 正月條의 記事를 인용하여 皇祐 2年에 田況이 만든 會計錄과 同 2年에 王堯臣, 王守忠, 陳旭 등이 命을 받아 皇祐 4年에 完成된 것과는 別個의 것으로서 따라서 皇祐會計錄은 田況의 것과 王堯臣의 것 兩種이 있음을 밝히고 있다.

10) 『宋史』 田況列傳 및 『東都事略』 卷 70 列傳 50에 의하면 진사에 합격한 후에 太常丞通判江寧府를 거쳐 右正言知制誥, 樞密直學士知謂州와 給事中을 역임한 후에 皇祐 2年에 御史中丞樞密直學士權三司使에 이르고 있다.

11) 『東都事略』 卷 70 列傳 50 田況

12) 曾我部靜雄는 前揭書에서 이 治平會計錄은 治平元年頃에 蔡襄이 撰한것과 同 4年에 韓絳이 再撰한 두가지가 있지 않었을가라고 생각하고 있다.

이들 會計錄은 현재에는 남아 있지는 않으나 宋史食貨志를 비롯한 여러 史書에 부분적으로 남아 있어서 宋代의 통계자료로 활용되고 있으며, 北宋財政의 문제점을 파악할 때에 인용되고 있다. 이와 같이 北宋時代의 회계록은 국가의 재정규모를 파악하여 수입과 지출을 밝히고 前代에 비하여 현재의 재정상태가 어떠한 상태에 있는가를 점검하는 자료로 활용하고 편찬 작업은 三司使가 맡아서 하였다.

다음에는 北宋의 재정상의 문제점을 會計錄에 나타나고 있는 통계자료와 재정관들의 의견, 그리고 北宋의 세입·세출을 비교하면서 살펴보자. 北宋 세수의 중요 부문을 보면 土地稅, 人頭稅, 그리고 物品稅의 세가지로 크게 나눌 수가 있으며 唐의 兩稅法을 기초로 하여 夏稅와 秋糧으로 兩期에 나누어 징수하고 稅收의 중앙집중을 정책으로 하였으며 세액은 墾田의 項數에 의하였다. 北宋 중기에 稅糧額이 약 2千餘萬石에 이른 기록을 보면[13] 상당히 巨額이며 糧穀 이외에도 銀, 錢, 絹帛으로 수납된 세액이 있었을 것이므로 이를 합하면 상당히 高額에 달한 것으로 생각된다. 그러나 이러한 토지세에는 宋代 상업의 비약적인 발전으로 인하여 상인층의 상업 활동의 결과로 흡수되는 화폐수입에 비하면 큰 額數는 아닌듯하다. 宋代 유수의 재정가인 장방평이 치평 4년에 올린 상소문에[14] 의하면 천하의 緡錢수입이 권리, 상세의 액을 합하여 5천여만 緡 이상으로서 경덕시대 보다도 3배나 증가하였음을 수자로 나타내고 있고 이것으로 미루어 보더라도 宋代의 상업활

13) 『宋史』 卷179 食貨志 132 下 會計條.
14) 『長編』 卷 209 治平 4年 春正月 丙午條 및 『宋史』 卷 186 食貨志 139 商稅條에 百貨之利 此所謂取於關市者也 惟錢一物 官自鼓鑄 臣向者再總邦計見諸鑪歲課 上下百萬緡 天下歲入 茶鹽酒稅雜利 僅五千萬緡 (中略) 景德以前 天下財利所入 茶鹽酒稅 歲課一千五百餘萬緡 慶曆以後 財利之入 至三倍于景德之時 이라 한 것이 그것이다.

동은 국초 이래 발전을 보이었고 그에 따른 재정상의 수입 또한 큰 것임을 알 수가 있다. 그러므로 宋代 재정상에 있어서 상인계급이 차지하는 지위는 중요하다고 하겠다.[15] 그러나 농업을 주요산업으로 하는 당시에 있어서 농업생산의 비약적인 발전에 의하여 이러한 상업활동도 가능하였으며 따라서, 宋代의 상인계급은 농업생산의 비약적인 발전에 의하여 이러한 상업활동도 가능하였으며 또한 宋代의 상인계급은 농업생산에 의한 일차적 물품을 화폐에 의하여 그들의 수중으로 집중시키고 있었으므로 宋代의 재정적 상업정책도 이들 상업계급을 통하여 재정수입을 확보 하려고 하였던 것이다. 이렇게 거두어들인 재원은 일부분을 지방의 경비에 사용하는 이외에는 모두 중앙으로 집중시켰으며, 이러한 경제적 중앙집권화 정책은 송태조 이래 국책으로 계속되어 나갔다.[16] 그러므로 화폐수입의 중개자로서 북송의 재정을 강화하고 화폐의 중앙집중에 크게 활약한 상인계급은 북송의 경제적 중앙집권화 정책에 큰 작용을 하였다고 보겠다.

다음에는 宋代의 세출에 관해서 살펴보면 북송세출의 중요한 몫을 차지하고 있는 것은 경상비로서 군인 및 관료의 봉록을 들 수 있고 비경상비로 군사비나 대외적인 세폐와 기타 南郊大祀費 등을 들수가

---

15) 宋代의 商稅제도의 대강에 대해서는『宋史』食貨志 下 8 商稅에
商稅凡州縣皆置務 關鎭亦或有之 大則專置官監臨, 小則令佐兼領 諸州仍令都監監押同掌 行者齊貨 謂之過稅 每千錢算二十 居者市鬻謂之住稅 每千錢算三十 大約如此 然無定制 其名物各隨地宜而不一焉 行旅齎裝 非有貨幣當算者 無得發篋搜索 凡販夫販婦 細碎交易 嶺南商賈齎生藥 及民間所織縑帛 非鬻於市者 皆勿算 常稅名物 令有司件析頒行天下 揭于版 置官署屋壁 俾其遵守 應算物貨而輒藏匿 爲官司所捕獲 沒其三分之一 以半畀浦者 販鬻而不由官路者罪之 有官須者 十取其一 謂之抽稅 이라고 하였고 이에 대한 연구논문으로서는
加藤繁,『支那經濟史考證』下, 東洋文庫, 1954이 있다.

16)『宋史』卷 179 食貨志下 會計條

있겠다. 특히 宋代에는 문치주의를 표방하고 문관우위정책을 취한 나머지 군의 기강이 해이하여지고 대외적으로 외족의 압력으로 막대한 군사력을 유지해야 하였으므로 군사비의 지출은 宋代의 재정을 크게 압박하였다고 볼 수 있다. 여기서 宋代의 군사수의 증가와 군사비의 지출 내용을 보고 그것이 북송의 재정상에 던져준 여러 가지의 문제점을 살펴보자.

宋代에는 병제상에 있어서도 그전과 크게 달라졌으니 唐 이전에는 국민개병주의에 의한 병농일치의 부병제도를 택하였으나 唐末·五代의 절도사의 횡포에 의한 지방군벌의 폐해를 막고 황제에 의한 중앙집권을 강화하기 위하여 용병제도를 택하였다. 이러한 용병의 종류를 보면 중앙의 천자에 치속되어 있는 금군은 수도 및 북방 요지를 담당하고 지방에는 廂軍이 있었다.[17] 이 상군은 군인이라기보다는 군사교련을 받지 않은 일종의 노동자 집단이었다. 이 밖에도 특수지방에 향병이 있어서 각 지역에 따라 그 명칭이 다르며 금군과 함께 변경 경비를 맡기도 하였다.[18]

송은 문치주의의 결과로 문관을 우대하였으므로 무관의 사회적 지위가 떨어지고 송 중기에 들어서면서 군정이 해이함에 따라 군률이 말이 아니게 되니 금군의 질적 저하를 가져오게 되었다. 그러나 거란과 서하의 압박에 따라 병원의 증가는 급격히 늘어나게 되었고, 그들은 일종의 직업군인이었고 전쟁이 끝나도 그대로 군인으로 남아 있었

---

17) 『同上揭書』 卷 187 兵志에 북송의 兵種을 다음과 같이 3가지로 설명하고 있다.
宋之兵制 大槩有三 天下之衛以守京師 備征戎曰禁軍 諸州之鎭兵以分給役使曰廂軍 選於戶籍 或應募使之團結訓練 以爲在所防守則曰鄉兵 又有著兵 其法始於國初.

18) 拙稿, 「北宋鄉兵考」, 『歷史敎育』 第 11·12合輯, p.p. 231~250, 참조.

으므로 국가의 재정 면을 크게 압박하였으며 북송의 중기 이후에는 이러한 폐해는 심하여 재정의 80%가[19] 군비로 지출되니 재정이 크게 혼란하게 되고, 이에 대한 개혁의 소리가 나오게 되어 군사비가 재정 문제로 크게 나타나게 되었다. 북송시대에 있어서 군인의 증가와 군사비지출 납속을 좀 더 자세히 검토하여 보면 宋史의 兵志[20]에 兵員의 증가에 대하여 개보년간(서기968~976)에는 총 37만8천명이라 하였고 그 가운데 禁軍馬步는 19만3천명이고 지도년간(995~997)에는 총병수 66만6천명이고 그 가운데 禁軍馬步는 35만8천명으로 증가하였고 천희년간(1017~1021)에는 총 91만2천명으로 금군마보는 43만 2천명으로 크게 증가를 나타내고 있다. 이것이 다시 경력년간(1041~1048)에는 총병수 125만 9천명으로 대폭 증가하고 그 가운데 금군마보는 82만 6천명으로 나타나고 있다. 다음 치평년간(1064~1067)에는 총 116만 2천명으로 감소되고 이에 따라 금군마보도 66만 3천으로 줄어들고 있다. 우리는 이 숫자로서 북송의 병원이 국초이래로 계속해서 증가되었음을 알 수가 있고 특히 거란과의 전쟁이 한창이던 지도년간과 서하와의 7년전쟁이 계속되던 경력년간에 급격한 증가를 보이고 있음을 알 수가 있으며 개보년간에서 경력년간에 이르는 약 70년간 사이에 3배의 병원이 증가되었음을 알 수 있다. 그러나 이러한 계속적인 증가는 王安石에 의하여 신법이 단행되는 치평년간에 이르러 약간 멸군되고 있음을 알 수가 있다. 그러면 이와 같은 막대한 병원을 유지하는데 있어서 실제로 얼마만한 경비가 소요되었던 것인가? 이 문제는 宋代의 재정문제를 논함에 있어서 반드시 이야기 되어야 할 중요한 문제로서 논저에 따라서는 군사비를 북송세출의 8할로 보는 견해도 있는

19) 宮崎市定, 「北宋史概說」,『アジア史研究』第一, p. 261, 참조.
20)『宋史』卷 187 兵志 140.

데[21] 이를 좀더 자세히 검토할 필요가 있겠다. 이에 대해서는 삼사사 장방평이 비교적 자세히 언급하고 있다. 즉 경력 7년에 장방평은 군원의 증가가 재정상에 미치는 영향이 막대함을 알고 이에 대한 문제점을 다음과 같이 제기하고 있다. 즉 그의 통계에 의하면 섬서지방에서 서하와의 개전이래로 증가된 금군의 수를 40여만명으로잡고 있는데 이 40만 증원군에 대한 1년의 경비를 科錢으로 240萬緡, 糧穀이 1,200萬石, 紬絹이 240萬匹, 絲가 480萬兩, 隨衣錢이 120萬緡, 支草가 1512萬束, 馬料로서 121萬2千石, 南郊賞給이 600萬緡이라고 표시하고 있다.[22]

이 통계에 나타난 지출의 내용을 정확히 緡錢額으로 추산하기는 곤란하나 時價에 명백히 나타나 있는 것을 합산한다면 평균 1년에 1,600餘萬緡을 잡을 수가 있는데 여기에는 운반비 등의 잡비는 포함되지 않은 것으로 교통이 불편한 당시에 있어서 변방지대까지 물품을 수송한다는 것은 극히 어려운 일로서 증가 된 40만 금군을 유지하기 위해서는 실제로 소비된 액수는 1,600萬緡을 넘었을 것으로 추측할 수 있다. 장방평은 이것을 2,000萬緡으로 추산하고 있는데[23] 가령 이 액수를 그대로 믿는다면 경력년 간에 있어서 증가된 총 병원은 126만 명이므로 소요 경비는 약 6,300餘萬緡이 되는 셈이니 군사비가 재정지출에 얼마나 큰 부담을 주었는가를 살필 수가 있다. 장방평은 서하와의 개전이래로 40餘萬[24]의 금군이 증가하고 있음을 지적하고 있고 이들에 대한 군사비로서 약 2千萬緡[25]이 지출되었음을 말하고 있는데 中

21) 宮崎市定, 『前掲書』 참조.
22) 『長編』 卷 161 慶曆 7年 庚午條.
23) 『同上揭書』 卷 209 治平 4年 春正月 丙午 張方平奏.
24) 『樂全集』 卷 23 論國計出納事.
25) 『同上揭書』 卷 24 論國計事.

等의 금군 一卒에게 필요한 일개년의 경비의 산출기준을 장방평은 다음과 같이 계산하고 있다. 즉 월급 약 五百文 매월 식량 二石五斗 春冬衣用 紬絹육필, 綿十二兩, 隨衣錢三緡으로 이들 품목을 당시의 가격으로 환산하면 합계가 약 50緡이 된다는 것이다.[26)]

寶元 원년에 서하의 침입에 대한 군원의 증가는 宋代 재정상에 있어서 커다란 변화를 일으키었고, 이것은 복송재정사에 일시기를 획할 수 있는 중요한 의의를 지니는 것으로, 그것은 바로 경력년간에 있어서의 군원의 급격한 증가가 국가의 재정에 큰 부담을 주었기 때문이라 하겠다.

군사비 다음으로 宋代의 세출에 큰 몫을 차지하는 것은 관료들의 봉록이라 하겠다. 문치주의 송조에 있어서는 많은 수의 과거출신 관료가 있었고 그밖에 음보제도의 남용으로[27)] 관리의 수는 국초 이래로 증가되어 冗兵 문제와 함께 冗官 문제가 중요한 사회문제로 등장하였다. 그 위에 宋代에 있어서는 관리에 대한 봉록이 매우 후하였으므로[28)] 이에 대한 재정상의 지출부담도 매우 큰 바가 되었다. 실제로 관리의 봉록으로서 京朝官宰相 樞密使인 경우는 月 三百緡, 春冬服 각

---

26) 『同上揭書』 卷 23 論國計出納事. 및 曾我部靜雄, 『宋代財政史』 p. 30, 참조.
27) 拙稿, 「北宋의 蔭補制度硏究」,『歷史學報』 第 42, p.p 1~46, 참조.
28) 『二十二史答記』 卷 25 宋制祿之厚條
宋史職官志節俸祿之制를 引用하여 京朝官宰相樞密使 月三百千 春冬服各綾二十四匹 絹三十匹 綿百兩 參知政事樞密副使 月二百千 綾十匹絹三十匹 綿五十兩 其下以是爲差節度使月四百千 節度使察留後三百千 觀察二百千 綾絹隨品分給 其下亦以是爲差 (中略) 元豊官制 行俸錢稍有增減 其在京官司供給之數 皆併爲職錢 如大夫爲郎官者 旣請大夫俸 又給郎官職錢 視國初之數已優 至崇寧間 蔡京當國 復增供給 食料等錢 如京僕射俸外 又請司空俸 視元豊祿制 更倍增矣 俸錢職錢之外 又有元隨傔人衣糧 (中略) 衣糧之外 又有傔人餐錢 (中略) 此外 又有茶酒廚料之給 薪蒿炭鹽諸物之給 飼馬芻粟之給 米麵羊口之給 其官於外者 別有公有錢 (中略) 此宋一代制祿之大略也 其待士大夫可謂厚也.

綾二十匹, 絹三十匹, 綿百兩이며 그의 祿粟은 月 一百石, 그 밖에 元隨隨人衣糧으로 각 七十人分 또 茶酒廚料, 薪蒿炭鹽諸物, 飼馬芻粟, 麪羊口등의 급여가 따로 있었다. 이 밖에 관리에게도 모두 그들의 관직에 따라서 차이를 두어 지급하였는데 給賜가 매우 후하였음을 알 수가 있다. 또한 祠祿의 제도가 있었는데[29] 사록의 관이란 전관의 예우를 하는 제도로 주로 宮觀을 관리케하고 봉록을 주어 연로한 대신으로 致仕한 자들에 대한 원로 우대를 하였다. 그러나 이것이 시대가 내려감에 따라서 남용되어 도리어 용관용비를 증가시키는 결과가 되고 재정상에 큰 부담을 주게 되었다. 다음에는 음보제도의 남용을 들 수가 있는데 이 음보의 남용은 용관을 증대시키는 원인이 되었고 宋代의 재정에 큰 부담을 주었다.[30]

다음에는 恩賞의 후함이 송의 國家財政上에 큰 문제를 주어 宋代 세출상에 큰 문제를 주고 있다는 사실이다.[31] 祿賜 이외에 특별한 은상이 있고 대신이나 공신이 死沒하던가 전출하고 또는 특별한 훈공이 있을 때에 대규모의 은상이 있었다.

이상과 같은 제요인으로 북송의 중기 인종대는 이미 數字上으로 적자재정이 나타나고 이에 대한 의견이 상당히 심각하게 이야기 되었다. 宋代는 전시대를 통하여 밖으로는 외적에게 고통을 당하였으므로 이에 대비하기 위해서는 일찍이 보기 드문 막대한 군원을 양성하였고, 안으로는 문치주의의 결과로 오는 막대한 관리의 유지로 군사비와 관

---

29) 『同上揭書』 卷 25, 宋祠祿之制에
宋制設祠祿之官 以佚老優賢 自眞宋置玉淸昭應官使 以王旦爲之 後旦以病致仕乃命以太尉領玉淸昭應官使 給宰相半俸 祠祿至此始也 在京有玉淸昭應官景靈宮會靈觀等 以宰相執政充使 (中略) 丞郎學士充副使 庶僚充判官 都監提擧提點等 各食其祿 初設時員數甚少 後以優禮大臣之老而罷識者 日漸增多.

30) 拙稿, 「北宋의 蔭補制度硏究」,『歷史學報』 第 42, p.p 1~46, 참조.

31) 『二十二史箚記』 卷 25, 宋恩賞之厚條 참조.

료의 유지비가 지출되었다. 실로 군사비와 관료유지비는 송의 세출의 대부분을 차지하는 재정 부담의 요인으로 이러한 군·관의 유지가 가능한 것도 앞서 밝힌바 있는 宋代 산업분야의 비약전인 발전과 그것이 다시 상업 활동으로 국가재정을 뒷받침 할수 있었기 때문이다. 세제면에서 볼 때 宋代는 중세의 역사라고 말하고 이 시대에 있어서 재정문제에서 발생하는 여러 가지 정치, 경제, 사회상의 문제는 宋代만이 지니고 있었던 특징적인 사실이라 하겠다.

다음에는 이와 같은 재정상에서 유래되는 제문제에 대한 개혁론을 찾아보고 그것이 王安石에 의한 개혁에로 어떻게 전개되어 나갔는가를 살펴나가 보겠다.

3. 北宋의 財政과 軍費

宋代의 재정상에 있어서 세출부문에 큰 몫을 차지하는 것이 군사비와 관리들의 봉록임은 이미 앞에서 지적한 바이거니와 宋代의 재정개혁론을 이야기함에 있어서도 이 두 가지 문제가 재정문제와 서로 밀접한 관계를 지니고 있음을 살필 수가 있다. 宋代에 있어서 재정개혁의 필요성을 일찍부터 역설한 많은 사람들의 개혁논의가 용병문제를 해결해야 한다는데 초점이 겨누어지고 있고 이러한 冗兵·冗官문제는 군인과 관리의 수가 급격히 증가되는 태종말에서 진종대에 이르러 개혁의 필요성이 제기되었고, 인종대에 이르면 그것은 개혁되어야할 중요한 사회문제로 번져 나갔으며, 시급히 개혁되어야할 시무책으로 주창되었다. 우리는 신종대에 이르러 王安石에 의하여 단행된 신법을 혁신적인 것으로 해석하는 많은 연구가들의 업적을 알고 있는 터이지마는 王安石에 의해서 실시된 신법을 재정문제의 해결이란 다른 측면에서 바라 볼 때 그것은 임 3대(진종·인종·영종)에 걸쳐서 누적된 문제들로서 마땅히 해결을 보아야 할 단계에 이르렀던 것이고, 그런 뜻에서 소위 신법당인 王安石이 개혁을 하지 않았더라도 구법당의 사마광에 의해서라도 개혁은 추진되어야 할 불가변성을 내포하고 있었던 것으로 이해할 수가 있을 것 같다. 왜냐하면 북송의 재정개혁논의는 王安石시대에 이르러 돌연히 제기된 문제가 아니고 그것은 이미 진종대에 있어서 楊億이나 田況 등에 의하여 문제가 제기 되었고 인종대에 이르러서는 재정문제는 보다 심각한 상태에 이르고 그에 따라 장방평에 의한 재정포기론이 재기되고, 다시 구법당의 祖宗으로 이야기 되는 范仲淹에 의하여 몇 가지 문제가 개혁되었으며 사마광 자신도 재정개혁의 필요성을 논하고 있었던 사실들로 미루어 알 수가 있는 것이다.

이를 좀더 구체적으로 살펴 나가보자. 북宋代에 있어서 군원의 급격한 증가는 앞에서 숫자로 살펴보았거니와 이러한 군원의 증가에 따라 군사비의 과중한 지출이 북송의 재정에 무거운 부담을 가져다주므로 이로 인한 용병론이 제기 된 것은 진종 초인 성평년간(998~1003)이다. 즉 함평원년 춘정월에 한림학사인 王禹稱[32]이 당시의 중요한 시무오사를 거론하면서 용병문제가 군사력의 군영면에 있어서 미숙한 점이 있음을 들고 그것이 재정상에 주는 영향이 크다는 점을 들어 精銳兵論을 다음과 같이 말하고 있다. 즉

二日減冗兵併冗吏 使山澤之饒 稍流於下 當乾道開寶之時 土地未廣 財賦未豊 然而擊河東備北鄙 國用未足 兵義亦强 其義安在 由所畜之兵銳而不衆 所用之將專而不疑故也[33]

32) 『宋史』 卷 284, 列傳 王禹稱.

33) 『宋史紀事本末』 卷 20 咸平諸臣言時務條.

이라고 논하고 이어서

自後盡取 東南數國 双平河東土地 財賦可謂廣且豊矣 而兵威不振 國用轉急其義安在 由所畜之兵冗而不盡鋭 所用之將衆而不自專故也

이라 하여 송이 중원을 통일한 후에 재용이 풍부해 졌으나 兵威는 오히려 부진하고 국용은 도리어 급하게 된 것은 병이 冗劣한데 있음을 지적하고 그 개선책으로서는

冗以耗於上 冗兵耗於下 此所以盡取山澤之利 而不能足也 夫山澤之利與民共之（中略）臣故曰減冗兵併冗吏 使山澤之饒 稍流於下者此也

이라고 용병을 감하고 산택의 饒豊함이 아래의 백성들에게 같이 더불어 해야 한다고 同上揭書에서 강조하고 있다.

또한 삼사도지판관인 宋祁도 송의 중기에 크게 개혁해야 할 삼용삼비를 들고 있으니

兵以食爲本 食以貨爲資 聖人一天下之具也 今在藏無積年之鏹 太倉無三歲之粟 朝廷大有三冗 小有三費 以困天下之財 財窮用褊而欲興師遠事誠無謀矣 能去三冗節三費 專備西北之屯 可廣然高枕矣 何謂三冗 天下有定官 無限員一冗也 天下廂軍不任戰 而耗衣食二冗也 僧道日益多而無定數三冗也 三冗不去不可爲國[34]

이라고 冗吏·冗兵의 제거 없이는 국가의 존립자체가 곤란하다고 까지 극언하고 있다.

---

34)『宋史』卷 284 列傳 43 宋祁.

또한 경력 5년(1045)에 右正言 田況도 부역과 징세가 점차로 무거워지고 있는데 그 원인은 용병에 있고 용병의 弊를 개혁해야 함을 다음과 같이 강조하고 있다. 즉

觀當世之弊 驗致災之由 其實役斂重 而民愁和氣傷 而沴作役斂之由 由國計之日窘 國計之日窘 由冗兵之日著 今天下兵已踰百萬 此先朝幾三倍矣 自告以來 坐費衣食 養兵之冗 未有如今日者 雖欲斂不重民 不愁和氣不傷災沴 不作不可得也[35]

이라고 재정문제를 해결하기 위해서는 양병의 冗濫을 개혁해야 한다고 말하고 있다. 경력 7년에 삼사사 장방평도 재정개혁을 상소하고 있으니

自慶曆三年以來 增添給送西北銀絹 內外文武冗官 日更增廣 以此三司經費不贍 今禁兵之籍 不啻百萬人 坐而衣食 無有鮮期七八月 天下已困而中外恬 然不知云救 請擧一事而言則 他司以類知也[36]

이라고 백만의 대군이 천하를 곤궁하게 하는 원인임을 말하고 이어서 同書에

臣昨會約計 天下財利出入之籍 知天下之所以困本於兵 因勘會 寶元 慶曆後內外增置禁軍 歲給錢帛糧賜等數進呈 乞朝廷圖意其事 有以弛張之 (中略) 向因夏戎 凡內外增置 禁軍約四十二萬餘人 通三朝舊兵且百萬 鄕軍義勇 州郡廂軍 諸軍小分剩員等 不列於數 運營之士日增 南畝之民日減 邇來七年之間 民力大困 天下耕夫織婦 莫能給其衣食 生民之澤竭盡 國家之倉庫空虛.

35) 『長編』 卷 154 慶曆 5年 春正月條.
36) 『同上揭書』 卷 161 慶曆 7年 庚午條.

이라 하였으니 용병의 정리가 재정개혁의 첩경임을 말하고 있다.

진종대에서부터 제기된 북송의 冗兵論은 처음에는 주로 군사적인 무능함을 강조 하였으나 군원의 급격한 증가에 따라 재정상의 문제로 바뀌면서 중요한 사회문제로 번져나가면서 개혁의 필요성이 가중되어 내려갔다. 그리하여 인종대에 들어서서 서하와의 7년 전쟁을 치루는 동안에 군원은 급격히 증가되었고, 그에 따라서 재정적 위기론이 대두되면서 개혁론이 고조되었다. 서하와의 7년 전쟁은 북송의 재정상에 있어서 매우 중요한 의미를 지니는 사건으로서 이때를 고비로 하여 용병과 재정이 서로 얽혀서 심각한 사회문제화 되었고 개혁의 필요론이 더욱 실감되었는데, 그것은 이 당시의 세입 세출을 그 전후시대와 비교해 보면 더욱 뚜렷해진다. 즉 宋史의 식화지에 의하면 진종의 천희말년(1021)의 북송의 세입은 1억5천85만 1백여이고 세출은 1억2천6백77만5천2백여로서 약간의 在庫가 인정되고 있는데 인종의 경력 8년(1048)에는 세입은 1억2천2백19만2천9백이고 세출은 1억1천78만4천6백으로 잉여액이 격감하고 있으며, 다시 영종의 치평 2년(1065)에는 세입은 1억1천6백13만8천4백5이고 세출은 1억 3천 1백 86만4천452로서 세출의 초과로 적자를 나타내고 있다. 물론 이상의 통계수자에는 여러 가지 문제가 있으나 인종조에 용병과 관련된 재정 개혁론이 활발히 이야기 된 것과 일치되는 바가 있다고 하겠다.

용병문제와 함께 재정개혁론에 있어서 중요한 문제로 이야기 되는 것이 용관의 제거라고 하겠다.

진종의 성평원년에 한림학사인 王禹偁이 용병과 함께 冗吏를 멸해야 한다고 주장한 사실은 이미 위에서도 이야기 하였거니와 동 4년에 左司諫知制誥인 楊億의 상소에 의하면 자기의 임무를 모르는 용병이 증가하고 있음을 알 수가 있다.[37] 趙翼도 宋代의 용병이 재정상에 허다

한 용비를 지출하게 한다는 사실을 다음과 같이 고증하고 있다.[38] 즉

> 宋開國時 設官分職 尙有定數 其後薦辟之廣 恩蔭之猥 雜流之猥 祠祿之多 日增月益 遂至不可紀極

이라고 말하여 宋代 용리의 증가 원인이 여러 방면에 걸쳐 있음을 지적하고 진종의 함평 4년에는 천하의 용리 19만5천여인을 멸하였다는 유사의 말을 인용하고 있다. 冗吏를 19만 5천여명을 감원했다는 이 수자의 근거가 어디에 있는 것인지는 확실히 알 수가 없으나 송이 건국한 후 40여년이 경과한 진종의 함평년간(998~1003)에 이미 상당수의 용리가 증가되어 중요한 사회문제가 되고 재정상에도 큰 부담을 주고 있었음을 살필 수가 있다. 용리의 증가에 대한 구체적인 數字의 설명은 여러 곳에서 산견되는 바로서 王禹偁은 중앙에서 뿐만 아니라 지방에 있어서도 관원의 증가가 현저함을 다음과 같이 설명하고 있다. 즉

> 臣籍濟州 先時止有一刺史一司戶 未嘗廢事 自後有團練推官一人 又增置通判副使判官推官 而監酒權稅 又增四人 曺官之外 又益司理 一州如此 天下可知[39]

이라고 한 것이 그것이다.

또한 양억의 말에 의하면 경관의 증가도 계속되었음을 알 수 있으니

> 員外加置無有限數 今員外郞至三百餘人 郞中亦百數 自餘太常國子博士等 又不下數百人 率爲常參 不知職業之所守 祗以惠澤而序遷[40]

37) 『同上揭書』 卷 168 職官志 121 合班之制條에 國家遵舊制 並建羣司 然徙有其名 不擧其識이라 한 事實이 그것이다.
38) 『二十二史箚記』 卷 25 宋冗官冗費條.
39) 『宋史』 王禹稱 列傳.

이라고 용관에 대하여 언급하고 있다.

이 밖에도 宋祁는 천하에 삼용의 폐가 있는데 관리의 정원이 없는 것이 그 첫째 병폐라고 말하고 있고[41] 范坦도 용관과 재정과의 관계를

> 戶部歲入有限 今節度使至八十餘員 留後至刺史又數千人 自非軍功得之宜減其半俸[42]

이라 논하고 있다.

이상에서 우리는 宋代의 재정문제가 용병과 용관문제와 직결되어 있고 따라서 재정개혁의 핵심점이 되는 것이 바로 이 용병의 감축과 용관의 도태임을 알 수가 있다. 또한 재정개혁의 필요성에 대하여서도 일찍부터 논란되어 왔고 진종대에부터 인종대로 들어오면서 이 문제는 심각한 사회문제화 되었으며, 특히 인종의 경력년간에 서하와의 7년 전쟁을 치루는 과정에서 군인의 급격한 증가로 군사비의 지출이 커져서 재정상에 위기현상이 나타나게 되었다. 그러나 재정개혁에 대한 필요론을 역설하면서도 근본적인 개혁은 이루지 못하고 항상 근본적인 개혁만을 추진하였다.

경력 3년에 참지정사인 범중엄은 인종의 手詔에 답하여 당시에 개혁되어야 할 十事[43]를 건의하여 사회문제 전반에 걸친 개혁을 실시하였다. 범중엄은 구법당의 祖宗으로 꼽히는 인물로서 그의 개혁안은 사회문제 전체를 상당히 광범하게 취급한 것으로서 혁신적이라는 소리

---

40) 『同上揭書』 職官志

41) 『宋史』 宋祁 列傳.

42) 『宋史』 范坦 列傳.

43) 『同上揭書』 范仲淹 列傳에

一曰明黜陟 二曰抑僥倖 三曰精貢擧 四曰擇長官 五曰均公田 六曰厚農桑 七曰修武備約府兵法 八曰推恩信 九曰重命令法度 十曰減徭役.

를 들을 만큼 진보적이었으나 오래 계속되지 못하고 중단되었다. 그러나 문교의 진흥이나 사풍의 확립 등에는 상당한 성과를 거두었지만은 재정문제에 있어서는 이렇다 할 성과를 올리지 못하였다.44)

북송에 있어서 재정문제에 대한 근본적인 해결을 위해 단행된 개혁이 바로 王安石에 의한 신법으로서 부국·강병책으로 불리우는 소이는 바로 용병 용관 문제의 해결과 직결되는 것이다.

王安石의 신법에 관하여서는 이미 수많은 선학들에 의하여 연구가 진행되어 왔으므로 여기에서 새삼스럽게 다시 논할 필요는 없으나 몇 가지 흥미로운 사실은 王安石의 의견으로 주장되어 실시된 여러 개혁안이 王安石의 독창적인 것이라기보다는 그 가운데의 상당한 부분이 북송의 중기 이래로 논의되어 오던 사회문제들이며 또한 신법의 여러 조목들이 재정문제의 해결을 위해 노력을 기울인 흔적이 엿보인다. 그리고 신종대는 북송의 재정상에서 볼 때에 그 어떤 조처가 취해지지 않을 수 없는 시대로서 王安石의 신법은 이러한 시세에 맞추어 역대에 내려오던 사회문제를 해결하려 한 것으로 여기에 재정문제와 결부시켜 살펴볼 필요를 느끼게 된다.

집정하기 이전에 지방관으로 재임하고 있을 때의 王安石은 이미 재정문제에 대해 깊은 우려를 표명하면서 개혁을 주장하고 있었으니 인종 말년경의 가우3년(1058)에 諸點江南東路嶽祠部員으로서 인종황제에게 상소하여 자신의 의견을 다음과 같이 말하고 있다. 즉

> 天下之財力 日以困窮 而風俗日以衰壞 四方有志之士諰諰 然常恐天下之久不安 此其故何也 患在不知法度故也 (中略) 方今之急 在於人材而已 然後稍視 時勢之可否 而因人情之患若 邊境天下之弊法45)

---

44) 拙稿, 「宋 范仲淹의 文敎改革策」,『歷史敎育』 第13輯 p.p. 53~83, 참조.
45) 『王臨川文集』 卷 38 上 仁宗皇帝言事.

이라 하여 천하의 재정이 날로 궁핍해 지고 사회는 불안하니 인재를 취하여 이러한 사회의 불안은 개혁을 할 필요를 역설하고 이어서 재정문제에 대해서는

> 臣於財利固未嘗 然竊觀前世治財之大略矣 蓋天下之力 以生天下之財 取天下之財 以供天下之費 自古治世 未嘗以不足爲天下之公患也 患在治財無其道耳 今天下不見兵革之具 而元元安土樂業 各致己力 以生天下之財 然而公私常以 困窮爲患者 殆以理財未得其道 而有司不能度世之宜 而通其變耳 誠能理財以其道 而通其變[46]

이라 하여 국가재정의 위기는 그의 군영 즉 理財가 적절하지 못한데 기원한다고 하여 재정개혁의 필요를 역설하고 있다.

그러면 王安石의 개혁안을 첫째 재정위기의 해결이란 관점과 둘째 역대에 내려오던 재정문제들이 王安石의 신법에 어떻게 연결되어 개혁되었으며, 셋째 이러한 재정개혁이 국가의 재정위기를 해소하는데 어느 정도의 실효를 거두게 되었는가 하는 문제에 초점을 두고 살펴보겠다. 여기에는 개혁안의 내용은 생략하고 동기와 결과에 주안을 두면서 고찰해 보겠다.

먼저 국가재정과 가장 긴밀한 관계를 지니고 있는 군사비 지출의 해결 방안으로 단행된 소위 강병책으로 보갑법과 보마법을 들 수가 있겠다.[47]

송은 국초로부터 일부지역에는 정규군 이외에 여러 가지 형태의 민병을 설치하였는데 특히 하북 섬서 일대에는 그 효과가 매우 컸고 인

---

46) 『同上揭書』

47) 曾我部靜雄, 「王安石の保甲法」,『東北大學文學部硏究年報』8, 1957. 및 周藤吉之, 「宋代鄕村制の變遷過程」,『唐宋社會經濟史硏究』 참조.

종의 중기에 서하와의 7년 전쟁이 시작되면서 변경 五路에는 義勇이라고 불리우는 민병조직이 있었다.[48] 이러한 민병 특히 의용을 基調로하여 그것을 더 확대시킨 것이 보갑법이라 하겠다. 보갑의 민변화는 개봉과 변경의 五路를 중심으로 실시되었는데, 이는 용병용비를 해결하기 위한 하나의 이재의 수단으로 볼 수 있고 따라서 용변소멸에 유효하였으므로 구법당에서 조차 폐지하지 못한 것이었다.

王安石은 또 이재의 일환으로서 宋代 馬政을 개혁한 保馬法을 실시하였다.[49]

이는 종래의 牧地를 경작지로 바꾸어 백성에게 대여해 줌으로써 소작료의 징수를 할 수 있고, 또 한편으로는 재산에 따라서 민간인으로 하여금 군마를 사육시킴으로서 국가재정의 삭감을 꾀하였던 것이다.

용관문제를 해결하기 위한 관제개혁안을 살펴보면 범중엄의 문교개혁책과 매우 유사한 점이 있음을 알 수 있다.[50] 宋代 과거제도의 시험과목은 정치일선에서 필요로 하는 지식을 시험한 것이 아닌 경서를 암기하고 시무를 읊고 또 시부와 고전을 잘 하는가를 테스트 하였는데, 그러한 결과로 인하여 정치실무는 일반 서리에 의하여 운영되었다.[51] 이러한 폐를 없애고 관리의 건전한 선거를 위하여 王安石은 대학을 확장하고 교육내용의 개혁을 꾀하여 외사생 600인, 중사생 200인, 상사생 100명의 정원을 설치하고 엄격한 입학과 진급시험에 의하여 과거에 통과하지 않고도 임관하는 길을 열었다. 이러한 대학교육은 단순히 과거합격만을 목적으로 하여 고전이나 시부에 등용하려는 뜻

---

48) 拙稿, 「北宋鄕兵考」 참조.
49) 吉川新平, 「熙寧年間に於ける民戶養馬法」,『東洋學報』 3・4號, 1951, 참조.
50) 拙稿, 「宋 范仲淹의 文敎改革策」,『歷史敎育』 第13輯, 참조.
51) 宮崎市定, 「王安石の士吏合一策 - 食法を中心として」,『アジア史研究』 第一, p.p. 311~364, 참조.

에 그 목적이 있었던 것이다.

또 理財의 중요 항목으로 市場法[52])을 생각하고 그것이 魏繼宗의 상소를 계기로 하여 실시되었는데, 이 시장법도 王安石의 독창에 의한 것은 아니고 宋代의 상업습관으로 賒 즉 掛賣買法[53])을 배경으로 하여 출발한 것이다.

다음 농업관계의 제법으로는 먼저 청묘법을 들 수 있는데 이는 신법 실시의 초기에 가장 논란이 심하기도 하였다.[54]) 청묘법도 王安石의 창의에서 나온 것은 아니고 몇 가지의 선례와 면밀한 연구의 결과로 이룩된 것이다. 그 정신은 지주의 고리화 지배하에 신음하는 하층농민의 구제와 상평·광혜창의 적극적인 활용, 그리고 서북 변경에로의 군량보급을 돕기 위한 것이었다. 각주에 설치된 상평·광혜창과 현의 의식제도는 이미 인종시대에 시작되어 소작미를 저장하여 도시의 老幼貧窮者에게 冬期에 구제로 지급하였다.[55]) 王安石은 이재의 실제로서 전국의 滯積常平米의 활용에 착안하였다. 그리하여 청묘법은 희녕·원풍년간에 재정적인 면에 있어서 상당한 성과를 거두었다. 그럼으로 元祐舊法黨 집정시대에 다른 신법은 폐지되었으나 청묘법은 존속시키는 칙명이 내려져 국가재정의 일조로 평가되었다.

청묘법보다도 더 근본적인 농업관계법으로 農田水利法, 淤田, 方田均稅法이 있다. 荒廢田土의 부흥, 수로와 하천의 開濬, 관개용수의 정비, 堤防堰閘의 修築 등을 근간으로 한 농전수리법은[56]) 인종시대에

---

52) 武守富司, 「王安石の市易法」,『歷史學硏究』 6卷 10號, 1936, 참조.
53) 加藤繁, 「前揭論文」 참조.
54) 草野靖, 「青苗法施行の由來について」,『東洋史硏究』 卷 20, 1號 , 1961, 참조.
55) 今堀誠二, 「宋代常平倉硏究」,『史學雜誌』 56編 10~11號, 1946, 참조.
56) 池田靜夫, 「熙寧の農田 特に農田水利と二陝の水學」,『文化』5卷 1·2號, 1938 및 長瀨守, 「北宋熙寧年間にあける新法黨の農田政策」,『東洋史學論集』 第3, 1954 참조.

이미 같은 칙령이 여러 번 발견되고 있어 결코 참신한 것은 아니다. 이에 대한 성과자료는 적지 않고 전국에 걸쳐 상당한 수의 전토가 개간되었음을 宋會要食貨에 수리전통계로 기록되어 있다.

淤田法이란 增水期의 하천의 누수를 瘠地에 도입·침전시켜서 沃地로 전화하는 것으로 이것도 별로 독창적인 것은 아니다.[57] 이 결과로 대운하 유역에서 8만경, 하북지방에서 3만경의 田地가 생기게 되었다. 이렇게 생긴 淤田은 민간에다 팔기도 하고 공신에 사여하고 또는 관유지로서 소작시키기도 하였다.

방전균세법은 周禮의 土均정신에 따라 토지의 면적을 정확하게 측량하고 그곳에서 나오는 생산량을 정확히 평가하여 세역을 공평하게 부과하려는 것이 이 법이 목적하는 바로써 앞서 말한 두 가지와는 그 성격을 달리 하고 있다. [58]당의 중기이래로 문란한 토지대장과 사대부계급에 의한 대토지 사유의 전개로 인하여 중소농민의 과중한 부담으로 이에 대한 개혁의 소리도 송초로부터 끊임없이 논의되었던 것을 실천에 옮긴 것이다.

신법 가운데 가장 큰 논쟁을 일으킨 것이 募役法[59]인데 이법 역시 이미 인종의 경력·황우년간에 제도화하지는 않았으나, 전국각지에서 일시 면역전이란 것이 행해져 이것이 羨餘가 되어 천자의 內庫를 돕게 되었던 것으로 王安石의 모역법 즉 면역전도 민중들의 役의 과중함을 구함과 동시에 다른 한편에 있어서는 국고의 수입을 증대시키려

57) 佐伯富, 「王安石の淤田法」,『東亞經濟研究』 28卷 1~2號, 1944, 참조.
58) 荒木敏一, 「宋代の方田均稅法」,『東洋史研究』 6卷 5號, 1941 및 周藤吉之, 「北宋にあける方田均稅法の實施課程」,『中國土地制度史研究』, 1954, 참조.
59) 曾我部靜雄, 「宋代初期の役法, 王安石の役法」,『宋代財政史』, 1941. 및 周藤吉之, 「宋代鄕村制の變遷過程」,『唐宋社會經濟史研究』, 1965 그리고, 河上光一, 「宋初の里正戶長 耆長」,『東洋學報』34 권 1~4號, 1952, 周藤吉之, 「宋代州縣の職役と胥吏の發展」,『宋代經濟史研究』 1962, 참조.

는 의도임으로 이점에 있어서는 매우 유사하다. 이 면역전은 해를 거듭함에 따라서 세입을 증대하였으니 宋史役法, 文獻通考職役考에 의하면 원풍7년(1084)에는 면역민전총수 1천8백72만9천3백관, 場務錢 5백5만9천관, 穀帛石匹 97만6천6백57이었다. 役錢은 희녕의 세입에 비하여 三分之一이 증가하였다. 雇役이 많이 증가했으나 세입은 전에 비하여 증가한 것이므로 그만큼 민중의 부담을 증가하여 국가의 수입을 증대한 것이다.

이상에서 북송의 재정개혁론은 이미 진종대에서부터 시작되었고 인종대에 와서는 더욱 활발하게 전개 되었으며 논의의 핵심문제는 용병의 정리와 용관의 도태에 있음을 알수 있으며 재정개혁문제는 마침내 신종대에 이르러 王安石에 의하여 단행되었음을 알 수가 있다. 또한 王安石의 신법은 재정개선부분은 송중기에서부터 거론되어 오던 문제들로서 결코 그의 독창적인 것이 아님을 알 수가 있다.

4. 맺는말

이상에서 우리는 宋代의 경제적 발전에 따르는 재정규모의 확대를 살펴 보았으며 각 분야에 걸친 산업의 발전은 상업의 비약적인 발전을 이룩하였고 그에 따르는 세입의 증대는 방대한 규모의 군사비지출과 관료의 유지가 가능하였음을 알 수 있었다. 그러나 시대가 내려감에 따라서 군인의 급격한 증가와 관료의 증대는 국가의 세출상에 커다란 부담이 되었으며 그에 따라 재정개혁의 필요론이 대두하게 되었다. 그리하여 용병의 감축과 용관의 정리를 강력히 요구하게 되었으나 이러한 문제는 사회의 전반적인 면과 여러 가지로 얽혀 있어서 쉽사리 단행되지는 못하였다.

재정개혁의 논의는 진종대에서부터 시작되었고 논의의 핵심은 주로 용병의 정리와 용관의 도태에 있었으며 논의와 함께 몇 차례의 개혁이 진행되기도 하였으나 근본적인 문제의 해결은 보지 못하였다. 그러나 인종대에 들어오면 재정문제는 보다 심각한 상태로 나타나서 세출의 초과현상을 들어내게 되었고 그에 따라서 재정개혁론도 더욱 활발하게 전개되었으며 경력 3년에 범중엄에 의한 개혁이 실시되었다. 그러나 이 경력의 개혁은 재정상에 있어서는 별로 이렇다 할 성과를 거두지 못하였다. 그리하여 신종대에 들어가서 王安石에 의하여 일대개혁을 보게 되었다. 우리는 흔히 말하기를 王安石의 신법을 혁신적인 것으로 쉽게 말하지마는 王安石의 신법에 있어서 재정적인 개혁은 이미 북송의 진종대에서 논의가 되어 왔고, 또 신법의 상당한 부분이 전혀 새로운 것이 아니고 송중기로부터 쌓여 내려 온 문제들이었다. 이러한 문제들이 결국 王安石에 의하여 과감하게 실천된 것으로서 신법의 어느 것이나 국가의 재정문제와 관련되지 않은 것은 없다고 해도 결코 과장된 표현은 아닌 것이다.

북송사에 있어서 국초로부터 계속해서 재정문제가 매우 활발하게 논의되고 또 여러 면세서 개혁의 필요성이 나타나게 된 것도 과다한 군인과 관료의 유지비를 필요로 하였던 때문이며 宋代의 군인과 관료는 또한 宋 이전과는 그 성격을 크게 달리하기 때문에 재정면에 큰 부담을 주게 된 것이다.

끝으로 본고를 작성함에 있어서는 선학 여러분의 논문을 많이 참조로 하였다. 또한 자료의 해석에 있어서도 지나치게 확대 인용한 점이 있으리라 생각되며 내용 또한 지나치게 일반론이었음을 자인하는 바이다.

(『歷史敎育』 제14집, 1971)

Ⅱ. 북송초기 농촌부흥책과 墾田(간전)통계

1. 머리말

당말·오대를 통사적으로 관조하여 볼 때에 격변기로 간주할 수 있고 이를 근거로 하여 당송변혁론이 제기된 것은 널리 알려져 있는 사실이다. 그런데 10세기 중기에 자리를 잡은 북송 왕조의 출현은 그 이전 시대와 대비하여 볼 때에 참으로 화려하고 안정된 것처럼 묘사되어 있고 정치·사회·문화 전반에 걸쳐 오대와는 단절된 새로운 시대상이 서술되어 있다. 이것은 전적으로 宋代의 문인과 사가들에 의한 5대의 부정논리에서 출발되었다고 생각되며 이러한 역사서술은 중국사 전반에 걸쳐 고대 이래 계속되어 온 왜곡된 유교사관의 단대사적인 사실묘사라 하겠다.

송인에 의하여 서술되어 온 외면적인 송시대의 현상과 문헌상에 기술되어 있는 통계의 수치 사이에는 엄청나게 상이한 차이가 보인다. 이는 비단 宋代에 국한되는 문제는 아니고 중국사의 각 시대에 있어서 호구나 농경지의 墾田면적이나 정부의 통계자료가 실제의 내용과 차이가 많은 것은 일반적으로 인식되어 온 사실이다. 따라서 문헌상에 나타나고 있는 통계수치의 잘못을 역사적 현장으로 이를 바로 잡아나가는 것은 바로 그 시대의 실상을 정확히 파악한다는 면에서 중요한 의미를 갖는 것이라 하겠다.

북송시대의 초·중기의 농촌실태를 여러 가지 자료에 의하여 정리하여 보면 당말·오대를 거쳐 오는 와중에 상당히 황폐되어 있고 특히 전란의 중심부에 해당되는 華北지방이 심한 것으로 파악된다. 멀리는 안사의 난으로부터 시작하여 가깝게는 오대, 거란의 계속된 남침 그리고 오대십국의 상호 내전의 반복으로 華北地域은 地廣人稀의 고립된 황폐지대로 전락되어 온 것이 사실이다.

이러한 유산을 이어받아 등장한 송조는 국가기반이 되는 농촌사회의 구조적인 취약성을 자체적으로 해결해야 하는 역경 속에서 출발하였으며 이를 어떻게 할 것인가는 송조의 사활에 직결되는 난제였다.

그런데 주지하는 바와 같이 송조는 중국 역사상 가장 모범적인 농업생산체제를 갖추었고 이와 같은 경제적 기반 위에 막대한 직업군인과 관료들에게 봉급을 지급하면서, 그리고 대외적으로 지방의 이민족과 쉴 틈 없는 마찰을 극복하며 사회 · 문화 · 정치전반에 걸쳐 도약을 이룩하여 왔다.

이와 같은 역사적 현상을 인정한다고 할 때에 이를 뒷받침하여 주는 사회 · 경제의 전반적인 부흥내용이 농지의 개간 · 田賦 · 戶口 등의 통계자료에 빈틈없이 그 실상이 나타나야 할 것이다. 그러나 宋代의 농업경제 통계자료에 보이는 농촌의 부흥, 호구 수, 간전 수 등을 면밀히 검토하여 볼 때에 宋代의 역사적 발전상을 뒷받침하여 주는 내용은 거의 없고 오히려 漢代나 唐代의 경지면적과 비교하여 볼 때에 축소된 모순점을 드러내고 있다.

여기에서는 북송 초기의 농촌실태를 살펴보고 이러한 농촌사회를 부흥시키기 위한 일차적인 작업으로 황무지의 개간이 어떻게 추진되었고 그 결과가 회계록에 어떤 내용으로 기술되어 있는가를 파악하여 보았다.

주지하는 바와 같이 宋代 墾田내용은 역대 회계록과 宋史의 식화지, 문헌통고 등에 대략적으로 기록되어 있는데, 여기에 나타나 있는 통계자료가 사실과는 다르며 만약 이러한 자료를 그대로 인정한다면 宋代

의 농촌사회는 당말·5대 이래 별로 복구되지 않았다고 하겠다. 따라서 이와 같은 墾田의 내용을 기록하고 있는 회계록의 내용을 정리하고 墾田의 면적을 구체적으로 파악하여 북송 초·중기의 농촌부흥실태를 살펴보고자 하였다.

2. 북송초기의 농촌실태

북송이 건국된 후 약 30년이 지난 太宗의 지도 2년(996)대의 농촌실태를 太常博士 直史館 陳靖은 다음과 같이 상소하고 있다. 즉

> 역대의 황제들이 가장 힘을 기울인 일이 厚生民으로 이는 바로 務農에 있습니다. 살펴보건대 천하의 농지가(江南의) 江淮·湖湘·兩浙·隴屬 河東諸路를 制外하고서는 地里가 멀고 농촌개간에 충분치 못합니다. 특히 京畿 주변 23州는 그 넓이가 數千里이나 개간된 땅은 10分의 2, 3에 불과하고 徵稅可能地는 10分의 5, 6도 안됩니다.[1)]

라고 주장하고 있다. 당말 5대의 병란을 계승한 송의 초기에 있어서는 華北地方의 농촌 피해는 도처에서 살필 수가 있고 특히 농토의 황폐화현상이 심각하다는 사실을 알 수 있다. 같은 시기인 지도 2년 4월에 大里寺丞 皇甫選, 光祿寺丞 何亮 등도 사기에 기록되어 있는 涓水주변의 溉田이 4만 4천 5백 경이었는데 宋代에는 慨田의 수리시설이 모두 파기되어 2천 경에 불과하므로 한대의 22분의 1에 불과하다고 보고하고 있다.[2)] 歐陽修도 천성 연간(1023-31)의 河北地方 농촌경작실태를

1) 『宋史』 食貨志 農田, 『續資治通鑑長編』(이하 『續長編』이라 略함) 卷 39, 至道 2年 7月 庚申條

2) 『文獻通考』 卷 6 田賦 水利條

다음과 같이 황폐화되어 있음을 지적하고 있다. 즉

> 河北緣邊의 廣信, 安肅, 順安軍과 雄州, 覇州間의 땅은 鹽水가 넘쳐서 耕田의 10分의 8, 9는 농사를 지을 수 없는 실정이고 澶州, 衛州, 德州, 博, 浜, 滄, 通,利州와 大名府間의 東南地域은 해마다 火災로 耕作不可能地가 10分의 5, 6에 이르고 있고 또 滄州로부터 利州의 大名府에 이르는 西北地域은 대부분이 鹽池로서耕地의 10분의 3, 4가 不耕상태이며 그밖의 지역도 상당수가 牧地化하여 이 지역에 사는 농민은 빈곤하여 耕地를 버리고 달아나니 荒棄된 田地는 不可勝數

라고 하였다.[3]

송초의 경제이론가로 유명한 包拯도 河地西路의 실태를 논하여 과거에 良田으로 알려져 있던 경지의 거의 3분의 1이 목지로 방치되어 있고 東路는 상호의 결일에 의하여 民田의 3분의 2가 물에 잠기어 河北路 전체의 6할을 차지하는 可能良田 가운데 그 3할이 하수와 목지로 방치되고 있다.

그리고 실제로 可能良田을 제외한 약 4할의 땅은 高柳, 潭鹵 미개불모지 상태에 놓여 있다고 주장하였다.[4] 이와 같은 농촌의 경지실태는 河北지방에 국한된 것은 아니고 河東지방에도 비슷한 실정이다. 이와 같은 농경지의 폐전화는 주로 오대 이래의 전란의 연속으로 농민의 유민화, 농사 시기의 상실, 그리고 조세부담의 가중에서 발생되는 농민의 도망현상에 그 원인이 있다. 仁宗 대의 范中淹은 河南府의 예를 당대와 비교하여 다음과 같이 피폐상황을 지적하고 있다. 즉

3) 『歐陽文忠公集』 卷 118, 『河北奉使奏章』 卷下 論河北財産 上 時相書.
4) 『孝肅包公奏議』 卷 7, 請將邢洛州 牧地給與人戶 依舊耕佃條.

> 서경圖經을 보면 唐 會昌中에 河南府에 戶 19만 5,700여 호가 있어 20縣을 설치했다. 지금 河南府의 主客戶는 7만 5천 9백餘戶로 여기에 19縣이 설치되어 있고 主戶는 5萬 7百, 客戶는 2萬 5千 2百戶이다. 各縣을 (大小에 따라) 3等으로 구분하여 볼 때에 堪役者는 百家에 불과하고 供役可能者는 2百도 되지 못한 실정이다[5]

라고 당·원간의 河南府를 비교하여 인구의 격감, 농민의 경제력으로서의 조세부담능력을 지적하고 있다.

위의 사실을 정리하여 볼 때에 송 초의 농촌실정이 상당히 황폐한 상태이고 특히 華北地方은 심각한 상태임을 알 수가 있다. 그러면 이와 같은 농촌사회를 국가정책적으로 어떻게 부흥시켜 나아갔는가를 살펴보자.

3. 戶口增加策

송의 건국 지역은 華北지방에서 출발하였고 따라서 황폐화된 華北지역의 농촌사회부흥은 송조가 당면한 가장 시급한 국가정책이라 생각된다. 송조도 이러한 농촌사회의 부흥책으로서 호구의 증가와 농촌의 안정을 위한 치안유지를 중요한 정책으로 채택하고 그 구체적인 방안으로서 지방관의 이에 대한 업적을 관료의 인사에 적극적으로 반영하고 있다.

농촌안정을 위한 치안유지 考課令을 보면 상당히 엄격하고 구체적으로 규정하고 있다. 즉 太祖의 건륭 3년에 조명에 의하면, 令尉가 재임

5) 『范文正公 政府奏議』上, 治體, 答手詔陳 十0事, 八田減徭役, 『長編』 卷143, 慶曆 3年 2月 丁卯條.

시 만약 鄉州를 안무시킬 수 있고 일임 내에 도적과 왜구가 없다면 本州에 품신하여 별도로 시상을 행하여 이에 상고를 서하였다. 마땅히 강도적, 살인적이 나타났을 때 이를 체포하는 데는 3한을 주었다.(한은 각 20일이다) 제1한 내에 잡으면 令尉는 각 一選을 감하였고, 반 이상이면 兩選을 감하였다. 제2한 내 도적을 잡으면 令尉는 超一資하고 반 이상이면 超兩資하였다. 제3한 내에 도적을 잡으면 令尉는 加一階하고 반 이상이면 加兩階하였다. 3한을 벗어나서 잡으면 尉는 2월봉을 벌했고 令은 반 월봉을 벌했다. 3번 벌은 위의 경우 殿一選을 봉했고 4번 벌봉도 또한 殿一選이었다. 3번 위를 거치는 자는 늑정하여 관직을 파면하였다[6] 하여 포부기간을 3기로 나누어 1한을 20일로 계산하여 각 기간별로 고과의 기준을 정했다. 이에 따라서 마땅히 강도적과 살인적을 기한 내에 이미 잡거나 이와 반대로 기한 외에도 잡지 못한다면 本州로 하여금 수년고과 내에 빠짐없이 서에 기록하게 하였다. 회의를 열어서 벌전을 분명히 했고 考第의 공과를 거듭 살펴 비교하여 정하였다.[7]

이를 미루어 볼 때에 지방관의 승진과 좌천에 치안유지를 엄격하게 반영하고 있음을 알 수 있다. 송 초기 지방관에 대해서 이와 같은 考課令을 적용하고 있는 것은 건국 초기의 농촌사회 안정을 위한 조처로 해석된다. 송 초에 있어서 민심의 수습과 사회 안정을 위해서는 지방관의 능력을 중요시하고 있고 특히 치안유지에 행정능력을 집중하였다. 치안이 확보된 후에 농촌사회의 경제적 부흥을 위해서 유민의 초무와 호구의 증가를 꾀하고 이에 따라서 관료의 승진과 출강이 결정되었다. 이에 대한 내용을 보면 太祖의 건륭 3년 11월, 有司의 상언에 의하면 주현관이 호구를 증익하였을 때에 刺史나 縣令은 고일등을

6) 『長編』 卷 3, 建隆 3年 12月庚子條, 玉海卷 118, 選擧建隆考課令.
7) 『長編』 卷 3, 建隆 3年 12月庚子條, 玉海卷 118, 選擧建隆考課令.

올려주었다. 이때의 호수의 기준은 주호는 5천, 현수는 5백으로 하여 주·현의 전체 호는 5천 5백을 기준으로 삼았다.[8)]

이와 반대로 만약 호가 줄어들면 호의 증가법에 준하여 일분을 감하여 고일등을 강하였다. 공사를 태만히 하여 전벌을 받은 자가 있으면 역시 1등을 강하였다고 하여 주현관의 감손호구일분과 사납계차일분 이상은 고일등을 낮추는 것을 엄격히 적용하고 있다.[9)] 이와 함께 호구의 은락에 대해서도 문책하고 있다. 즉 개보 4년에 河南府, 京東, 河北 47軍州에 명하여 각기 本州의 判官으로 하여금 각각의 부별에 임하여 정호에 대한 검열을 철저히 하고 호적을 갖추어 정리하였다. 다음 해에 하제의 역을 갖추어 감히 은락이 있으면 백성으로 하여금 이를 고발하도록 하여 관리를 좌죄하였다.[10)] 宋代의 문헌에서 국초의 農村復興政策이 의욕적으로 추진되고 있는데 특히 宋代 관료의 승진에는 지방관으로 재직하고 있을 때의 행정실적을 중요시하고 행정실적의 기준이 되는 것은 유미의 초무와 墾田에 두고 있다.[11)] 그 구체적인 실례를 보면 太祖의 건덕 4년에 지방소재의 長吏(州長官)에게 조하여 백성으로 하여금 능히 桑棗을 廣植하며 廢田을 개간한 자가 있으면 舊租만을 바치게 하였고 현의 令在(縣令·主簿·縣尉)로 하여금 능히 유민을 초래권과하여 호구의 증가를 이루고 관할구역에 曠土가 없이 개간을 잘한 자는 공적에 따라서 議賞하였으며, 지금 백성들이 널리 桑, 棗을 심고 荒田을 개간한 자는 舊租만을 바치고 영원히 조사하지 않았다. 여러 縣令佐는 처음에 포도를 다시 불러 植栽를 백

8) 『長編』 卷 12, 開寶 4年 2月乙未條
9) 『長編』 卷 3, 建隆 3年 11月甲子條
10) 『長編』 卷 12, 開寶 4年秋 7月己酉條
11) 『長編』 卷 7, 乾德 4年8月乙亥條, 宋代詔令輯卷 182, 政事35農田乾德 4年 8月勸農栽植開墾詔.

성에게 할당하여 권고하면 옛날에 일선을 감했던 자도 다시 일계를 가하였다.12)

그리고 荒田을 개간하여 그 공로가 뚜렷한 縣令佐는, 전에 과오를 범하여 승진 고과에 1선이 감하였을지라도 다시 1계를 가하여 승진시켰다. 太宗의 옹희 4년에는 천하의 知州, 通判은 먼저 어전인지와 영서의 과적을 주어 지금 그 일의 자취를 조목별로 나열해서 근무를 마치고 타처로 전관할 때에 중서에 보고하여 고과 성적에는 반드시 墾田의 공로를 중요시하여 이를 관료의 승진과 좌천에 반영하고 사상하였다.13)

지도 2년 6월에도 주현의 황지를 민이 전하여 영업하기를 청하면 허락하고 3년 동안의 조를 면하고 3년이 지난 후에는 3분의 1을 거두게 하였다. 관리는 민에게 墾田을 권하며 모두 인지에 써서 이로써 시상을 하고 관리가 백성을 초유하여 墾田을 민에게 영업하도록 하고 3년 동안의 조를 면하게 하였고 어전인지에 기록하여 관리의 승진에 참고하고 시상하였다.14) 천희 4년에는 제로의 제점형옥으로 朝臣인 경우에는 勸農使를 겸하도록 하여 적극적인 墾田과 유민초치를 하도록 하였다. 뿐만 아니라, 그 밑에 있는 屬官의 승진을 추천할 때에는 권농의 성적으로 평하고 친민의 관은 권농의 성적을 각 조목으로 나누어 전최출척으로 삼았다.15)

이상에서 살펴본 바와 같이 지방관의 업적을 평가하는 데 있어서도 墾田과 유민의 초치, 그리고 치안의 유지가 그들의 행정능력을 평가하는 중요한 기준이 되었고 그것은 바로 그들의 승진과 출강에도 직접

---

12) 『宋代詔令集』 卷 182, 政事 35, 農田勸栽植開墾詔.
13) 『長編』 卷 28, 雍熙 4年 3月庚辰條.
14) 『宋史』 食貨志農田, 『長編』 卷 38, 至道年間 6月丁酉條.
15) 『宋史』 卷 173, 食貨上1, 農田.

적으로 영향을 주고 있음을 알 수 있다. 이는 지방관의 행정능력을 농촌사회의 안정과 경제재건에 역점을 두고 있다는 사실을 확인하여 주고 있으며 아울러 송 초기에 있어서의 農村復興政策과 직접적인 관련성을 지니고 있는 실례라 하겠다.

4. 墾田策(간전책)

宋代의 墾田은 몇 가지 의미로 사용되고 있다. 먼저 일반적으로 넓은 뜻의 墾田은 새로운 땅이나 황무지를 개간한다는 그런 의미는 아니고 과거에 경지로 사용되었던 농지가 폐전화한 것을 다시 개간하여 농지로 복원하는 경우를 들 수 있고, 이럴 때 墾田은 경지와 같은 뜻이고 토지관계 사료에 보이는 墾田은 바로 경지를 표시하고 있다. 다음으로 미도작의 보급으로 水利田의 개발, 끝으로 지방의 방비를 위한 屯田의 실시 등을 들 수 있다. 이 가운데 그런데 墾田의 뜻을 좁은 의미로 사용할 때에는 水利田의 개발과 밀접한 관계가 있다. 宋代의 墾田은 水利田의 경제성 때문에 대부분이 水利田을 목표로 하여 개간을 촉진하였다. 그런데 宋代의 水利田은 坪田, 圍田, 湖田 등 여러 가지의 명칭으로 불리며 이에 대한 해석도 구구하다. 종래의 연구는 주로 남송시대, 江南地方을 중심으로 추진되었으나 여기에서는 북송 전기를 중심으로, 특히 당말·오대에 황폐된 華北地方의 농촌을 부흥시키려는 국가정책적인 시각에서 墾田의 실태를 검토하여 보겠다.

송조는 국초로부터 河北, 河東地方에 대한 농촌경제의 안정과 농촌사회의 복흥이란 국가정책을 추진하기 위하여 墾田에 커다란 의욕을 지니고 이를 실천에 옮겨나갔다. 그 원인은 이 지역이 당말·오대의 주전장화한 곳으로 황폐된 농경지가 산재하였고, 또한 대거란 방비상에 있어서도 요충지대가 되기 때문이다. 송의 農村復興政策은 태조 대에 있어서는 사료상에 별로 나타나고 있지 않고 태종 대 이후에 적극적으로 추진되고 있음을 알 수 있다. 이는 아마도 태조대에는 아직 정치, 군사적으로 통일을 이루지 못하여 농촌부흥을 적극적으로 추진할 여력이 미치지 못한 데 그 원인이 있는 것으로 생각된다. 河北地方의 墾田은 태종의 단공 2년(989)에 左諫議大夫 陳恕를 河北東路招置營田使로, 右諫議大夫 樊和를 河北西路招置營田使로 임명하여 개간을 추진하면서 시작되었다. 그 경위에 대해서는

> 雍熙 3년에 波淸關, 軍子館의 패배 후, 河朔지방에 農, 桑의 실업자가 많고 屯 田兵이 전보다 배가 되었다. 그런고로 陳恕 등이 方田을 만들어 곡식을 쌓아 이로써 변방에 채웠다.[16)]

라 하여 대거란전의 패북에 의한 실업자의 구제와 실변을 위하여 營田使를 설치하고 적극적으로 墾田을 추진하면서 시작되었다. 특히 河北路의 墾田은 농촌경제의 복흥이란 사회경제적인 면과 군사적인 면이 함께 고려된 것이다. 이에 대해 함평 4년 陝西轉運使 劉降은 다음과 같이 논하고 있다. 즉

> 옛날의 鎭戎軍은 토지가 넉넉하고 비옥하며 屯田을 두어 그 利가 오히려 많았다. 지금의 鎭戎軍이 해마다 소먹일 꼴이 약 45만여 석이 필요하다. 茶, 鹽을 東破하여 錢 50여만으로 交引하였는바 다시 民으로 하여금 遠倉에 수송하는 것은 그 소모되는 바 경비가 倍가 되는 것이다[17)]

16) 『宋會要輯稿』 食貨 卷 63, 營田雜錄.
17) 『同上書』 卷 63, 屯田雜錄.

라는 사실로서 이는 비단 鎭戎軍에 한하는 것은 아니고 북방 연안의 군사지에 墾田(水利屯田)의 필요성을 일반적으로 언급한 것이다. 농촌 부흥이란 입장에서 북송 대 水利田이 지니는 이점에 대해서는 太宗의 지도 원년 정월에 度支判官 梁縣, 陳堯叟의 주장에 의하여 자세한 내용을 수치로 파악할 수 있다. 즉

> 관개하여 水利를 통하게 하고, 江淮下軍을 발하고 군사를 흩어 관전, 市牛 및 耕具를 주니 溝瀆, 增築, 防堰하는 자가 每千人에 도달하였다. 개간한 사람에게 牛一頭 治田 5만 畝를 주니 1畝에 3斛를 수확하여 모두 15萬 斛을 얻을 수 있어서 7州에 27屯田을 설치하였다. 그 결과 해마다 3百萬 斛을 얻을 수 있었다. 이를 시행한 지 2, 3年에 倉廩을 설치할 수 있고 江淮漕軍을 살펴보면 閑田이 더욱 개간되고 民은 점차 풍요하게 되었다[18]

라는 사실에서 이를 확인할 수 있다.

인종 대의 范仲淹도 水利田의 개간을 주장하고 그 이점에 대해서 다음과 같이 언급하고 있다. 즉

> 五代群雄爭覇시에는 本國이 해마다 굶주린즉 隣國에서 곡식을 사들이므로 각국에서는 農利를 일으켜 스스로 풍족하기에 이르렀다. 강남에는 옛날에 圩田이 있었다. 매(每) 1圩마다 수십 리여서 마치 큰 성과 같았다. 가운데는 河渠에 門閘이 있고 가물면 수문을 열어 江水의 利를 끌고, 장마 때는 수문을 닫아 江水의 害를 막았다. 따라서 가뭄과 장마에는 농사짓는 일이 큰 불편이 없었다. 皇朝가 통일되면서 江南의 곡식이 잘 여물지 않으면 浙右에서 취하고, 浙右에 흉년이 들면 淮南에서 취하였으므로 農政에 태만하였다. 江南의 圩田, 浙西의 제방의 太半이 크게 발하여(터져서) 東南의 큰 이익을 잃었다[19]

18) 『同上書』 食貨 7, 水利上

라 하여 江南地方에는 5대에 이미 圩田이라는 특수수리를 이용하여 농업의 후리를 얻고 있었는데, 송의 통일 이후에는 이를 개발하지 아니한 결과 동남지방의 농업경제의 발전을 상실하게 되었다고 논하고 수리를 이용하여 圩田開發을 적극적으로 추진하여야 한다고 강조하고 있다.

水利營田은 河北路와 함께 河東路에도 추진하였으니 장병과 부사공헌을 이 지역의 招置營田使副로 임명하여 농리개간과 수리시설의 복구에 주력하도록 하였다. 河東의 水利營田은 河北의 方田과 비슷한 시기에 추진되었으니, 단공 2년에 屯田을 설치하고 知代州 張齊賢으로 河東制置方田都部署를 겸하게 하고 옹희 4년에 翟守素로 河北方田都部署를 겸하게 하여 고도를 참조하여 方田한 사실 등으로 알 수 있다. 또한 경력 2년 8월에는 東頭供奉官閤門祗候 任黃裳을 파견하여 嵐, 石, 濕州 가운데 保德, 火山, 岢嵐軍의 평윤 지대에 구참을 뚫고 수리용을 개발하였는데 이는 상당히 큰 규모로서 河北地方의 농촌부흥과 대거란 방어라는 두 가지 효과를 거두려는 데 있다. 순화 4년(993)에 知雄州 何承矩와 臨濟令黃懋도 하북제주에 水利田을 설치하고 언을 쌓아 6백 리에 이르는 수문을 만들어 관개시설을 하였는데, 그 실시동기는 滄州 臨律令 濟懋이 상소하여 제주에 수리전개간을 청하여 河北州軍의 溉田의 편리함을 역설하였다.[20] 그의 주장에 따라서 何承矩로서 하북연안의 屯田制置使로, 黃懋을 判官으로 임용하여 제주의 진병 1만 8천 인을 동원하여 3천 경의 屯田을 추진하였다. 그리하여 雄·莫·覇州와 平戌·破虜·順安軍 등에 제방을 쌓고 수문을 설치하여 정수를 끌어들여 관개하였다. 초년에는 서리와 가뭄 등 기후조건으로 잘 익지 아니하였으나 이듬해에는 풍년이 들었다. 이에 백성들은

19) 『范文正公 政府奏議』上, 治體, 答手詔陳十事, 六曰厚農桑.
20) 『文獻通考』 卷 7, 田賦7屯田.

풍년에 이익을 입었다[21]고 하여 民田 3천 경을 水田으로 개조하는 데 성공하였다고 주장하고 있고 함평 5년 정월 順安軍兵馬都監 馬濟의 건의에 의하여 鎭戌軍의 사방의 水陸營田을 설치하였다.

그리고 함평 6년 9월 13일에 草州總管石普 등에게 墾田의 노력에 대한 보상을 하고 있다. 경덕광년을 전후하여 河北地域의 墾田事業을 정부가 적극성을 가지고 추진하였다. 경덕광년 4월에는 墾田推進效果를 조사하기 위하여 閤門祗候 郭威 등은 鎭戌順安軍에 파견하여 영언 경영실태를 보게 하였고, 동년 4월에도 鎭戌軍 王能의 의견에 따라서 鎭戌軍으로부터 順安軍에 이르는 右河道를 개설하기 위해 閤門祗候 敦盛을 파견하여 이의 경제성을 검토하게 되고 그 결과 이를 추진하게 되었다.

경덕 광년 4월에는 保州地域의 屯田추진을 위해 轉運使가 병적을 장악하도록 하였고, 이어 경덕 2년 정월에는 定, 保, 雄, 莫, 覇州와 順安, 平戌, 保安 등의 知州와 知軍으로 하여금 制置本州(軍)屯田事를 겸하게 하여 屯田을 강력하게 추진하였다.

경덕 3년 12월에 知保州 趙彬이 郡城東北方에 屯田을 실시하고 자세한 전도을 조정에 바치어 실태를 보고하고 있다. 保州를 중심으로 한 그 주변 지역의 墾田추진은 농촌사회의 안정과 서북방 방비를 고려한 것이다. 이와 같은 屯田方法에 의한 경지개간은 그 이후에도 적극 추진되었다.[22]

천희 4년 4월 內農崇班閤門祗候盧鑑에 의하면 保州 屯田사업은 예로부터 유년에 水陸田 80경을 논밭을 갈아 씨를 뿌렸다. 신이 임한 지 3년에 개전은 100여 경에 이르렀고 세수는 메벼 1만 8천 혹은 2만 석

21) 『宋會要輯稿』食貨 7, 水利上.
22) 『宋會要輯稿』 食貨 63, 屯田雜錄.

이었다. 현관 병사 370여 인으로서 하북 연변의 順安, 乾寧 등 주에서 屯田사업에 주둔케 하니 처음 保州는 10분의 2 내지 10분지 3에 불과하였으나, 이후 그 保州의 屯田사업은 병사가 잠시도 휴식할 수 없어 더욱 괴로움이 심했다. 下軍의 頭司가 바라면 금으로부터 河北 屯田사업을 분배하는바 병사 10인 중에 將은 4인이었다. 保州에 6인을 할당하였는데 다른 곳에서도 할당할 때는 이것을 따랐다.[23)]

이에 의하여 다음과 같은 사실을 알 수 있다. 즉 먼저 保州는 河北地方에 있어서 屯田규모로 볼 때에 가장 큰 지역으로 盧鑑이 부임하기 이전에는 水陸田 80경이었으나 그의 재임 3년간에 100경으로 확대하고 수확량은 粳稻, 糯稻를 합하여 1만 8천 석을 거두었다. 100경에 2만 석을 수확하였다면 1무당 2석으로 이는 당시의 수확량으로는 상당히 높은 수확고라 하겠다.

북송 전기 천희 말(1021)의 屯田면적을 보면 천희 말에 諸州屯田이 총 4천 2백여 경이었고 河北屯田은 세수가 2만 9천 5백여 석이었고 保州가 가장 많아 그 반을 넘었다.[24)]

전국의 屯田 총 면적은 4,200여 경으로 河北地方의 세수를 2만 9천여 석으로 보고 保州가 河北地方 전체 수확의 반을 넘는다고 하였다.

宋代의 農村復興政策으로 水利田의 개발은 중요하게 취급되었으니, 그 원인에 대해서 희령 9년 權利都水監 程師孟은 다음과 같이 주장하고 있다.

> 絳州, 正平縣南村에 馬壁谷水가 있다. 民을 권유하여 錢 8천緡을 가지고 渠游의 瘠田 5백여 경을 개간하였다. 州, 縣에는 天河水 및 泉源을 개간하고 제방을 쌓아 모두 비옥한 땅을 이루었다. 무릇 9州 26縣

23)『同上書』.
24)『同上書』.

> 이 田 4천 2백여 頃을 개간하였고 다시 田 5천 8백여 頃을 興修하니 모두 8천여 경이다.(中略) 과거 17년 동안 董村의 땅값이 兩 3천이고, 수확한 곡식이 57斗이다. 이후로 그 땅값이 3배로 되고, 거두는 바가 三兩碩(石)에 이르렀다[25)]

고 주장하였다. 이에 의하면 絳州 正平縣 董村의 水利田공사는 馬壁谷으로부터 거를 파서 瘠士 500여 경을 비옥한 水利田으로 개간한 결과 그 이전의 수확고의 4배를 올리게 되었고 지가 또한 3배로 상승하게 되었음을 알 수 있다. 이는 宋代 水利田개간의 이점을 잘 지적한 내용이다. 또 송 초로부터 가우 3년까지 천하수가 흐르는 곳과 천원이 있는 곳에다 거언을 개설하여 새로 水利田을 만든 곳이 26현에서 모두 4,200여 경, 舊水利田을 복원한 것이 5,800여 경에 이르고 있음을 알 수 있다.

5. 墾田(耕地)面積과 會計錄

宋代의 토지제도관계 사료에 의하면 墾田이란 ① 개간한 농지, ② 경작지란 두 가지 뜻으로 사용되고 있다.

宋代 墾田의 특징은 황무지를 새로이 개간하는 경우는 드물고 대개가 과거에 농경지로 사용되어 오던 전지가 당말 5대의 전란을 거치는 동안에 황무지화하였거나 수리시설의 파괴로 버려진 전지, 그리고 농민의 도이에 의하여 폐전된 농경지를 복구, 개간하는 경우가 대부분이다. 따라서 宋代의 墾田은 종래의 농경지가 황폐화한 것을 다시 경지화한 것을 의미한다.

---

25) 『玉海』 卷 185, 食貨會計錄條.

5대의 혼란을 수습한 송조로서는 무주의 폐전을 개간하여 농지화하는 것은 농민의 생활안정이란 측면과 국가의 조세수입이란 양면을 고려한 농촌 부흥정책이라 생각된다. 송 초의 農村復興政策의 구체적인 내용을 墾田면적을 통하여 파악할 수 있다.

宋代의 墾田면적은 『宋史』식화지 농전을 비롯하여 『옥해』(식화전제), 『문헌통고』(전부고 역대전부지제), 그리고 『속자치통감長編』 등에 자세한 통계수치가 실려 있다. 그런데 이들의 통계수치는 宋代에 여러 번 편찬되었던 각 시대의 회계록을 근거로 하고 있다.

회계록은 정부의 공식통계표로 세입세출을 비롯하여 관리와 병원수 등 국가회계출납을 총망라한 것으로 이러한 통계가 宋代에는 각 시대마다 편찬되었으니 眞宗의 경덕 4년에 丁謂에 의해 편찬된 경덕회계록 6권을 시작으로 하여[26] 眞宗의 대중상부 9년에 林特이 만든 상소회계록 30권, 경력 3년 三司使가 작성한 경력회계록 2권, 황우 2년 田況이 편찬한 황우회계록 6권, (황우회계록은 王堯臣이 편찬한 또한 종류의 회계록이 있다) 치평 4년에 韓絳이 편찬한 치평회계록(蔡襄의 치평회계록이 별도로 있다),[27] 희령 7년에 편찬된 희령회계식, 哲宗의 원우 3년 蘇轍·韓忠彦 등이 편찬한 원우회계록 등을 들 수 있다. 남송 대에도 각 왕조마다 회계록 편찬의 내용을 살필 수 있다.

이들 회계록은 현재에는 단편적으로 전할뿐 완전한 내용은 전해오지 않고 시대에 따라 차이가 있기는 하지만 천하의 호구수·주현수·세출입수·관원수·잡기 등을 기록하고 있다.[28] 宋代의 墾田면적은 이들 회계록의 통계수치를 인용하여 여러 곳의 사료에 산견되는데 여기에 수치상의 잘못이 있다. 그 실례를 찾아보자.

---

26) 『玉海』 卷 185, 食貨會計錄條.
27) 『玉海』 卷 185, 食貨會計錄條.
28) 『玉海』 卷 185, 食貨會計錄條.

丁謂가 편찬한 경덕 회계록에는 천하의 墾田(경지)을 총 186만여 경이라 하였고 이 당시에 호를 722만여로 개산하고 있다.[29] 그런데 이보다 이전의 太祖의 개보 말(975년)의 天下墾田은 295만 2320경 60무로 기재하고 있으며, 太宗의 지도 2년(996)은 312만 5,251경 25무, 그리고 眞倧의 천희 5년(1021)은 524만 7,584경 32무로 회계록을 인용하고 있다.[30]

여기에서 회계록의 내용에 모순이 있다는 것은 眞倧의 경덕 중(1004-1007)의 天下墾田 186만여 경과 이보다 약 30년 이전의 개보 말의 墾田 295만 2,320경 60무와의 상호 모순점이다. 앞에서도 언급하였지만 송은 주초로부터 의욕적으로 호구의 증가와 경지의 개간에 힘을 기울여 왔는데도 30년이 지난 경덕 연간의 墾田면적이 개보 말의 거의 반에 지나지 않는다는 사실에서 이를 쉽게 살필 수가 있다.

그리고 황우 연간(1049-1053)의 墾田면적 228만여 경, 치평 연간(1064- 1067)은 440만여 경으로 기록하고 있다.[31] 이 수치도 문제가 있는 것은 황우와 치평 연간은 20년에 불과한데 墾田의 수는 배로 증가하고 있고 또 이와는 반대로 치평 연간의 간전 수 440여만 경을 천희 5년의 524만 7,584경 32무와 비교하여 보면 오히려 그 수가 훨씬 적어지고 있다. 이러한 황우, 치평회계록에 나타나고 있는 수치상의 모순은 어디에 있는 것인가. 이에 대해서는 문헌통고에서는 경무의 실제수를 계산한 것이 아니라 오로지 賦租를 계산하여 역산하였기 때문이다. 따라서 賦租를 부과하지 못한 전이 10중 7에 이르므로 대체로 이를 감안하여 보면 宋代의 天下墾田(경지)은 3여만 경에 이른다[32]고 주장하고 있다.

---

29) 『文獻通考』 卷 4, 田賦考, 歷代田賦文制.
30) 『同上書』.
31) 『宋史』 卷 173, 食貨上 1, 農貨上 1, 農田之制.
32) 『文獻通考』 卷 4, 歷代田賦之制.

또한 원풍연간(1078-1084)의 경지는 총 461만 6,556경으로 이 가운데 民田은 455만 3,163경 61무, 관전은 6만 3,393경으로 되어 있다.[33)]

그런데 宋代의 이상과 같은 墾田(경지) 총수를 당대의 그것과 비교하여 볼 때에 너무나 적게 기록되는 모순을 찾아볼 수 있다.

唐代의 墾田은 1,400만 경으로 宋代의 墾田 수가 가장 많은 천희 5년의 534만 7,584경과 비교하여 보면 3분의 1에 불과하다. 그러나 이와 같은 숫자는 宋代에 와서 갑자기 경지가 축소되었거나 황무지화하였다고 보기는 어렵고 그 원인을 문헌통고에서 지적한 바와[34)] 같이 경지의 실제면적을 계산한 것이 아니라 부조상에 나타난 수를 역산한 것으로 풀이된다. 馬端臨도 문헌통고에서는 宋代의 경지면적은 그 이전보다 적지 않으며 따라서 실제상의 宋代 경작지는 3,000여만 경으로 보고 있다.[35)] 이렇게 볼 때에 회계록에 나타나 있는 수치가 실제 경지가 아니며 실제 면적은 당대의 배에 가까운 것이고 그렇게 볼 때에 宋代의 경지는 상당히 증가된 것으로서 이는 송조의 農村復興政策이 의욕적으로 추진된 결과라고 생각된다.

6. 맺는말

송 초기의 農村復興政策은 다방면에 걸쳐 진행되었다. 그 가운데서도 황폐지의 開墾政策은 통일을 이룩한 송조의 경제적 기반을 확립하고 농촌사회를 안정시키려는 데 크게 작용하였다. 특히 華北地方에서의 墾田策은 농촌의 경제력부흥과 직결되었다. 당말, 5대의 병란에 의한

33) 『文獻通考』 卷 4, 田賦考 歷代田賦之制.
34) 『宋史』 卷 173, 食貨上 1, 農田之制.
35) 『文獻通考』 卷 4, 田賦考 歷代田賦之制.

농지의 황폐를 재정비하고 송조의 경제적인 기반을 마련하는 데 역점을 두었고 사회적인 면에 있어서도 유민의 정착화와 생활안정이 바로 농촌사회를 안정시키는 지름길이라 생각하여 墾田을 권장하고 도호를 유치하여 빈농의 보호를 추진하였다. 또한 군사적인 면에서도 屯田을 통하여 實邊政策을 추진하여 변방농촌의 안정을 꾀하려 하였다.

宋代는 농업생산의 비약적인 발전시기로서 이러한 농업 경제력의 발전은 국초 이래의 농촌부흥정책이 농지개간과 농민의 생활안정에 역점을 둔 결과에서 나타난 것으로 볼 수 있다. 특히 華北地方의 개발은 이후 江南地方을 통일하는 데 중요한 작용을 하게 된 요인으로 작용되었고 이런 각도에서 볼 때에 송의 農村復興政策은 성공적으로 수행되었다고 말할 수 있다.

당말, 5대의 무인체제가 宋代의 문신관료체제에 의하여 극복될 수 있었던 중요한 사회경제적인 원동력이 바로 황폐화한 화북농촌의 부흥책에 의하여 가능하였다고 생각한다.

그러나 이와 같은 의욕적인 농촌부흥책에도 불구하고 실제로 宋代의 각 시대에 편찬된 회계록에 나타나고 있는 墾田면적의 통계수치는 宋代의 각 시대별로 모순이 있고 더욱이 당대의 그것에 비교할 때에 훨씬 적은 것으로 기록되어 있다. 이와 같은 현상은 정확한 경지면적에 근거한 수치라기보다는 전부의 내용을 역산한 수치를 근거로 하여 마련한 데서 온 모순이라 생각된다. 따라서 宋代의 農村復興政策은 일단 성공적이었다고 판단할 때에 이를 뒷받침하여 주는 경지의 실제적인 면적은 회계록을 근거로 하여 현재 남아 있는 여러 문헌의 내용은 사실과 현저하게 괴리되어 있다고 보아야 할 것이다.

(『梨大史苑』, 1987)

Ⅲ. 北宋時代의 墾田에 관하여

1. 머리말

전근대적인 농업국가사회에 있어서 위정자의 가장 큰 관심의 하나는 토지의 개간에 의한 농경지의 확보와 농민생활의 안정이라 할 것이다. 농경지의 확보는 경제적 측면에서 고려할 때 국가경제의 발전에 직결되는 문제이고 농민의 생활안정은 사회적인 측면에서 국가기반의 중추를 형성하는 것으로 양자는 말하자면 국가존립의 기초를 형성하는 주춧돌이 되는 셈이다. 중국사의 어느 시대에 있어서나 이 두 가지 문제는 사회·경제사적인 측면에서 중요시되어 왔고 연구자의 관심이 집중되어 왔다.

宋代는, 중국사에 있어서는 확실히 획기적인 특색을 지니는 시대로 보아야 하겠다. 그것이 근세의 시작이라든가 중세의 출발이라든가 하는 시대구분론적 논의는 그만두고서라도 정치사적 입장에서나 사회·경제사적인 입장에서 볼 때에 그 이전의 시대적 유형과는 다른 바가 많이 있다.

문치주의적 관료조직하에서 다수의 직업군인과 관료를 유지하는 방대한 국가예산을 집행할 수 있었던 것은 농업경제의 비약적인 발전을 배경으로 이것이 가능하였던 것이며 따라서 농업경제의 발전을 생각할 때에 宋代의 墾田문제는 중요한 정책으로 떠오르게 되는 것이다.

宋代에 사용되는 간전이란 용어는 경작지 그 자체를 가리키는 경우가 많은데 본고에서 다루려는 간전이란 이러한 경작지가 아니라 새로 개간한 농경지를 가리키는 것이다.

특히 북송시대에 간전문제가 중요시되는 원인은 당송·오대의 병란으로 황폐한 농지의 재개발이라고 하는 경제적인 배경을 지니고 있는 것으로 북송조에 의한 중국의 통일은 정치사적인 의미로서의 분열시대의 재통일이라는 면에 못지않게 경제적인 중요성을 지닌다. 북송에 의한 정치적 안정은 그대로 농업경제의 재건을 이룩하는 데 무엇보다 중요한 의미를 갖게 되는 것이다. 따라서 북송시대에 정책수립자는 그 누구도 황폐한 농지의 재개발문제에 대해서 나름대로의 일가견을 가지고 있고 여하한 방법으로 간전을 효과적으로 추진하여야 할 것인가에 대해서 관심을 표명하고 있다.

본인이 여기서 다루려고 하는 墾田이란 문제는 당말·오대의 병란시대를 재통일한 북송시대라고 하는 시대적 특성으로 볼 때 집중적 정리해야 할 문제로 생각된다. 따라서 본인은 송 초에 있어서 간전에 대한 대책을 어떠한 각도에서 수립하였고 농지의 개간에 선행되어야 할 逃移戶문제를 간전과 결부시키어 생각하여 보았다. 다음으로 宋代의 간전면적을 살펴보고 기록상에 나타난 북송시대 경지면적과 실제의 내용을 검토하고 송 이전 시대와도 비교를 하여 보았다. 그리고 북송시대에 墾田의 실태는 어떠하였으며 문치주의 송조의 관료조직 속에서 관료들이 승진을 하는 데 있어서 간전문제가 어떻게 작용을 하고 있었는가를 살펴보겠다.

宋代의 토지제도에 관한 연구는 선학들에 의하여 의욕적으로 연구가 진행되어 다른 어느 시대에 못지않은 역작들이 발표되고 있다. 이러한 선학들의 연구 속에서 그들은 자신의 연구문제와 간접적으로 관련을 시키면서 간전문제를 취급하고는 있지만 이를 총체적으로 다룬 경우는 없으며 또한 宋代의 토지제도사에서 볼 때에 남송시대가 많이 다루어지는 경향은 현재까지의 宋代사 연구의 일반 경향이며 북송시대로 오면 王安石의 新法문제에 관련된 토지제도가 많이 다루어지고 있다.

따라서 본인은 이러한 선학들의 연구를[1] 참조하면서 북송시대에 국한시켜서 간전문제를 다루어 보았다.

2. 墾田策과 逃戶問題

송조에 의한 중국통일은 정치적인 의미에서 분열시대의 재통일이란 중요한 의의를 지니는 것이지만 그에 못지않게 사회경제적인 의미에서 중요성을 지니고 있다. 그것은 전쟁이 가져오는 농업경제의 파탄을 구제하여 주었고 특히 당말·오대의 主戰場이 되었던 河北지방에서의 평화의 도래는 그것이 안겨다 준 사회경제적 의미는 전 중국의 그 어떤 지방보다도 중요성을 가져다주고 있다. 정치적 통일은 전 중국에 평화를 가져다주었으며 그것은 다시 농업경제의 발전을 촉진하게 되는 중요한 계기를 마련하여 주었다. 宋代의 농업경제가 비약적인 발전을 이룩하였던 것은 우선 정치적인 안정 위에 사회경제적 여건이 갖추어진 때문이라 하겠다.

그런데 중국사에 있어서 농업경제 발전의 선행조건으로서는 墾田의

---

1) 本 研究에 참조를 한 先學들의 論著는 다음과 같다.
周藤吉之, ①「宋代の圩田と莊園制」(『宋代經濟史研究』所收)
②「宋代の佃戶制 — 奴隷耕作との關聯に於いて—」(『中國土地制度史研究』 所收)
③「南宋に於ける屯田・營田官莊の經營—官田の莊園制發展として—」(위의 책)
玉井是博 「宋代水利田の一特異相」(『支那社會經濟史研究』所收)
河原由郞, 「北宋朝・土地所有の問題と商業資本」(西日本學術出版社, 1964)과 特히 宋代社會制度史연구에 難解한 用語의 理解와 史料의 涉獵을 위해서 和田清編, 『宋史食貨志譯註』(東洋文庫刊)에서 도움을 받았다.

추진과 流移民의 안착을 들 수 있는데, 이는 宋代에 있어서도 예외일 수는 없다. 그리고 간전책을 중국적 정책으로 말하면 권농정책이라고도 표현할 수가 있는데 송 초에 있어서 국가정책적인 면에서의 간전책과 逃戶문제에 대한 대책을 살펴보자.

북송 대에 있어서 간전의 권장과 유이민의 招誘 안착을 위해서 일관된 정책으로서는 조세의 감면, 간전의 영업화, 농기구의 대여, 빈민의 보호 등을 들 수 있다.

권농과 간전의 장려를 위한 주목할 만한 정책은 太宗의 태평흥국 7년(982)에 실시한 農師制度를 들 수가 있는데 그 중요 내용을 보면,

> (前略) 宜令諸道州府 應部民有乏種及耕具人丁 衆許共推擇一人 練土地之宜 明 種樹之法 補爲農師 令相視田畝沃瘠 及五種所宜 指言某處土田 宜植某物 某家有 種 某戶闕丁男 某人有耕牛 卽令鄕三老里胥 與農師共權民 分千壙土種蒔 俟歲熟 共取 其利爲農師者 常稅外免其他役 民家有嗜酒蒱博 怠千農務者 俾農師謹察之 聞於州縣 寘其罪 以警游惰焉 所墾新田 卽爲永業 官下取其租 詔到宜函行之 無或 稽緩2)

이라 하였으니 이를 요약하면 농무에 밝고 향리의 사정을 잘 아는 자를 洞里의 衆人이 共推하여 農師로 삼아 권농과 新田開墾에 힘을 기울이게 하였고, 새로 개간된 新田은 영업하게 하고 관에서 그의 조세를 거두지 못하게 함으로써 백성으로 하여금 墾田의욕을 갖게 하였다.

이 농사제도는 송 이전에도 있던 제도이지만3) 宋代에 있어서는 촌민이 공추하게 한 것은 동리의 長者로서 그의 발언권은 동민 전체가

---

2) 『宋史』 卷 173, 食貨志, 弟 126 食貨上一農田(以下 宋史食貨志 農田이라 略함) 및 『續資治通鑑長編』(以下 長編이라 略함) 卷 23 太平興國 7年 閏12月 庚戌條, 『宋大詔令集』, 卷 182 政事 農田의 置農師詔.

3) 『宋記』 卷 4, 周本記.

복종할 수 있는 영향력이 있는 인물을 추대하게 하였으며 농무에 태만한 자를 주현에 보고하여 이를 치죄하게 한 것은 農師의 권한을 상당히 강화시킨 것으로 풀이할 수가 있다. 그러나 이 農師制度는 송 초에 있어서 잠정적인 농업개발책의 일환으로 등장한 것으로 관료제도의 정비와 아울러 農師의 임무는 지방관으로 이관되었으니

> 其後 以煩擾罷[4)]

하였으며 이러한 경위에 대해서는 景德 3년(1006) 2월에,

> 謂等又取唐開元中宇文融 謂置勸農判官 檢戶口田土僞濫 且慮別置官煩擾 而諸 州長吏 除當勸農 乃請少卿監爲刺史 閤門吏以上知州者 竝兼管內勸農事 及通判並 兼勸農使 諸路轉運使副 兼本路勸農使 詔可[5)]

라 하여 諸州의 知州와 通判으로 하여금 관내의 권농사를 겸하게 하고 諸路轉運使・副는 本路의 권농사를 겸하게 하여 제도적으로 관료체제를 정비하면서 農師제도를 파하였으며, 다시 天禧 4년(1020)에 이를 보완하였으니,

> 初期議置勸農之名 然無職局 四年始詔諸路提點刑獄朝臣爲勸農使 使臣爲副使所 至取民籍 視其差等 不如式者懲革之 權恤農民以時耕墾 招集逃散 檢括陷稅 凡農田 事悉領焉 置局案鑄印給之[6)]

4) 『宋史食貨志』, 農曰.
5) 『長編』 卷 62, 景德 3年 2月 丙子條.
6) 『長編』 卷 95, 天禧 4年 春正月 丙子條 및 『宋會要輯稿』職官 4 勸農使 天禧 4年 正月, 玉海, 卷 178, 食貨農官 至道勸農使.

라 하여 지방관이 권농사를 겸하면서 耕墾, 유이민의 招集·陷稅의 檢括 등 農田事를 모두 관할하고 부서를 설치하기에 이르렀다.

그런데 송초의 권농의 골자는 간전의 개발과, 농민의 안정 그리고 도이민의 초유에 그 초점이 놓여 있었다.

그러면 송 초에 있어서의 농지의 현황은 어떠한 상태였으며 정부의 이에 관한 간전대책은 어떠한 방향으로 나아갔는가에 대해서 검토하여 보겠다.

송이 건국한 지 30여 년이 지난 태종의 至道 2년(996)대의 田地의 상황을 太常博士直史館 陳靖의 상언으로 보면

> 先王之欲厚生民　莫先於積穀而務農　鹽鐵權酤斯爲末矣按天下土田除江淮·湖湘 兩浙隴蜀 河東諸路 地理夐遠雖加權督 未遠獲利 今京畿周還三十二州 幅員數千里 地之墾者 寸纔二三 稅之入者 又十無五六[7]

이라 하여 京畿周邊의 32주 가운데 경작 가능지는 거의 10분지 2, 3에 불과한 실정임을 강조하고 이에 대한 시급한 대책으로 유민을 초치하여 간전을 장려해야 한다고 역설하고 있다.

당말·오대의 병란을 이은 송초에 있어서의 河北沿邊의 농지의 황폐는 도처에서 볼 수 있으며, 특히 농토의 황폐가 심한 지역은 직접 전장이 되었던 하북·하동 지방이었다.

지도 2년 4월 大理寺丞 皇甫選·光祿寺丞 何亮 등의 말에 의하면

> 奉詔往諸州興水利　臣等先至鄭渠相視舊跡　按史記鄭渠　元引涇水　自仲山西抵瓠口　竝北山　東注洛三百餘里　溉田四萬頃　收皆畝一　鍾白渠引涇水首起谷口　尾入櫟陽　注渭中裏二百餘里　溉田四千五百頃　兩處共四萬四千五百頃　今之存者　不及二千頃　乃二千二分之一分也[8]

7) 『宋史』 食貨志, 農田 및 『長編』卷39, 至道 2年7月 庚申條.

라 하여 三白渠·鄭渠 등의 수리지역은 거의 황폐화하여 그 22분지 1만이 경작되고 있는 실정으로서 하북 지방에 있어서는 水利田의 개발이 시급한 문제로 보고 있는데 수리전 개발은 송 초 간전책의 중심으로 볼 수가 있다.

歐陽修는 天聖 연간(1023~1031)의 하북 지방의 실태를 다음과 같이 논하고 있다.

> 河北之地 四方不及千里 而緣邊 廣信·安肅 順安 雄 覇間 盡爲塘水 民不得耕者 十八九 澶 衛 德 博 浜 滄 通 利 大名之間 東與南 歲歲河災 民不得耕者 十五六 今年大豊 秋稅尙放二百萬石 滄 瀛 深 冀 刑 洺 大名之界 西與北 鹹鹵大小鹽池 民不得耕者十三四 又有泊淀不毛 監馬棚牧 與夫貧之逃 而荒棄者不可勝數[9]

라 하여 하북 緣邊의 광신·안숙·순안군과 웅주·패주 간의 地는 염수가 넘쳐서 耕田의 십분지팔·구는 농사를 지을 수가 없는 실정이고 澶州·衛州·德·博·浜·滄·通·利州와 大名府間의 동남역은 해마다 수재로 경작북가능지가 십분지 오·육에 이르고 또 滄·瀛·深·冀·刑·洺州에서 대명부에 이르는 서북역은 대부분이 염지로 경지의 십분지삼·사가 不耕상태에 있으며 그 위에 상당수가 牧地化하고 또 농민이 빈곤하여 경지를 버리고 달아나서 荒棄된 전지는 불가승수라고 말하고 있다. 이러한 하북 지방의 경지실태는 당말·오대의 전란과도 밀접한 관계를 지니고 있는 것으로 전쟁의 주장이던 하북의 농지의 황폐는 극심하였던 것으로 볼 수가 있다.

包拯도,

8) 『文獻通考』(以下 通考라 略함), 卷 6, 田賦 水利條.
9) 『歐陽文忠公集』 卷 118, 河北奉使奏章, 卷下 論河北財產上時相書.

河北西路 惟漳 河南北 最是良田 牧馬地占三分之一 東路又値橫隴商胡決溢 占民 田三分之二 是河北良田六分 河水馬地 已占三分 其餘又多是高柳及澤鹵之地10)

이라 하여 西路의 漳河남북의 可耕의 良田 삼분지일이 목지로 방치되어 있어 東路는 商胡의 決溢에 의하여 民田의 삼분지이가 물에 갇히어 河北路 전체의 육할을 차지하는 가경의 양전은 그 삼할이 하수와 목지로 방치되고 可耕良田을 제외한 사할의 땅은 高柳·決鹵의 미개불모상태로 보고 있다.

宋代 농지의 廢田현장은 쉽사리 해소되지 않았는데, 이 폐전은 종래의 경작지를 폐기한 전지로서 嘉祐 5년(1060) 추7월에 보면,

初天下廢田尙多 民罕土著 或棄田流徙爲閑民11)

이라 하였고 이와 같은 내용으로서는,

帝聞 天下廢田尙多 民罕土著 或棄田流徙爲閒民12)

이란 사실로 국초 이래 폐전이 많이 존재하고 있음을 말하고 있다. 이러한 폐전은 주로 농민의 유민화 내지는 조세부담의 가중에서 생기는 도이현상에 그 원인하는 바로서 인구문제와도 직결되는데 이에 대해서 仁宗시대의 范仲淹은

10) 『孝肅包公奏議』 卷 7, 諸將邢洛州牧地 給與人戶依田舊耕佃.
11) 『長編』 卷 192, 嘉祐 5年 秋 7月.
12) 『宋史』食貨志、農田.

又觀西京圖經 唐會昌中 河南府有戶一十九萬四千七百餘戶 置二十縣 今河南府主 客戶七萬五千九百餘戶 仍置一十九縣 主戶五萬七百客 鞏縣 七百戶 偃師一千一百戶 逐懸三等 而堪役者 不過百家 而所拱役人 不下 二百數[13]

이라고 당대의 하남부와 宋代와를 비교하여 인구의 격감, 그리고 농민의 조세부담능력의 감소를 지적하고 이에 대한 대책을 논하고 있다.

宋代 권농정책의 일환으로서의 간전의 장려는 두 가지 면에서 두드러진 적극성을 보이고 있으니, 첫째가 경지를 개간한 墾田主에게는 사유를 인정하는 동시에 조세상의 특혜를 부여하는 것과, 둘째는 逃移民을 적극적으로 유치하는 것이다.

이러한 두 가지 면은 서로 밀접한 관련을 가지고 간전정책에 반영되고 있는데 태종의 태평흥국 9년 5월에,

所墾田 卽爲永業 官不取 其租[14]

라 하여 墾田主의 영업과 不取租를 인정하고 있다. 이보다 앞서 太祖의 건덕 원년에는 逃移에 대한 다음과 같은 적극적인 대책을 수립하였다. 즉

詔諸州 今年四月已前 逃移人戶 特許歸業 只據見佃桑土輸稅 限五年內 却納元 額四月已後逃移者 永下得歸業田土 許人請射[15]

---

13) 『港文正公政府奏議』 上, 治體 答手詔陳十事 六曰厚農桑條 및 長編, 卷 143, 慶歷 3年 9月 丁卯條.

14) 『長編』 卷 25, 太平興國 9年 5月 및 宋史, 食貨志 農田.

15) 『宋會要輯稿』食貨 69, 逃移.

라 하여 4월 이전에 도주한 유민으로서 귀업한 자에게는 5년 이내의 租의 원액을 면제하고 4월 이후, 즉 농사가 시작되어도 돌아오지 않아서 농지를 버려둔 땅은 타인으로 하여금 경작게 하였다.

또한 태종의 태평흥국 원년(976) 2월에는,

詔開封府 近年蝗旱流民甚衆 委本府 設法招誘 竝今得業 只計每歲所墾田畝桑棗輸稅至五年復舊 舊所遺欠 悉從除免 違者以所桑土 許他人承佃 承佃人歲輸租調亦如復業之制16)

라 하여 이는 비단 개봉부의 蝗旱災로 인한 유민대책이지만 유민이 자기의 전토에 복귀하면 역시 5년간의 조세를 면제하고 그래도 복업하지 않은 전토는 타인으로 하여금 승전케 하였는데, 이러한 他人請田의 경우에 있어서도 조세는 유민에 대한 복업할 때와 같이 5년간 면세의 특전을 주었다.

그런데 이 5년 면세문제는 그 이후 논란의 대상이 되었음을 알 수가 있는데 순화 원년(990) 8월에는 다음과 같이 개정을 보았다. 즉

詔江淮兩浙民 請射逃戶田土者 許午年滿日 只納七分租稅17)

라 하여 江淮·兩浙 지방민으로 도호전토를 경작하기를 원하는 자에게는 만 5년이 지난 후에 7분의 조세만을 납부케 하였으나, 이러한 특전을 악용하는 사례가 나타나 동 4년 3월 23일에 의하면

16)『위의 책』同條

17)『宋會要輯稿』食貨 2 營田雜錄

詔前令 淮南江南兩浙民 請射逃田 許五年滿一 止納七分 如聞不體優恩 益生姦 弊將臨輸納 得卽逃移 勵此頑嚚 宜行條約[18]

이라 하여 순화 원년의 조령은 다음과 같이 개정되었으니,

自前逃移戶 限半年歸業 免當二年稅 今後逃戶 亦限半年免一料科納 限外不歸 許許人請射 除墳塋外 充爲永業 其新舊逃戶却來歸業 并會經一度免稅後 依前抱稅逃走者 永不在歸業之限 若在勅前 歸業并請射人戶經一年已上者 便納元額 未及一年者只放一料驅科便納元額 諸道並準此[19]

라 한 사실로 알 수가 있으며 다시 태종의 지도 원년(995) 6월에는

凡州縣曠土 許民請田爲永業 蠲三歲租 三歲外輸三分之一[20]

이라 하여 주현의 무주의 광토를 민으로 하여금 개간경작하게 하여 이를 그의 소유하게 하고 3년 동안의 조세를 면제하여 주고 3년 후에는 3분지1조만을 바치게 하였다.

지도 2년 7월에는 太常博士直史館 陳靖의 말에 좇아서 3년 조세의 감면을 또다시 5년으로 연장하였는데,

至道三年七月 太常博士直史館 陳靖上言 願募民墾田 官給耕具種糧 午年外輸租稅帝覽之喜謂宰臣曰 前後上書 言農田利害者多矣 或知其末而暗其本 有其稅而無 其困陳靖此奏 甚詣理可擧 而行之[21]

18)『위의 책』同條.
19)『宋會要輯稿』食貨, 69, 逃移條.
20)『長編』卷 38 至道 元年 6月 丁酉條.
21)『宋會要輯稿,』食貨 2, 營田雜錄.

라고 한 사실로서 알 수가 있다.

그 후 경덕 3년 정월에는 다시 3년간의 조세·차요를 면제하고 있다.[22]

그런데 정부의 이러한 적극적인 도호초유책에도 불구하고 도호로 인한 廢田은 여전하였고 이에 대한 조세상의 감세문제도 계속되었으니 인종의 천성 4년 9월에는,

> 仁宗天聖四年九月 詔逃戶經十年已上 歸業者 未得立定稅額候 及三年于舊稅額上特減五分永爲定式 先是二年十一月十三日 赦書應請射逃戶十年已上田土者 特 立此條 以優之 而逃亡復業者 及下預其例 至是上封者請比附而條約地矣[23]

라 하여 도호가 10년 이상이 지나서 귀업한 자는 3년간은 구세의 5분을 납하게 하였다가 다시 천성 7년에는 그래도 귀업하지 아니하는 도호전에 대한 대책을 다음과 같이 세우고 있다. 즉 경작한 자에 대한 조세조처로서는 동년 11월 23일조에,

> 詔前令逃田 經十年已上 許本主歸業 及諸色人諸請田 米得立定稅額 慮其間有 侵耕冒佃年深者 將來別致爭訟 及見有稅產人戶 故抛自己田產 却來請佃逃田以圖 僥倖 須議特行條約 自今侵耕冒佃者俟 勅到限五日 陳首據陳首後 來耕到熟田頃 畝于元稅額 上止納五分[24]

이라 하여 도전 십 년 이상은 본주가 귀업하거나 제색인이 청전하는 것을 허락하였는데 그동안 이를 侵耕冒佃한 자로 자진 신고한 자에 대해서는 본래의 세액의 오분을 납하게 하였다.

---

22) 『宋會要輯稿』 食貨 69, 逃移條.
23) 『위의 책』 同條.
24) 『앞의 책』 同條.

백성들이 자기의 농지를 버리고 달아나서 유민이 된 폐전은 타인으로 하여금 경작케 하여 3년 이후에 비로소 구세액의 반을 납하게 하였으니, 이는 확실히 폐전에 대한 적극적인 개발정책으로서 이러한 조칙이 내려지게 된 것은 당시에도 無主의 농경지와 有主不耕의 폐전이 상당수 있었던 것으로 이에 대한 대책으로 3년 면세 후 舊租의 반이라고 하는 과감한 폐전경작을 추진하였다.

그 후 황우 연간에 가서 다시 바뀌게 되었는데,

> 皇祐元年六月 詔河朔流民之復業者 其蠲租賦二年 皇祐五年閏七月 詔廣南經蠻 寇所踐 而逃民未復者 限一年復業 乃免兩科催科 及蠲其差役三年[25]

이라고 한 사실이나

> 嘉祐六年七月 詔辰州省地民 先逃入溪洞 令復歸者 與蠲丁稅三年[26]

이라고 한 사실 등은 모두가 도호의 초유와 폐전에 대한 간전대책의 노력이라 하겠다.

宋代에 있어서 도호에 의한 폐전의 수적인 통계는 정확히 파악할 수가 없지만 인종의 명도 2년(1033) 3월 14일, 知安州 劉楚의 말을 빌리면

> 本州 旱歉三年 流亡者八千八百餘戶[27]

25) 『宋會要輯稿』 同條
26) 『宋會要輯稿』 同條
27) 『宋會要輯稿』 同條

라 하였으니 一州의 逃流者가 8천8백 호를 헤아린다면 이는 상당히 많은 수로 보아야 하겠고 도호에 대한 앞서의 조세감면은 사회정책적으로 그들을 안정시키려는 것이며 경제적으로는 폐전을 없애서 농업생산력을 증가시키려는 것으로 풀이해야 할 것이다.

농업경제의 생산력 증대는 노동력의 확보에 달려 있으며 유민의 발생은 노동력의 상실과 폐전문제의 발생이라는 농업생산에 이중적인 타격을 주고 그 위에 사회문제를 가져다주는 연쇄적인 난제를 일으키고 있다. 따라서 중국사에 있어서 이 유민문제처럼 사회전반에 심각한 파급효과를 던져주는 사회문제도 드물고 따라서 도호에 대한 대책은 항상 위정자의 관심의 초점이 되어 왔다.

3. 墾田의 뜻과 墾田面積

일반적으로 사용하는 간전이란 의미는 새로 개간을 한 토지를 의미하며 본고에서 다루려는 간전 또한 개간한 농지를 가리키는 것이다. 그러나 중국의 토지제도상에서 볼 때 간전이란 뜻은 경지란 의미를 지니고 있고 특히 『文獻通考』의 歷代田賦之制條에는 간전을 경작지로 사용하고 있으며 宋代의 토지제도사료에서는 경지란 의미와 새로 개간한 농지라는 두 가지 뜻으로 혼용하고 있다. 『說文新附』에서는 「墾은 耕地」라 하였으니 이러한 경우 간전이란 경지를 의미하게 되는 것으로 본고에서 다루려는 간전이란 뜻과는 의미가 다르다.

또한 宋代 간전의 특징은 생소한 황무지를 새잡이로 개간하는 경우는 극히 드물고 대개가 과거에 농지로 사용되어 오던 田地가 당말·오대를 거치는 동안에 황무지화하였거나 수리시설의 파괴로 인하여 버려진 경우, 또는 逃移에 대한 폐전화한 可耕의 농지를 개간하는 경우가 많다. 따라서 일반적으로 생각되는 황무지의 개간이라고 하는 간전의 뜻과도 상당히 거리가 있음을 알 수가 있다.

다음에는 宋代 경지의 실제내용을 살펴보자.

먼저 宋代 경작면적을 숫자상으로 파악해 보고, 이를 그 이전대의 경지면적과 비교하여 보고 다시 실제로 개간한 전지를 지방별로 살펴보겠다.

宋代 경지면적은 『宋史』食貨志 農田과 『玉海』(卷176) 食貨 田制 至道 開公田・三品田・權農使條 및 『文獻通考』(卷4) 田賦考 歷代田賦之制에 자세히 보이는데 그 내역을 보면 다음과 같다.

> 天下墾田 景德中 丁謂著會計錄云 總得一百八十六萬餘頃 以是歲七百二十二萬 餘戶計之 是四戶耕田一頃 繇是而知天下隱田多矣

라 하여 경덕중(1004~1007)에 天下耕地는 總 186만여 경으로,[28] 丁謂가 지은 『景德會計錄』[29]에 표시되어 있는데 이 당시의 戶를 722만여로서 이를 나누면 4호당 경전은 1頃이란 계산이 나오는데 이에 의하면 『景德會計錄』에 실리지 아니한 隱田이 많다고 지적하고 있다. 이어 『同上揭諸書』에

> 至天聖中 國史則云 開寶末墾田一百九十五萬二千三百二十頃六十畝, 至道二年 三百一十二萬五千二百五十一頃二十五畝, 天禧五年百二十四萬七千五百八十四頃 三十二畝.

---

28) 『元豊類藁』, 卷 30, 元豊 3年 11月 21日의 議經費條에는 景德의 戶 730萬, 墾田 170萬 頃으로 약간의 차이가 있다.

29) 『玉海』, 卷 185, 食貨會計, 景德會計錄에 의하면 景德 4年 8月 丁巳에 丁謂가 景德會計錄 6卷을 올렸는데 그 內容은 一戶賦 二郡縣 三課入 四歲用 五祿食 六雜記로 되어 있다.

라고 표시하고 이어

> 而開寶之數 乃倍於景德則 謂之所錄 固未得其實.

이라 하여 太祖의 開寶末(975)이 眞宗의 景德 연간의 경지면적에 비하여 배가 되는 모순을 지니고 있으므로 사실상 『景德會計錄』에 나타나 있는 186만여 경은 실제보다는 거리가 먼 것이라고 지적하고 있다. 계속해서 『同上揭書』에

> 皇祐治平 三司皆有會計錄 而皇祐中墾田二百二十八萬餘頃, 治乎中四百四十萬 餘頃.[30)]

이라 하고 이어서

> 其間相去及二十年 而墾田之數增倍 以治平數視天禧則 猶不及.

이라 하여 皇祐(1049~1053)와 治平 연간(1064~1067)의 시일은 20년에 불급한데 墾田의 수는 배로 증가하였고 이와는 반대로 治平 연간의 墾田數 440여만 경을 天禧 5년의 524만 7,584경 32무와 비교하여 보면 오히려 숫자가 훨씬 떨어진다고 말하고 있다. 이상과 같은 皇祐・治平會計錄[31)]에 나타난 숫자상의 모순은 어디에 원인을 하고 있

---

30) 『元豊類藁』 卷 30, 議經費條에 皇祐의 墾田 225萬頃, 治平 430萬頃으로 表示되고 있다.

31) 『玉海』 卷 185, 食貨 會計의 皇祐會計錄에 의하면 皇祐 2年 田況이 皇祐會計錄六卷을 올리고 皇祐 4年 4月丙辰에 王堯臣이 皇祐十計錄七卷을 올림 田況이 편찬한 十界錄은 戶賦 課入 經費 儲運 祿賜 雜記로 나누어져 있다. 또한 治平會計錄은 治平 4年 9月 5日에 韓絳이 治平會計錄 6卷을 올렸고

는가. 이에 대해서는 馬端臨도 『文獻通考』에서 다음과 같이 지적하고 있다. 즉

> 而叙治平錄者以謂 此特計其賦租 以知頃畝之數 而賦租所不加者 十居其七 率而計之 則天下墾田 無慮三千餘萬頃矣 蓋祖宗重擾民 未嘗窮按 故莫得其實 故著其可見者如此 治平中廢田 見於籍者 猶四千八萬餘頃[32]

이라 하여 『治平會計錄』의 저자는 宋代의 간전의 실수가 이상과 같이 부정확한 원인을 「이는(頃畝의 實數를 계산한 것이 아니라) 오로지 其賦租를 헤아려 頃畝의 수를 따지기 때문으로 따라서 賦租를 부가하지 못한 것은 10中 7에 이르므로 대체로 이를 계산해 본다면 宋代 천하경지는 無慮 삼천여만 경이 된다」고 솔직히 털어 놓고 治平 중 폐전의 적에 나타나는 것은 단지 48만 경뿐이라 하겠다.

또한 元豊 연간의 경지에 대해서는,

> 天下總 四京一十八路 田四百六十一萬六千五百五十六頃 內民田四百五十五萬 三千一百六十三頃 六十一畝 官田六萬三千三百九十六頃.[33]

으로 나타내고 있다.

그런데 이상과 같은 宋代의 경작면적의 숫자는 송 이전의 그것과 비교하여 볼 때에 너무나 차이가 많이 나고 있음을 살필 수가 있다.

『文獻通考』 卷 2, 田賦考, 歷代田賦之制에 의하면,

후한시대인 和帝의 永興 원년(89)의 간전은 732萬, 170頃 80畝 40步

蔡襄도 治平會計錄 6卷을 올렸다고 있다.

32) 『通考』, 卷 2, 田賦考 歷代田賦之制.

33) 『위의 책』, 同卷 同條.

이며, 安帝의 延光 4년(125)의 간전은 694萬 2,892頃 33畝 85步이며 順帝의 健康 元年(144)의 墾田은 689萬 6271頃 56畝 194步이며(이 당시의 戶數는 994萬 6,990으로 每戶 田 70畝를 耕作하는 것으로 나타나 있다) 沖帝의 永嘉 元年(145)의 墾田은 695萬 5,676頃 20畝 108步, 質帝의 本初 元年(146)의 墾田은 693萬 120頃 38畝로 나타나 있는데 이로써 후한의 후기의 천하경지는 700만 경 전후가 되는 것으로 宋代의 간전 수에 비하면 상당히 많은 것으로 나타나 있다.

당대에 들어오면 경지의 수는 이보다 훨씬 늘어나고 있으니,

> 天寶中 應受田一千四百三十萬二千八百六十二頃十三畝.[34)]

로 나타나고 있고 이어 주문에,

> 按十四年 有戶八百九十萬餘 計定墾之數 每戶合得一頃六十餘畝 至建中初 分 遣黜陟使 按比墾田田數 諸得百十餘萬畝.[35)]

이라 하였으며, 후당의 同光 3년(925)에 吏部尙書 李琪 상소문 가운데 盛唐시대인 貞觀·開元 연간의 墾田 넓이를 다음과 같이 언급하고 있다.

> (前略)自貞觀至於開元 將及九百萬戶 五千三百萬口 墾田一千四百萬頃 止之近 古又多增加.[36)]

라 한 사실로 균전제도가 실시되고 있던 당대에 있어서 대체로 1,400만 경 정도로 볼 수 있을 것 같다.

---

34) 『앞의 책』, 同卷 同條.
35) 『위의 책』, 同卷 同條.
36) 『위의 책』 卷 3 同條.

이렇게 본다면 宋代의 간전(경지)이 가장 수적으로 많은 天禧 5년의 524만 7,584경 32무는 당대의 그것에 비하면 거의 3분의 1에 불과한 것이다.[37]

이러한 숫자는 결코 경지면적이 宋代에 와서 갑자기 축소되었거나 황무지화하였다고는 보기 어렵고 그 원인을 馬端臨의 주장대로,

按治平會計錄 謂田數 特計其賦租 以知其頃畝 而賦租所不加者 十居其七 率而 計之則 天下墾田 無慮三千餘萬頃[38]

라고 한 내용을 수긍해야 할 것이며 이러한 주장을 따르게 되면 宋代의 경지는 역사상 가장 증가된 삼천여만 경으로 보는 것은 타당한 것으로 회고록에 보이는 통계는 실제의 간전(경지)보다 엄청나게 수적인 거리가 있는 것이다. 되풀이하는 이야기지만 이 점에 있어서 馬端臨 자신도『文獻通考』에서 두 번씩이나 다음과 같이 강조를 하고 있다. 즉

按前代混一之時 漢元始定墾田八百二十七萬五千餘頃 隋開皇時墾田一千九百四 千萬四千餘頃 唐天寶時應受田一千四百三十萬八千餘頃 其數比之宋朝 或一倍或 三倍或四倍有餘 雖曰宋之土宇 北不得幽薊 西不得靈夏 南不得交趾 然三方之在 版圖 亦半爲邊障屯戍之地 墾田未必多未應倍 蓰於中州之地 然則其故何也 按治 平會計錄 謂田數 特計其賦租 以知其頃畝 而賦租所不加者十居其七 率而計之則 天下墾田 無慮三千餘萬頃.[39]

---

37)『續文獻通考』卷 2, 田賦 2, 歷代 田賦之制에 의하면 明末 世宗의 嘉靖 30年 天下土田 總七百一萬三千九百七十六頃 二十八畝有奇로 되어 있고 崇禎時天下田 總七百八十三萬七千五百二十四畝零으로 늘어나고 있다.

38)『通考』卷 4, 田賦 4, 歷代田賦之制.

39)『위의 책』, 同卷 同條.

이라 하여 宋代의 경지면적은 결코 그 이전 대보다 적지 않으며 따라서 실제상의 宋代 경지면적(간전면적)은 삼천여만 경으로 역설하고 있다.

일반적으로 宋代는 경작지가 크게 확대되었고 농업생산이 발전하여 농산물의 지방별 분화가 이룩되어 이것이 상업발전을 가져와서 상업자본의 형성을 가져온 시대로 보고 있는데[40] 會計錄에 나타나 있는 숫자를 宋代 경지면적으로는 볼 수가 없고 따라서 宋代의 경지면적은 삼천여만 경으로 보는 것은 타당한 견해라고 하겠다.

이렇게 본다면 宋代의 경작지는 과거의 그 어느 시대보다도 확대된 것으로 볼 수가 있고 宋代의 이러한 간전의 확대는 국가가 의욕적으로 권농정책을 강화하고 당말·오대의 정치적 혼란을 경제적인 면에서 수습한 결과로 볼 수가 있으며, 이러한 경지의 확대는 바로 墾田(개간의 의미)을 적극 추진한 데 기인한다고 보아야 할 것이다.

그럼 다음에는 宋代 각 지역에 따른 간전사업의 구체적인 실태를 살펴보자.

4. 墾田의 實態

宋代에 있어서 개간되는 墾田은 몇 가지의 특징을 지니고 있다. 먼저 간전이라 하면 新地나 황무지를 개간하는 것이 아니고 과거에 경지로 사용되던 것이 폐전화한 것을 다시 개간하여 농지로 만드는 것과 米稻作의 진급으로 인한 水利田의 개발, 그리고 지방 방비를 위한 둔전의 실시 등을 들 수 있겠다. 이 중 宋代의 간전은 수리전의 경제

40) 河原由郎, 「北宋期・土地所有の問題と商業資本」, 西日本學術出版社, 1964 参조.

성 때문에 대부분이 수리전을 목표로 하고 개간하고 있다.

宋代의 수리전은 圩田·圍田·湖田 등 여러 가지의 명칭으로 불리며 이에 대한 해석도 약간씩 차이를 보이고 있다.[41] 또한 종래의 연구는 주로 남송시대의 강남지방을 중심으로 연구 대상이 집중된 감을 주고 있는데 북송시대에 있어서도 수리간전이란 입장에서 볼 때에 상당히 의욕적으로 추진되었음을 살필 수가 있다.

송조는 국초로부터 하북·하동지방에 대한 간전추진에 있어서 상당한 의욕을 보이고 있다. 그 원인은 이 지역이 당말·오대의 主戰場에서 폐황지가 타 지역보다 심화된 데 있고 또한 이 지역이 對契丹 방비상에 있어서 요충지대가 되기 때문이다.

하북 지방의 墾田은 太宗의 端拱 2년(989)에 간의대부 陳恕를 하북동노초치영전사(魏羽는 東副使)로, 우간의대부 樊知를 하북서노초치영전사(索相은 同副使)로 임명하여[42] 營田을 개간하게 되었는데 그 경

---

41) 玉井是博氏는 「宋代水利田の 一特相」(『支那社會經濟史研究』所收)에서 宋代 東南地方의 水利田에는 圍田·圩田·湖田·沙田·蘆場으로 불리는 것이 있는데 이는 宋 以前에는 全혀 없던 宋代 特有의 것이라고 말하고 圍田의 內容에 對해서는 周藤氏의 「宋元時代の佃戶に就いて」(史學雜誌, 44-10·11)中에서 "河나 湖半을 堤로 쌓아서 그中을 田으로 하였다"는 주장에 異論을 提起하여 "圍田은 浙西路에, 圩田은 江東路·淮西路에, 湖田은 浙東路에, 沙田蘆場은 浙西路·江東路·淮東路에 存在한 特殊 水路田으로 이들은 모두가 水邊에 構築되고 그 構造는 大同小異하며 提岸으로써 水邊의 混地를 圍하여 그 안을 田으로 한 것이다"하였다. 이에 대해 岡崎文夫·池田諍夫氏는 『江東文化開發史』에서 "圩田·圍田·湖田의 地域的인 區別은 當時에 存在하지 아니하였다"고 말하고 周藤吉之氏는 다시 「宋代の圩田と莊園制 — 特に江南東路について —」(『宋代經濟史研究』所收)에서 "宋代 江東路의 圩田은 江湖에 隄岸을 築하여 그 가운데를 田으로 만들고 隄에 沿하여 斗門을 設하고 물의 出入을 調節하였던 것으로 圩田은 當時 圍田 또는 湖田으로 불리기로 하였다"라고 종래의 自身의 說을 補完하였다.

42) 『通考』, 卷 7, 田賦考 7 屯田.

위에 대해서,

> 先是 雍熙三年 岐溝關 君子舘敗衂之後 河朔之地 農桑失業者衆 屯戍兵又倍于 往日 故遣恕等 爲方田積粟以實邊.[43]

이라 하였으니 대거란전의 패배에 의한 실업자의 구제와 實邊에 營田使 설치의 주요 목적을 찾을 수 있고 하북로의 간전은 경제적인 면은 물론이고 사회정책적인 의의와 군사적인 중요성을 갖는 것으로 眞宗 4년에 섬서전운사 劉綜의 말을 빌리면,

> 臣昨閱視鎭戎軍 川原廣衍地土饒沃 居置屯田 其利猶博 今鎭戎軍 歲須芻糧 約 四十五萬餘石 束破茶鹽交引錢五十餘萬 況更令民遠倉輸送 其所費耗卽又倍.[44]

이라 한 사실로서 이는 비단 鎭戎軍에 한하는 것은 아니고 북방연변의 군사지에 있어서의 水利屯田의 필요성을 일반론적으로 언급하고 있는 것이다.

북송 대 水利田의 이점에 관해서는 太宗의 至道 원년 정월 5일에 度支判官 梁縣·陳堯叟의 말에서 숫자로 지적하고 있는데,

> (前略) 灌漑以通水利 發江淮下軍 散卒給官錢市牛及耕具 導達溝瀆增築防堰 每 千人 人給千一頭 治田五萬畝 畝三斛歲可得十五萬斛 凡七州之間 置二十七屯 歲可得三百萬斛 因而益之 不知其極矣 行之二三年 必可以置倉廩省 江淮遭運 閑 田益墾民蓋饒足.[45]

43) 『宋會要輯稿』 食貨 63, 營田雜錄.
44) 『앞의 책』 食貨 63, 屯田雜錄.
45) 『위의 책』 食貨 7, 水利上.

이라고 한 사실로 살필 수 있고 仁宗 시대의 정치인으로 널리 알려져 있는 范仲淹은 이 간전정책에 대해서 상당히 깊은 관심을 보이고 있는데 그는 水利田의 개간을 적극 주장하는 가운데,

> 且如五代群雄爭覇之時 本國歲饑則 乞糴於隣國 故名興農利 自至豊足 江南舊 有圩田 每一圩方數十里如大城 中有河渠 外有門閘 旱則開閘 引江水之利 潦則閉 閘拒江水之害 旱潦不及爲農美利 自皇朝一統 江南不稔 則取之浙右 浙右不稔 則 取之淮南 故慢於農政 不得修擧 江南圩田 浙西 河塘大半隳廢 矢東南之大利.[46]

라 하여 강남지방에는 오대에 이미 圩田으로 불리는 특수수리를 이용하여 농업의 美利를 얻고 각국이 경쟁적으로 농업을 장려하였는데, 송의 통일 이후에는 이를 개발하지 아니한 결과 동남지방에 있어서의 농업경제의 발전을 상실하게 되었다고 논하고 수리의 이용을 적극적으로 주장하고 있다.

河北路와 함께 河東路에도 수리영전을 추진하였으니 같은 太宗의 端拱 2년 2월에, 河東轉運使藏丙과 副使孔憲을 逐路의 招置營田使副로 임명하여 농지의 개간과 수리시설의 부흥에 힘쓰게 하였는데 이들에 의한 수리영전은 하북에 있어서의 方田의 추진과 비슷하게 진행되었으니 張齊賢은 端拱 2년에 置屯田하고 知代州張齊賢으로 河東制置屯田都部署를 맡게 하였다는 사실과[47] 또한 翟守素는 雍熙 4년에 知潞州로서 代北方田都部署가 되어 고도를 참고로 方田을 이룩하여 修備耕戰하였다.[48]

또한 慶曆 원년 8월에는 東頭供奉官閤門祗候 任黃裳을 파견하여

---

46) 范文正公, 政府奏議上 治體 答手詔陳十事六曰原農桑.
47)『宋史』列傳, 卷 265, 張齊賢.
48)『위의 책』卷 274, 翟守素.

嵐·石·隰州 중의 保德·火山·嵜風軍의 平潤한 지대에 溝塹(구참)을 뚫고 수리전을 개발하였는데[49] 이는 규모로 보아 상당히 큰 것으로 볼 수가 있고 그 목적하는 바는 하북 지방과 같이 制戎馬(제융마)라는 국방상의 의미도 포함되어 있다.

하동지방에 있어서의 營田(屯田)[50]의 설치 그리고 방전의 실시는 西夏방비의 직접적 필요로 하북로와 같이 추진되고 방전의 경우는 하북에서와 같이 처음에는 변방의 필요로 후에는 균세의 요청으로 시행되었다. 淳化 4년(993)에 知雄州何承矩와 臨濟令黃懋이 하북 諸州에 수리전을 설치하고 堰(언)을 쌓아 육백 리에 이르는 지역에 두문을 만들어 관개시설을 설치하기에 이르렀는데[51] 그 구체적인 내용을 보면,

> 滄州臨津令黃懋上書 請於河北諸州作水利田 懋自言 閩人閩地 種水田 錄山導泉 倍費攻力 今河北州軍 陋塘甚多 引水溉田 省功易就三五年內 公私必獲大利.[52]

라고 주장한 데 따른 것으로

> 乃詔承矩往河北 諸州水所積處大墾田 以承矩爲制置河北沿邊屯田使 懋充判官 發諸州鎭兵萬八千人 給其役 凡雄·莫·霸州平戎·破虜·順安軍興堰六百里 置斗門引淀水灌漑 初年種滔 値霜旱不成 次年方熟.[53]

---

49) 『長編』 卷 133, 慶歷元年 8月 辛亥條

50) 周藤吉之氏는 「南宋に於ける屯田·營田·官莊の經營」(『中國史地制度史研究』所收)에서 "主로 南宋時代의 屯田·營田에 대해서 論하면서 北宋의 屯田은 河北·河東·陝西·荊湖北路의 沅州 등지에서 行해지고 營田도 河北·河東·陝西·熙河路등지에서 行해졌는데 河東·陝西·熙河路에서는 弓箭手를 모집하여 營田을 行하고 屯田은 軍人으로 營田은 民間人으로 정착하였으나 그의 區別은 점차로 희박해졌다"고 간단히 言及하였다.

51) 『宋會要輯稿』 食貨 7, 水利上

52) 『通考』 卷 7, 田賦 7, 屯田.

이라 하여 屯田成功의 내용을 구체적으로 언급하고 이러한 屯田成功의 경우에 대해서,

初承矩建議 沮之者頗衆 又武臣習功戰 亦恥於營葺種稻 又不成羣議 益甚幾罷 役至是議者乃息 莞蒲蜃蛻之饒民賴其利.[54]

이라 설명을 하고 있다. 이리하여 宋初에 있어서의 하북 연안의 墾田은 屯田(營田)을 일으키는 방향으로 추진되었으니 眞宗의 咸平 2년 5월에 京西轉運使 耿望[55]의 말에 의하면

襄州襄陽縣有淳河 借作提截水入官渠 溉民田三千頃.[56]

이라 하였고 이어서,

宜城縣有蠻河 溉田屯七百頃 又有屯田三百餘頃 請以農隙 調夫五百 築堤堰 仍 於荊湖市牛七百頃 從之.[57]

하였다고 말하고 있다.[58] 또한 咸平 5년 정월 順安軍兵馬都監인 馬濟의 건의에 의하여,

自鎭戎軍東 擁鮑河 開渠入順安・威虜二軍 置水陸營田於其側 詔河.[59]

---

53) 『위의 책』.
54) 『앞의 양책』.
55) 耿望은 宋會要輯稿, 食貨 2 營田雜錄에 의하면 咸平 2年 4月 24日에 京西轉運使가 되고 朱台苻를 京西路制置營田使로 任命하였다.
56) 『宋會要輯稿』 食貨 63, 屯田雜錄.
57) 『위의 책』 同條.
58) 『위의 책』 同條에 의하면 咸平 5年 3月 3日에 襄州蠻河營田務는 罷함.
59) 『위의 책』 同條.

하였고 이 함평 6년 9월 13일에 莫州總管 石普 등의 말에 따라서,

> 准詔浚靜戎·順安軍界 營田河道 畢功 賜將士緡帛有差.[60)]

하여 그들의 墾田의 노력을 장려하였다. 이러한 정부의 墾田 추진에 대한 효과를 조사하기 위하여 景德 원년(1004) 4월 6일에 閤門祗候 郭威等을 靜戎·順安軍에 파견하여 河渠를 보살핌과 아울러 지방의 장사들의 營田경영을 經度以聞케 하였으며[61)] 또한 동년 4월 辛未에 靜戎軍王能의 말에 따라서 靜戎軍으로부터 順安軍에 이르는 古河道를 개도하려 하자, 閤門祗候敦盛을 파견하여 이를 경도하였다.[62)]

또한 동년 4월 14일에 北面鈐轄閻承翰의 주장에 의하면,

> 自嘉山引徐河水 經定州東入沙河 其新開河北官司 已開田 種稻其旁隙地 欲募 人耕墾[63)]

이라 하여 이를 실시하였다. 그런데 保州지역의 屯田을 보다 효과적으로 추진하기 위해서 景德 원년 4월 18일에 조하여 轉運使가 병적을 장악하게 하였으며[64)] 이어 景德 2년 정월에는 定·保·雄·莫·霸州와 順安·平戎·保安등의 제군의 知州와 知軍으로 하여금 制置本州(軍)屯 田事를 겸하게 하여 屯田을 강력히 추진하였다.[65)]

---

60) 『앞의 책』 同條.
61) 『위의 책』 同條.
62) 『長編』, 卷 56, 景德元年 4月 辛未.
63) 『宋會要輯稿』, 食貨 7, 水利上.
64) 『위의 책』, 食貨 63, 屯田雜錄.
65) 『위의 책』 同條에 의하면 大中祥符 9年 3月條에 「改定保州順安軍營田務爲屯田務」라 하였다.

또한 景德 3년 12월 11일에 知保州 趙彬이 군성의 동북에 屯田을 넓히고 그 상세한 전도를 조정에 바치어 실태를 보고하였다.[66] 保州를 중심으로 한 그 주변 지역의 屯田에 의한 墾田은 이후에도 계속 추진되어 나갔으니

> 大中祥符五年九月 帝曰 保州興置稻田 地理漸廣 知州高尹到被 竝不具興修 次 弟聞奏[67]

하였으며,

> 天禧四年四月 內殿崇班閤門祗侯盧鑑言 保州屯田務 自來逐年 耕種水陸田八十 頃臣任三年 開農至百餘頃 歲收粳糯稻萬八千或二萬石 本務見管兵士三百七十餘 人以河北沿邊 順安・乾寧等州軍屯田務 比保州十分中止及二三分 已來其保州 屯田務 兵士不暫休息 尤甚辛苦 欲望下軍頭司自今所配河北屯田務 兵士十人中 將四人配保州六人配餘處 從之[68]

라 하였으니 이에 의하여 다음과 같은 몇 가지 사실을 파악할 수가 있다.

먼저 保州는 河北지방에 있어서 屯田의 규모에 있어서 가장 큰 지역으로 盧鑑이 부임하기 전에는 水陸田 80경 규모이었으나 그의 재임 3년 동안에 100경으로 확대하여 이 100경의 수확량은 粳稻(메벼)와 糯稻(찰벼) 합하여 만 팔천에서 이만 석을 거두어들였다. 100경에 2만 석 수확고라면 1무당 2석으로 이는 상당히 좋은 수확량으로 볼 수가 있다. 또한 100경의 경지를 병사 370인으로 경작하였으니 1인당 약 27

---

66) 『위의 책』 同條
67) 『앞의 책』, 食貨 7, 水利上
68) 『위의 책』, 食貨 63, 屯田雜錄

무 정도를 경작하였고 이는 사실상 병사들에게 신고를 주었고 거의 분식을 주지 못하는 중노동을 알 수가 있으며 河北沿邊의 주와 順安軍・乾寧軍의 屯田比率을 보면 10분지 2・3에 지나지 않다고 하였으니 保州 이외의 屯田의 규모는 保州에 비해 크지 않았던 것을 알 수가 있다.

天禧末 諸州屯田 總四千二百餘頃 以下北屯田 歲收二萬九千四百餘石 而保州 最多逾其半焉[69]

이라 하여 천희 말(1021)의 전국제주의 둔전 총 면적을 4,200여 경으로 보았고 河北지방 전체의 屯田면적은 밝혀지지 않고 있으나 세수를 2만 9천여 석으로 보고 保州가 河北 지방의 반을 넘는다고 하였으므로 河北지방 屯田에 있어서 保州가 차지하는 지위는 매우 중요한 것으로 볼 수 있다. 또한 順安・安肅(靜戎)・保定軍의 수리 개간은 특히 對거란 방어에 중요성을 지니고 있어서 이 지역 墾田을 추진하였으니 明道 2년(1033) 3월에 知成德軍 劉平의 말에 따라 順安・安肅・保定의 경계를 쫓아서 邊吳淀에서부터 長城입구에 이르는 거란병 출입 요지에 구거를 쌓고 曹河・鮑河・徐河와 雞距泉을 인수하여 규모가 큰 水利田을 만들었는데 이는 군사적으로 효과가 있으며 아울러 경제적인 의의도 인정하고 있다.[70] 이 주변의 水利墾田은 경력 5년 7월에도 추진하였으니,

臣僚上言 近定奪開却七汲口以南 劉宗言擘畫閑斷五門幞頭港下 赤大渦 柳林等 口竝却依舊開放通沿邊 吳淀水入白羊等 淀添灌尙下州軍塘泊 乞

69) 『通考』., 卷 7, 田賦考 7, 屯田.
70) 『長編』, 卷 112, 明道 2年 3月 壬午.

下河北屯田司永 爲定制如後 更有臣僚上言 更改此一帶水口及 諸州軍塘泊 竝乞重行責降 從之[71]

이라 한 사실로 이를 알 수가 있다.

북송시대의 河北지방의 屯田은 경제적인 면과 군사적인 면을 충분히 고려하면서 추진되어 나갔으며 그 규모에 있어서는 水利田을 주로 개간하였는데

治平三年 河北 屯田有田三百六十七頃 得穀三萬五千四百六十八石[72]

이라 하여 英宗시대의 河北지방의 屯田의 규모는 그리 크지 못하였음을 알 수 있다.

그러나 神宗시대에는 적극적으로 추진하였으니 먼저 熙寧 4년에는 知雄州와 知對・安撫都監으로 하여금 制置屯田事로 겸하게 하고[73] 이어

熙寧八年正月十七日 詔河北同提點制置屯田使事閻士良 與復五路都鈐轄資序 令久任朝廷重屯田之任 故久其任以責成也[74]

이라 하여 屯田의 임무를 중시하여 이를 자주 바꾸지 않도록 하였음을 살필 수가 있다. 神宗시대에는 水利田의 개간을 더욱 중요하게 보고 이를 추진하였는데 水利田의 개간을 중시한 원인에 대해서 熙寧 9년 權判都水監 程師孟은 다음과 같이 논하고 있다. 즉

71) 『宋要會輯稿』, 食貨 63, 屯田雜錄條
72) 『앞의 책』 同條
73) 『위의 책』 同條
74) 『위의 책』 同條

臣昔提點河東刑獄兼河渠事 本路多土山 旁有川谷 每春夏大雨 水濁如黃河礬山 水俗謂之天河水 可以淤田 絳州正平縣南董村旁有馬壁谷水 勸誘民 得錢千八百緡 買地開渠淤瘠田五百餘頃 州縣有天河水及 泉源處開築堰 皆成沃壤 凡九州二千六 縣 興修田四千二百餘頃 幷修復舊田五千八百餘頃 計萬八千餘頃(中略) 今十七年 間 董村田畝舊値兩三千所收 穀五七斗 自淤後 其値三倍 所收至三兩碩(石)[75]

이라 하였으니 이를 요약하면 絳州 正平縣의 董材의 水利田 공사를 馬壁谷으로부터 거를 파서 척토 오백여 경을 비옥한 水利田으로 만들어 그 결과 옛 수확고 7~7두에서 양~3석으로 거의 4배에 가까운 수확고를 올리게 되었고,[76] 地價 또한 3배의 상승을 가져왔다고 지적하고 있는데 이는 宋代 수리전 개발을 주장하는 사람들의 생각을 대변한 것으로 볼 수 있다. 그리하여 송초에서 嘉祐 3년까지 天河水가 흐르는 곳과 泉源이 있는 곳에다 渠堰을 개수하여 새로 水利田을 만든 것이 4,200여 경, 구수리전을 復修한 것이 5,800여 경을 水利化하였음을 살필 수가 있다.

---

75) 『앞의 책』, 食貨 7, 水利上

76) 宋代 農產物의 畝當收穫量에 관해서는 柳田節子氏는 「宋代 鄕村の 下等戶に ついて」,『東洋學報』, 40~2에서 「當時 全國的으로 一畝一石의 수확은 가장 一般的인 普通收穫量이다」라고 하였고, 河上光一氏는 「宋元の 村落生活」,『歷史教育』, 14~8에서 「兩浙地方은 3石~2石 江南東路는 2石~1石5斗, 荊湖는 1石5斗~1石, 福建은 兩熟의 경우 2石, 麥은 每畝 1石 1斗에서 5斗」로 보고 있으며 范仲淹도 이와 비슷하게 畝當米의 수확고를 말하고 있다. 즉 臣知蘇州日點檢簿書 一州之田 係出稅者三萬四千頃 中稔之利 每畝得米二石至三石 計出米七百餘萬石(前揭 政府奏議 六日 原農桑) 또한 周藤吉之氏는 「南宋に 於ける 麥作の 奬勵と 二毛作」(「宋代經濟史研究 所收」)에서 麥의 畝當收穫量은 「上等地는 1石 8升, 中等地는 6斗1升4合, 下等地는 4斗6升8合으로 이 당시(南宋) 麥의 수확은 每當 1石1斗 以下 5斗이다」라 하였다.

補宗의 熙寧 연간에는 王安石의 신법실시로 水利田 개발이 활발히 추진되었는데,

> 起熙寧三年至九年 府界及諸路 凡一萬七百九十三處 爲田三十六萬一千一百七十八頃有奇 神宗・元豊元年詔 開廢田水利 民力不能給役者 貸以常平錢穀 京西南路流民買耕牛者 面征77)

이라 하여 熙寧 3년에서 9년까지 부계 및 제로의 10,793처에서 水利田을 개발하여 도합 36만 1,178경여를 개간지로 만들었음을 알 수가 있다. 이에 대한 구체적인 내역을 『宋會要輯稿』 食貨 7, 수리상에 찾아보면 兩浙路 1,980처에 10만 4,848경, 淮南西路 1,761처에 4만 3,651경, 河北西路 34처에 4만 209경, 淮南東路 523처에 3만 1,160경으로서 합계 36만 1,178경으로 되어 있다.

그런데 이러한 水利墾田의 확대에는 沿邊屯田의 경영비가 방대하여 수지상의 문제가 있음을 지적하여

> 去年三出兵 耕種木爪源等 兩種不耕也 凡用將兵一萬八千五百四十五馬二千三十六 其費錢七千三百六五緡 穀八千八一石 糗糒四萬七千斤 草一萬四千八百束 又蕃保甲守禦 凡二千六百三十七人 其費錢千三百緡 米三千二百石 役耕民千五百 顧牛千具皆非民之願所收禾粟蕎麥萬八千石 草十萬二千 不償所費 又豫備本司錢穀 以爲子種 至今未償 增人馬防托之費仍在年計之外78)

라 하여 木爪源의 屯田경영은 전반적으로 수지불균형임을 말하고 있다. 그러나 이러한 수지계산은 앞서 살핀 바와 같이 변지의 군량미 수

77) 『宋史』, 食貨志, 農田.
78) 『宋會要輯稿』, 食貨 63, 屯田雜錄.

송이나 군인의 유지비에 소요되는 군사비를 전혀 고려하지 않은 것으로 국초 이래 북송 말까지 계속해서 연변지에 屯田(營田)의 경영이 계속된 것은 군사상 변방에 屯田의 설치가 절대로 필요하고 경제적인 면에 있어서도 전혀 수지가 맞지 않는 것은 아니다. 이러한 이유에 대해서 哲宗의 元符 2년에 陳敦의 말을 빌리면,

> 河東路經略事幹當公事 陳敦復言 本路進築保塞 自麟石延南北僅三百里田土豪 腴 若以廂軍及配軍 營田一千頃 歲可入穀二千萬石 可下諸路 將犯罪合配人 揀選 少壯堪田作之人 配營田司耕作 從之[79]

라 하였으니 麟州와 石州로부터 永興軍路의 延州에 이르는 남북 3백리에 걸친 지역의 일천 경의 營田을 경작할 경우 수확은 약 20만 석에 이르는 경제성을 인정하고 경작은 소장한 수인을 營田司에 배속시켜 경작을 맡게 하고 있으니 屯田(營田)에 의한 水利田의 개간은 북송 일대를 통하여 계속되어 유지되었으니 이는 변방으로서의 역할도 담당하면서 아울러 경제적인 효과도 충분히 인정되었기 때문이다.

5. 墾田과 官僚의 陞進

宋代 관료의 승진에는 여러 가지 조건을 필요로 하고 있는데 특히 지방관으로 재직하고 있을 때의 행정의 실적이 중요시되며,[80] 행정실적 가운데서도 초민과 墾田을 중시한 것은 송 一代의 정책으로 일관하였다.

---

79) 『앞의 책』, 食貨 2, 營田雜錄.
80) 拙稿, 「宋代文臣官僚의 陞進에 대하여」, 『東洋史學硏究』, 8·9, pp.131-181.

宋이 건국한 직후인 太祖의 乾德 4년(986) 8월의 勸裁植開墾詔에 의하면,

(前略) 又詔 所在長吏諭民 有能廣植桑棗墾闢荒田者 止輸舊租 縣令佐能招徠勸 課致戶口增羨 野無曠土者 議賞[81)]

이라 하여 소재의 長吏(주의 장관)에게 조하여 백성으로 하여금 능히 桑棗을 廣植하며 황전을 개간한 자가 있으면 舊租만을 납하게 하고, 현의 令佐(縣令·主簿·縣尉)로 하여금 능히 유민을 招徠勸課하여 호구의 증이를 이룩하여 자기의 관할지에 광토가 없이 개간을 잘한 자는 그들의 공적에 따라 議賞하였으니 의상의 내용에 대해서는,

自今百姓有能廣植桑棗開荒田者 竝令只納舊租 永不通檢 其諸縣令佐如能招復 逋 逃勸課裁植 舊減一選者 更加一階[82)]

이라 하여 荒田을 墾田하여 그 공로가 뚜렷한 縣令佐는 전에 과오를 범하여 승진하는 데 일선을 감한 자라 하더라도 다시 일계를 가하여 승진시키었던 사실을 살필 수가 있는 것이다.

또한 宗太의 雍熙 4년에는,

三月庚辰詔 天下知州通判 先給御前印紙令書課績 自今竝條其事跡 凡決大獄幾 何凡政有不便 於時改而 更張人獲其利者幾何 及公事不治 會經殿罰 皆具書其狀 令同僚共署無得隱漏 罷官日上中書考較[83)]

81) 『長編』, 卷 7, 乾德 4年 8月 乙亥條 및 『宋代詔令集』, 卷 182, 政事 35, 田農 乾德 4年 8月 勸裁植開墾詔.

82) 『宋大詔令集』, 卷 182, 政事 35, 田農 勸裁植開墾詔.

83) 『長編』, 卷 28, 雍熙 4年 3月 庚辰條

라 하여 知州·通判에게 어전인지를 나누어 주어 관리의 성적을 자세히 기록하여 관을 파하고 타처로 전관하는 날에 중서성에 올려 그 성적을 고교하였는데 그 가운데 墾田의 공로를 중시하여 이를 정상하였다.

太宗의 至道 원년 6월에는,

> 凡州縣曠土 許民請田爲永業 蠲三歲租 三歲外輸三分之一 官吏勸民墾田 悉書 于印 紙以俟旌賞[84]

이라 하여 관리가 백성을 초유하여 墾田을 한 사실을 어전인지에 기록하여 관료의 승진에 참고하였음을 알 수 있다.

그리고 縣令佐의 의상은 식수문제와도 관계가 있었으니

> 課 民種樹定民籍爲五等 第一等種雜樹百 每等減二十爲差 利棗半之 男女十歲 以上 種韭一畦闊一步長十步 乏井者鄰伍爲鑿之 令佐春秋巡視 書其數 秩滿第有 課爲殿最[85]

라 하여 관료의 임기가 만료(秩滿)되었을 때 그 성적을 평가하여 殿最하였음을 알 수 있다.

특히 天禧 4년에 諸路提點刑獄으로서 조신인 자는 勸農使를 겸하고 사신인 경우에는 副勸農使를 겸하여 적극적인 경간초집을 하였는데 이때에도 자기부하의 승진을 상관이 추천하는 경우와 출척하는 경우에 권농의 실적으로 평가하게 하였으니,

> 凡奏擧親民之官 悉令條析勸農之積 以爲殿最黜陟[86]

---

84) 『宋史』 食貨志, 農田 및 『長編』 卷 38, 至道元年 6月 丁酉條.
85) 『宋史』 食貨志 農田條
86) 『위의 책』 同條 및 『長編』, 59, 天禧 4年 正月 丙午.

이라고 한 사실이 말하여 주고 있다.

宋代 관료의 성적의 전최에 관하여서는 남송의 紹興 5년 5월의 立守令墾田殿最格에 자세히 보이고 있는데 그 내용을 보면,

> 五年五月十五日 戶部言 修立到諸路曾經殘破州縣 守令每歲招誘措置墾田 及拋 荒田土殿最格一增 謂見拋荒田土而能招誘措置墾闢者 一分知州陞三李名次 縣令陞半年名次 二分知州陞一年名次 縣令陞三李名次 三分知州減磨勘一年 縣令陞一年名次 四分 知州減磨勘一年半 縣令減磨勘二年 五分知州減磨勘二年 縣令減磨勘一年半 六 分知州減磨勘二年半 縣令減磨勘二年 承直郎以下循一資 七分知州減磨勘三年 縣令減 磨勘二年半 承直郎以下循一次資到部陞半年名八分知州減磨勘三年半 縣令減磨勘三年 承直郎以下循一資仍占射差遣一次 九分知州轉一官 縣令減磨勘三年半 承直郎以下循一資仍占射差遣一次到部陞半年名次[87]

이라 하여 墾田의 성적에 따른 관료 승진을 정하고 있다. 이와 반대로 墾田을 하지 못하고 오히려 전지를 虧田하였을 경우에는 다음과 같이 관료의 승진이 늦어지게 된다. 즉

> 一虧 謂見耕種田不因再被盜賊殘害若災傷而致拋荒者 一分知州降三季名次 縣令降半年名次 二分知州降一年名次 縣令降三季名次 三分知州展磨勘一年縣令降一年名次 四分知州展 磨勘一年半縣令展磨勘一年 五分知州展農磨勘二年縣令展磨勘一年半 六分知州展磨勘二年半縣令展磨勘二年 直郎以下降一資 七分知州展磨勘三年縣令展 磨勘二年半 承直郎以下降一級到部降半年名次 九分知州展磨勘三年半縣令展磨勘三年 承直郎以下降一資到部降一年名次 九分知州降一官 縣令展磨勘三年半 承直郎以下降一資到部降一年名次 [88]

이라 있으며 이어서

---

87) 『앞의 책』 同條 및 『長編』, 59, 天禧 4年 正月 丙午.

88) 『위의 양책』.

一考州縣守令墾闢抛荒田土增虧十分者 取旨賞罰 一考州縣墾闢抛荒田土里分者 以守令到任日 見墾田畝十分爲率 一諸縣 每月終見措置 招誘到墾闢田畝實數申 州 州每季身監司準此 若守令替罷卽 州縣限五日 具在任月日內墾闢田畝數 申[89]

이란 사실로서 관료의 승진 고과표에 그들의 지방관으로서의 墾田의 공로가 크게 좌우되는 것으로 墾田 一分을 증하면 知州는 삼계의 名次를 승하고 縣令은 반년의 名次를 승하며 二分의 경우 知州는 일 년의 名次, 縣令은 三季의 名次, 三分의 경우 知州는 磨勘 일 년을 감하여 승진하고 縣令은 일 년의 名次를 승하게 되어 그만큼 관료의 승진을 단축하게 되는 것이다. 이 당시에 있어서 州縣官은 사 년으로 磨勘(관리의 성적조사)이 행하여져 그의 관직이 올라가게 되었다.

宋代에는 縣令·丞·主簿·縣尉 등의 선인은 좌관의 일 일년을 일고로 하여 처음에는 사고, 후에는 縣令·丞은 육고, 主簿·縣尉는 칠고를 계산하여 그동안의 공과를 따져서 擧主 五人이 있으면 인견하여 京官으로 개관하였으니 이를 磨勘이라 하였다. 그러므로 墾田의 공로에 의하여 磨勘의 연수를 감한다는 것은 그만큼 빨리 승진한다는 것이고 磨勘의 연수를 늘인다(展)는 것은 승진이 지연됨을 뜻하는 것이다.[90]

지방관으로서의 墾田의 평가는 현에서 매월마다 직접상관인 주로 이를 상신하게 되어 있고 주에서는 이를 종합하여 철에 따라서 轉運使에게 상신하고 轉運使는 다시 이를 모아 일년에 일회 호부에 올리며 호부에서는 치적고지하게 되어 있다.[91]

---

89) 『앞의 양책』.

90) 『宋史』, 卷 169, 職官志 11, 磨勘條참조.

91) 『宋史』, 食貨志, 農田 紹興 5年 5月條에 「又令縣具歸業民數及 墾田多寡 月上之州州季上轉運 轉運歲上戶部 戶部置籍以孝之」.

墾田의 업적에 따라서 관료들이 특진한 예는 송 一代를 통하여 여러 곳에 산견되며 특히 宋史의 열전 가운데 지방관으로서의 그들의 행정능력을 충분히 발휘한 예는 墾田과 밀접한 관계를 지니고 있다. 仁宗의 가우 5년에 唐守 趙尙寬의 경우가 그 좋은 예라 하겠는데,

> 嘉祐中 唐守趙尙寬言 土塘可闢 民希可招(中略) 故陂渠遺跡 而修復之假牛犁 種食 以誘耕者 勸課勞來歲餘流民自歸及淮南湖北之民 至者一千餘戶 引漑水田幾 數萬頃 變磽瘠爲膏腴 監司上其狀 三司使包拯亦以爲言逐留再任 治平中歲滿當 去 英宗嘉其勸且倚以興輯 特進一官賜錢二十萬復留再任 時患守令數易 詔察其 留實課者增秩再任而尙寬應詔[92]

이러한 예가 그것이다. 또한 神宗의 희령 원년에 襄州宜城令인 朱紘이

> 復修水渠祐田六千頃 詔遷一官[93]

한 예로 들 수가 있는 것으로 宋代 관료의 승진에는 지방관으로서의 墾田의 확대에 의한 공로와 도이민의 초치가 무엇보다도 중요하다는 사실을 알 수가 있다.

6. 맺는말

이상에서 북송 대의 墾田에 관하여 대략을 살펴보았는데 이를 다시 정리하면 먼저 墾田이란 용어는 宋代는 경작지란 뜻과 廢田이나 황무지의 개간이란 두 가지 뜻으로 사용하였고, 송초의 墾田策으로서는 경

---

92) 『長編』, 卷 192, 嘉祐 5年 7月丙午 및 『宋會要』, 食貨 7, 水利雜錄

93) 『宋會要輯稿』, 食貨 61, 水利上 熙寧 2年 4月 16日條

제적인 면을 강조하는 입장에서는 당말·오대의 병란에 의한 농지의 황폐를 재건하려는 데 역점을 두어서 墾田문제를 논하고 있으며 사회적인 면에서는 유민의 생활안정을 꾀하기 위하여 墾田을 적극적으로 권장하고 도호의 유치를 위해서 조세의 감면과 농기구와 종자의 대여, 부호로부터의 빈농의 보호를 정책적으로 실시하였다. 또한 군사적인 입장에서는 墾田을 통하여 변방의 농지를 개간함으로써 거란과 서하에 대항할 수 있는 실변의 효과를 거두려 하였다.

宋代는 농업경제 면에서 볼 때에 비약적으로 발전을 이룩한 시대로서 이와 같은 농업경제의 발전은 농지의 개간과 직결된다고 보아야 하겠고 따라서 宋代에는 당말·오대의 병란의 상처를 墾田문제와 결부시켜 볼 때 성공적으로 처리를 하였다. 특히 華北地方은 오랜 기간 동안 전란으로 시달린 지역으로서 북송시대의 墾田의 중요관심은 華北地域의 황폐화를 재건하는 데 있으며 따라서 宋代의 墾田은 전혀 생소한 황무지를 개간하는 것이 아니라 폐전의 수복이나 수리시설의 개수에 그 주안점이 놓여 있었던 것이다.

또한 宋代의 墾田은 경제성을 고려하여 수리시설의 이용을 적극적으로 추진하였으며 관개시설의 이용으로 미의 생산은 전국적으로 확대되어 그 결과 종래의 농업생산보다 훨씬 높은 수준의 생산력을 가져올 수 있게 되었으며 이러한 농업생산의 비약적인 증가는 상업경제의 발달을 촉진하게 되었다. 또한 宋代의 자료에 나타나는 통계를 보면 북송시대의 경지면적은 그 이전 시대에 비하여 상당히 열세를 나타내고 있는데 이는 실제 경작지가 아니라 부조의 수입으로 환산한 경지면적으로서 실제의 경작지는 삼천여만 경으로 추산된다. 이러한 경지의 확대는 적극적인 勸農政策에서 온 墾田의 개발에서 달성된 것이다.

마지막으로 宋代의 문치주의사회에 있어서 관료의 승진과 墾田과는 밀접한 관계를 지니고 있었으니 과거에 합격하여 지방관으로 나아간 초임관들이 승진을 하는데에는, 지방관으로서의 실적을 평가받아야 하는데 지방관의 평가기준은 그의 재임 중에 墾田의 실적이 여하하였느냐에 따라서 승진기간이 단축되기도 하고 연장되기도 하였다.

(『歷史學報』 第75·76합집, 1977)

Ⅳ. 宋代의 土地制度와 佃戶·主戶·客戶問題

1. 問題의 提起

唐·宋 변혁기의 역사적 성격을 규정하는 데 地主·佃戶制를 기본적 생산관계에다 두고 있는 것은 주지의 사실이다. 당 중기 이후 均田制의 붕괴에 따라 균전농민이 해체되고 大土地所有制(莊園制)가 발달하면서 농업생산력·상품경제가 江南의 여러 지역을 중심으로 발전하여 당·송 변혁기 형성의 기반을 이루었다. 그리하여 대토지소유문제는 학계의 연구중심과제가 되었고 문제의식의 중심부는 대략 다음과 같이 이야기될 수가 있다.

첫째, 대토지소유와 이를 경작하는 경작자와의 관계이다. 당말오대에서는 무인·관료·호족·사관 등이, 宋代에는 官戶·形勢戶·사관·상인 등이 대토지소유자였고 경작자는 佃戶·客戶가 중요한 문제로 다루어졌고 양자의 대립관계가 현실화되고 있는 곳이 바로 莊園이라 하겠다. 여기에서 莊園의 관리문제·전호의 성격·官田·屯田·營田 등의 문제가 제기되고 있다. 또한 주호와 객호의 성격 논쟁도 주목을 끌고 있다.

둘째, 대토지소유와 중소토지소유와의 관계이다. 이는 관호·형세호·사관 등과 중소농전과의 관계로서 토지소유를 둘러싸고 서로 대립하는 입장으로 관호·형세호는 전매 또는 강탈에 의하여 중소농민의 토지를 사유함에 따라 중소농은 佃戶化하였다. 또 租稅·役의 부담에 있어서도 양자는 대립관계에 있고 그것이 鄕·村·里에서 두드러지게 나타나고 있다는 것을 문제로 하고 있는데 이는 宋代 향촌사회

연구의 주제로 파악되고 있으며 王安石의 新法개혁과도 밀접한 관련을 갖는다. 그 위에 兩稅, 職役, 戶等制와 함께 宋代 사회의 모순론, 봉건 논의와도 연계되면서 연구의 중심과제가 되었다.

셋째, 국가(송조)와 대토지소유자와의 관계이다. 이는 宋代 국가권력의 지방침투문제와 함께 국가권력신장문제·限田論·公田論·均稅法·方田均稅法 그리고 王安石의 新法개혁 등의 문제로 전개되고 있다.

이상과 같은 문제의식을 바탕으로 하여 특히 논쟁적 입장에서 연구가 진행되고 있는 과제로서는 대토지소유형태와 전호문제 및 主戶·客戶문제가 두드러지게 논란의 대상이 되고 있는데 이에 대한 일본·중국학계의 연구 성과를 살피고 학술논쟁의 중심과제가 되고 있는 바를 검토하고 이에 대한 나름대로의 의견을 부언하고자 한다.

2. 大土地所有와 佃戶問題의 논쟁

宋代의 대토지소유와 전호문제는 불가분의 관련성을 지니고 있다. 莊園에 관한 초기 연구는 加藤繁의 「唐宋時代の 莊園の 組織竝びに其の 聚落としての 發達について」, (『狩野敎授還曆紀念支那學論叢』, 1928 소수) 周藤吉之, 「唐宋五代の 莊園制」, 『東洋文化』 12, 1953), 同 「宋代の土地制度論~井田論·限田論を中心として~(『唐宋社會經濟史研究』所收 1964)이 있다. 여기에서는 莊園의 형성과 조직·발달을 추구하고 대토지사유제의 발전에 따라서 나타나는 빈부의 격차와 宋代 사대부가 주장하는 限田論·井田論을 연구과제로 삼고 있다. 그런데 일본학계의 宋代 토지·전호문제는 시대구분논쟁과도 관련되면서 그

연구는 이후 논쟁적·대립적인 입장에서 전개되어 아직도 결론을 얻지 못한 상태에 있다. 즉 周藤은 宋代의 대토지형태가 중세적 농노사회적이며 일원적 집중적 토지소유형태라 보았다. 그리고 대토지소유의 경영형태는 「宋元時代の 佃戶について」, (『史學雜誌』 44-10·11, 1933) 同, 「宋代の 佃戶制」, (『歷史學硏究』 143, 1948) 등에서 佃戶는 토지에 속박되어 移住의 자유가 없고 신분적으로도 지주에 예속되어 있으므로 노예에 가까운 존재라 하였다. 이에 대해 宮崎市定, 「宋代以後の 土地所有形態」, (『東洋史硏究』 12-2, 1952)에서 송 이후를 근세사회로 보고 토지소유형태도 零細分散化가 진행되었고 지주·전호의 관계는 경제적 계약관계에 불과하다고 주장하여 전호의 자유 신분을 강조하면서 宋代 근세론을 내세우고 있다.

周藤吉之와 宮崎市定의 논쟁점은 대토지소유형태·장원의 구조·토지소유권·전호의 신분·노복의 용어해석 등에서 차이를 보이면서 시대구분논쟁으로 전개되면서 이견을 보이고 있다.

周藤의 장원·토지제도연구에 대한 宮崎의 반론은 이후 이를 지지하거나 비판하는 입장에서 연구를 진행하고 그것은 다시 학설적으로 自說을 보완하는 방향으로 전개되었으니 이를 요약하면 다음과 같다.

먼저 柳田節子는 「宮崎史學と近世論」, (『近代日本における歷史學の發達』1976)에서 宮崎의 地主에 의한 토지경영론을 비판하였고, 仁井田陞은 「中國社會の農奴解放の段階」, (『中國法制史硏究』 3), 「中國の農奴解放過程と契約意識」, (同上 4)에서 지주전호의 계약은 宮崎가 주장하는 자유대등한 계약관계가 아니라고 반론하고 있다. 이에 대해 宮崎는 「部曲から佃戶へ—唐宋間社會變革の一面」 (『東洋史硏究』 29-4, 30-1, 1971)에서 자유계약관계라는 自說을 재확인하고 仁井田의 주장을 일축하였다.

柳田節子는 「宋代土地所有制にみられる二つの型」(『東大文學部硏究紀要』29, 1963)에서 先進지역과 변경지역 간의 지역적인 차이가 있다는 관점에서 문제를 제기하여 일률적으로 적용되고 있는 연구방법론에 새로운 방향제시를 하였고 이를 정리한 것이 「中國史の世界史的把握はとう進むか」, (『역사평론』 186, 1966)로 나타났다.

丹喬二, 「宋初の莊園について」, (『史潮』87, 1964)는 『成都文類』에 보이고 있는 四川지역에 있어서의 전호의 자립화를 강조하고 있는데 周藤은 「宋代四川における佃戶制」, (『唐宋社會經濟史硏究』)에서 丹氏의 사료해석의 잘못을 비판하고 大地主에 대한 전호의 예속관계를 강조하고 있다. 梅原郁은 「南宋淮南の土地制度試深」, (『東洋史硏究』, 21-4, 1963), 그리고 「北宋四川の佃戶制再論」, (『宋代史硏究』)에서 자신의 종래의 주장을 재확인함과 아울러 丹喬二의 주장을 비판하고 있다.

이상과 같은 논쟁은 宋 이후의 私的 대토지소유에 있어서 地主·佃戶制관계를 중세적이냐 근세적이냐고 하는 두 가지 방향으로 구분하였고 이와 같은 相異性은 그 후에도 계속되어 오늘에 이르고 있다. 草野靖 「唐中期以降における商品經濟の發展と地主制」, (『歷史學硏究』 292, 1964) 同, 「宋代官田の經營類型」, (『日本女子大學 文學部紀要』 18, 1968) 同, 「宋代の佃戶制をめぐる諸問題」, (『日大文理學部學叢』 12, 1972) 柳田節子, 「宋代佃戶制の再檢討」, (『歷史學硏究』, 395, 1973) 등에서 이를 살필 수가 있다.

중국학계에서는 토지소유제 연구가 주로 시대구분론과 관련되어 宋代를 봉건 전기에서 후기로 넘어가는 이행기라 하였고 宋代 토지제도는 봉건적 搾取형태가 극심한 시대라는 사실을 입증하는 방향에서 진행되고 있음을 알 수 있다. 楊志玖, 「北宋的土地兼幷問題」, (『歷史學報』 1953-2) 李景林, 「對北宋土地占有情況的 初步探索」, (『歷史教學』, 1956-4)

동, 「中國歷代土地制度問題討論集」, (三聯書店, 1957) 楊國誼, 「北宋土地占有形態及其影響」, (『歷史教學問題』, 1958-3) 同, 「南宋大地主土地所有制的 發展」, (『史學月刊』, 1959-9) 華山, 「關于宋代的 客戶問題」, (『歷史研究』 1960-1, 2) 張景賢, 「關于宋代的 限田政策」, (『河北大學報』, 3, 1981), 粘尙友, 「試論北宋時期 封建土地所有制的 變遷」 (『中國經濟史論文集』, 1981), 傅宗文, 「宋代的 私莊」, (『中國社會經濟史研究』, 2, 1982) 등이 그것이다. 문화혁명기의 공백을 거쳐 최근의 토지제도연구는 봉건적 지주의 착취를 강조하고 있는 점은 변함이 없으나 租田制와 納租형태에 관심을 두고 있다. 趙儷生, 「試論兩宋土地關係的 特點」, (『吉林師大學報』, 1979-1) 關履權, 「宋代的 封建租佃制」, (『歷史學 Ⅰ』, 1979-3) , 漆俠, 「宋代學田制中封建租佃關係的發展」, (『歷史科學戰線』 1979-3 同, 「宋代的 貨幣地租」, (『中國社會經濟史論叢』 2, 1982) 張邦煒, 「北宋租佃關係的發展及其影響」, (『甘肅師大學報』 1980-3) 劉重日, 「火佃新探」(『歷史研究』, 1982-2) 陳樂素 · 王正平, 「宋代的 客戶與士大夫」, (『杭州大學報』, 1979-1 · 2) 등의 연구 성과에서 찾아볼 수 있다.

3. 主戶 · 客戶制問題

主 · 客戶制 연구가 관심의 초점이 된 것은 세역징수에 의한 국가권력과 농민층과의 지배관계(예속관계)를 추구한다는 면과 아울러 地主佃戶制 연구와 향촌에 있어서의 촌락행정 및 촌락규제의 해명을 위해서는 不可欠의 문제라고 파악한 데서 출발하고 있다. 그런데 主 · 客戶制와 밀접한 관계가 있는 사회제도나 경제사연구가 어느 정도의 성과를 올리기는 하였으나 主 · 客戶制의 형성과정과 그 전개 소멸에 있어

서의 역사적 원인 등의 문제점은 미해결 상태에 있고 主戶·客戶의 개념에 대해서는 연구자 사이에 견해의 차이를 보이고 있다.

그러면 主·客戶制연구에 있어서 논쟁의 중심점을 보자. 加藤繁, 「宋代の 主·客戶統計」, (『史學』, 12-3, 1933)에서 宋代 호구통계는 主·客의 구분이 부동산의 유무(稅產基準)를 기준으로 하여 주로 토지소유의 유무, 즉 지주·소작인의 구별을 확실히 하고 있으며 남송까지 계속하였다 하여 객호를 소작인으로 보고 호구통계상의 객호비율로서 토지제도나 民度를 고찰하려 하였다. 토지소유 및 경작관계에서 主·客戶의 실상을 파악한 것은 周藤吉之, 「唐末五代の莊園制」, (『歷史學研究』, 143, 1948) 同, 「宋元時代の佃戶について」, (『史學雜誌』, 44-11, 1933) 同, 「宋代の佃戶·佃僕·傭人制 - 特に宋代の佃戶制の補正を中心として」, (『中國土地制度史研究』, 1953)에서 主戶는 지주·자작농·자작 겸 소작농으로 보고 객호는 浮客·佃客·佃戶·莊客 및 雇傭人·隷農을 말하며 漏戶도 포함된다 하였다. 그리고 主·客戶의 구별은 토착·流寓의 구별(僑寓基準)에서 찾고 있다.

柳田節子는 「宋代の客戶について」, (『史學雜誌』, 64-8, 1959)에서 객호 가운데는 有田無稅戶가 있으며 통계적 객호비율에 대한 해석을 국가권력의 침투도의 지역차라고 하는 견해에 의하여 유전객호의 주호화, 有田無稅戶 객호의 존재를 파악하고 있다.

草野靖, 「宋代の戶口統計上に所謂客戶につおて」, (『史淵』, 79, 1959) 同, 「宋代の主戶·客戶·佃戶」, (『東洋學報』 46-1·2, 1963)에서는 객호의 실태개념과 제도개념을 구분하여야 하며 宋代에 있어서 다양한 존재형태를 보여주고 있는 '문헌상의 객호'와 '호적상의 객호'는 구별되어야 한다고 주장하고 있다. 이에 대하여 柳田節子, 「宋代國家權力と農村秩序 - 戶等制支配と客戶」, (『仁井田陸追悼論文集』, '1967), 同,

「宋代佃戶制の再檢討－最近の草野氏の見解をめぐって」, (『歷史學硏究』, 395), 岡本雅博, 「宋代の戶籍上の客戶につして」(『東方學』, 28), 丹喬二, 「戶に關する一考察 - 主戶客戶制硏究の前提」, (『東洋史硏究』, 27-1) 등에서 논의가 제기되었다.

曾我部靜雄, 「中國の中世及び宋代の客戶について」, (『社會經濟史學』, 27-5, 1962)에서는 柳田의 객호비율론에 근거를 두면서도 宋代의 주·객호 구분을 「본적지에다 두지 않고 단지 농경지를 사유하고 세역을 부담하고 있는가, 그렇지 않은가」에 두어 고용인이나 有田無稅戶로서의 객호의 존재형태를 인정해야 한다고 주장하였다.

華山, 「關于宋代的客戶問題」, (『歷史硏究』, 1·2기, 1960) 同, 「再論宋代客戶的 身分問題」, (『史學雙周刊』, 209, 1961)에서 객호의 지주에 대한 봉건적 인신예속관계에 초점을 두고 있다. 構山英, 「宋代における佃戶の存在形態」, (『廣島大學文學部紀要』, 1, 1951)에서 宋代의 전호를 노예적 전호·농노적 전호·예농적 전호의 삼 형태로 분류하였다.

4. 硏究史의 問題點

이상 宋代의 土地制나 戶等制문제에 관한 연구 성과를 개략적으로 살펴보았다. 그런데 이들 연구 성과에 대한 문제점 내지는 연구의 한계성을 찾는다면 다음과 같이 정리될 수 있다.

먼저 중국(중공)학계의 연구는 유물사관을 전제로 한 계급투쟁사적 결론유도나 봉건론적 생산형태로서의 宋代사 파악이라고 하는 입장이 강하게 작용하고 있음을 느낄 수가 있다. 일본학계에 있어서도 宋代의 시대구분론이 연구의 방향설정을 지배하고 있다는 생각을 할 수 있다.

이와 아울러 연구문제의 접근에 있어서도 주체적 문제의식의 설정에서 연구가 출발되었다기보다는 발표된 논문에 대한 비판적 입장이나 반론을 제기하기 위한 枝葉的 문제를 지나치게 확대 해석하는 듯한 인상을 느끼게 한다. 사실 일본학계의 정밀한 연구노력에도 불구하고 연구주제상의 접근에 있어서 창의성이나 독자성이 결여된 경향은 결코 부정할 수 없는 현실이라 하겠고 그 결과가 宋代의 土地制度·佃戶制·戶等制에서 이설이 분분하게 된 원인이 아닐까 생각된다.

다음으로 지적될 수 있는 것은 연구방법상의 문제라 하겠다. 어떤 문제에 대한 접근에 있어서 이를 微視的으로 볼 것인가 아니면 거시적으로 볼 것인가는 전적으로 연구가의 학문성에 달려 있는 것이라 하더라도 주제에 대한 비판이나 반론이 제기되었을 경우 自說에 대한 연구방법론의 보완은 바람직한 것이라고 할 수 있는데 이와 같은 문제가 후학에 의하여 끊임없이 제기되고 있음에도 불구하고 반성이 없는 것은 역시 문제로 삼지 않을 수 없다. 이와 아울러 사료의 인용에 있어서도 제도적 개념과 실체적 개념상에 나타나고 있는 相違性(일본학자들도 인정하고 있는)을 자설을 보완하는 방향으로 이용하고 있는 것도 문제로 지적될 수 있는 것이다. 또한 사학연구의 방법상에 있어서 아직도 고증론적인 연구자세가 자칫하면 나무는 보지만 수풀을 바라보지 못하는 우를 범할 수 있으며 거기에는 역사철학이나 새로운 연구방법의 모색이 당연히 도입되어야 하는 아쉬움을 안고 있다. 그 위에 학풍이나 학연에 얽매이어 徒弟的 연구태도가 고수되고 있기 때문에 후학들이 은사나 선배들의 학설에 도전하는 것을 주저하거나 이를 답습하는 데 일관하고 있는 경향도 문제로 제기된다.(『東洋史學研究』제21집, 1985)

|책 끝머리|

80년대 초에 『宋代官僚制研究』를 단행본으로 출간한 이후 여러 곳에 흩어져 있는 글들을 묶어서 총서로 간행하게 되었음을 기쁘게 생각한다.

본서는 필자가 그 동안 여러 학술지에 발표한 논문을 모아서 엮어 본 것이다. 학자에게는 좋은 논문을 발표하는 일은 무엇보다 중요한 일이다. 논문을 발표할 때 가졌던 문제의식을 지금 와서 다시 검토해보니 부끄러운 점이 한두 가지가 아니다. 시대가 많이 변하고 더욱이 韓·中관계가 개방된 현재의 학문적 환경을 생각하면 필자가 공부하던 당시는 마치 벽촌에서 호롱불을 앞에 놓고 독학을 하는 것에 비교가 되기도 한다. 이 책의 출판은 그 당시를 회상하고 그래도 同學들에게 약간의 보탬이 되리라는 기대감으로 선뜻 출판의 용기를 갖게 되었다. 同學여러분의 지도와 편달을 바라는 마음 간절하다.

본서를 출간함에는 많은 분의 도움을 받았다. 어려운 한국의 출판여건 속에 본서 간행을 선뜻 응해주신 한국학술정보의 채종준사장님과 출판관계자 여러분들께 거듭 감사의 뜻을 표한다.

아울러 활판으로 발표되었던 논문을 컴퓨터 조판으로 깨끗이 재구성하는데 애써주신 부산 경성대학교의 대학원 학생과 학부 학생 여러분의 노고에 고마움을 표한다.

또한 본서 간행에는 경성대학교의 金俊權 교수의 헌신적인 노력이 없었다면 출간하기 어려웠다. 師弟의 돈독한 정을 이 책 출간에 다시 한 번 느끼면서 金俊權 교수에게 감사를 전한다.

2007년 10월

九里 仁昌 서재에서

申 採 湜 씀.

|색 인|

• 저자 •

신채식 • 약 력 •

서울대학교 사범대학 역사과졸업
서울대학교 대학원 동양사학과 석사
일본 東京대학교 대학원 연구
동국대학교 대학원 문학박사
공주대학교 교수
성신여자대학교 교수, 대학원장
단국대학교 초빙교수
한국 동양사학회 회장

• 주요논저 •

「宋代文臣官僚의 陞進」
『宋代官僚制研究』(三英社)
『文化史概論』(法文社)
『東洋史概論』(三英社)
『中國과 東아시아世界』(국학자료원)
『東亞史上의 王權』(한울아카데미)
외 다수

신채식 저작집 II
宋代政治經濟史研究

• 초판 인쇄	2008년 1월 5일
• 초판 발행	2008년 1월 15일
• 지 은 이	신채식
• 펴 낸 이	채종준
• 펴 낸 곳	한국학술정보㈜ 경기도 파주시 교하읍 문발리 513-5 파주출판문화정보산업단지 전화 031) 908-3181(대표) · 팩스 031) 908-3189 홈페이지 http://www.kstudy.com e-mail(출판사업부) publish@kstudy.com
• 등 록	제일산-115호(2000. 6. 19)
• 가 격	27,000원

ISBN 978-89-534-7926-5 94910 (Paper Book)
978-89-534-7927-2 98910 (e-Book)
ISBN 978-89-534-7922-7 94910 (Paper Book set)
978-89-534-7923-4 98910 (e-Book set)